文化产业研究 30辑

CI CNKI 来源

主编/顾 江
副主编/郭新茹 周 锦

持单位：
旅游部—南京大学文化和旅游研究基地/
学长三角文化产业发展研究院/
文化产业学会/
化产业研究基地/
学文化产业发展研究所/
学商学院

南京大学出版社

图书在版编目(CIP)数据

文化产业研究. 30 辑 / 顾江主编. — 南京 ：南京大学出版社，2022.9

ISBN 978－7－305－26201－2

Ⅰ. ①文… Ⅱ. ①顾… Ⅲ. ①文化产业—世界—文集 Ⅳ. ①G114－53

中国版本图书馆 CIP 数据核字(2022)第 194123 号

出版发行　南京大学出版社
社　　址　南京市汉口路 22 号　　　邮　编　210093
出 版 人　金鑫荣

书　　名　文化产业研究 30 辑
主　　编　顾　江
副 主 编　郭新茹　周　锦
责任编辑　谭　天

照　　排　南京南琳图文制作有限公司
印　　刷　江苏凤凰数码印务有限公司
开　　本　787 mm×1092 mm　1/16 开　印张 25.75　字数 450 千
版　　次　2022 年 9 月第 1 版　2022 年 9 月第 1 次印刷
ISBN 978－7－305－26201－2
定　　价　70.00 元

网　　址　http://www.njupco.com
官方微博　http://weibo.com/njupco
官方微信　njupress
销售热线　025－83594756

《文化产业研究》编委会

学术支持单位

文化和旅游部—南京大学文化和旅游研究基地

南京大学长三角文化产业发展研究院

江苏省文化产业学会

江苏文化产业研究基地

南京大学文化产业发展研究所

南京大学商学院

目 录

学术前沿

文化消费

产业集聚

产业创新

非遗传承

文化旅游

CONTENTS

Academic Frontier

Cultural Consumption

Industrial Agglomeration

Industrial Innovation

Intangible Cultural Heritage Inheritance

Cultural Tourism

学术前沿

文旅融合背景下万里茶道文化遗产保护利用*

黄柏权　巩家楠

摘　要:万里茶道沿线存留着丰富的文化遗产资源,其资源具有丰富性、活态性、可利用性、可展示性、可转化性等特征。万里茶道文化遗产资源保护利用虽然取得了明显成效,但是依然存在着文化遗产资源挖掘整理不够、价值研究提炼不够、文旅融合深度不够、品牌宣传不够、缺乏统筹协调机制等问题。因此,需要建立健全保护利用协调机制,进一步挖掘其遗产资源,深入研究提炼其价值和精神等,将万里茶道纳入国家文化公园建设、利用三茶统筹促进文化遗产与旅游的深度融合、构建万里茶道文化遗产保护利用全媒体传播格局,实现万里茶道文化遗产资源的保护利用与旅游融合高质量发展。

关键词:文旅融合　万里茶道　文化遗产　保护利用

一、引　言

万里茶道是继丝绸之路后,于17世纪末至20世纪上半叶在亚欧大陆兴起的一条以茶叶贸易为主的国际商道,长达14 000多公里,在国内9省区长达9 000多公里。随着"万里茶道"申遗进程的加快,万里茶道文化遗产保护利用研究逐步引起重视,如陈文华对万里茶道历史文化的解读及价值分析,对湖北在万里茶道中的特殊地位和作用的探讨,对湖北复兴万里茶道品牌的对策建议。[1]石雅楠对万里茶道品牌的深度思考。[2]刘佳民对万里茶道江西段文化遗产的考察和分类。[3]黄孝东提出利用万里茶道文化遗产打造特色小镇、古城、博物馆等旅游模式。[4]王公为以万里茶道中国段沿线9省区为例,对万里茶道沿线茶旅融合的实践成效进行分析,

* 基金项目:国家社会科学基金重大项目"'万里茶道'茶业资料搜集整理与研究"(19ZDA179)的阶段性成果。

提出了相应的对策建议。[5]赖建东等通过对羊楼洞旅游资源的实地调研，指出羊楼洞旅游开发要从旅游规划、景区建设、产品开发、人才培养、景区管理维护等方面入手。[6]王公为通过对万里茶道沿线节点市镇的梳理，提出了内蒙古旅游产品开发的对策建议。[7]杨晓军认为现阶段复兴万里茶道，需要夯实万里茶道的学科理论支撑，探索区域统筹与协同开发的国际合作新模式。[8]黄柏权等分析了万里茶道文化遗产的构成，并对万里茶道文化遗产的保护利用提出对策建议。[9]以上研究主要对不同区域、不同路段的万里茶道文化遗产资源进行梳理和分析，提出文化遗产与旅游融合的对策建议。但很少将万里茶道文化遗产资源作为一个整体进行审视。本文试图以文旅融合为背景，围绕万里茶道文化遗产资源保护利用的相关问题进行初步探讨，以此推进万里茶道文化遗产的保护利用，真正使文物活起来，促进万里茶道沿线文化遗产的保护利用工作，推进“一带一路”倡议的实施。

二、万里茶道文化遗产资源与旅游的耦合性

近些年来，旅游业对 GDP 的贡献率不断提升，文化遗产与旅游业融合不断深化。据中商产业研究院调查，2019 年，国内旅游人数 60.06 亿人次，比上年同期增长 8.4%；全年实现旅游总收入 6.63 万亿元，同比增长 11%。旅游业对 GDP 的综合贡献为 10.94 万亿元，占 GDP 总量的 11.05%。旅游直接就业 2825 万人，旅游直接和间接就业 7 987 万人，占全国就业总人口的 10.31%。[10]挖掘和提炼万里茶道文化遗产价值，实现保护与利用双赢目标，首先需要充分认识文化遗产的利用价值及其与旅游的耦合性，通过初步提炼，我们认为万里茶道文化遗产资源具有以下价值特征：

(一) 万里茶道文化遗产资源的丰富性

万里茶道积淀了丰富的自然遗产和文化遗产。从自然遗产看，万里茶道穿越了南方丘陵山地、高山峡谷、江河湖泊、平原、高原、草原、戈壁沙漠等不同的地形地貌。如万里茶道沿线有诸多山川、湖泊被认定为各级遗产，如武夷山、九岭山、鄱阳湖、八大公山、壶瓶山、洞庭湖、九宫山、木林子、后河、崩尖子、丹江湿地、黄河湿地、伏牛山、太行山等国家级自然保护区。从地域文化看，万里茶道联通融汇了北方草原文化、燕赵文化、三晋文化、中原文化、荆楚文化、吴越文化、客家文化、南方少数民族文化等地域文化。从物质文化遗产看，万里茶道遗留了众多的古村落、古茶园、古镇、古道、桥梁、码头、茶亭、茶庄、茶厂、宗教场所、纪念性建筑、碑刻、各类生产加工和运输工具、票据、文献等，遗产资源极其丰富。

（二）万里茶道文化遗产资源的活态性

万里茶道在开拓、发展、繁荣过程中，积淀和形成了茶源地遗产、交通类遗产、加工类遗产、商贸类遗产、服务性遗产、信仰类遗产、纪念性遗产、习俗类遗产、文学艺术类遗产、仪式类遗产、地名遗产、工艺技术类遗产等，类型多样，而且诸多文化遗产还活态保留下来。如万里茶道茶源地及其沿线地区活态保留了传统的茶叶种植技术、茶叶加工技艺、茶礼茶俗、茶故事、茶歌、茶舞、茶地名等。其中与茶叶相关并活态传承至今的制作技艺，如武夷岩茶（大红袍）制作技艺、赵李桥砖茶制作技艺、益阳黑茶制作技艺（茯砖茶制作技艺）、安化千两茶制作技艺、长盛川青砖茶制作技艺等列入国家非物质文化遗产代表性名录。万里茶道文化遗产的活态性，便于将其深度融入旅游业中，增强旅游的体验性、趣味性、参与性和互动性。

（三）万里茶道文化遗产资源的可利用性

目前，万里茶道丰富的文化遗产虽已经得到较好利用，例如武夷山、江西河口、羊楼洞、赊店、乔家大院等人文资源得到初步利用，个别还打造成著名的旅游景区，但是万里茶道几乎所有的文化遗产资源仍然具有广阔利用的空间。其一，茶源地的古茶园及其聚落、道路、桥梁、茶亭、碑刻、各类工具及制作技艺等可以打造成一个独立完整的旅游景点（区）。其二，万里茶道沿线重要茶叶集散地的古街、历史街区及其相关设施可以开辟成为旅游景点。其三，万里茶道沿线重要的纪念性建筑可以打造成为独立的旅游景点。其四，对万里茶道的可移动文物可以通过建设专题博物馆进行收藏展示，成为游客参观驻足的地方。其五，万里茶道沿线存留下来的传说故事、茶歌、茶俗茶礼、茶商故事等，可以作为各类文学艺术创作的素材。其六，万里茶道传承下来的各类传统技艺、绝活等，可以作为开发旅游文创产品的重要资源。总之，万里茶道文化遗产资源的可利用性特质，为充实和丰富旅游产品的内容，推进茶文化、茶产业、茶科技的融合发展提供了丰沛的资源。

（四）万里茶道文化遗产资源的可展示性

万里茶道作为文化线路遗产，其文化遗产资源的可展示性可以从多层面、多方式显现。其一，可以结合万里茶道申遗、国家文化公园建设等目标进行整体规划和展示，使其成为如同丝绸之路、大运河一样的著名文化旅游线路。其二，从微观展示看，万里茶道从茶源地到茶叶集散地、各节点市镇、纪念建筑等都可以在进行规划、修复的基础上单独展示，成为富有茶文化内涵的旅游景点。其三，从集中展示看，万里茶道存留下来的诸多可移动文物可以通过征集、购买等方式，集中在博物馆展出，丰富万里茶道旅游的文化内涵。其四，从数字化展示看，可以利用大数据、

VR 等技术，打造万里茶道数字博物馆，构建虚拟仿真环境，演绎数字化产品，营造茶艺展示与互动体验的空间，吸引游客领略万里茶道文化底蕴和茶叶品牌。其五，从宣传展示看，可以通过建立茶文化非遗展示馆展示万里茶道各类茶文化遗产，还可以借助会展中心、茶博园、茶艺馆、茶展销等平台展示万里茶道丰富的茶文化遗产。万里茶道茶文化遗产的可展示性，既是宣传和推荐万里茶道的重要手段，也是展示万里茶道旅游产品和文化形象的有效途径。

（五）万里茶道文化遗产资源的可转化性

万里茶道文化遗产蕴含的历史价值、艺术价值、科学价值、经济价值等可以通过创新、转化显示其活力，实现遗产资源的再生利用，提升遗产资源的附加值。其一，万里茶道在开辟、维护过程中，形成了不畏艰险、勇于开拓、诚信互惠、包容互鉴、合作共赢的茶路精神，这种精神仍然是中华民族向第二个一百年目标迈进、实现中华民族伟大复兴、构建人类命运共同体过程中必须坚守的理念和精神，仍然具有借鉴意义。其二，万里茶道沿线锻造和传承下来的民间传说、茶人故事、茶歌、茶礼茶俗、茶人等，是进行文学艺术创作的重要素材，文化创意人员可以利用这些资源设计创造出各类文化产品。其三，万里茶道沿线存留的古茶园、古村落、历史街区、纪念性建筑、茶厂以及众多非物质文化遗产，可以申报各级各类文化遗产名录，在推进这些遗产有效保护利用的同时，提高遗产的知名度和美誉度。其四，万里茶道传承下来的各类技艺，可以开发出各类物化产品。总之，万里茶道文化资源的可转化性，通过生产性传承转化，与文化、旅游产业充分融合，能够有效实现万里茶道文化遗产价值的提升，促进沿线旅游业的高质量发展。

三、保护利用存在的问题

自万里茶道申报世界文化遗产工作启动以来，各地充分挖掘、搜集、整理和利用万里茶道文化遗产资源，并采取了一系列保护措施，具有代表性的遗产点和非物质文化遗产得到较好的保护。但是，在调查中发现，万里茶道文化遗产资源的保护和利用依然存在不少问题，主要表现在：

（一）万里茶道文化遗产资源挖掘整理不够

万里茶道沿线拥有丰富的文化遗产资源，但是沿线相关部门对万里茶道文化遗产资源挖掘整理大多集中在为申报文化遗产的少数重点遗产上，缺乏系统性和完整性。其一，对万里茶道文化遗产资源的家底还没有完全掌握。虽然通过第三次全国文物普查，大致掌握了万里茶道遗产资源的基本情况，但是由于各地对万里茶道涉及的空间、遗产类别认知的差异，还有部分应该纳入的遗产资源却未能纳入。例如茶源地聚落、道路、水井、生产工具等与茶农生产生活相关的遗迹，沿线节点市镇与茶叶运输和交易相关的服务设施等，诸多遗产资源都未能纳入保护利用的范围。其二，交通不便和行政区划结合部的文化遗产资源挖掘不够。目前所掌握的遗产资源多是具有典型性和代表性的文化遗产，或者是茶道主线、交通便利地区的文化遗产，而对于交通不便，特别是行政区划结合部和支线周边的文化遗产关注不足。其三，对万里茶道非物质文化遗产资源挖掘梳理不够。目前除了关注茶叶制作技艺、商人日记、票号、部分档案外，其他与万里茶道相关的传说、故事、民歌、谚语、戏剧、地名、茶俗等鲜有人系统搜集整理，特别是对万里茶道口述史的访谈和记录十分缺乏。由于对万里茶道文化遗产资源缺乏整体性、系统性挖掘，未能全面掌握万里茶道文化遗产的现状，势必影响对万里茶道资源的进一步保护和利用。

(二) 万里茶道文化遗产资源价值研究提炼不够

就目前情况看，对万里茶道分段价值研究比较多，而对万里茶道整体价值研究少，对其整体价值提炼不够。其一，对万里茶道突出普遍价值研究不够深入。目前除个别文章涉及万里茶道突出普遍价值外[11]，很少有人涉及万里茶道突出普遍价值的研究，这不仅影响世界文化遗产的申报工作，也必然影响对经济社会价值和地方价值的提炼。其二，对万里茶道文化遗产资源精神价值提炼不够。除对万里茶道晋商精神有较深入的研究外，对万里茶道整体精神研究、弘扬不够。其三，对万里茶道文化资源的经济社会价值研究不够。目前除个别学者对万里茶道湖南段、江西段、宜红茶区段、河南段、内蒙古段的经济社会价值有所研究外，少有人对整个万里茶道文化遗产资源蕴含的历史价值、生态价值、艺术价值、经济价值、文化遗产价值等进行系统研究，影响了对万里茶道价值的全面认知，在与旅游等产业融合过程中对资源造成浪费和破坏。因此，需要在搜集整理资料的基础上，对万里茶道的多重价值进行系统研究，为万里茶道文化遗产资源的保护利用提供坚实的学理支撑。

(三) 万里茶道文化遗产资源与旅游深度融合不够

万里茶道文化遗产越来越受到各方重视，当前万里茶道文化遗产资源与旅游融合虽然取得了一定成效，但融合的深度和广度还十分不够。其一，缺乏整体规划。虽然沿线 9 省(区)，包括俄罗斯、蒙古达成了诸多共识，然而涉及保护利用万里茶道文化遗产资源与旅游融合的文件很少，有关万里茶道文化资源与旅游融合的总体规划还没有出台，由于缺乏万里茶道文化资源与旅游融合的整体规划，全线文旅融合缺乏方向和目标。其二，缺乏对茶道文旅融合的理论研究。近些年来，相关实际工作部门和专家学者对万里茶道沿线省区的文化遗产资源进行了初步调查，如陈容凤对“万里茶道”福建段的文物进行了调查，并对福建茶叶贸易进行了探讨[12]，肖发标对九江市万里茶道进行文化遗产调查和资料整理[13]，刘杰总结了湖北保护茶文化遗产的基本特点和申遗工作[14]，李博等探讨了万里茶道湖南段文化线路遗产的价值特征、时间结构和空间结构[15]，河南省文物建筑保护研究院对万里茶道河南段相关遗产点进行了调查与研究[16]，张家口市文物考古研究所编著了《万里茶道河北段文化遗产调查与研究》[17]，内蒙古自治区文物局编著了《内蒙古自治区万里茶道调查报告》[18]等。以上调查研究成果为深入研究万里茶道奠定了基础，但是这些成果缺乏整体性关照，文化资源与旅游融合研究也不够。其三，开发利用缺乏多维视野。万里茶道沿线在保护利用文化遗产资源时，大多停留在单一开发阶段，呈现方式单一陈旧，如万里茶道南方茶源地开发了许多以茶园为主体的观光旅游景点，如湖北五峰青冈岭茶园、湖北鹤峰木耳山茶园、湖北宣恩伍家台茶园、湖南安化高马二溪茶园等，这些茶园基本以休闲观光为主，还没有将健康养生、户外运动、茶旅研学、茶文化展示、茶民俗体验等结合起来，未能将茶园及周边的自然风光与茶文化、乡土文化、乡风民俗等结合，其吸引力和影响力不够。

（四）万里茶道作为文化旅游品牌宣传力度不够

就整体情况看，万里茶道与长城、丝绸之路、大运河等文化线路遗产相比，其知名度逊色很多，甚至其影响力还不如西南的“茶马古道”，究其原因有如下几点：其一，宣传的名称不统一。自 20 世纪有人提出“茶叶之路”这一名称之后，又出现了“万里茶路”“万里茶道”等多种称呼，直到目前，虽然官方多以习近平总书记提出的“万里茶道”为正式名称，但一些媒体和研究者仍然有“茶叶之路”“万里茶路”等说法，如拍摄的纪录片就有《茶叶之路》《万里茶路》《万里茶道》等多种片名。称呼上的不统一，给公众造成了一种误解，误认为以上几种称呼不是同一条文化线路。其二，宣传方式比较陈旧。目前，宣传万里茶道的主要方式是重走万里茶道、出版书籍、拍摄纪录片、博物馆展陈、发表介绍性文章等，虽然这对宣传万里茶道起到十分重要的作用，但其宣传载体主要面向相关文化部门、公务员、研究者、爱好者等少数人群，广大社会公众关注得并不多，知晓度十分有限。其三，宣传力度不够。万里茶路被文人提出已经有 20 多年，习近平总书记提出“万里茶道”的命题也有近 10 年，其间，主要围绕申报世界文化遗产进行宣传，宣传组织者主要是政府文物部门、个别媒体,没有形成大规模的、全方位的宣传态势,更没有像丝绸之路、茶马古道等利用歌舞剧、电影、电视等大众广泛接受的方式进行宣传。所以,公众知晓度很有限,社会影响力不够。

(五) 万里茶道文化遗产资源保护利用缺乏权威统筹协作机制

万里茶道申遗采用自下而上的方式进行,在文化遗产资源保护利用过程中始终存在缺乏权威性机构领导和统筹协作机制不健全等问题。虽然9省(区)在牵头省和牵头市的主导下在申遗这件具体事务上为了共同的目标取得了一致的看法,采取了共同行动,申遗工作有序推进,但由于申报世界文化遗产办公室和协作体都不是国家层面的权力机构,对各省(区)没有直接的统属和领导关系,只能采取协商的办法解决申遗和文化遗产保护利用等问题,不可能对万里茶道文化遗产资源整体保护利用作出统筹规划。由于万里茶道沿线各地的文化遗产资源存量和禀赋存在差异,各地对遗产价值作用的认识也不尽一致,在整体保护利用,特别是文旅融合方面上很难取得一致看法,各自为政难以避免,这势必影响万里茶道文化遗产资源的整体保护利用。因此,要真正使万里茶道文化遗产资源得到全面有效保护和利用,必须由文化和旅游部统一领导、统一规划、统一部署,才可能实现沿线各地文化资源与旅游的深度融合。

四、万里茶道文化遗产资源保护利用的思考

针对万里茶道文化遗产资源保护利用存在的以上问题,我们需要在以下方面进一步强化工作:

(一) 健全和完善万里茶道文化遗产资源保护利用协作机制

万里茶道穿越国内9省(区)和今天的蒙古、俄罗斯,要将如此漫长而丰富的文化线路遗产资源进行有效保护和利用,没有强有力的管理协调组织和有效运行机制,是难以做到的。其一,国家层面要将万里茶道文化遗产保护利用纳入"一带一路"建设的工作内容。万里茶道被习近平总书记誉为"世纪动脉",是"一带一路"的重要组成部分,建议国家层面将万里茶道文化遗产的保护利用纳入"一带一路"建设的工作内容,并作为推进"一带一路"建设的重要文化支撑。其二,扩大牵头省和牵头市的工作内容。已经协商确定的万里茶道申遗牵头省和牵头市的主要任务是申报世界文化遗产,建议将牵头省和牵头市申报世界文化遗产办公室的任务进行拓展,除负责组织协调万里茶道申报世界文化遗产的具体工作外,还需要负责沿线各省(区)文化遗产保护利用工作,将申报、保护、利用有机结合起来。其三,万里茶

道沿线各地文旅部门(文物局)设立万里茶道文化遗产资源保护利用办公室，具体对接文化和旅游部、牵头省和牵头市申遗办公室的相关工作，使沿线各地申报、保护、利用工作有专人专班负责，步调一致，共同推进。其四，深入推进与蒙古、俄罗斯的合作。虽然三国在推进万里茶道联合申遗方面做了大量前期工作，但因为疫情等多方面原因，联合申遗和沿线文化遗产的保护利用工作，还有诸多实质性的问题需要解决，需要推动建立中蒙俄三国文化遗产管理部门沟通协调机制和搭建交流平台，形成定期协商和交流制度，全面推进三国万里茶道联合申遗及文化遗产保护利用工作。

(二) 进一步挖掘整理万里茶道文化遗产资源

万里茶道文化遗产资源类型多，蕴藏量大，涉及面广，需要进一步调查挖掘和搜集整理。其一，对万里茶道相关历史遗迹进行深度调查和挖掘。在对万里茶道主线进行调查的基础上，要对各支线的古茶园、聚落、茶厂、古茶道、集散地、码头、商号、会馆、驿站等遗址遗迹进行更深入细致的调查，全面掌握万里茶道沿线的历史遗迹。其二，对茶道沿线的相关实物进行系统的搜集、征集、保护。万里茶道沿线从茶叶种植、采摘、加工，到运输、贸易、消费，形成了诸多工具、用具及相关器物，这些可移动的实物见证了万里茶道的兴衰，具有重要的历史文化价值，在城镇化、现代化进程中，上述实物易被破坏甚至消失，必须加紧搜集和抢救，保护好珍贵的实物资料。其三，搜集整理涉及茶道的非物质文化遗产资料。万里茶道开拓、发展过程中，围绕茶叶的生产、运输、销售，各类人员创造传承着许多与茶相关联的传说故事、茶歌、美术、戏剧、习俗及其相关文献，这些精神财富是万里茶道文化遗产的重要组成部分，需要进行系统搜集整理。其四，口述资料的采集和记录。虽然万里茶道早已淡出人们的视野，但其留下的历史记忆仍然存留在沿线民众的心灵深处。要抓紧时间，对茶道开拓及其经营者的后裔进行深入访谈，记录万里茶道先辈在开拓、维护万里茶道过程中的事迹和故事，真实记录茶道开拓发展的历史及精神。通过以上措施，形成系统完备的各类资料，为万里茶道申遗和研究做资料铺垫。

(三) 深入研究和提炼万里茶道文化遗产的价值和精神

万里茶道作为跨越洲际的文化线路遗产蕴含了丰富的文化内涵，具有独特的价值特征，在开发和利用万里茶道文化遗产资源过程中，我们需要对其价值和精神进行深入研究和提炼，为创造性转化、创新性发展提供学理支持。其一，万里茶道突出普遍价值的研究。万里茶道在开拓、发展、繁荣的艰难历程中形成了特定的行为准则和认同原则，体现了“和合天下，恩泽四海”的价值理念。无论是申遗，还是向外宣传推广，迫切需要对万里茶道的突出普遍价值理念进行研究和提炼。其二，万里茶道一般价值的研究。万里茶道除了突出普遍价值外，还有历史、文化、科学、艺术、生态、经济等多重价值，需要从多学科、多途径进行深入研究，揭示万里茶道多维价值。其三，万里茶道时代精神的研究。万里茶道是各类主体艰难开拓和协同维护形成的贸易路线和文化交流路线，在存续近 300 年的时间里，形成了诸如“不畏艰险、勇于开拓、诚实守信、包容互鉴、合作共赢”的茶道精神，这些精神需要进行深入的研究、提炼，广为宣传，作为保护利用万里茶道文化遗产的精神动力。

(四) 编制万里茶道文化遗产资源保护利用整体规划

万里茶道分布在国内 9 省(区)，并跨越中蒙俄三国，编制万里茶道文化遗产资源保护利用规划是做好保护利用工作的前提。在编制总体规划过程中要处理好以下几个关系:其一，要以相关的法律法规为依据。编制万里茶道文化遗产保护总体规划要与国家和地方的法律法规相一致，不能违背国家和地方的法律法规。其二，要与国家和地方文化旅游规划相结合。总体规划编制要在与国家文化和旅游发展规划保持一致的前提下，充分吸纳各地的文化和旅游规划的内容，使其相互衔接、相互补充，相得益彰。其三，要充分体现总规的宏观指导作用和各自特色。编制整体规划要在统一规划、整体布局的前提下，充分考虑不同地区、不同国家的具体实际，充分体现各段、各地的优势和特色。其四，要围绕文化遗产这一核心。要在充分调查、挖掘、搜集、研究、提炼的基础上，把丰富的文化遗产融入总体规划中，体现文化遗产这一灵魂，真正体现以文塑旅、以旅彰文的原则，推进万里茶道文化遗产和旅游业融合，促进优势互补，形成发展合力。

(五) 将万里茶道纳入国家文化公园建设

国家文化公园融自然与人文于一体，是最具代表性的国家文化符号，蕴含着中华民族强大的文化基因和精神密码，是文化资源宝库与中华民族共有的精神家园，同时也是文化交流展示的平台、文化与旅游深度融合的舞台。万里茶道作为典型的文化线路遗产具有国家文化公园的特质和属性，是潜在的国家文化公园资源，沿线各省(区)要有前瞻性、全局性眼光，趁早准备，步调一致，共同努力，将万里茶道尽快纳入国家文化公园建设，以此推动“一带一路”建设和万里茶道联合申遗。将万里茶道纳入国家文化公园建设，同样是贯彻落实习近平总书记关于发掘好、利用好丰富的文物和文化资源，让文物说话、让历史说话、让文化说话，推动中华优秀传统文化创造性转化、创新性发展、传承革命文化、发展先进文化等一系列重要指示精神的重要举措。

(六) 利用“三茶统筹”促进文化遗产资源与旅游的深度融合

近年来，各地深入贯彻落实习近平总书记关于茶文化、茶产业、茶科技“三茶统筹”的指示精神，推进茶文化与旅游的深度融合，万里茶道特殊的文化遗产资源是“三茶统筹”融合发展的最佳载体。其一，推进茶源地“三茶统筹”。万里茶道茶源地主要有武夷山、幕阜山、雪峰山、武陵山等茶区，这些茶区茶叶种植、加工历史悠久，以茶源地为核心积淀了丰富的茶文化遗产资源，茶源地在重点发展乡村旅游时，要体现茶文化特色，将休闲旅游、体验旅游、养生旅游、科技旅游等结合起来，助推乡村振兴。其二，推进重要节点市镇的“三茶统筹”。万里茶道沿线有河口、九江、羊楼洞、汉口、襄阳、社旗、祁县、大同、张家口、呼和浩特等重要节点城镇，这些市镇可以充分利用茶文化历史街区、纪念性建筑和当今的茶叶加工、批发、销售等优势，通过打造茶文化街区、茶客栈、茶民宿、茶吧、茶博物馆、茶叶展示馆等，把茶文化、茶产业、茶科技融入城镇旅游规划中，实现茶文化、茶产业、茶科技的融合发展。其三，将“三茶统筹”融入万里茶道文化走廊建设中。万里茶道本身就是一条文化旅游线路和茶文化走廊，从茶源地的种茶和加工，到节点市镇的集散与转运，再到各个批发和销售终端，形成相互关联的利益共同体，三者之间优化重组、整合集成、交叉互渗，赋能于文化旅游之中，不断生成茶产业新业态、茶科技新技术、茶文化新空间布局，形成以茶文化为灵魂的文化旅游线路。

(七) 构建万里茶道文化遗产保护利用全媒体传播格局

由于多方面的原因，万里茶道知晓度还十分有限，因此，需要加大宣传和推荐的力度。其一，准确定位万里茶道品牌形象。推动万里茶道走出去，深化文明交流互鉴，围绕“合和天下，恩泽四海”的茶道理念，培育具有中华符号意义和全球影响力的文化线路品牌，向世界讲好万里茶道故事，展示中华茶文化形象。其二，遴选一批具有代表性的文化景区。要在漫长的线路或景点中遴选一批具有重大意义、代表茶道精神的景区和精品文化线路。其三，打造万里茶道文化旅游全媒体传播矩阵。整合万里茶道沿线各地报刊、影视、广播、网络、新媒体等，发挥旅游景区、文艺院团、文博院馆、文化研究机构等优势，拍摄万里茶道旅游公益广告、纪录片、专题片，依托门户网站、搜索引擎、社交媒体、网红平台，进行全方位、多层级、立体化宣传推荐，形成线上线下结合的推广体系，从而形成万里茶道文化旅游全媒体传播矩阵。其四，建立万里茶道文化旅游协作联盟。依托现有的万里茶道牵头省和牵头市、万里茶道协作体等机构，建立万里茶道文化旅游协作联盟，谋划万里茶道文化旅游节、万里茶道茶文化推进会，通过密切协商和通力合作，推进万里茶道文旅融合发展。其五，策划系列文化旅游活动。以文化和旅游部“海外中国文化中心部省合作计划”“中国文化年”“欢乐春节”等为平台，推动万里茶道茶文化走向世界，编写《万里茶道读本》，编辑出版“万里茶道”丛书，制作“万里茶道300年”文化旅游宣传片和专题片。其六，建立万里茶道文化旅游海外推广中心。利用俄罗斯、蒙古等国的主流社交平台，打造多语种文旅推广阵地，广泛宣传万里茶道文化旅游资源和产品，扩大万里茶道在全球的影响力，向世界推广万里茶道文化旅游形象符号。

五、结　语

万里茶道既是纵贯中国南北和横跨亚欧的国际商道，也是中国代表性的文化符号。万里茶道蕴含着厚重的文化遗产资源，是当下推动茶文化、茶产业、茶科技融合发展的宝贵财富。我们要充分认识万里茶道文化遗产的历史价值、文化价值、艺术价值、科学价值、生态价值、经济价值，按照“保护为主、抢救第一，合理利用、继承发展”的原则，采取行之有效的政策措施，推动万里茶道文化遗产资源的保护利用与旅游业发展相融合，以“三茶统筹”、文旅融合、茶旅融合发展新思路，推动万里茶道沿线地区经济社会的高质量发展，推进“一带一路”建设和联合申遗工作。

参考文献

[1] 陈文华.湖北在万里茶道中的地位与品牌复兴的路径选择[J].决策与信息，2016(06).

[2] 石雅楠.中蒙俄经济走廊视域下“万里茶道”的意义与发展策略[J].西伯利亚研究，2021(03).

[3] 刘佳民.江西境内万里茶道遗产廊道构建研究[D].南昌：江西农业大学，硕士学位论文，2020.

[4] 黄孝东，刘浩泽.中蒙俄万里茶道(山西段)非物质文化遗产旅游开发模式研究[J].山西大同大学学报：社会科学版，2021(03).

[5] 王公为.茶产业与旅游产业的融合互动发展研究——以“万里茶道”中国段沿线8省区为例[J].茶叶科学，2020(04).

[6] 赖建东，定光平，胡振华.万里茶道源头羊楼洞古镇旅游开发及利用对策探究[J].湖北科技学院学报，2019(03).

[7] 王公为.“万里茶道”内蒙古段旅游产品开发策略研究[J].北方经济，2019(01).

[8] 杨晓军.“一带一路”视角下的万里茶道旅游资源协同开发[J].天中学刊，2016(06).

[9] 黄柏权，巩家楠.“万里茶道”文化遗产的保护及对策[N].中国文物报，2021-07-16(07).

[10] 中国旅游研究院. 2019 年旅游市场基本情况[EB/OL]. 文化和旅游部政府门户网站 https://zwfw. mct. gov. cn/? type=gb,2022-02-14.

[11] 黄柏权,巩家楠. 万里茶道跨越亚欧的"世纪动脉"[J]. 中国民族,2021(07).

[12] 陈容凤."万里茶道"福建段史迹调查及初步研究[J]. 福建文博,2017(01).

[13] 肖发标. 九江市万里茶道文化遗产的调查与保护[J]. 农业考古,2015(05).

[14] 刘杰. 万里茶道(湖北段)文化遗产调查与保护[J]. 中国文化遗产,2016(03).

[15] 李博,韩诗洁,黄梓茜. 万里茶道湖南段文化线路遗产结构初探[J]. 湖南社会科学,2016(04).

[16] 河南省文物建筑保护研究院. 万里茶道河南段文化遗产调查与研究[M]. 北京:文物出版社,2016.

[17] 张家口市文物考古研究所. 万里茶道河北段文化遗产调查与研究[M]. 天津:天津古籍出版社,2018.

[18] 内蒙古自治区文物局. 内蒙古自治区万里茶道调查报告[M]. 北京:文物出版社,2021.

作者简介

黄柏权,湖北咸丰人,湖北大学历史文化学院院长、万里茶道研究院院长,教授,博士生导师。研究方向为南方民族历史文化、茶业史、万里茶道。

巩家楠,山东费县人,湖北大学历史文化学院博士研究生。研究方向为茶业史、茶文化、专门史。

Protection and Utilization of Wanli Tea Ceremony Cultural Heritage in the Context of Cultural and Tourism Integration

Huang Boquan　Gong Jianan

Abstract: There are rich cultural heritage resources stored along the tea ceremony, which are rich, active, availability, showability and transformation. Although the protection and utilization of cultural heritage resources of Wanli Tea Ceremony has achieved remarkable results, there are still problems such as insufficient mining and arrangement of cultural heritage resources, insufficient value research and refinement, insufficient depth of cultural and tourism integration, insufficient brand publicity, and lack of overall planning and coordination mechanism. Therefore, it is necessary to establish and improve the protection and utilization coordination mechanism, further explore its heritage resources, further research refining its value and spirit, the tea ceremony into the national cultural park construction, using three tea to promote the depth of cultural heritage and tourism, build the tea ceremony cultural heritage protection using all media communication pattern, realize the tea ceremony cultural heritage resources protection and tourism fusion the development of high quality.

Key words: Cultural and Tourism Integration　Wanli Tea Ceremony　Cultural Heritage　Protection and Utilization

文化产业的价值导向功能

——法兰克福学派与葛兰西式文化研究的启示*

陶　勤

摘　要:正确认识文化产业的价值导向功能是科学制定文化产业发展政策和加强精神文明建设的一个基础性前提。法兰克福学派认为文化产业是精神操纵的工具、创造性的扼杀者,而葛兰西式理论则认为文化产业是积极的导向力量、隐藏的创作资源。事实上,文化产业正以一种特殊的方式参与到国家的经济文化体系中,而法兰克福学派与葛兰西式文化研究对文化产业在文化批判模式和文化大众化模式上的理念分野,给我们认识文化产业的价值导向功能提供了文化产业内生着价值导向责任等深刻启示。

关键词:文化产业　法兰克福学派　葛兰西式文化研究

一、引　言

能否正确认识文化产业的价值导向功能,不仅影响着文化产业发展方向的把握,关系到文化产业能否承担起文化传承的职能,而且影响着社会主义核心价值体系的建设,关系到核心价值观与其他价值观的融合。正确认识文化产业的价值导向功能是科学制定文化产业发展政策和加强精神文明建设的一个基础性前提。伴随艺术生产和大众传媒技术的发展而出现的"文化产业"概念一经产生就被阿多诺和霍克海默视作精神操纵的工具和创造性的扼杀者。法兰克福学派的主流思想家们把大众文化看作政治统治的强有力的形式,认为文化产业构筑起的政治文化要素潜移默化地替代了不同个体的思想观念,并通过单向的价值灌输来掩盖大众对现存秩序的不满,使每个个体都心甘情愿地被纳入社会机器的运转中。所以法兰

*　基金项目:江苏高校哲学社会科学研究重大项目"斯坎伦非自利契约论的本体论基础研究"(2018SJZDA012)的阶段性成果。

克福学派的许多思想家都对文化产业的价值导向功能持一种消极的态度，本雅明甚至认为机械复制技术导致艺术灵韵的消失。英国文化研究最初继承了法兰克福学派的部分经典观点，如伯明翰学派认为大众文化的一个重要目的就是让工人阶级在不知不觉中融入资本主义社会。但是随着英国文化研究的发展，大约从 20 世纪 80 年代中期出现“葛兰西转向”之后，英国的研究者们开始强调“媒介文化以及观众在阐释和运用媒介产品时的抵抗因素”[1]，认为文化产业对社会价值体系建设具有重要的意义。所以葛兰西式的文化研究对文化产业的价值导向功能持一种积极的态度，与法兰克福学派呈显著差异。研究法兰克福学派与葛兰西式文化研究对文化产业在文化批判模式和文化大众化模式上的理念分野，将会给我们认识文化产业的价值导向功能提供深刻的启示。

二、价值目的：精神操控还是价值引领

作为文化产业批判旗手霍克海默和阿多诺把面向大众并由传媒技术促动的文化商品化生产称为“文化产业”时，就将文化产业作为“精神操纵工具”对其进行了批判，认为文化产业本身就是商品交换的逻辑产物，它不断地强化现存商业社会的基本逻辑，并试图将大众塑造为社会所需要的样子。但他们也指出与传统专制式的塑造不同，文化产业不是要将人们对于享乐的欲求降到最低程度，而是要满足并激发人们对娱乐和享受的欲望，让人们沉迷于文化工业产品的享乐性消费所带来的虚幻的满足之中，从而丧失对社会的反思批判精神。他们认为这种隔着温情脉脉的面纱把统治阶级的意志潜移默化地渗透到大众的无意识之中的隐蔽方式，近似于法西斯通过催眠等心理学手段实现非理性话语与无意识心灵共鸣的操控有着异曲同工之妙，所以文化产业价值导向功能只能从共谋与被操纵的角度进行理解和分析。大众只是作为“文化工业的对象”[2]被操纵着，而这种单一的精神再生产也不能带来社会的进步与发展。

葛兰西式文化研究者虽然承认文化产业通过生产商品而在意识层面上不断再生产着自身，但是同时也认为那些关于精神操纵功能的解释只质疑了宰制集团的权力，并未关注统治意志操纵策略的成功性。他们认为法兰克福学派思想家的失误在于仅仅将文化产业当作糖衣炮弹，仅仅把大众视作文化产业的受骗者和“被操纵”的对象，仅仅自上而下地看待类型化问题的角度，从而把阶级统治的效力绝对化，以致忽视了文化产业的另一个功能。进一步指出对文化产业的全面认知需要进行“双重聚焦”，一方面要关注其宰制性力量，另一方面要关注产品如何被接合到

参与者的意识之中。葛兰西式文化研究所感兴趣的“与其说是由文化产业所提供的文化商品，不如说是这些文化商品在消费行为中被挪用和理解的方式”[3]。其研究对象不是被保证的本质性的文化文本，而是它们被使用的方式；不是作为刻录(inscription)的文本意义，而是作为归属(ascription)的社会意义。葛兰西主义者认为文本真正的潜在的意义只有在进入社会关系中才能被激活、被认知，并“以它们的生产者并未打算或甚至是没有想到的方式进行”[4]。正如斯图亚特·霍尔所指出的意义的来源并非是文本，而是意义的变化得以发生的场所。他认为，在现实世界中没有事物会具有固定的、单一的内在意义。意义不是取决于“事物如何成为其自身”，而是取决于“事物如何被表达”。所以意义是通过语言来转换的，语言和符号是意义生产的工具，语言和符号本身就是具有多义性的。文化产业制造出文化产品的过程就是其自身在被接受、被拒绝或被使用的过程，是被具有自主性、创造性和辨识力的大众再生产的过程。文本的消费过程就是产业生产自身文化的持续过程，是一个鲜活灵动的文化生产过程。在这个过程中，文本与大众的日常生活被有机地联系了起来，并产生了不同的社会语境中文本与各类读者的相关性。这些相关性是在文化经济活动的特定时刻，被读者在识别和筛选文本与日常生活之间的切入点的过程中生产出来的，它超越了产业内部或者产业之间的经济特质层面，使得文化产业潜在地具有价值导向功能。

三、价值表达：个性扼杀还是个性创造

法兰克福学派认为文化产业的重要特征就是文化产品的标准化。文化艺术产品在标准的产业流水线上被大规模的复制，从而使得“整体和部分都同样地从属于格式”[5]，这在整体上结束了浪漫主义对统一规则和人为限制的反抗，结束了表现主义对个性、创造性和反叛性的崇尚。而文化产业的经济性特征又使其更加注重效益，产业获得巨额商业销售利润的目标使得哪种类型文化产品销量好、哪种程式的服务受欢迎就会得到大规模的再生产，因而忽略了产品的个体性，并以普遍来取代特殊，从而形成了一种扼杀自主性、创造性与想象力的同质文化。文化产业对形式与内容、内部和外部、个人和社会的整齐划一的追求使得统一性绝对化，其代价是“真实性”、个体性、特殊性的丧失和类型化、标准化、格式化的形成，并在反对统一性的标签下，滋生出了一种“伪个性主义”。依靠技术而模式化生产出来的大众文化，只是一种会导致大众创造力丧失的快感文化。随着独一无二的创造性被类型化，人们的闲暇也转变成“连最细微的细节也受到控制的程序……导致了内心生

活的丧失”[6]。所以在法兰克福学派那里文化产业生产的类型化和标准化使得个体只有与社会普遍性在各方面都达成一致才能融入社会，而个性和创造性成为一种幻想被扼杀。

不同于法兰克福学派思想家把“类型”当作某种固有属性来描述，葛兰西式文化研究者们赋予了“类型化”“标准化”完全不同的含义，认为类型不是公式化的清单，因为公众的喜好会随着时间的推移和环境的变化而改变，是一个有起有落的动态过程。费斯克说：“在任何时间、对任何媒介或所有媒介，都不存在一套定义某个类型的固有属性。”[7]所以“类型化”以相似性和相异性的结构来组织社会认同，不仅是组织文本的方式，是文本在社会流通循环的方式，也是规避商业风险的手段，实现社会功能的手段。文化产业提供的“标准化”“类型化”文本仅仅是未曾言说的、具有不连贯性和不确定性的原初文本，而具有自主性、创造性和辨识力的大众对于这些产品并非照单全收，同一文本在不同的接受者那里、在不同的场景下有不同的意义。因为文化产业的大众化特质，使得接受者和接受场景千差万别，并又为不同意义的产生提供机缘。所以，文化产业所生产出的文化商品在日常大众的消费中，能够成为大众的一种文化资源，并且不断再生各种新的文本。通过大众文化与高雅文化接受者的比较，詹森批驳了所谓“迷之一族”的观点，认为其也是积极的生产参与者。正是“迷之一族”提供的创造力，揭示了文本中隐藏的动机和结果，提供了额外的洞见，填补了文本的裂隙，拓展了诠释的空间。这种创造力不仅仅体现于对现存文本的选择和扬弃，更体现于对新文本的持续再生产。

四、价值愿景：消极还是积极

法兰克福学派思想家认为文化产业自诞生之时就在为资本主义体制的合理化辩护，就在维持资本主义社会既有的政治经济权力结构体系。霍克海默指出大众文化不过是资本主义社会提供的一种快感文化，电影、畅销书等文化产品所提供的虚假性幸福和规避性快乐使人们沉溺于无思想的享乐之中。而这种享乐看似会使人忘记忧伤，事实上却是一种无奈的无能为力，它使大众失去了思想深度，放弃了改变现存制度的想法，丧失了超越自我的能力，而与平庸的现实相容，成为娱乐文化附庸。阿多诺说享乐不是“逃避恶劣的现实，而是逃避对现实的恶劣思想进行反抗”[8]。大众的代表和领导者不能由喜欢工业文化的沉迷于娱乐的人承担，终极决策权只能转移到清醒的目标明确的制度设计者身上，而与真理无关。如此，文化产业的目的就是为现存社会制度的可能性进行辩护。斯道雷指出“革命的倾向不论在何时羞涩地露出一定的苗头来，都将被一种大体上类似于财富、冒险、热情似火的爱、权力以及肉欲主义一样的愿望——梦想式的虚假满足所平息和遏止。"[9]阿多诺反对"管理社会"对人和自然的控制，提出用真正的非同一的艺术去对抗文化产业同一的类型化的商品。洛文塔尔指出统治阶级还会通过操纵文化产业的产品生产，使劳动阶级非政治化。工业文化为大众生产出统一的与既得利益相符的文化产品，但当大众消费文化产业的产品时，又再现了这些产品所反映的社会现实。也就是说，这些文化被文化产业生产出来又强行的反施于大众身上[10]，从而消除所有的社会差异，所以"文化产业的产品就把人们拴在压迫他们的社会秩序上"。这样一个过程将会是消极的，"是反文化、反大众的；它将是文化的反题，也将是大众的反题。"[11]

葛兰西式文化研究持一种"双重聚焦"的理论取向，这种双重聚焦体现的是文化产业的矛盾性的功能。一方面在具体的条件下，文化产业的精神"收编"功能可能是有效的，因为文化产业所提供的某些意义是为权力集团利益所控制的；另一方面强调理论中心从结构向社会实践的转移，强调聚焦大众的日常生活实践，探究大众的活力与创造力，因为即使"收编"本身也会遇到大众的规避与抵抗，总存在另一些服务于从属者利益的意义。"正是这活力与创造力，使宰制者一直感觉到收编是一种持久的必要"[12]。葛兰西将国家上层建筑的构成划分为两个领域：一个是主要是由法院、警察、议会等组织构成的政治社会；另一个则是由政党、工会、学校和各种新闻媒介等民间组织集合构成的市民社会。政治社会只具有社会意识的有限领导权，而市民社会是价值体系的创建和发布组织。在此基础上，他进一步提出政治和文化的两种领导权，文化领导权所体现的并不是一种简单的文化上的压迫关系，而是通过不同的社会形式体现的道德和哲学等文化层面上的领导权。文化领导权的争夺与其说是统治阶级对从属阶级的支配，不如说是争夺思想和道德的领导权的斗争。因为文化领导权并不是通过剪除对立文化，而是通过将对立文化利益纳入自身体系来实现的，因此价值冲突中的简单文化对立会被纳入这一过程消解。葛兰西对国家上层建筑的划分与阿尔杜塞关于国家机器构成的两分法有着很大的相似性，但他的文化领导权理论比阿尔杜塞的国家机器理论要深刻得多。葛兰西认为政治社会和市民社会是相互渗透的，市民社会是政治社会乃至整个社会的基础，政治社会通过舆论宣传控制市民社会中大众的价值取向，这种舆论宣传需要在市民社会进行，以市民社会的成员与组织的同意为基础。大众文化与市民社会既是支配的又是对抗的，其内容是由统治阶级获得文化领导权的努力和被统治阶级对各种文化领导权的抵抗共同构成的。文化产业所起的作用不仅仅是统治阶级意识形态的宣传，也不仅仅是一种自发的文化抵抗，而是为持续不断的不同价值取向的斗争和妥协提供一个场域。在这个场域中，一种伦理观念有可能成为大众的行为准则，一种生活方式有可能为大众自愿接受，一种文化价值有可能被大众普遍认同。因此，文化产业的特性和功能发生了极大变化，成为一种价值导向力量。

五、启示：我国文化产业的价值导向功能建设

法兰克福学派对文化工业纯娱乐化的贬斥，对避免大众文化走进"泛娱乐化"误区极具启示意义；对资本主义工业社会的批判，有助于我们对资本主义社会矛盾的理解，有助于我们坚定中国特色社会主义的道路自信、理论自信、制度自信和文化自信。葛兰西式的文化研究更是告诉我们文化产业是一种经济形态，也是一种文化形态，如果仅仅被作为产品复制和交换工具，便异化了文化产业的积累和发展。

（一）文化产业的内生责任：价值导向

价值是指在实践基础上形成的主体和客体之间的意义关系。价值观是主体对客体有无价值、价值大小的立场和态度。价值观直接影响和决定着一个人的认知、理想、信念的性质，对人们认定事物、辨别是非、控制行为起着定向和调节的重要作用。一个人选择什么样的人生道路和生活方式，都是在一定价值观的指导下进行的。价值导向则指社会或群体、个人在自身的多种具体价值取向中将其中某种取向确定为主导的追求方向的过程。尽管价值观形态万端，但是在不同的社会条件中总存在一定的主流价值形式，而且这种主流价值观一经形成就会通过社会文化生活成为一种引导人们价值取向的力量。没有哪一个社会人的行为方式和思维方式，能够不受这种力量的左右。正是这种控制性力量，使得对如何引导主流价值观受到一切社会集团的重视，而文化产业则内生着价值导向的作用。

文化产业的价值导向功能体现在文化产业内在价值观能够引领人们价值选择，并影响其价值取向的过程，对社会的和谐与稳定具有重要的意义。文化产业不仅关系到国家的文化安全也关系着国家经济建设进程。但是文化产业不同于其他的经济产业，它的生产活动依托于内容丰富的文化符号，包含文学、哲学、科学、宗教、艺术、风俗等，这些文化符号本身就包含了特定的价值取向。一方面，文化产品和文化服务的生产暗含了特定价值观的生产。不同生产主体往往会将自身的偏好、诉求和价值标准灌注于产品选择和设计之中，将自身的思想、愿望和意志情感

渗透于生产方式和过程之中，使得文化产业所提供的文化产品和文化服务中也包含了特定的价值观念。关于文化产业准入的制度选择与规定，以及行业内的竞争也都客观上使文化产业本身成为一种价值导向载体，承载着价值导向功能。另一方面，人们在消费文化产品、享受文化服务的同时，也在消费和内化着这些产品和服务中内含的文化符号和价值观念，人们的思维方式、行为习惯、价值选择受到这些文化符号和价值观念的潜移默化的影响。文化产业将生产力发展迅速转换文化现实的能力，使得处于社会底层的最广大的劳动者能够通过文化消费的方式来理解文化、阐释文化，并通过特殊的艺术形式使得底层大众获得了了解世界、把握自己与世界关系的能力，也唤起了大众对于自身作为文明的主体性存在而拥有的权利与义务的关注。这就使得国家借助于文化产业机制，使主流政治伦理和文化价值观成为被普遍接受的行为准则成为可能，使广大群众自由的认可公共体系所提供的生活方式成为可能。

法兰克福学派在高扬文化工业冲淡和抹杀人的个性的同时，也深刻揭示出大众文化各类形式都蕴含的一定价值立场，总是渗透一定的价值导向功能。葛兰西式文化研究预言政治社会的强制性统治必将会被市民社会的文化习俗的隐性影响所代替，市民社会将通过道德文化的引领作用，日益强化价值取向在政治文化上的影响力。葛兰西文化领导权理论不仅为意大利无产阶级政党提供一条不同于以往夺取统治权的革命道路，而且开创了运用马克思主义研究社会文化传播问题的新路向。阿多诺所说的工业时代发生了巨大的变革，阿多诺的艺术非交换模式和本雅明的可交换模式也随着信息时代的到来而走向统一。社会现代传媒的发展使得文化产业这一具体载体对思想的有效传播意义重大。随着现代传媒技术的不断发展，现代公民的思想文化获取渠道早已超越传统单一的、局限的方式，呈现出多样化、个性化的趋势，人们可以自由地选择传播媒介、自由地选择接受对象，这些自由的选择又形成了巨大的市场空间。国家的价值导向功能能否最大限度实现的关键，就在于能否最大限度地占有这些市场空间。只有借助现代产业市场竞争运作机制，发展形成完整的涵盖生产、流通和消费全过程的现代经济产业集群，才能使文化生产的产业化发展能够满足人民对美好生活需要所产生的文化消费需求，从而拥有最广大的文化产品的消费者，进而形成核心价值话语体系。文化产业正以其现代性的方式在引导社会的价值取向上发挥着重要的作用。

（二）文化产业价值导向功能的特殊性

阿多诺的艺术非交换模式和本雅明的可交换模式都有着一定的局限性，又具有自己的合理性。先锋艺术对不可交换性的秉持和文化大众化矛盾的日渐突显，也使得文化产业的价值导向功能突显出特殊的性质，与其他产业相比，文化产业本身就是独特的、复杂的产业形式。这种特殊性不仅表现在任何一种关于文化产业的定义都不能涵盖它的所有内容，而且还表现在其形态多样、内容多样、结构多样、环境多样等各个方面。

1. 时代性

作为结合文化形态和经济形态的社会文化关系总和的文化产业的发展必然受政治经济运行和社会发展一般规律的影响。在马克思时代，大工业生产将工人固定在机器上，工人被物化了；在阿多诺时代，流水线生产使分工进一步细化，原作大量复制使得灵韵消失的同时，也使得大众传媒成为一种国家集权的控制工具。信息时代的到来，大众传媒的手段变得更加多样化和便捷化，艺术生产也可以实现个人化。科学技术的发展和传播手段的进步使得文化产品大量复制的成本降低，曾经只能是少数人欣赏的文化产品转化为商品，使得文化行为作为人们的一种欲求走进消费领域。所以文化产业的形成和发展受到生产主体所处时代的物质技术水平的制约，它的内容和价值导向作用的发挥也具有鲜明的时代特色，是该时代人类的文化观念、审美意识、价值取向在生产中的物化表现。

2. 多重性

文化产业是具有战略意义的产业，这不仅体现在它随着国际国内形势的变化而变化，而且还体现在文化产业所具有的文化性、政治性、经济性、社会性等多重属性上。这决定了文化产业的价值导向功能也具有多重属性。文化性是文化产业区别于其他产业的基本属性。文化产业提供的产品体现着消费文化演变方向的特定选择，消费文化的演变不仅仅指兴趣爱好的改变，而且还是对个人、家庭、国家和社会等概念在认识和理解上的转变，起到了主流价值导向传播工具和实现途径的作用。文化产业的价值导向受国家意识形态的影响，文化产品和服务在无形中承载了传播本国意识形态的功能。市场主体注重成本核算和盈利模式，文化需求的满足除了政府的公共提供之外都要通过消费获得。文化产业的运行受市场规律的支配调节，文化产业的经营性突显了其经济学属性。文化产业的经济性主要体现在产业主客体的关系上是一种纯粹的经济关系。政治性体现在现代社会中文化产业的内容生产包含着对政权的肯定或否定态度，一定程度上影响着公众对政治主体的褒贬态度。所以文化产业具有政治上的参与性，有时甚至可以成为左右时政的力量。社会性指文化产业会对人们思维方式、行为方式、交往方式等产生决定性的影响，从而形成一种大众化的生存方式。文化产业正带着文化性、政治性、经济性、社会性等多重属性参与到国家的文化体系创新和经济结构调整中。

3. 多层性

文化产品、文化服务在文化市场上是以各种产业形态作为具体样式的。伴随技术创新和互联网升级，文化产业的传统业态不断更新迭代出现了一系列新的形式，传统业态与新兴业态之间交错融合，产生不同形式的融合业态。在纯粹意义上，产业并无所谓核心与外围之分，但是不同文化产业门类在国民经济中发挥作用的大小和对于社会发展的影响程度的强弱是存在差别的。按照社会的影响，文化产业还可以分为核心层、外围层和相关层。图书馆、博物馆、文化社团等处于文化产业核心层，具有鲜明的政治性；现代传媒产业作为衡量国家文化综合国力重要指标的产业更是核心中的核心。旅行服务、广告、会展等处于文化产业的外围层，体现一定的政治性。文具、乐器和工艺品的生产和销售等处于文化产业的相关层，这一层级中的产业经济性的成分更强一些。文化产业多层性决定了文化产业价值导向功能发挥的不规律性和不确定性。但是不管是处于外围层，还是相关层，其价值导向作用的重要性并不一定就小于处于核心层的产业。

（三）文化产业价值导向功能的发挥路径

1. 强化政府职能，深化文化产业监管体制改革

文化产业的价值导向功能无论是在理论逻辑上还是在实际运行上，都在国家治理中发挥着重要作用，所以要强化政府对文化产业的监管。但是，政府对文化产业的管理并不是越多越好、越细越好，而应该以顶层设计和统筹指导为主。监管的着力点应放在深化文化产业管理体制改革上，放在调动企业的积极性、主动性和创造性。文化产业监管体制改革要注重以下几个方面的转向：从微观管理转向宏观管理，把文化产业纳入经济、政治、社会、文化、生态五位一体建设的总体规划，从碎片化管理转向战略性管理，制定文化产业集群发展的新战略；从事务性管理转向决策性管理，统筹协调不同区域文化产业发展不均衡问题；从条线化管理转向综合性服务，强化政府自身服务职能，建立良好的文化产业集群发展的服务体系；从参与性管理转向监督性管理，健全文化产业链、供应链监管机制；从多头管理转向效益管理，为文化产业新业态发展提供良好的生态环境；从细节性管理转向方向性管理，以社会主义核心价值观引领文化产业新业态发展。

2. 加快产业整合，建设文化产业集群体系

文化产业的产业整合不仅是社会竞争的需要，而且还体现着社会的价值追求

和意识表达。随着不同区域间专业化分工布局的逐步完善,文化产业的垂直和水平布局也日趋合理。但是产业链和供应链中存在的薄弱环节和发展短板也突显出来,特别是对高新技术成果与文化产业集群的融合式发展问题和后疫情时代可能出现的文旅产品同质化问题,还缺乏构建大产业体系的研究和探索。要着力提高文化创意产品和文化服务产品的科技运用能力,促进文化要素资源跨区域自由流动,提高产业要素资源配置效率,实现技术创新、人才资源和信息平台的共享共用,消除技术壁垒,减少同质化技术耗损,建设一批拥有自主知识产权、具有核心竞争力的龙头企业。着力提升文化产业的附加值,延伸上下游产业链条,将分散经营的各类文旅企业进行有效集聚,形成既具有世界先进水平,又具有民族特色的文化产业集群体系。

3. 完善市场结构,提升产业链供应链水平

文化产业的市场结构不同于一般性的市场结构。在不同的生产力发展阶段、不同的社会制度中、不同的价值观指导下,文化市场的结构以及运作方式也存在差异,而其结构的差异又决定其功能的差异。数字技术的发展使得万物互联成为现实,使得原来的文化产品生产由线性生产走向网状生产、由单向性生产转向并行性生产,文化产品选择由线性转向矩阵式、由专业化设计走向社会化创意。生产全链条也由传统繁复逐步简化由内部分工走向社会化大分工。文化市场要匹配数字经济时代,文化产品与服务满足多层次消费需求,培育新型文化业态,拓展新业态发展空间,优化新业态结构,形成分工明确、管理集约、产业联动、竞争有序的市场结构,增强产业链的弹性、供应链的韧性,促进文化产业完整产业链的打造,提升全产业链的现代化水平。

4. 调整产业政策,发挥文化产业价值导向作用

作为社会发展不可分割的一部分,文化产业最重要的功能就在于满足人民的精神文化需要,为人民提供文化产品和服务,体现物质价值的同时,更重要的是体现精神价值。产业政策是国家调控文化产业的抓手,更是引导文化产业价值取向的重要工具。文化产业的核心价值原则要与社会的核心价值原则相一致,文化产业的发展方向必须与社会发展方向相统一,我国文化产业政策的制定必须以社会主义核心价值观为指导,把社会效益始终放在首位,完善文化旅游产业政策法规体系,引导文化产业在文化内容上的高品质追求,避免出现负能量的庸俗文化垃圾。在疫情防控常态化前提下,根据疫情防控政策的动态化特征,进行适时的调整,改变城乡文化产业体系“合而不融”状态。

六、结　语

霍克海默和阿多诺认为文化工业催生了一种新的不再称自己独立于社会现实;而把自身视作社会现实的一部分意识形态。这种存在于文化工业产品之中的意识形态,给人们提供娱乐,而当人们消费这些产品时就再现这些意识和这些意识所代表的社会现实。正如汤普森所说:"在每一社会层次上,在愉快消费的行动中,假如社会凝合剂使得现代世界越来越僵化、齐一化和动摇不了,文化产业的产品就把人们拴在压迫他们的社会秩序上。"[13]英国文化研究思想家认为法兰克福学派的思想存在一个明显的悖论,即"试图充当大众的代言人,又极力贬低其为之代言的大众,从而反对将统治的效力绝对化,反对贬抑大众文化的作用,并进而提出了把理论中心从结构转移到社会实践上来"[14]的"双重聚焦"的葛兰西式文化研究取向。而在文化产业已成为一种新的产业形态的当下,文化产业内在的反映着作为文明主体的广大劳动者的根本文化利益,反映着核心价值观建设的科学方向。从某种意义上来说,正是这种现代文化产业形态的出现,才使作为文明主体的大众能以应有的文化身份进入社会成为一种可能,也使得文化从精英走向大众成为现实。社会对文化产业的认识在反思过程已进入了一个合乎文化产业自身发展规律的新阶段。文化需要遵从市场经济的运行规律,文化产业作为一种文化形态,承担了社会价值导向功能。这种身份决定了文化产业以特殊的方式融入现代世界体系中。发展文化产业必须把握文化产业发展的规律,使之既承担起推动经济发展的功能,在实现形态扩张、提供市场空间的同时,也要调整市场结构、加速产业升级,以满足现代意义上文化创造、文化传播与文化积累的要求,使文化真正成为"以人文化天下"的利器。

参考文献

[1] [美]道格拉斯·凯尔纳.批评理论与文化研究:未能达成的接合.陶东风,译//陶东风主编.文化研究精粹读本,中国人民大学出版社,2006,137.

[2] [德]霍克海默,阿多诺.启蒙辩证法.洪佩郁等,译.重庆出版社,1990,133.

[3] [英]约翰·斯道雷.文化理论与通俗文化导论.杨竹山、郭发勇、周辉,译.南京大学出版社,2001,77.

[4] [英]约翰·斯道雷.文化研究:一种学术实践的政治,一种作为政治的学术实践.和磊,

译//陶东风主编. 文化研究精粹读本，中国人民大学出版社，2006，91.

[5] [德]霍克海默，阿多诺. 启蒙辩证法. 洪佩郁等，译. 重庆出版社，1990，117.

[6] [德]霍克海默著，曹卫东编选. 霍克海默集. 渠东、付德根等，译. 上海远东出版社，1997，216.

[7] John Fiske et al. Key Caruepts in Communication and Cultural Studies. London and NewYork: Routlege, 1994, pp. 128 - 129.

[8] [德]霍克海默，阿多诺. 启蒙辩证法. 洪佩郁等，译. 重庆出版社，1990，pp. 135 - 176.

[9] [英]约翰・斯道雷. 文化理论与通俗文化导论. 杨竹山、郭发勇、周辉，译. 南京大学出版社，2001，145.

[10] [英]汤普森. 意识形态与现代文化. 高括等，译. 译林出版社，2005，114.

[11][12] [美]约翰・费斯克. 理解大众文化. 王晓压，宋伟杰，译. 中央编译出版社，2001，208.

[13] [英]汤普森. 意识形态与现代文化. 高括等，译. 译林出版社，2005，114.

[14] [美]约翰・费斯克. 理解大众文化. 王晓压、宋伟杰，译. 中央编译出版社，2001，225.

作者简介

陶勤，江苏连云港人，南京师范大学马克思主义学院研究员，博士。研究方向为文化体制改革。

Value-oriented Function of the Cultural Industry
—The Enlightenment of Frankfurt School and Gramsci Culture Research

Tao Qin

Abstract: Correct understanding of the value-oriented function of cultural industry is a basic premise to scientifically formulate the policy of cultural industry and strengthen the construction of spiritual civilization. The Frankfurt School believes that the cultural industry is a tool of spiritual manipulation and a creative strangler, while the Gramsci theory believes that the cultural industry is a positive guiding force and a potential creative resource. In fact, the cultural industry is participating in the country's economic and cultural system now in a special way. The difference on the concept of cultural industry in cultural criticism mode and cultural popularization mode between the Frankfurt school and Gramsci culture research provides profound enlightenment of the endogenous value-oriented responsibility of cultural industry, which help us to understand the value-oriented function of the cultural industry.

Key words: Cultural Industry　Frankfurt School　Gramsci Culture Research

文化距离、收入水平与文化产品出口：以电影为例*

罗立彬　尉长风　王牧馨

摘　要:本文以电影为例,分析文化距离对于文化产品出口的影响,以及收入水平对于这种影响的调节作用。运用 2012 至 2018 年间在北美上映的 2 832 部电影共计 40 000 多条电影样本的实证分析,表明文化距离对于电影海外票房产生了负面影响,但是出口国收入水平的提高可以缓解文化距离的阻碍作用。研究表明:中国发展文化产品出口时,会因为文化距离而遭遇文化折扣,但是随着中国人均收入水平的提高,文化折扣会得到缓解。本文的政策启示在于,经济发展和收入水平提高会成为推动文化产品出口的重要基础和决定力量。

关键词:文化距离　收入水平　文化产品出口

一、引　言

国民经济和社会发展第十四个五年规划和 2035 年远景目标纲要指出,"要提升中华文化影响力 ","要创新推进国际传播,利用网上网下,讲好中国故事,传播好中国声音,促进民心相通",也指出"要积极发展对外文化贸易,开拓海外文化市场"。

近年来,中国文化的国际影响力正在不断增强,但真正具备文化传播力的核心文化产品和服务在海外市场上的影响力仍然偏弱。以电影为例,据对 2002 年到 2018 年间出品的 673 部国产电影的研究,81.27%的国产电影只在不到 10 个国家和地区的影院放映过;多数影片只在中国大陆一个地区放映;一些上映地区较多(超过 30 个)的影片也主要是在全球各地的电影节放映或者小规模放映;商业方面

*　基金项目:北京第二外国语学院科研专项项目"高质量文旅融合驱动共同富裕的路径与策略研究"(KYZX22A014)阶段性研究成果。

取得较好成绩的华语电影仅限于张艺谋、吴宇森和成龙几位具备国际影响力的导演和演员参与的电影，且基本属于20年前的少数几部电影。虽然最近几年《流浪地球》《哪吒》《我和我的祖国》等影片在海外票房达到了近年来的新高，但是距离产生大规模的影响仍然相差很远。（江小涓等，2021）①

出现这种局面的原因是多方面的，其中文化距离被认为是阻碍中国核心文化产品贸易出口的最重要原因之一。在这种情况下，如何跨越文化距离，降低文化折扣对我国文化产品出口的负面影响就成为非常重要的问题。本文认为，收入水平可以帮助跨越文化距离，缓解文化距离对中国文化产品出口产生的"文化折扣"效应，帮助中国更好地实现文化产品出口，提升中国文化产品出口竞争力。本文希望指明的观点是，中国经济持续稳定高质量发展是中国文化产品国际竞争力提升的最根本途径之一；随着中国经济持续健康发展和人均收入水平的提高，由于文化距离所导致的中国文化产品出口"文化折扣"问题将在很大程度上迎刃而解；实践层面上看，本研究希望说明文化产品出口应当将出口目的国收入水平作为重要影响因素，来差异化安排促进文化产品出口的具体策略。接下来文章的结构安排如下：首先分析文化距离影响文化贸易的理论机制，以及收入水平对其调节作用的理论机理，接着以电影为例，对于文化距离的影响以及收入水平的调节作用进行实证分析，最后给出结论与启示。

二、文化距离对文化贸易的影响及收入水平的调节作用：理论分析

（一）文化距离对文化贸易的影响：文化折扣效应

文化距离对于文化产品出口的影响，主要体现为"文化折扣"效应。"文化折扣"概念是由 Hoskins. C & R. Mirus (1988)首先提出的，认为扎根于一种文化的特定文化产品，在其他条件相同时，在国内市场更具吸引力，因为国内市场观众拥有相同的常识和生活方式；但在其他地方吸引力就会减退，因为那里观众很难认同这种风格、价值观、信仰、历史、神话、社会制度、自然环境和行为模式，文化结构差异是导致"文化折扣"现象的主要原因。"文化折扣"致使在其他条件相同的情况下，人们更喜欢本地生产的具备本地文化特点的文化产品，促使文化产品的生产地靠近消费地，提高文化产品的出口成本。由于数字技术极大降低了很多文化产品

① 江小涓等著：《数字时代的文化创新与全球传播——提升中华文化全球影响力研究》，北京联合大学出版社，2021年12月，第9章，第283页。

的“运输成本”，所以“文化折扣”就被认为是文化贸易的主要贸易成本，并进入相关理论模型。[①] 因此，其他条件相同时，文化相似性越强，文化折扣越小，文化贸易出口越容易。从传播学角度来讲，文化折扣的产生是由信息传递双方的知识结构、理解能力的不对等造成的。

文化折扣之所以发挥作用，除了不同国家不同文化之间存在理解偏差之外，还与文化产品消费本身的一些典型特征有密切关系。首先是消费理性成瘾性(positive addictions)导致边际效用递增；刘杨等(2013)表明在 11 个 OECD 国家中，文化产品的消费成瘾性对文化贸易有着显著的正向影响；卫迎春、钟晓玥(2016)研究发现 2005—2014 年中国与 33 个主要国家(地区)核心文化产品的贸易受到消费成瘾性的促进作用，并且这种促进作用持续至少 5 年以上；在文化产品消费成瘾性特征之下，一国消费者对于自己成长过程中频繁接触的熟悉的文化内容，会产生更高的接纳程度，所以与其说是对外来文化内容的接受度有“折扣”，不如说是对熟悉的文化内容产生了理性成瘾效应；文化折扣发生的机理，与文化产品消费的另一重要特征——网络外部性也关系密切。网络外部性是指连接到一个网络的价值取决于已经连接到该网络的其他人的数量，每个消费者从消费某商品中得到的效用与消费者数量正相关。研究表明，消费者在消费商品时可能受到他人消费行为的影响，文化产品的消费具有网络外部性。Rauch 和 Trindade(2009)将网络外部性引入本地市场效应模型，不仅论证了美国文化产业占据世界主导地位的原因在于拥有较大的市场规模，还发现文化产品消费的网络外部性正是另一个重要原因。文化产品不仅仅满足消费者观赏需求，同时还满足了一定的社交需求，处于社会网络下的人们倾向于选择周围人都在消费的产品，也就是能够引起广泛讨论的文化产品。因此在一国拥有较多文化认同、能够引起较多讨论的作品更加容易获得人们的青睐，而外来的文化产品可能由于大多数观众对其文化的不熟悉而受到冷落。

关于文化折扣对文化贸易的阻碍作用，实证研究有很多。比如 Mcfadyen, Finn and Hoskins(2003)比较了美国电视节目销售到 31 个国家时的交易价格。美国与节目进口国之间的文化距离与其价格之间显著相关，也就是说，文化相似性越差，购买美国电视节目时的价格越低。W. Wayne Fu and Tracy K. Lee(2008)

---

① 关于文化贸易的相关理论模型，可参见罗立彬著：《全球化背景下中国对外文化贸易发展战略：以影视产业为例》，经济管理出版社，2019 年，第 8—10 页。

发现在新加坡电影市场上的进口电影当中，与新加坡文化更相似的国家或地区的电影在新加坡市场更容易取得票房成功。罗立彬(2019)在分析香港电影在 1992 年之后出现的衰退时，也认为原因之一在于好莱坞电影通过各种方式缩短了与香港地区的文化距离。

近年来，越来越多的学者认识到降低文化折扣的重要性，并研究降低文化折扣的因素。White 和 Tadesse(2008)指出移民对贸易的正向影响可以抵消部分文化差异的负向作用。铁瑛和蒙英华(2020)也提出移民和文化距离对双边贸易有相似的影响渠道，移民可以有效控制文化距离的影响。刘杨等(2013)指出两国间的信息联系程度(两国每百人移动电话接入量的均值)越紧密，居民对彼此的价值观、行为准则更了解，进而减弱文化距离对贸易的负向作用。巴桂花(2017)从政府政策角度给出降低文化折扣的措施，如电影产业税收优惠、健全行业投融资机制等；李昕(2019)从解释学视域下，探析了影视作品海外推广如何淡化文化折扣，我国影视产业要注重文化的隐性输出。上述文献基本是通过定性分析的方法来进行论证，且没有研究关注到收入水平提升对于跨越文化折扣的作用。

(二) 收入水平对文化距离影响的调节机制：一个理论分析

有如下机制可能导致收入水平可以调节文化距离的影响，即高收入国家向低收入国家传播文化产品时，更加容易跨越文化距离，缓解其产生的“文化折扣”效应，从而帮助高收入国家文化产品向低收入国家出口。

较高的收入水平有助于本国形成更有竞争力的文化产业，生产出具备本国特色的文化产品，提升出口竞争力，更好地跨越文化距离的负面影响。相对富裕的国家更有办法生产出本土产品，对进口的视频传媒内容依赖较小(Dupagne & Waterman, 1998)；高收入国家更加倾向于具备稳定的政治经济环境、雄厚的资本以及丰富的人力资本来发展更有竞争力的文化产业(刘明华，2007)；一个国家和地区的文化影响力与其整体经济实力之间是正相关的互相促进关系(魏鹏举，2020)；在人口规模相同的情况下，收入水平越高越会形成一个更大规模的国内市场，从而更有效地支撑“本地市场效应”，推进本国文化产品发展壮大，并形成国际竞争力(罗立彬，2019)。

收入水平提高可以更好地提升别国对本国文化产品的“向往心理”；人们有“自我提升”——保持并提升自我认知的强烈需要，并用自己的行为去“自我证明”自己的认知，即做出与自我认知相一致的行为①，并想办法减少“自我提升”和“自我证明”之间的“失调”。这种需要也会体现参照群体对品牌选择的影响方面，“自我提升”的需要会促使人们与那些和“向往群体”（aspiration group）②有关的品牌产生联系，同时避免与“负面群体”有关的品牌产生联系。（Escalas J E，Bettman J R，2003）文化产品的消费具备明显的网络外部性③，其消费会受到参照群体较为明显的影响。而从消费者心理角度看，低收入群体往往视高收入群体为“向往群体”，对高收入群体的生活方式产生向往，并通过模仿或使用相关的文化产品来了解高收入群体的生活方式。比如 20 世纪 90 年代中国香港电影风靡整个华语地区，重要原因之一就是香港在当时是几乎所有华人经济体中人均收入水平最高的，人们希望通过香港的影视剧来了解香港人的生活方式，这促进了香港影视剧的出口，并最终对全球影视产业都产生一定的影响。（罗立彬，2019）④

在人口规模相同的情况下，高收入经济体所使用的语言往往具备更高的经济价值，促使人们出于了解和学习该国语言的动机来接触和消费高收入经济体的文化产品。

语言是文化最重要的载体，也被认为是文化折扣的重要甚至是主要来源（昝小娜，2017）；而大量研究表明，语言学习的主体动机为“实用型动机”，人们将语言作为一种“人力资本”的投资（罗立彬，2019）。一国收入水平的提高会提高其语言的边际效用、降低语言学习的边际成本，低收入国家的人群更倾向于学习高收入国家

---

① 人们会根据某产品的典型用户与自我认知的匹配度来选择使用产品，比如自我认知为环保主义者的人会使用环保主义者使用的割草机，这种行为叫“原型适配”（prototype matching）；有时候这种行为也是“自我提升需要”的体现，即人们会选择其“理想中典型用户所使用的产品”，以此来提升自己的自我认知。

② 向往群体是参照群体的一个类型，指人们渴望成为其成员的参照群体。参见 Philip Kotler，Marketing Management（Tenth Edition），Pearson Education Asia Limited and Tsinghua University Press，2001，P165.

③ 文化产品消费的网络外部性又被称为消费的“规模经济效应”，指消费者使用文化产品时所获得的效用是当下该产品现有消费者数量的增函数，消费的网络外部性是文化经济学和文化贸易模型的重要假设。可参见 Janeba(2007).

④ 比如著名导演阿甘就曾经表达了这样的观点，他认为“20 世纪 80 年代，人们热爱香港电影，很大程度上是希望从香港电影中了解香港人是怎么吃饭的、怎么穿衣的”。在后来谈到香港电影衰落的原因时，香港著名导演陈可辛也提到“现在亚洲人不再追着香港电影观察香港人的生活”。参见罗立彬著：《全球化背景下中国对外文化贸易发展战略——以影视产业为例》，经济管理出版社，2019 年 8 月，第 49—52 页。

的语言，这会产生两种效果，一是人们将消费高收入国家的文化产品作为学习语言的方法，为了提高语言水平而更多消费高收入国家的文化产品；二是随着语言学习和语言水平的提高，人们对于高收入国家的文化也会更加了解，从而更容易理解高收入国家的文化产品。因此当语言的国际影响力提高时，文化产品的国际影响力会随之提升①，人们也会更加容易理解该国文化，从而缓解文化折扣。

本部分理论分析的结论是，一国文化产品出口会受到文化距离的负面影响，但是收入水平的提高有助于一国跨越文化距离，缓解文化距离导致的"文化折扣"效应。下面以电影为例，运用计量模型对上述观点进行实证验证。

三、实证研究

这一部分运用计量模型分析文化距离的影响，然后重点分析收入水平的调节作用。下面介绍模型与数据。

1. 模型

以贸易引力模型作为基础，加入文化距离(CD)这一关键变量，得到第一个实证模型，如下式(1)：

$$\ln box_{jeit}=\alpha+\beta_1\ln Y_{jet}Y_{jit}+\beta_2\ln po_{jit}+\beta_3\ln CD_{jei}+\beta_k X_{jeit}+\mu \tag{1}$$

其中 box 为进口国票房，Y 代表各国 GDP，po 为进口国(地区)人口，CD 为制作国(地区)和进口国(地区)之间的文化距离，X 为其他控制变量。

完整的实证模型公式如下：

$$\begin{aligned}\ln box_{jeit}=&\alpha+\beta_1\ln Y_{jet}+\beta_2\ln Y_{jit}+\beta_3\ln po_{jit}+\beta_4\ln CD_{jei}+\beta_5 lan_{jei}+\\&\beta_6 CC_{jei}+\beta_7 col_{jei}+\beta_8 co_{ji}+\beta_9 genre_{hi}+\beta_{10} sp_{ji}+\mu_{jit}\end{aligned} \tag{2}$$

式(2)中 lan 代表制作国(地区)和进口国(地区)是否使用共同语言，CC 表示制作国(地区)和进口国(地区)是否为同一文化圈，col 代表制作国(地区)和进口国(地区)是否有殖民附属关系，co 表示进口国(地区)是否为电影合作国，$genre$ 是电影的类型，sp 则代表进口国(地区)是否为电影拍摄地之一。下标 j 表示电影 j，e 表示出口国(地区)e，i 表示进口国(地区)i，t 表示年份，h 表示电影不同类型。具体变量可参见表 1。

---

① 关于经济增长与语言影响力之间关系更为细致的论述，参见罗立彬著：《全球化背景下中国对外文化贸易发展战略——以影视产业为例》，经济管理出版社，2019 年 8 月，第 41—48 页。

表1　实证模型变量

变量名	符号	变量解释	变量类型	数据来源
进口国地区票房	$\ln box_{jeit}$	e 国电影 j，t 年在 i 国放映的票房	被解释变量	boxofficemojo. com
文化距离	$\ln CD_{jei}$	电影 j 出口国 e 与进口国 i 之间的文化距离	解释变量	geerthofstede. com 收集源数据，后经作者计算得到
共同语言	lan_{jei}	电影 j 的出口国 e 与进口国 i 官方语言是否相同，如果相同，$lan_{jei}=1$，否则 $lan_{jei}=0$	解释变量	CEPII 网站
文化圈	CC_{jei}	电影 j 的出口国 e 与进口国 i 是否属于同一文化圈，如果相同，$CC_{jei}=1$，否则 $CC_{jei}=0$	解释变量	网络资料整理
殖民附属关系	col_{jei}	电影 j 的出口国 e 与进口国 i 是否曾经具有殖民附属关系，如果有，$col_{jei}=1$，否则 $col_{jei}=0$	解释变量	CEPII 网站
制作国地区GDP	$\ln Y_{jet}$	电影 j 的制作国 e 在 t 年的 GDP	控制变量	世界银行数据库
进口国地区GDP	$\ln Y_{jit}$	电影 j 的进口国 i 在 t 年的 GDP	控制变量	世界银行数据库
进口国地区人口	po_{jit}	电影 j 的进口国 i 在 t 年的人口	控制变量	世界银行数据库
电影类型	$genre_{hi}$	动作、爱情、惊悚、喜剧等	控制变量	根据 boxofficemojo. com 上对电影的分类
是否是合作国地区	co_{ji}	进口国 i 是否是电影 j 的联合制作国家，如果是，$co_{ji}=1$，否则 $co_{ji}=0$	控制变量	IMDb. com
是否是拍摄地	sp_{ji}	进口国 i 是否是电影 j 的拍摄地之一，如果是，$sp_{ji}=1$，否则 $sp_{ji}=0$	控制变量	IMDb. com

2. 数据

本文所选取的样本包含 2012—2018 年间在北美上映的 2 832 部电影数据，数据来自北美权威电影网站 IMDb. com 和 boxofficemojo. com。从网站中采集了每部电影制作国(地区)、合作国(地区)、进口国(地区)、进口国票房(地区)、电影类型

（地区）的信息，并通过世界银行数据库等得到每个国家 GDP、人口等信息，使用 Hofstede 提出的“文化六维论”原始数据计算每部电影制作国与各进口国之间的文化距离；通过 CEPII 网站和其他网络资料，统计每部电影制作国（地区）与各进口国（地区）之间是否使用同一种官方语言、是否属于同一文化圈、是否具有殖民附属关系等变量。具体变量及其来源参见表 1。表 2 为描述性统计。

表 2　变量描述性统计

变量名	观测值个数	平均数	标准差	最小值	最大值
ln*box*	44 370	12.581 35	2.170 897	2.484 907	19.783 99
ln*cd*	44 370	3.508 374	0.920 428 8	−1.053 521	4.927 451
lnYe	43 830	29.257 47	1.591 07	23.947 61	30.559 93
lnYi	41 547	26.867	1.275 326	23.802 71	30.241 69
ln*poi*	41 822	16.892 33	1.358 137	14.089	21.054 53
lan	44 370	0.146 247 5	0.353 358 1	0	1
cc	44 370	0.365 629 9	0.481 611 8	0	1
co	44 370	0.016 137	0.126 003 9	0	1
sp	44 370	0.006 288	0.079 048 3	0	1
col	43 437	0.101 641 5	0.302 179 7	0	1
colonizer	44 370	0.031 079 6	0.173 534 7	0	1
colonized	44 370	0.068 447 1	0.252 514 5	0	1

3. 回归结果及分析：文化距离的影响

（1）面板数据固定效应模型回归分析

将年份设置为时间变量的替代，具体电影作为个体，最终形成进口国（地区）—电影的非平衡（地区）面板数据。这种做法的本质在于将以时间为小组进行的组内差分转换为以进口国（地区）为小组的组内差分。表 3 为面板数据进行实证分析。

表 3　面板数据回归结果

变量	(1) ln*box*	(2) ln*box*	(3) ln*box*	(4) ln*box*	(5) ln*box*
lncd	−0.176*** (0.014 0)	−0.180*** (0.014 2)	−0.126*** (0.014 5)	−0.103*** (0.014 1)	−0.172*** (0.020 7)
ln*Ye*		−0.006 75 (0.014 5)	−0.008 16 (0.014 5)	−0.007 93 (0.014 5)	−0.004 63 (0.022 9)

(续表)

变量	(1) ln*box*	(2) ln*box*	(3) ln*box*	(4) ln*box*	(5) ln*box*
ln*Yi*		0. 732*** (0. 098 1)	0. 696*** (0. 097 7)	0. 698*** (0. 097 4)	0. 863*** (0. 022 4)
ln*poi*		−2. 550*** (0. 499)	−2. 654*** (0. 502)	−2. 671*** (0. 500)	−0. 108*** (0. 021 7)
lan			0. 195*** (0. 067 7)	0. 0942 (0. 069 5)	0. 067 6 (0. 045 2)
cc			0. 164*** (0. 048 8)	0. 191*** (0. 049 4)	0. 339*** (0. 034 8)
co			0. 549*** (0. 057 3)	0. 534*** (0. 057 7)	0. 758*** (0. 077 6)
sp			0. 258*** (0. 082 8)	0. 245*** (0. 083 4)	0. 234 (0. 145)
col			0. 237*** (0. 033 3)		
colonizer				0. 915*** (0. 095 0)	0. 136 (0. 091 1)
colonized				0. 117*** (0. 033 7)	0. 290*** (0. 064 2)
Constant	13. 19*** (0. 057 9)	38. 41*** (9. 762)	41. 05*** (9. 806)	41. 22*** (9. 766)	−8. 945*** (0. 626)
Observations	44 370	41 455	41 352	41 455	14 936
R-squared	0. 599	0. 586	0. 590	0. 592	0. 478
Number of name	2 832	2 797	2 795	2 797	1 416

注：*、**、*** 分别指统计值在 10%、5%和 1%水平下显著。

表 3 中的(1)—(4)列结果显示文化距离这一变量对进口国地区票房产生显著负向影响；制作国地区 GDP 与电影海外票房并无显著关系，进口国地区 GDP 显著促进了电影的票房表现，令人意外的是进口国地区人口产生了显著的负影响；共同语言、文化圈、是否为合作国地区、是否为拍摄地均产生了正向影响；不同于截面数据结果，面板数据中殖民附属关系作用显著为正，进一步将该变量分解为殖民地和被殖民地同样显著为正。下面挑出重点国家进行深入分析，结果见表 4。

表 4　代表性出口国家面板回归结果

变量	中国 进口国票房	印度 进口国票房	韩国 进口国票房	法国 进口国票房	美国 进口国票房
ln*cd*	−0.482*** (0.101)	−0.620*** (0.220)	0.339*** (0.105)	−0.110** (0.043 0)	−0.142*** (0.009 70)
ln*Ye*	0.225 (0.143)	0.115 (0.162)	0.046 9 (0.320)	−0.054 8 (0.070 8)	−0.013 9 (0.018 8)
ln*Yi*	0.718*** (0.073 4)	1.159*** (0.131)	0.741*** (0.122)	0.841*** (0.054 1)	0.916*** (0.013 5)
lnpoi	−0.058 7 (0.057 9)	−0.462*** (0.160)	0.026 0 (0.101)	−0.096 8* (0.054 4)	−0.102*** (0.013 0)
lan	0.116 (0.136)		−0.811** (0.332)	0.098 5 (0.118)	0.045 3 (0.028 2)
cc	0.105 (0.175)	−1.293 (0.826)	1.974*** (0.314)	0.319*** (0.073 0)	−0.035 7* (0.021 4)
co	1.052** (0.402)	0.504*** (0.124)		0.797*** (0.149)	0.329*** (0.089 4)
sp	−0.449 (0.556)	−0.335 (0.364)		−0.173 (0.419)	0.317*** (0.109)
colonizer		0.534*** (0.172)	−0.845 (0.800)		0.192*** (0.045 4)
colonized				−0.694 (0.526)	0.331*** (0.026 2)
Constant	−10.42*** (3.749)	−13.82*** (4.959)	−12.27 (8.567)	−7.860*** (1.921)	−9.015*** (0.551)
Observations	864	575	335	2 261	26 519
R-squared	0.384	0.472	0.456	0.461	0.562
Number of name	113	164	73	204	1 381

注：*、**、*** 分别指统计值在 10%、5%和 1%水平下显著。

与截面数据结果相同，文化距离这一变量对于美国、法国电影出口的负面影响系数小于中国和印度，但韩国电影受到文化距离的显著正向影响；制作国地区 GDP 与电影海外票房并无显著关系，进口国（地区）GDP 显著促进了各国（地区）电影的票房表现，而制作国（地区）人口则对电影票房有较小副作用；其他变量产生的影响与面板数据总体回归并无明显差别。

考虑到样本中美国电影数量占绝大多数，整体样本结果可能受到美国影响，而美国电影又是典型的克服文化折扣较为成功的案例，因此将样本中美国电影去除，再一次进行回归，结果见表3第(5)列，可以看到去掉美国电影的样本后文化距离这一变量的系数的绝对值变大了，说明去掉美国样本后，其他国家地区电影出口受到文化距离影响更加明显。

(3) 回归结果分析：收入水平的调节作用

下面考察收入水平对文化距离的调节作用。首先设定制作国(地区)和进口国(地区)人均收入水平差距变量GDPgap，然后设定它与文化距离对数之间的交乘项：lncd * GDPgap。

本文用三种不同方法来衡量人均收入水平差距GDPgap。

方法1是通过衡量制作国(地区)人均GDP与进口国(地区)人均GDP的比值，即GDPgap=制作国(地区)人均GDP/进口国(地区)人均GDP。也就是说，用制作国(地区)人均GDP对进口国人均GDP的倍数来作为人均收入水平差距的表现形式；用lncd_GDPgap1来代表用方法1时的交乘项。此时，交乘项为：

lncd_GDPgap1=lncd * (ln制作国人均GDP/ln进口国人均GDP)

方法2是直接衡量制作国人均GDP与进口国人均GDP的差距，即GDPgap=制作国人均GDP−进口国人均GDP；用lncd_GDPgap2来代表用方法2时的交乘项。

lncd_GDPgap2=lncd * 制作国(地区)人均GDP−进口国(地区)人均GDP

方法3是利用虚拟变量LI来衡量。当制作国(地区)人均GDP高于进口国(地区)人均GDP时，LI=1，反之，LI=0；用lncd_GDPgap3来代表用方法3时的交乘项

lncd_GDPgap3=lncd * LI

运用面板数据方法，进行回归，得到回归结果如表7：

表5 收入水平的调节作用(因变量：进口国票房对数)

变量	(1) ln*box*	(2) ln*box*	(3) ln*box*
ln*cd*	−0.121*** (0.009 14)	−0.129*** (0.009 16)	−0.152*** (0.009 35)
ln*Ye*	−0.221*** (0.036 3)	−0.052 1*** (0.019 9)	−0.033 5** (0.015 0)
ln*Yi*	1.083*** (0.034 2)	0.959*** (0.033 5)	0.917*** (0.013 2)

(续表)

变量	(1) ln*box*	(2) ln*box*	(3) ln*box*
ln *poi*	−0.287*** (0.033 1)	−0.162*** (0.031 2)	−0.123*** (0.012 7)
lan	0.070 3*** (0.023 5)	0.104*** (0.026 9)	0.102*** (0.023 6)
cc	0.118*** (0.020 0)	0.136*** (0.020 5)	0.123*** (0.019 9)
co	0.630*** (0.059 6)	0.621*** (0.060 4)	0.634*** (0.059 4)
sp	0.242*** (0.089 8)	0.236*** (0.088 8)	0.236*** (0.088 9)
colonizer	0.145*** (0.040 7)	0.107*** (0.041 1)	0.103** (0.040 5)
colonized	0.304*** (0.024 8)	0.299*** (0.024 7)	0.292*** (0.024 7)
lncd_GDPgap1	0.052 8*** (0.008 16)		
lncd_GDPgap2		9.88e−07** (3.84e−07)	
lncd_GDPgap3			0.044 4*** (0.006 25)
Constant	−4.951*** (0.748)	−8.647*** (0.428)	−8.676*** (0.419)
Observations	41 455	41 455	41 455
R-squared	0.529	0.530	0.529
Number of name	2 797	2 797	2 797

注：*、**、*** 分别指统计值在 10%、5%和 1%水平下显著。

表 5 中，回归(1)(2)(3)是分别加入了方法 1、方法 2、方法 3 的交乘项所得的回归结果。从回归结果可见，高收入水平对于文化距离的负向影响起到了一种正方向的调节作用，三种方法中，交互项系数都是正的，且都在至少 5%的水平下显著。回归(1)说明，当制作国(地区)人均 GDP 和进口国(地区)人均 GDP 相等时(此时交乘项为零)，文化距离每增加 1%，票房就会减少 0.121%；当制作国人均 GDP 是进口国人均 GDP 的两倍时，文化距离每增加 1%时，票房会减少 0.084%；

当制作国（地区）人均 GDP 是进口国（地区）人均 GDP 的 10 倍时，文化距离对于票房的影响就会由负转正，文化距离增加 1%反而会使票房增加 0.001%。说明收入水平对于文化距离的负向影响具有很强的调节作用。

回归(2)表明，单纯用人均 GDP 的差额来计算文化距离也是非常显著的。当制作国（地区）人均 GDP 和出口国（地区）人均 GDP 相等时，文化距离增加 1%会使票房减少 0.129%，但当制作国（地区）人均 GDP 和出口国（地区）人均 GDP 相差 50 000 美元时（美国和大多数发展中国家的差距都在 50 000 美元以上），文化距离增加 1%就会使票房减少 0.0796%，所以好莱坞电影远销海外的文化阻碍被美国强大的经济实力部分抵消掉了，体现出收入水平的调节作用。

回归(3)则比较简单地表明，若制作国人均 GDP 低于进口国人均 GDP，文化距离增加 1%，票房减少 0.152%，但制作国（地区）人均 GDP 高于进口国（地区）人均 GDP 的话，文化距离增加仅会使票房减少 0.107%。不管用哪种方法，都显著地表现出了人均收入水平可有效弥补文化距离造成的负面影响。

下面分别针对不同出口国（地区）、不同收入水平的进口国（地区）以及不同类型电影进行三种异质性分析。

首先进行针对不同出口国（地区）的交乘项的分析，依旧选取中国、印度、韩国、法国、美国作为代表性出口国，回归结果如表 6 所示。

表 6　代表性出口国收入水平的调节作用

	变量	中国 ln*box*	印度 ln*box*	韩国 ln*box*	法国 ln*box*	美国 ln*box*
方法一	ln*cd*	−0.625*** (0.177)	−0.434 (0.853)	0.344*** (0.110)	−0.128*** (0.045 6)	−0.128*** (0.010 2)
	lncd_GDPgap1	−0.058 2 (0.044 9)	0.062 3 (0.292)	−0.060 1 (0.203)	0.119** (0.049 0)	0.042 9*** (0.009 81)
方法二	ln*cd*	−0.497*** (0.122)	−0.502** (0.237)	0.365** (0.141)	−0.089 9** (0.041 8)	−0.097 7*** (0.0100)
	lncd_GDPgap2	−5.03e−07 (1.41e−06)	4.40e−06 (2.87e−06)	8.83e−07 (2.48e−06)	3.32e−06*** (9.41e−07)	4.57e−06*** (2.61e−07)
方法三	lncd	−0.483*** (0.100)	−0.620*** (0.220)	0.339*** (0.103)	−0.128*** (0.044 1)	−0.163*** (0.010 2)
	lncd_GDPgap3	0.021 3 (0.053 5)		−0.072 5 (0.084 0)	0.109*** (0.0294)	0.052 6*** (0.007 87)

(续表)

变量	中国 ln*box*	印度 ln*box*	韩国 ln*box*	法国 ln*box*	美国 ln*box*
Observations	864	575	335	2 261	26 519
R-squared	0.386	0.472	0.456	0.463	0.563
Number of name	113	164	73	204	1 381

注：*、**、*** 分别指统计值在 10%、5%和 1%水平下显著。

为方便起见，表 6 中仅列出了三种方法的文化距离 lncd 项和交乘项。从表中可以看出，美国的数据样本最多也最显著。不管用哪种方法衡量，美国的收入水平对文化距离的弥补都是非常显著的。法国的数据样本仅次于美国。不论哪种方法，法国交乘项数值都很大很显著，几乎是美国的两倍。而中国、印度、韩国的样本量少，交乘项也不显著。

接下来按照进口国(地区)的收入水平进行分类分析，回归结果如表 7 所示：

表 7　进口国(地区)收入水平分类回归

	变量	高等收入进口国(地区)票房	中等收入进口国(地区)票房	低等收入进口国(地区)票房
方法一	lncd	−0.131*** (0.009 40)	0.445*** (0.063 6)	−0.165 (0.313)
	lncd_GDPgap1	0.006 59 (0.007 86)	0.085 0** (0.038 5)	−0.233** (0.118)
方法二	lncd	−0.133*** (0.009 19)	0.522*** (0.043 4)	−0.764*** (0.199)
	lncd_GDPgap2	−9.22e−08 (1.73e−07)	4.33e−07* (2.52e−07)	2.37e−06 (1.67e−06)
方法三	lncd	−0.143*** (0.009 76)	0.559*** (0.051 1)	−0.628*** (0.219)
	lncd_GDPgap3	0.020 7*** (0.006 42)	−0.024 1 (0.027 4)	−0.062 6 (0.125)
	Observations	30 057	9 726	1 672
	R-squared	0.616	0.496	0.427
	Number of name	2 717	1 900	822

注：*、**、*** 分别指统计值在 10%、5%和 1%水平下显著。

表 7 也仅列出了三种方法的 lncd 和交乘项。文化距离方面，三种方法除了方法一的低等收入进口国(地区)，其余都是非常显著的。而交乘项方面，高等收入的进口国的交乘项却并不显著，这可能是因为制作国(地区)的人均 GDP 普遍较高，而高等收入进口国与制作国的收入差距不明显，所以导致了交乘项不显著。支持这个结论的另一个证据是低等收入进口国(地区)的交乘项非常显著，因为低等收入进口国(地区)与制作国的收入差距普遍较大，从而导致了显著的结果。从这个意义上说，该异质性检验支持本文的结论。

最后本文将数据根据电影的类型进行分类并重新回归，检验结论是否对不同类型的电影都有作用。检验结果如表 8 所示：

表 8　不同电影类型回归结果

		(1)	(2)	(3)	(4)	(5)
	变量	喜剧片票房	剧情片票房	纪录片票房	爱情片票房	犯罪片票房
方法一	lncd	−0.301*** (0.020 1)	−0.101*** (0.019 6)	−0.249*** (0.069 4)	−0.332*** (0.044 5)	−0.163*** (0.047 7)
	lncd_GDPgap1	−0.005 60 (0.018 8)	0.048 9*** (0.017 0)	−0.022 0 (0.046 7)	−0.049 4 (0.044 8)	0.016 9 (0.046 9)
方法二	lncd	−0.273*** (0.020 1)	−0.109*** (0.019 4)	−0.244*** (0.067 4)	−0.300*** (0.052 7)	−0.144*** (0.050 4)
	lncd_GDPgap2	2.76e−06*** (5.33e−07)	7.29e−07** (2.92e−07)	−9.76e−07** (4.76e−07)	2.91e−06 (2.16e−06)	5.19e−06*** (1.47e−06)
方法三	lncd	−0.313*** (0.020 2)	−0.145*** (0.020 9)	−0.241*** (0.069 8)	−0.337*** (0.051 2)	−0.202*** (0.049 8)
	lncd_GDPgap3	0.039 0** (0.016 3)	0.076 7*** (0.013 2)	−0.006 79 (0.047 1)	0.054 2 (0.036 9)	0.099 0*** (0.034 5)
	Observations	7 900	9 533	931	1 148	1 220
	R-squared	0.486	0.523	0.441	0.530	0.547
	Number of name	538	717	224	91	69

		(6)	(7)	(8)	(9)	(10)
	变量	动作片票房	恐怖片票房	冒险片票房	科幻片票房	动画片票房
方法一	lncd	0.003 79 (0.017 8)	−0.052 7*** (0.019 5)	−0.072 8* (0.041 3)	−0.058 2** (0.026 2)	−0.142*** (0.026 0)
	lncd_GDPgap1	0.089 3*** (0.015 9)	0.032 2 (0.024 9)	0.100 (0.081 6)	0.123*** (0.035 4)	0.061 2*** (0.021 6)

（续表）

	变量	(1) 喜剧片票房	(2) 剧情片票房	(3) 纪录片票房	(4) 爱情片票房	(5) 犯罪片票房
方法二	lncd	−0.010 1 (0.017 7)	−0.043 4** (0.019 6)	−0.060 6 (0.041 7)	−0.059 1** (0.025 6)	−0.120*** (0.027 0)
	lncd_GDPgap2	1.87e−06*** (4.42e−07)	2.81e−06*** (8.24e−07)	5.39e−06*** (1.06e−06)	2.66e−06** (1.05e−06)	5.65e−06*** (5.91e−07)
方法三	lncd	−0.025 8 (0.017 8)	−0.067 4*** (0.019 8)	−0.097 4** (0.045 4)	−0.093 0*** (0.024 6)	−0.178*** (0.025 8)
	lncd_GDPgap3	0.010 6 (0.011 0)	0.023 2 (0.014 7)	0.038 9 (0.032 1)	0.048 9*** (0.015 5)	0.085 9*** (0.017 0)
	Observations	8 079	6 939	1 110	2 606	3 706
	R-squared	0.642	0.539	0.671	0.706	0.566
	Number of name	328	366	42	92	158

注：*、**、*** 分别指统计值在10%、5%和1%水平下显著。

由表8可以看出，除了动作电影之外，其他类型的电影票房都受到文化距离显著的负向影响；而关于收入水平的调节效应，喜剧片、剧情片、犯罪片、动作片、科幻片、动画片类型电影中，收入水平对于文化距离的影响，都在两种测度方法以上的情况下显示出显著正向调节作用。

四、结论与启示

本文以电影出口为例研究了文化距离对于文化贸易的影响及收入水平的调节作用。研究表明，虽然文化距离导致的文化折扣对于文化贸易出口起到阻碍作用，但是出口国的收入水平提高可以缓解这一阻碍作用。这一发现对于中国发展对外文化贸易可能有两个重要启示。

1. 经济持续健康发展是我国发展对外文化贸易的重要支撑，甚至是根本途径。文化距离一直以来被认为是阻碍中国文化产品出口的重要成本，如何降低这一成本成为人们非常重要的关切。本研究表明人均收入提高是跨越文化距离负面影响的重要因素之一，因此对于中国而言，要想跨越面向不同国家的文化距离，提高世界各国对于中国文化产品的接受度和兴趣度，最重要的方式就是提高自己的人均收入水平，因此经济健康持续增长对于中国发展对外文化贸易具备长期的重要意义。2021年,中国人均国民总收入达到12 438美元①,与世界银行制定的高收入经济体门槛12 696美元仅有一步之遥(罗立彬,2022)②;可以想象,随着中国经济继续发展并不断接近高收入经济体的人均收入水平,中国文化产品在国外被接受的程度也会不断提升。此外,由于中国人口规模巨大,人均收入的增长对于中国而言还有另外一个重要意义,即推动中国经济总量不断向全球第一迈进;这将更加有利于中国不断发挥"本地市场效应",促进中国文化产品在国内的影响力不断转化为国际竞争力。(罗立彬,2021)

2. 应该根据出口目的国的文化距离及人均收入的不同情况采取不同的出口策略。本研究表明,文化距离和收入水平是影响文化贸易的最重要因素,因此可以用这两个重要维度来对出口目的国进行分类,并合理安排优先次序或制定出口促进策略。一是根据出口难易程度从易到难安排顺序,首先向人均收入低、文化距离近的国家开展出口,依次递进;二是针对不同类型的国家采取不同的策略,对于低收入且文化距离近的经济体,可以更多直接依靠"本地市场效应",在中国获得成功的影视剧,理论上就可以直接在这样的国家比较容易产生影响力;但是对于高收入且文化距离远的经济体,则可能需要更多地通过在具备国际权威的影视领域的奖项来产生影响力,或者通过中美合拍的全球分销渠道优势来实现影响力,或者通过与相应国家的合拍策略,或引进相关国家的文化元素或团队来开拓市场。

参考文献

[1] 巴桂花."文化折扣"视域下的中国电影跨境贸易研究[J].美与时代(下),2017(7).

[2] 江小涓等.数字时代的文化创新与全球传播——提升中华文化全球影响力研究[M].北京:北京联合大学出版社,2021.

[3] 李昕.文化折扣何以淡化:解释学视域下影视作品海外推广的路径探析[J].戏剧丛刊,2019.

[4] 刘明华.世界文化强国发展文化产业的经验及借鉴[J].广东行政学院学报,2007(03):

① 根据国家统计局《中华人民共和国2021年国民经济和社会发展统计公报》中相关数据计算,参见中国政府网,http://www.gov.cn/xinwen/2022-02/28/content_5676015.htm,2022年4月11日访问。

② 数据来源为世界银行数据库网站。参见罗立彬:《优化发展环境,"稳字当头、稳中求进"》,《南京日报(思想理论版)》,2022年3月9日。

87—90.

[5] 刘杨,曲如晓,曾燕萍. 哪些关键因素影响了文化产品贸易——来自 OECD 国家的经验证据[J]. 国际贸易问题,2013(11):72—81.

[6] 罗立彬. 全球化背景下中国对外文化贸易发展战略——以影视产业为例[M]. 北京:经济管理出版社,2019.

[7] 罗立彬. 网络与数字空间驱动下文化市场增量与中国文化影响力提升[J]. 学术论坛 2021,44(01):115—124.

[8] 罗立彬. 优化发展环境,"稳字当头、稳中求进"[N]. 南京日报:思想理论版,2022-03-09.

[9] 铁瑛,蒙英华. 移民网络、国际贸易与区域贸易协定[J]. 经济研究,2020,55(02):165—180.

[10] 王莹莹. 文化折扣与电影产业国际竞争力研究[D]. 北京:中国社会科学院研究生院,2012.

[11] 卫迎春,钟晓玥. 消费成瘾、文化折扣与中国核心文化产品出口[J]. 学习与实践,2016(06):128—134.

[12] 魏鹏举. 中国文化产业高质量发展的战略使命与产业内涵[J]. 深圳大学学报:人文社会科学版,2020,37(05):48—55.

[13] 闫伟娜. 影视产品跨文化传播中的"文化折扣"问题研究[J]. 西部学刊,2013(11):42—44.

[14] 昝廷全,昝小娜. 信息粗传递及其传播学意义[J]. 现代传播:中国传媒大学学报,2017,39(04):137—139.

[15] 昝小娜. 文化折扣和文化接近的信息粗交流分析[J]. 中国传媒大学学报:自然科学版,2017,(24)01:30—34.

[16] 张涵. "一带一路"建设与影视文化对外定向传播过程中的"文化折扣"问题研究[J]. 教育传媒研究,2018(5):1.

[17] Escalas J E, Bettman J R. *You Are What They Eat: The Influence of Reference Groups on Consumers' Connections to Brands* [J]. Journal of Consumer Psychology, 2003, 13(3).

[18] Hoskin S. C and R. Mirus. *Reasons for the US Dominance for the International Trade in Television Programs*[J]. Media Culture & Society, 1988,10(4): 499-504.

[19] Janeba E. *International Trade and Consumption Network Externalities*[J]. European Economic Review, 2007, 51(4): 781-803.

[20] Keller, Kevin L. *Conceptualizing, Measuring, and Managing Customer-based Brand*

Equity[J]. Journal of Marketing, 1993, 57, 1－22.

[21] MichelDupagne, David Waterman. *Determinants of U. S. Television Fiction Imports in Western Europe*[J]. Journal of Broadcasting & Electronic Media, 1998, 42(2): 208－220.

[22] Mousavi A, Jabedar-Maralani P. *Double-faced Rough Sets and Rough Communication*[J]. Information Sciences, 2002, 148(1－4): 41－53.

[23] Rauch, James E. & Vitor Trindade. *Neckties in the Tropics: A Model of International Trade and Cultural Diversity*[J]. Canadian Journal of Economics, 2009(42): 809－843.

[24] W. Wayne Fu & Tracy K. Lee. *Economic and Cultural Influences on the Theatrical Consumption of Foreign Films in Singapore*[J]. Journal of Media Economics, 2008, 21(1): 1－27.

[25] White R, Tadesse B. *Cultural Distance and the US Immigrant-Trade Link*[J]. World Economy, 2008, 31(8): 1078－1096.

作者简介

罗立彬，吉林白城人，北京第二外国语学院经济学院教授、副院长。研究方向为文化贸易。

尉长风，山西阳高人，北京第二外国语学院经济学院国际贸易学专业硕士研究生。研究方向为文化贸易和国际贸易。

王牧馨（通讯作者），江苏盐城人，上海钧正网络科技有限公司高级算法工程师。研究方向为文化贸易、数据挖掘。

Cultural Distance, Income Level and Export of Cultural Products: A Case Study of Films

Luo Libin　Yu Changfeng　Wang Muxin

Abstract: Taking film as an example, this paper analyzes the influence of cultural distance on the export of cultural products, and the regulatory effect of income level on this influence. Using the empirical analysis with more than 40,000 data samples about 2,832 films released in North America from 2012 to 2018, this paper shows that cultural distance has a negative influence on the overseas box office of films, but the improvement of the income level of exporting countries can alleviate the barrier effect of cultural distance. This paper believes that when China's export of cultural products would be negatively affected by cultural discounts due to cultural distance, but with the improvement of China's per capita income, this cultural discount will be alleviated. The policy implication of this paper is that economic development and the improvement of income level will become an important foundation and decisive force to promote the export of cultural products.

Key words: Cultural Distance　Income Level　Export of Cultural Products

产业融合下行业协会“影响逻辑”与“会员逻辑”的失调与再造

——以上海市文化创意产业协会为例*

曾培伦　毛天婵　朱春阳

摘　要:作为政府与行业市场间的桥梁,行业协会是我国行业治理体系的重要组成部分。随着产业融合趋势的深化,产业边界被创新融合实践打破,也冲击着我国“一业一会”的协会管理制度。本文用行业协会“影响逻辑”与“会员逻辑”的理论框架,对上海市文创类行业协会展开研究。研究发现,在产业融合之下,协会的“影响逻辑”出现了条线分割和路径依赖的问题,“会员逻辑”则遭遇了双重碎片化的困境。为了应对产业融合,改善协会两种逻辑的功能失调,本文提出,在结构方面,政府和协会之间可以设置“协会的联合会”作为治理统筹层;在角色创新方面,协会要做产业融合的推动者、协调者与激励者,从而完成产业融合时代行业协会治理体系的健全。

关键词:产业融合　文化创意产业行业协会　影响逻辑　会员逻辑

一、引言:当“一业一会”遭遇产业融合

行业协会是位于主管部门和企业组织之间、伴随着行业自治的需要而出现的特殊组织,扮演着政府与市场之间“摆渡人”的角色。行业协会通过对内开展行业自律和治理,对外争取政府和社会资源,助推行业的发展。在政府简政放权成为趋

* 基金项目:复旦大学新闻学院上海新媒体实验中心项目“媒介融合背景下新媒体行业协会治理功能创新研究”;国家广播电视总局部级社科研究基金项目“中国动画创新能力建设研究”(GD1946)的阶段性研究成果。

势、市场主体地位被充分尊重、社会多元自治被视为新治理的趋势背景下，行业协会在我国行业治理体系中被赋予了重要意义。

“一业一会”是我国行业协会管理的基本制度架构。1989 年国务院《社会团体管理登记条例》规定，“在同一行政区域内不得重复成立相同或者相似的社会团体”，标志着这一制度的确立，该条例 1998 年和 2016 年的修订版皆进一步明确了这一制度设计。但随着互联网、数字化等高新技术的发展，以前各自分离的市场开始合并，跨产业进入壁垒逐渐消除（J. Lind，2004），原有产业企业之间的竞争合作关系被改变，从而导致产业界限的模糊化（植草益，2001）。而对产业融合的区域，传统的行业协会也遭遇挑战，新旧行业协会在更广义的行业内构成了如重叠型、联合型、并列型、跨区型、总分型的“一业多会”结构，同时行业之间业务联动融合引致的“多业一会”的现象也变得普遍起来（常敏，2005），“一业一会”制度在“业”的边界消融的情况下逐渐丧失了现实土壤。

在以“文化内容”为核心产品、载体形式花样翻新的文化创意产业中，这种产业融合的趋势更为显著。以互联网和数字化为技术基础，出版、报业、音乐、电影、电视、游戏、文旅、衍生品以及数字文娱等原本泾渭分明的文化创意产业细分行业呈现出越来越明显的融合趋势，“影游联动”“漫影联动”以及“泛娱乐”“大文创”等层出不穷，原来恪守行业边界的文创行业协会频繁地遇到具体实践中的业务交叉融合问题。在传统“一业一会”的制度设计中，行业壁垒分明、市场秩序井然，协会内外资源汲取皆处于有序有效的状态，而如今产业融合的出现，打破了这一均衡。

因此，在产业融合的背景下如何协调原属于不同行业的协会、实现交易成本的降低和协会职能的最大化，并最终推动文化创意产业融合发展，成为目前文创行业协会功能改革，以及文创行业有效治理模式革新的紧迫问题。

二、行业协会：政府与市场的中间人

行业协会是一种具有市场性、行业性、会员性、非营利性、非政府性和互益性等特性的社会组织（贾西津等，2004）。与基于产权、共同所有权以及雇佣关系的企业治理不同，行业协会的治理是一种集体的自我管制，其基础是成员、协会管理者和外部重要对话者之间有组织的谈判（郑江淮、江静，2007），形成多方参与的治理格局（孟亚男，2014）。行业协会被普遍认为在国家与社会之间发挥着“中介”和“桥梁”的组织功能（卢向东，2017）。因此，政府与行业的“中间人”或国家与市场的“调和人”（周逵等，2020）是行业协会的核心角色，对于行业协会的研究也往往从把握

“政府—协会”关系和“协会—行业/市场”关系两个维度展开。

首先，政府与行业协会的关系是行业协会从诞生伊始就面临的最重要关系。不少西方行业协会的出现就是为了游说政府。我国行业协会和政府的关系会受到原有制度遗产的制约，也会呈现路径依赖的特征（张长东、顾昕，2015）。在新中国成立后计划经济的体制框架及其历史遗产背景下，我国行业协会长期处于政府的“部门管理”体系之内，担任行业政策的“二传手”和“执行者”角色，成为政府的“翻版”或职能延伸，甚至被冠以“二政府”的称谓（黄建，2019）。长期以来，行业协会除了要接受中央和各级政府的分级管理，还形成了“登记管理机关、业务主管机关双重领导”的“双重管理制”，以事前监管为重心，体现出政府对行业协会商会的“预防型”监管理念，而“一业一会、一地一会”的规定则表明政府限制行业协会商会竞争的思路（郁建兴等，2014），是一种典型的“监护型控制”（邓正来、丁轶，2012）。以上制度带来的现实是，我国由政府主导或参与建立的官办或半官办协会占大多数。2006年的一项统计显示，广东省的878个协会中由政府组建或参与组建的超过90%，企业自发成立的仅占7%（黎军，2006）。针对我国行业协会这种政府色彩过浓的情况，中央政府从20世纪90年代以来启动了七轮“行业协会去行政化”改革（宋林霖、蒋申超，2018），并初步形成了广东的“一元模式”、温州的“新二元模式”和上海的“三元模式”等新管理方案的尝试（易继明，2014），但在中国特殊的政府经济体制下，想完成协会发展模式的彻底转型还有待时日。

其次，在协会与行业发展的关系上，行业协会是一种组织化了的“私序”。作为由行业内企业联合组建的社会组织，可以为整个行业的共同利益提供一套制度性基础，使企业界定一组公共利益并避免争论（李艳东、郑江淮，2007）。行业协会在行业内部的自律、协调、交流等功能的发挥，将分散弱小的企业联合起来，获得了与政府谈判的资本，也减少了大量的分散谈判（鲁篱，2006）。从制度经济学角度来看，这是对交易成本的降低，被认为是实现经济治理中总交易成本最小化的有效载体（孙丽军，2004）。除了降低交易成本，行业协会还会通过营造技术创新环境、充当知识转移中介等方式推动行业的技术创新（孙冰锋等，2019）。多国的实证研究均表明，行业协会与产业发展之间存在显著的相关性，（JP. Knorringa，1999；R. Rabellotti & H. Schmitz，1999；H. Schmitz，1999；郁建兴等，2008）。

对照这两组经典关系，P. C. Schmitter 和 W. Streeck（1981）的研究曾将其归纳为“影响逻辑”和“会员逻辑”两大协会职能模式。其中，“影响逻辑”是指行业协会以某种方式组织起来向政府提供足够激励，使其能进入政府部门并对之施加充分影响,并从这种交换关系中汲取充分资源,如政府认可、让步、资助等;"会员逻辑"是指行业协会通过向会员提供足够激励,以从会员汲取充分资源来确保其生存和发展。两种逻辑往往并非独立运行,任何一个行业协会组织贡献都是"会员逻辑"与"影响逻辑"互动的结果。这两种逻辑,对应的就是以法德为代表的"法团主义"模式,即作为"公法人"的协会,和以英美为代表的"多元主义"模式,即作为"私法人"的协会(宋晓清,2018)。郁建兴等(2020)在此基础上增补了在公共危机治理时的"公共逻辑",体现了协会对公共事业和社会福利的作用。但服务会员的"会员逻辑"与沟通政府的"影响逻辑"仍是协会日常实践分析的有效理论框架。

如今,当产业融合的现实撞上"一业一会"的规则,当业务融合的实践遇到"一业多会"和"一会多业"的实践结构,不但对行业协会制度带来冲击,也势必影响了协会对内"会员逻辑"和对外"影响逻辑"的功能实践。为了探究这一变化,本文以上海市文创行业协会为例,提出以下两个具体研究问题:

第一,在产业融合变迁面前,上海市文化创意产业行业协会(以下简称"上海文创行业协会")实践的"会员逻辑"和"影响逻辑"呈现出怎样的新特征?遇到了何种新问题?

第二,在产业融合时代要实现文创行业的有效治理,协会的角色和功能需要进行怎样的调整?

为此,2020 年 8 月至 12 月,复旦大学媒介管理研究所课题组对上海市有代表性的 17 家文创类行业协会进行了深度访谈和问卷调查(由于部分协会的数据不对外公开,有 11 家协会返回了调查问卷),对其运营状况、"两种逻辑"的实践困境展开调研和分析,并在文化创意产业融合背景下探索行业协会有效治理的创新路径。

三、研究发现:失调的"影响逻辑"与"会员逻辑"

(一)发展概貌:协会间不均衡、低薪酬、老龄化

被调研的上海文创类行业协会的创立时间大多集中于 2000—2010 年,正是上海市文化创意产业大发展的时期。调研显示,上海市文创协会从总体上来看,处于规模较小、地位较边缘、发展状况不均衡的状态。

会员数量方面,上海文创类行业协会会员单位数差距较大,平均每个协会约拥有 236 个会员单位。其中最多的 W 协会有 800 余家会员单位,最少的是 X 协会,仅有 57 家。

收支情况方面,近三年的数据显示,各协会在收支情况中基本做到了收支平

衡，有盈余的协会凤毛麟角。同时，收支水平横向差距较大，最高的D协会收入850万，支出820万，而收入低于100万的协会则占45.5%，其中最少的T协会年均收入仅21万。N协会在访谈中则表示，由于产业寒冬，会员企业关停，会费年年递减，协会工作维持困难。Q协会本想向新兴领域扩大影响力，却缺乏启动资金，整个协会每年都是超额支出，办公场地租金和会员费收取都存在问题。

人力资源方面，协会平均职员数为5人，平均年薪为5.23万元，远低于2020年上海全口径城镇单位就业人员平均工资(12.4万元)。产业的活跃度会对从业人员的收入产生影响，如W协会的人员数为最多，达到13人，收入也相对较高，年薪达到了8.5万元。而收入较少的协会职员数也相应较低，如全年协会总收入40万元的B协会仅有2名工作人员。此外，行业协会从业人员以兼职为主，多为在业内相关行业或对口机关事业单位退休后调任至行业协会。这也导致了行业协会从业人员的老龄化现象，被调研协会的会长、副会长平均年龄均已超过50岁。同时，从业者学历绝大多数集中在本科及以下，这对于当前文创类产业的发展水平和普遍学历水平而言是较低的。梁昌勇等(2016)的研究表明，行业协会领导人的工作意愿、个人能力和背景决定协会获取资源的能力。协会高龄管理者在业界的资源、对于行业的熟悉程度方面存在优势，但在新技术、新兴文化样态的认知和实践上则面临着挑战。另外，这种薪酬低和老龄化也导致协会人才的不稳定性：

“铁打的营盘流水的兵，像我们这种就是做一届，再换届后下面谁来做也不知道，流动性比较大，这样工作就没有持续性，要重新开始。”(M协会)

总体来看，上海市文创行业中不同细分领域的行业协会之间实力差距较大；作为非营利组织基本都是量入为出，但收入总体上偏低，有限的经费也限制了协会各种功能的发挥；从业人员在学历和年龄上都缺乏竞争力，流动性较大，这些特点和要素共同构成了上海文创行业协会展开工作的基本背景。

(二) 条线交叉与路径依赖：产业融合下影响逻辑的实践困境

产业政策被认为是后发国家实施追赶战略的关键所在。林毅夫所倡导“新结构经济学”强调了产业政策对于后发国家产业成长的重要性。顾江和昝胜锋(2009)对韩国等亚洲国家文化创意产业崛起过程的研究也表明，文化创意产业发展的内在增长引擎格外源于政府主导性的发育和成长。在我国文化创意产业近十几年的发展中，政府“看得见的手”的促进作用显而易见，通过以文创政策为载体的产业扶持和激励措施，我国文化创意产业有了突飞猛进的发展。在这一过程中，作为“政企桥梁”的文创行业协会的“影响逻辑”得以发挥。

具体来说，行业协会在“行业信息调研和统计”“行业信息咨询和人员培训”“行业发展规划编写”“行业评比评奖”四个指标上实现政府职能的转移承接（梁昌勇等，2016）。在政策的制定和实施过程中，行业协会具备“沟通联络”“政策参与”“执行监督”三类功能（张宏、罗兰英，2020）。通过以上这些功能的实现，行业协会完成了面向政府的“外部资源汲取”，实现了“影响逻辑”的职能模式，协会和政府之间也建立起了紧密合作关系。这在与文化意识形态紧密相关的文化创意产业中尤其明显。如有协会就表示：

“协会会有一些积极的自选动作，因为它毕竟是宣传口的社会团体，无论是舆论导向，还是党建工作，我们都是常抓不放，并以此来指导其他业务的开展。”（Y 协会）

但随着产业融合进程的深化，影响逻辑的实践也开始发生变化。通过调研，我们发现如今上海文创行业协会的影响逻辑在运行过程中出现“条线交叉”和“路径依赖”两大问题，共同导致文创协会的影响逻辑走向弱化。

1. 政府归口的条线交叉

影响逻辑的实现，有赖于协会在政府和行业市场中扮演“桥梁角色”，因此在“一业一会”时期，这种桥梁的作用是有效的，边界是明晰的。协会甚至最后会演化为“二政府”的极端形态。而在产业融合的背景下，文化创意产业协会却面临着管理主体、管理条线的混杂与交叉。具体而言，这种交叉体现在两个层面：其一，同一个协会被不同职能、不同区划的政府部门同时管理；其二，相同类型的行业协会有时却被划分至不同的政府部门对应直属。

2019 年最新统计数据显示，上海共有 26 家文创类行业协会，从归属关系上来看，其中 11 家的业务主管单位为市委宣传部，15 家为市文化与旅游局。而在《上海市文化创意产业分类目录（2018）》中，文化创意产业更是被分为媒体业、艺术业、时尚创意业、互联网和相关服务业、休闲娱乐业等 13 个大类，每一个细分产业协会背后都由不同的“局、委、办”来负责指导和管理，同时还存在市级和区级两层管理，形成了管理上的条线切割。

“协会所服务的业务在政府管理方面是‘三驾马车’（G 局、D 局、W 局），另外还有部分管理职能在 J 委。协会在具体运作过程中就是在这种交叉管理的基础上展开的。每个部门都有其独特的管理诉求，也会提供相应的政策支持。协会在其中的作用就是根据协会和会员企业的需求，统筹协调各个管理部门之间的关系。”（X 协会）

随之，文创业务在产业融合的情况下也日益交叉，这就让协会影响力实践的过程从“一业一会”时期的“一对一”，变成了融合时期的“N对N”。在实际行业协会的运作实践中，这种条线交叉被行业协会运营者定义为行业协会协调功能的集中体现。尤其对于一些国有属性比较鲜明的文创行业，这种交叉效应会更加复杂：

“有些时候因为一项活动，就需要跑七八个部门反复协调，效率比较低，在协会人手不足的情况下举办活动一多就会捉襟见肘。”(Y协会)

“多头效应一时无法解决，因为行业内每个国企都有其自己的主管部门，‘谁家的孩子谁家抱’，想形成实际的聚合是存在难度的。”(M协会)

条线交叉是产业融合背景下文化创意产业边界模糊的直接症候，但是对于行业机构影响逻辑的运行而言，无疑加重了其效率和精准程度，限制了行业协会对于政策和市场资源的协调能力。

2. 影响逻辑的路径依赖

基于文化创意产业政策驱动的历史惯性，目前上海文创类行业协会的核心优势大多是从“政府—协会”的依赖关系和紧密合作关系中获得的。具体来讲，主要是评奖、评级以及代理政府进行的各种检查活动，这都是长期以来的政府赋权。

“作为体制内协会，需要利用好体制内的奖励机制，如上海某某优秀论文奖和上海某某奖，另外协会还组织获奖作品出版成书。由于行业员工在晋升中需要职称评定，因此这两个奖项可以作为职称评定时的加分项，同时，出版的书籍也获得了市委宣传部职称评定系统的认可，可与国内公开期刊同等对待，因此市协会的‘两奖两书’成为会员企业比较认可的服务项目。”(G协会)

与之类似的是P协会，其可以推荐并参与评选上海市该行业的个人奖项和产品奖项。L协会则是参与行业资格认定、专业技术职务资格评审、业务评估定级等工作，同时还参与制定全市行业规范。W协会在公安局的支持下，参与行业内企业的星级评定。另外还有D协会，开展技术资格质量认证和企业星级评定、对行业中有突出贡献的个人与单位进行表彰，参与从业人员的职称评定等。上海市政府委托M协会进行每年行业内的综合质量评估工作，协会会随机抽取企业进行检查。在政府的赋权之下，协会进行的如上业务受到了会员企业的积极响应，会员企业和从业人员在此过程中也会得到来自官方的各种认证和认可，形成各取所需的多赢局面。

但由于协会归口部门自身的条线分割，这就导致来自政府的赋权有逐渐固化的倾向，这在产业融合时代就显露出问题：一旦失去了这种赋权，或者这种赋权在行业发展、融合的过程中逐渐消散，那么协会在行业中的话语权就大受影响。

首先，“固守”某单一行业存在结构性隐患。这背后，是行业的衰落所带来的行业在政府心目中的重要性的下降，赋权力度降低，行业协会的影响力也就自然下降。如在每况愈下的某行业中，N 协会就反映：

“协会没有权力是做不了‘二政府’的，现在协会的情况是影响力有限，政府也不太关心”。（N 协会）

其次，产业融合之下业务的垄断性进一步消解，导致原有赋权的失效。这样一来，在给会员提供服务方面，不同协会之间形成了竞争机制。这种情况下，“专业性”取代了政府的垄断性赋权，成为协会生产的更重要砝码。Q 协会就表示：

“在评奖方面，协会只有上报推荐权而没有评选权，某登记业务也免费向社会开放，已经不是协会的垄断性功能。某服务业务虽然市场需求越来越大，但我们协会也不是唯一提供该服务的组织，同性质的或者交叉领域的一些协会同样也提供该服务。”（Q 协会）

最后，政府的归口式赋权在融合时代有可能变成“反融合”的枷锁。B 协会因为上级要求而无法对行业进行评级服务，削弱了它的影响力；M 协会无法参加上海某大型展会，其背后是管理部门对该行业和临近行业区别对待的传统思维而不准许其参会，这就使归口式赋权反而成了协会跨界发展的限制性因素。

（三）“产业—协会”双重碎片化：会员逻辑的系统性障碍

相较于在协会外部、朝向政府的影响逻辑，行业协会的会员逻辑是在协会内部、朝向会员企业和行业本身的资源汲取和功能服务过程。因此，行业自身的结构很大程度上决定着行业协会作用发挥的效果。传统的观点通常认为，产业集群的主要贡献是基于地理空间的资源聚合进而带来交易成本的降低，而集群概念的提出者迈克尔·波特（2002）认为，产业集群最重要的功能是改善创新的条件。集群最重要的价值在于成为行业创新的中枢而推动产业创新能力不断提高，这其中，最重要的是企业间所形成的创新关系网络。集群创新网络是集群创新优势产生的微观结构，是集群创新的基础和源泉（叶文忠，2008）。这也能够解释为何同为影视产业集群，好莱坞能够产生效益和创新，而我国大部分影视基地却陷入了低水平重复建设的困境，其核心原因就是企业在园区中“集而不群”，并未形成创新网络。

集群创新网络包括企业、中介服务组织、大学和科研机构、政府及公共部门、金融机构等“网络节点”。其中，以行业协会为代表的中介组织则是创新网络中扮演桥梁和纽带作用的重要支持力量，中介组织的完备程度是创新网络成熟程度的重要标志(刘友金、叶文忠,2010)。因此,在文化创意产业集群中,行业协会实践“会员逻辑”的重要方式,就是勾连起企业之间的创新关系,扮演好“企业创新网络撮合者”的角色,这也是行业协会“互益性组织”(徐家良,2010)的初衷所在。调研发现,上海文化创意产业和行业协会两个层面的碎片化,导致了在产业融合的大背景下协会“会员逻辑”的运行出现了系统性障碍。

1. 文创产业的碎片化

以往的经验研究表明,中国文化创意产业园区大多存在“重形态、轻业态”以及园区间同质化竞争严重等问题。李建军等(2017)对上海文化创意产业园区的实证研究也表明,上海文化创意产业基础设施建设指标与上海文化创意产业发展的关联度较低,亟须资源整合、发挥集聚优势。据王兴全等(2020)统计,2019—2020年度上海市级文化创意产业园区有137家,总数超过500家,其中20家示范园区,另外还有10家示范楼宇和20家示范空间分布15个区,总面积近700万平方米。相较之下,2020年度北京市级文化创意产业园区的认定名单中,市级文化创意产业示范园区10家,市级文化创意产业示范园区10家,市级文化创意产业园区80家。上海的总认定数量是北京的1.67倍,但无论是文化创意产业增加值,还是增加值占GDP的比重,上海均逊于北京,更不用提众多文化创意产业巨头企业的总部均位居北京。在137家文化创意产业园区中,除了上海张江文化创意产业园区、国家对外文化贸易基地(上海)以及中国(上海)网络视听产业基地等少数几家园区具有一定的集群优势外,大多数文化创意产业园区规模都较小,资源碎片化情况比较明显。这种较为分散的园区布局,使行业协会在产业融合背景下扮演创新网络中的中介角色、在企业间进行“撮合”的成本显著提高。

2. 文创协会的碎片化

如前所述,《上海市文化创意产业分类目录(2018)》将文化创意产业分为13个大类,在每一大类中,甚至每一大类中的细分板块基本都有对应的行业协会,如大类“媒体业”中,就包括报纸行业、广播电视行业、电影行业、期刊行业等,均有对应的行业协会。与此同时,市级协会之外还有各个区的协会,在业务上相互交叉重叠。这就导致上海市行业协会数量众多,分类较细,有些企业会同时参与几个行业协会,因此行业协会“会员逻辑”的运行就显得比较分散,号召力和影响力不足。如H协会就反映了协会的区域分割问题:

“市协会下面还有区协会,造成资源的冲突与重复,管理上难以协调,碎片化比较严重。甚至会费也得和区属的协会共享。”(H协会)

与协会碎片化相冲突的是，在产业融合的背景下，协会的业务又出现了交叉和整合的趋势。如网络视听业务横跨了媒体业、互联网服务以及信息技术服务等多个行业门类，同时对应的行业协会也有上海网络视听行业协会、上海多媒体行业协会，甚至还包括上海广播电视协会等。因此，在需要跨行业合作的领域，协会之间的合作涉及比较高的沟通成本。调研发现，如今上海文创行业协会之间的合作具备以下特征：

第一，行业相邻的协会之间合作频率较高，合作成本也相对较低。在此之中，协会领导人比较熟悉的协会之间来往较多，会长单位或理事单位为同一家企业的协会之间合作较频，也即协会之间的合作往往由其参与的“非正式关系网络”来推动。

“我们D协会和GY协会、WT协会差不多同时建立，是兄弟协会，甚至有一段时间办公室都是在一起的，相互之间的资源可以共享。”

“协会之间的合作受协会领导人之间的私交影响较大，一般来说相互聊得来协会间合作会更多。”(D协会)

其次，地理位置离得近的协会之间也更方便开展合作。为此，H协会就建议：

“不同协会常要合作碰面，但分散在各处，在融合的情况下合作比较困难。可以考虑像江苏省那样整合起来，下面设成专委会，这样有统有分，最好在一个地方办公，或者起码有个共同的网络平台，这样方便融合下的合作。”(H协会)

从以上特征我们可以看出，文创行业协会之间的合作遵循的是“成本最低”的原则，合作往往产生于地理上的交叉或企业成员、管理者之间的关系交叉，可以缩减各类沟通和交通成本。而这种交叉合作，正是产业融合之后文创业的大势所趋。因此要解决这种碎片化的会员逻辑，就必须以融合的方式重构行业协会体系，降低其运行的各项成本。

综上所述，由于上海文创产业和文创协会的总体结构都产生了碎片化的问题，没有普遍形成成熟的创新网络，其会员逻辑的运行也就随之变得碎片而低效，协会也无法发挥创新撮合者的功效。

四、融合之下文创行业协会的结构再造与角色创新

在国家“十四五”规划之下，我国文化创意产业政策体系的完善迫在眉睫。在《国务院2020年立法工作计划》中，2020年国务院拟提请全国人大常委会审议的法律共有16件，其中就有酝酿多年的《中华人民共和国文化产业促进法》。《中华

人民共和国文化产业促进法》的出台，意味着我国文化创意产业拥有了首部统领性、基础性法律，这无疑是对近十几年文化创意产业政策的“政出多门”问题的重要回应。该法指出，要构建统一开放、竞争有序、诚信守法、监管有力的现代文化市场体系，发挥市场在文化资源配置中的积极作用。而“统一开放”，正是文化创意产业融合的未来愿景，伴随着产业资源的有效整合，文创行业协会在融合之下的角色和功能需要及时调整，其“影响逻辑”和“会员逻辑”也迎来了再造的契机。

本文认为面对产业融合，文创行业协会在“影响逻辑”方面，需要在政府和已有众文创协会之间设置“统筹层”，建设“协会的联合会”，优化产业融合时代政府和细分行业协会之间的对接；在“会员逻辑”方面，需要完成角色的创新，做“产业融合”的推动者和协调者，“产业创新”的发掘者和激发者，在融合时代实现协会对行业的服务升级。

(一) 结构再造:打造“协会的联合会”

面对影响逻辑中现有的条线交叉与路径依赖，要对其进行直接改革，涉及的各类成本过大，而另起炉灶地在政府和已有众文创协会之间设置“统筹层”，构建“行业协会的联合会”(郁建兴、何宾，2013)是一个可以尝试的路径。这种“协会的联合会”即 F. P. Sterbenz 和 T. Sandler 等(1992)提出的“俱乐部的俱乐部”。当协会之间出现重叠、竞争甚至冲突的时候，通过一个组织从中协调斡旋，让各个协会的沟通更为顺畅，合作更加紧密。具体而言，有三个层次可供参考：

首先，新成立的协会联合会需要在文创办、宣传部的直接业务管理下，吸收文化创意产业各细分板块的行业协会和龙头企业为“理事单位”，并设置轮值制度，轮流担任“会长单位”，在组织结构上实现“协会的联合会”的设定。

其次，协会联合会可建设在线沟通平台，在文创大社区中建设细分行业小社群，让行业协会的沟通日常化、在线化。

最后，在放管服思想指导下，协会联合会可以牵头组织定期的现场联席会议，由各协会会长秘书长参与，各局委办领导参与，现场讨论现场办公，解决重要且棘手的重大问题。同时协会联合会还可以常态化收集各协会的反映和诉求，定期上报给宣传部、领导小组和各局委办，由联合会出面统一协调办理，节省各个协会和政府沟通的成本，扮演好协会和政府之间的桥梁角色，让“影响逻辑”在融合时代也能无碍运行。

(二)角色创新:聚焦产业融合与创新

1. 做“产业融合”的推动者和协调者

文化创意产业作为一个新兴的产业门类,随着新技术的不断更新,新产品形态的日益迭代,文化创意产业门类交织,文化创意产业与其他传统产业的跨界融合已经成为产业发展的总体趋势。因此,文创行业协会的角色需要适应这一产业变迁趋势,在角色功能的创新方面积极扮演产业融合的“推动者”和“协调者”角色。

调研发现,上海市部分文创行业协会已经在融合方面做了初步尝试,主要在两个方面呈现:

一是,行业协会的“业务融合”。在一些本身就具有融合特质的行业,协会之间通过业务合作来强化融合性,如 X 协会所处行业中涉及五个行业协会和学会,于是一些评奖、评定项目协会之间常交叉联合举行。

正处于产业融合之中的行业,则需要通过扩展业务边界来布局融合业务,提升协会的影响力。如以往专注传统业务的 GD 协会,目前的培训业务重点是区级融媒体中心,在推动区级融媒体中心的交流和建设方面下了很大功夫,甚至为了业务的扩展在考虑更名事宜。由于产业变迁导致影响力渐趋弱势的 N 协会,建议根据最新的行业融合变化,对协会进行“整合”,合归一处,扩展功能、壮大实力。另外还有原本只负责线下项目的 H 协会,由于用户使用习惯的变化导致传统线下业务萎缩,于是就和 WY 协会合作,斜向切入某新兴产业,两协会把各自的行业评估工作相结合,联合推出了新的行业规范。

这些做法的本质,都是希望行业协会的架构能与产业的演进保持一致,这样才能保证协会业务与行业发展同步,起到真正的服务作用。

二是,行业协会的“成员融合”。从协会成员的构成来看,不少协会其实已经做到了“多元化”。如行业协会除了本行业的企业会员之外,还有服务于该产业的专业性会员如金融服务机构、律师事务所、版权服务商等。但无论其成员构成多复杂,基本上仍是围绕一项传统业务展开的。如报纸行业协会的成员,除了报社之外,还有围绕报纸的采编、生产、发行、营销、周边扩展等一系列业务单元的相关企业。也即,以往协会成员多元化的本质,依旧是线性的、分割的市场内的“有界多元化”。

而如今,随着产业融合的演进,原本不属于该产业链或产业板块的业务也有了交叉组合的可能。因此在吸纳会员方面,一些文创行业协会开始打破原有的思维框架,跨界地引入一些新类型会员。如 W 行业协会,原本主要由本地实体场所构成，现在也引入了一些其称为“新业态会员”的企业，包括新媒体平台 BiliBili 和网络技术公司巨量引擎等。B 协会、L 协会这样的传统行业协会也逐渐开放原行业外部的企业会员入会。其中，B 协会的经验值得推广，其吸纳会员的方式不仅仅单纯是让其加入协会，而是通过“项目合作”的方式吸引会员，将业务实效前置。先做业务，再纳会员，这种方式可以保证新会员的加入有真实的效果，而不仅仅是“象征性”的操作。所吸纳的“新业态会员”如中国联通、爱文亿、上海宽创等，都是带着合作项目加入协会的优质企业，其业务范畴突破了传统的博物馆业务，而是围绕博物馆主业务进行跨界的扩展，包括网络通信、线上文博、古建保护、电子商务以及数字展示等。

正如传统业务主要板块为线下网吧的 H 协会负责人所言，“作为‘功能’的网吧正在衰落，而作为‘载体’的网吧却正在路上。”在产业融合的背景下，行业协会对待传统行业的态度应尽快扭转，不应将其仅作为一种业务实体，而要以跨界思维来拓宽行业业务边界，把能够搭界的其他行业业务也纳入本行业的“载体”之中为我所用，从而产生更大的斜向扩张价值。

因此，作为勾连政府和企业、企业和企业关系的核心中枢，文创行业协会应在产业融合的大势面前具有“抢跑意识”，要先于企业和政府成为融合趋势的“推动者”和“协调者”，通过开展活动的方式牵线搭桥。

2. 做“产业创新”的发掘者和激发者

展望产业融合时代文化创意产业的未来，第一个关键词必然是“融合”，第二个关键词则是融合背后的“创新”。因为一切业务融合，都是建立在技术创新、市场创新基础上的，否则就只是“N 加 N”的简单累加，而非“N 乘 N”的裂变。因此，在推动“创新”方面，本文认为上海市文创行业协会应及时弥补自身的实力短板，扮演好推动产业创新中“技术创新和市场创新”的“发掘者”、构建行业“创新关系网络”的“激发者”这两个角色。

首先，行业协会要做技术创新和市场创新的发掘者。在技术创新方面，则需要行业协会积极推动技术创新在全行业的“创新扩散”，这样才能形成新技术的普及，从而最终推动商业市场模式的创新。行业协会要具有在纷繁复杂的环境中开掘创新机遇的能力，基于多年沉淀的专业素养来判断哪些技术创新有潜力演化为市场创新。

Y 协会、B 协会等已经开始了相关的探索，其相关经验值得借鉴。前者在三网融合的大趋势下，积极在会员企业中开展互动电视、高清 4K 电视、5G 等技术的培训、研讨和参访等服务，同时还在协会内部专设了“产业创新委员会”，突出在新技术背景下商业模式和具体业务方面的创新。后者则在新冠疫情中公众出行频率骤降的背景下，突破地域限制开发线上展览的新路径，吸纳了上海宽创等数字展示企业为会员单位，同时跟知网合作，开展网上博物馆、AR/VR 博物馆以及云上文博等项目的探索。

其次，行业协会要做产业创新关系网络的激发者。产业创新的表现是技术创新和市场创新，而这些创新的基础则是在产业中形成企业之间的创新关系网络，这也是产业集群形成的基础。在传统产业集群中，交易成本、规模效应、专业化制度等优势成为发挥集群竞争优势的基础，随着产业升级和知识经济的发展，尤其是对文化创意产业来说，产业的知识密集性特征所带来的竞争优势日益明显，集群的“创新”特征被视为集群发展的关键要素。以往的研究指出，创新网络为产业集群提供了更为开放的创新环境；其内比较松散的连接有助于知识共享，同时其创新氛围也有益于创新资源的整合、增值和利用(王大洲，2001)。相较于内置研发创新部门的大型企业，集群中的创新关系网络是中小企业形成的合作创新体系，目的是获取并共享创新资源(张杰、刘志彪，2007)。

对于上海文化创意行业来讲，缺乏“高峰企业”是目前的一大短板，但调研中我们发现，对于每个细分行业来讲，小微企业的生存境况往往是最艰难的，行业协会应加强对小微企业的关注。上海文创类行业协会中，不少行业协会的会长单位是该行业内占据绝对优势的企业或组织，协会无论是从经费、人员、场地，还是从业务开展的方向上都与该龙头企业紧紧“绑定”，这无疑会导致行业协会只注重了“动脉”，而忽视了作为“毛细血管”的小微企业。W 协会谈道：

“我们服务会员主要分成两类，一个是对于大企业，一个是对于小企业。对于大企业来说，他们的资源空间比我们协会厉害多了，顶多在行业评奖方面需要协会来赋予专业性。但是对中小企业，他可能连政府的门都摸不进去，我们就需要做一些工作。简单地来说，对于大企业我们协会是锦上添花，对于小企业我们就需要雪中送炭了。一个政府的几十万奖励，对大企业来说没什么，但对于小微企业就很重要。”

协会需要从外界汲取资源来实现其功能。如果这种资源来自一家垄断性企业，那么协会就有可能丧失一定的公共性。对于产业创新来讲，文创行业是一个非常需要“多元化”的行业，很多大企业和知名 IP 都是从小企业开始逐渐孵化孕育的，如果忽视对小微文创企业的培育，文化创意产业将会失去最根本的活力。

目前，会员逻辑的“双重碎片化”，导致协会影响力不足，于是行业协会只能过度依赖大企业。而一个健康的产业应该是“大中小共生”的产业格局，行业协会作为产业创新关系网络的激发者，尤其要重视点燃小企业的“星星之火”，需要在专业服务和金融服务等方面尽可能地为小微企业提供便利。只有保证了小微企业的存活率，才能最终形成企业之间的创新关系网络，文化创意产业园区才会有活力，文化创意产业才会有可持续发展的源头活水。

参考文献

[1] J. Lind. Convergence: History of Term Usage and Lessons for Firm Strategists[C]. Proceeding of 15th Biennial ITS Conference, Berlin, 2004.

[2] 植草益. 信息通讯业的产业融合[J]. 中国工业经济，2001(02).

[3] 常敏. 行业协会的组织规模边界研究——对“一业一会”问题的调研与分析[J]. 中共杭州市委党校学报，2005(6).

[4] 贾西津，沈恒超，胡文安. 转型时期的行业协会——角色、功能与管理体制[M]. 北京：社会科学文献出版社，2004:11.

[5] 郑江淮，江静. 理解行业协会[J]. 东南大学学报：哲学社会科学版，2007(06).

[6] 孟亚男. 政府、市场与社会：我国行业协会的变迁与发展研究[M]保定：河北大学出版社，2014:154.

[7] 卢向东. “控制—功能”关系视角下行业协会商会脱钩改革[J]. 国家行政学院学报，2017(05).

[8] 周逵，黄典林，董晨宇. 国家与市场之间的“调和人”：传媒转型与治理中行业协会的角色功能[J]. 新闻与传播研究，2020，27(12).

[9] 张长东，顾昕. 从国家法团主义到社会法团主义——中国市场转型过程中国家与行业协会关系的演变[J]. 东岳论丛，2015，36(02).

[10] 黄建. 分离与重构：放管服改革视阈下的社会组织——以行业协会为例[J]. 中共天津市委党校学报，2019，21(04).

[11] 郁建兴，沈永东，周俊. 从双重管理到合规性监管——全面深化改革时代行业协会商会监管体制的重构[J]. 浙江大学学报：人文社会科学版，2014，44(04).

[12] 邓正来，丁轶. 监护型控制逻辑下的有效治理——对近三十年国家社团管理政策演变的考察[J]. 学术界，2012(03).

[13] 黎军. 行业协会的几个基本问题[J]. 河北法学，2006(07).

[14] 宋林霖，蒋申超. 放管服改革背景下行业协会去行政化探析[J]. 天津社会科学，2018

(03).

[15] 易继明. 论行业协会市场化改革[J]. 法学家,2014(04).

[16] 李艳东,郑江淮. 私序的功能与转型:一个述评[J]. 产业经济研究,2007(01).

[17] 鲁篱. 论行业协会自治与国家干预的互动[J]. 西南民族大学学报:人文社科版,2006(09).

[18] 孙丽军. 行业协会的制度逻辑[D]. 上海:复旦大学. 2004.

[19] 孙冰锋,余建平,程思畅. 行业协会在会员企业技术创新中的作用机理——基于扎根理论的案例研究[J]. 集美大学学报:哲学社会科学版,2019,22(01).

[20] JP. Knorringa. *Agra: An Old Cluster Facing the New Competition* [J]. World Dewelopment, 1999, 27(9).

[21] R. Rabellotti & H. Schmitz. *The Internal Heterogeneity of Industrial Districts in Italy*[J]. Brazil and Mexico Regional Studies, 1999, 133(2).

[22] H. Schmitz. *Global Competition and Local Cooperation: Success and Failure in the Sinos Valley*[J]. Brazil World Deuelotment, 1999, 127(9).

[23] 郁建兴,江华,周俊:在参与中成长的中国公民社会:基于浙江温州商会的研究[M]. 杭州:浙江大学出版社,2008.

[24] 赵坤. 行业协会在产业集群知识产权保护中的作用——基于温州剃须刀行业的个案研究[J]. 甘肃行政学院学报,2007(01).

[25] 蒋欢. 试探行业协会推动产业集群升级的作用——以邵东打火机产业集群升级为例[J]. 金融经济,2009(06).

[26] P. C. SCHMITTER and W. STREECK. *The Organization of Business Interests: Studying the Associative Action of Business in Advanced Industrial Societies* [J]. MPIFG Discussion Paper, 1981(11).

[27] 宋晓清. 超越"政企桥梁":行业协会商会的角色再定位[J]. 治理研究,2018,34(04).

[28] 郁建兴,吴昊岱,沈永东. 在公共危机治理中反思行业协会商会作用——会员逻辑、影响逻辑与公共逻辑的多重视角分析[J]. 上海行政学院学报,2020,21(06).

[29] 梁昌勇,代犟,朱龙. 行业协会承接政府职能转移的作用类型及其实现机制:一项多案例研究[J]. 管理工程学报,2016,30(01).

[30] 顾江,昝胜锋. 亚洲国家文化产业集群发展模式比较研究[J]. 南京社会科学,2009(06).

[31] 朱春阳,宋蒋萱. 我国电影产业财税扶持政策绩效——一个国际竞争优势培育视角的考察[J]. 中国文化产业评论,2014,19(01).

[32] 张宏,罗兰英. 企业社会责任视角下行业协会职能体系构建[J]. 浙江理工大学学报:社

会科学版,2020,44(05).

[33] 迈克尔·波特. 国家竞争优势[M]. 李明轩等,译. 北京:华夏出版社,2002:3;139.

[34] 叶文忠. 集群创新优势与区域国际竞争力[M]. 长沙:湖南师范大学出版社,2008:16.

[35] 刘友金,叶文忠. 集群创新网络与区域国际竞争力[M]. 北京:中国经济出版社,2010:55.

[36] 徐家良. 互益性组织:中国行业协会研究[M]. 北京:北京师范大学出版社,2010:31.

[37] 李建军,万翠琳. 上海文化创意产业发展的影响因素实证研究——基于灰色关联度模型分析[J]. 中国文化产业评论,2017,24(01).

[38] 王兴全,王慧敏,赵嫚. 上海文创园区二十年政策评述[J]. 上海经济,2020(05).

[39] 郁建兴,何宾. "一业一会"还是"一业多会"? ——基于行业协会集体物品供给的比较研究[J]. 浙江大学学报:人文社会科学版,2013,43(03).

[40] F. P. Sterbenz & T. Sandler. *Sharing among Clubs: A Club of Clubs Theory*[J]. Oxford Economic Papers, 1992, 44(1).

[41] 王大洲. 企业创新网络的进化与治理:一个文献综述[J]. 科研管理,2001(05).

[42] 张杰,刘志彪. 套利行为、技术溢出介质与我国地方产业集群的升级困境与突破[J]. 新华文摘,2007(14).

作者简介

曾培伦,河南南阳人,复旦大学新闻学院讲师,新闻学博士。研究方向为传媒经济学。

毛天婵,黑龙江哈尔滨人,复旦大学新闻学院博士生。研究方向为传媒经济学。

朱春阳(本文通讯作者),河南平舆人,复旦大学新闻学院教授。研究方向为传媒经济学。

The Imbalance and Reconstruction of "Influence Logic" and "Membership Logic" of Industry Association under Industry Convergence
—A Case Study of Shanghai Cultural and Creative Industry Associations

Zeng Peilun Mao Tianchan Zhu Chunyang

Abstract: As a bridge between government and industry, industry association is an important part of China's industry governance system. With the deepening of the trend of industry convergence, the industrial boundary is broken by the practice of innovation and integration, and it also impacts the association management system of "one association per industry". This paper uses the theoretical framework of Influence Logic and Membership Logic of the industry association to carry out a case study on Shanghai cultural and creative industry associations. The research finds that under the convergence of industry, the association's Influence Logic has appeared the problem of fragmentation and path dependence, while the Membership Logic has encountered the dilemma of double fragmentation. In order to cope with the imbalance of industry convergence and improve the two logics of association, this paper proposes that: in terms of structure, between the government and the association, the "association of associations" can be set as the governance coordination layer; in the aspect of role innovation, the association should be the promoter and coordinator of industry convergence, the pioneer and the motivator of industrial innovation, so as to upgrade and reconstruct the governance system of the industry association in the era of industry convergence.

Key words: Industry Convergence Cultural and Creative Industry Association Influence Logic Membership Logic

体育文化产业的共同富裕效应及其实现机制*

战炤磊

摘　要:体育文化产业作为现代化产业体系中社会效益、经济效益、生态效益俱佳的重要组成部分,不仅在物质层面和精神层面都有重要的财富创造效应,而且能够通过提升人力资本素质和公共服务水平促进财富的合理分配,彰显共富效应。我国体育文化产业发展已取得显著成就,具备赋能共同富裕的良好基础,但是,仍然存在诸多突出问题,距离高质量发展的标准还有较大差距。因此,必须紧扣共同富裕的目标要求,从技术、市场、制度、要素等维度,系统探索体育文化产业高质量发展的科学路径。

关键词:共同富裕　体育文化产业　高质量发展

一、引　言

共同富裕是中国特色社会主义的根本原则,是中国式现代化道路的重要特征。党的十九大将"全体人民共同富裕基本实现"确立为到 21 世纪中叶建成社会主义现代化强国的重要目标特征,党的十九届五中全会将"坚持共同富裕方向"确立为"十四五"时期经济社会发展必须遵循的原则,并且旗帜鲜明地将"全体人民共同富裕取得更为明显的实质性进展"列入 2035 年远景目标。随着习近平总书记在庆祝中国共产党成立 100 周年大会上代表党和人民庄严宣告,"在中华大地上全面建成了小康社会,历史性地解决了绝对贫困问题",推动全体人民共同富裕作为第二个百年奋斗目标的重要内容被正式提上议程。共同富裕成为我国经济社会发展的重要目标导向,是否有利于促进共同富裕成为衡量是否高质量发展的重要目标准则,

*　基金项目:江苏省社会科学基金一般项目"新冠肺炎疫情复杂影响下江苏体育产业高质量发展机制研究"(22TYB010)的阶段性研究成果。

而高质量发展则是促进共同富裕的根本路径。2021 年 8 月 17 日，习近平总书记在中央财经委员会第十次会议上作出了“在高质量发展中促进共同富裕”的论断，学界掀起了新一轮共同富裕研究热潮，从不同学科、不同角度探讨了共同富裕的科学内涵[1]、重大意义[2]、理论脉络[3]、定量评价[4]、实现机制[5]、战略路径[6]等。但是，以共同富裕为目标导向探讨具体产业高质量发展问题的文献尚不多见，并且主要将分析视角聚焦于乡村产业。例如，蒙昱竹、王树、赵庆(2022)紧扣共同富裕目标对缩小城乡区域发展和收入分配差距的要求，探讨了产业结构升级对城乡区域协调发展的影响机理与效果。[7]姜长云(2022)从共同富裕视角分析了我国乡村产业发展中的突出问题，认为乡村产业高质量发展应以农民农村共同富裕为导向，相应的对策路径包括探讨多元化综合化融合化发展道路、适地适度发展乡村产业、强化乡村产业发展的底线思维等。[8]涂圣伟(2022)分析了产业融合促进农民共同富裕的理论机理与政策路径，认为产业融合发展不仅有利于提高资源配置效率和农业劳动生产率，而且可以依托合理的利益分享机制带动农民提升创富能力和收入水平，应着力突破在生产要素配置、农村市场功能、政策机制和服务体系等方面的障碍，全面提升农村产业融合发展的兴农富民带动效应。[9]赵培、郭俊华(2022)基于三个典型案例从共同富裕视角分析了乡村产业振兴的突出问题，并且从发挥市场与政府协同作用、激发产业发展潜力、夯实产业发展根基、完善利益联结机制、打造农业全产业链等方面探讨了对策路径。[10]

体育文化产业作为现代化产业体系中社会效益、经济效益、生态效益俱佳的重要组成部分，既是拥有广阔发展前景的朝阳产业，又是与人的全面发展密切相关的幸福产业，与高质量发展的时代主题完全契合，理应在实现共同富裕目标进程中作出更大贡献。本文试图深入剖析体育文化产业赋能共同富裕的理论机理，结合体育文化产业发展的现实问题，探讨以共同富裕为目标导向促进体育文化产业高质量发展的政策路径。

二、体育文化产业赋能共同富裕的作用机理

共同富裕是生产力与生产关系有机统一的复合型概念，既强调通过提升财富创造能力充分“做大蛋糕”，又强调通过优化利益协调机制真正“分好蛋糕”。因此，共同富裕目标的实现，既离不开现代化产业经济体系的强力支撑，又需要相关政策机制的协调配合。体育文化产业作为一种主要提供体育文化产品和服务的综合性产业，不仅能够通过直接或间接推动经济增长而助力“做大蛋糕”，而且可以通过增

加财富类型、提升财富品质而助力“做好蛋糕”，还能通过提升人力资本素质、促进多维度协调发展而助力“分好蛋糕”。体育文化产业的共同富裕效应是指体育文化产业通过多层次、多领域、多维度的高质量发展对扎实推进共同富裕目标的实现产生的促进作用，主要可以从如下几个方面来理解。

（一）激发经济增长动能，扩大社会财富规模，夯实富裕基础

从经济社会发展阶段来看，共同富裕是摆脱贫困之后的更高层次的发展阶段，它以生产力水平极大提高和社会财富总量极大丰富为基础前提，强调人民群众的生活水平远离贫困状态、逼近富足状态。因此，继续促进经济稳定增长，增加社会财富的数量规模，是实现共同富裕的必要基础。体育文化产业作为一种新兴的综合性产业，不仅自身持续保持较高的增长速度，成为稳定经济增长的重要力量，而且能够带动上下游产业的快速增长，不断为经济增长注入新的动能。在宏观经济形势较为平稳的条件下，我国体育文化产业一直保持高位运行，行业增速明显高于经济增长速度，占国内生产总值的比重保持稳定扩张态势。2019 年，全国体育产业和文化产业的增加值分别为 11 248 亿元、44 363 亿元，同比增速分别为 11.6% 和 7.8%，分别比同期 GDP 增速（6%）高 5.6 个和 1.8 个百分点，合计占 GDP 的比重高达 5.64%。[①] 同时，体育文化产业既涉及制造业，又涉及服务业，还同建筑业密切关联，因而属于联系带动效应较强的产业门类，能够不断派生新的经济增长点。

（二）优化供给体系效率，提升社会财富质量，提高富裕层次

共同富裕坚决反对贫困但并不否认富裕程度的差异，而要实现更高层次的富裕生活则不仅需要更多数量的社会财富，而且需要更高质量的社会财富。体育文化产业作为现代化产业体系中的高端组成部分，符合现代产业结构演进升级的重点方向，在深化供给侧结构性改革、提高供给体系的质量和效率方面具有举足轻重的地位和作用。习近平总书记指出：“我们说的共同富裕是全体人民共同富裕，是人民群众物质生活和精神生活都富裕。”体育文化产业不仅供给高质量的物质产品，而且供给高质量的精神产品，能够同时满足人民群众的物质生活需要和精神生活需要，从这个意义上说，体育文化产业可以赋能更高层次、更加全面的共同富裕，特别是在促进人民精神生活共同富裕方面有着得天独厚的功能优势。同时，体育

---

① 相关数据均来自国家统计局，体育产业数据参见《2019 年全国体育产业总规模与增加值数据公告》（国家统计局，2020 年 12 月 31 日）；文化产业数据参见《2019 年全国文化及相关产业增加值占 GDP 比重为 45%》（国家统计局，2021 年 1 月 5 日）。

文化产业所创造的财富既包括有形的产品，又包括无形的服务，而且，随着各类新型服务类财富不断涌现，服务类财富所占比重不断提升，能够更好地满足人民群众不断升级的美好体育文化生活需要。相关统计数据显示，我国体育产业和文化产业中服务业占比一直呈增加态势，2020 年，体育服务业和文化服务业增加值分别为 7 374 亿元和 28 874 亿元，所占比重分别为 68.7%和 64.2%，分别比上年提高 1 个和 0.9 个百分点。

(三) 增强人力资本素质，提高财富创造能力，优化共富条件

我们为之奋斗的共同富裕是全体人民共同富裕，“不是少数人的富裕”，因而必须全力提升广大人民群众的财富创造能力，从而提升广大人民群众在财富分配博弈中的话语权。体育文化产品和服务的消费过程具有鲜明的人力资本投资属性，体育文化产业可以从生理素质和心理素质两个层面增强人民群众的人力资本素质，从而优化人民群众自身的实现共同富裕的基础条件。同时，体育文化产业也属于知识和人力资本密集型产业，进一步凸显了创意型劳动和技能型劳动的价值，能够为人力资本实现其价值创造广阔舞台。习近平总书记强调“促进共同富裕与促进人的全面发展是高度统一的”，因而以共同富裕为目标导向的产业发展，应同样服从和服务于人的全面发展。体育文化产业是体育文化公共服务体系建设的重要支撑力量，是满足“人民群众多样化、多层次、多方面的精神文化需求”的主力军，而且，体育文化产业坚持社会效益优先、弘扬主流意识形态，是社会主义核心价值观的坚定践行者和积极引领者。从这个意义上说，体育文化产业是最有条件实现“共同富裕与人的全面发展高度统一”的产业之一。此外，劳动就业是人民群众创造财富并赖以分得财富的基本方式，“在推动高质量发展中强化就业优先导向”是共同富裕目标的重要实现途径。体育文化产业具有较强的就业吸纳能力，不仅能够容纳大量的普通就业，而且能够不断创造新的高层次、高质量的就业岗位，在保就业、防范规模性失业风险方面具有显著的功能优势，可为实现共同富裕创造良好的就业条件。

(四) 促进全面协调发展，缩小财富分配差距，补齐共富短板

全体人民共同富裕既包括城镇居民的共同富裕，也包括农村居民的共同富裕，既包括东部地区居民的共同富裕，也包括中西部地区居民的共同富裕，因而，必须在承认差异的基础上，积极缩小城乡、区域、行业、企业之间的财富分配差距。因此，扎实推进共同富裕的首要路径就是“提高发展的平衡性、协调性、包容性”。体育文化产业具有超强的适应性，既适合城镇也适合乡村，既适合发达地区也适合欠

发达地区，既适合制造业也适合服务业，既适合大企业也适合中小企业，因而，完全能够担负起更平衡、更协调、更包容发展的重任。无论城乡、无论何种地区，均能够依托自身优势的体育文化资源打造特色化的体育文化产业集群，企业也无论规模大小，均能够依托自主创新在体育文化产业链条中累积核心竞争优势。同时，体育文化产业不仅能够包容不同层次的消费者，而且能够吸纳不同类型的劳动力，这不仅有利于缩小体育文化公共服务的城乡和区域差异，而且有利于缩小不同群体的收入差距。此外，体育文化产业的细分行业包罗万象，并且不断推陈出新，可以同多种类型的产业融合发展，从而增强产业体系的协调性。体育文化产业还可以同乡村振兴战略有机结合，充分利用乡村的特色体育文化资源，改善农村的人居环境，带动农村产业融合发展，增加农民收入。

三、体育文化产业赋能共同富裕的制约因素

虽然近年来我国体育文化产业呈现蓬勃发展的良好态势，特别是产业规模不断扩大、产业结构不断优化、产业绩效不断提升，为其赋能共同富裕目标的实现奠定了良好基础，但是，也必须清醒地看到，我国体育文化产业仍然处于加速成长阶段，还存在诸多突出问题，距离高质量发展的标准还有较大差距，难以充分彰显其共同富裕效应。

（一）“三重压力”制约体育文化产业规模扩张，抑制其财富创造效应

近年来受新冠疫情、逆全球化浪潮风起云涌、地缘政治冲突加剧等因素影响，我国宏观经济下行压力持续加大，2021 年中央经济工作会议明确提出我国经济面临“需求收缩、供给冲击、预期转弱”三重压力。与“三重压力”相伴而生的消费低迷、投资放缓、供应链受阻、成本风险增加、市场预期不稳等会直接影响宏观经济的平稳运行，虽然不同行业领域所遭受的具体冲击是存在差异的，但体育文化产业从某种程度上来说属于重灾区。体育文化产品和服务的需求弹性相对较大，在经济景气指数较高的时期，往往呈现快速增长态势，而在经济不景气时期，往往呈现快速下降态势。也就是说，在当前宏观经济下行压力较大的背景下，体育文化产业的投资和消费会呈现比较明显的收缩态势，特别是在新冠肺炎疫情防控常态化的背景下，体育文化产业受到的冲击将更加明显。2020 年，全国体育产业和文化产业增加值分别为 10 735 亿元和 44 945 亿元，同比增速分别为－4.6％和 1.3％，二者合计占 GDP 比重为 5.49％，比上年下降 0.14 个百分点。产业增速放缓，不仅会影响相关产品和服务的供给，而且会影响产业资本的积累及其价值实现，从而严

重抑制体育文化产业的财富创造效应。

（二）“创新乏力”与“需求低迷”制约体育文化产业升级发展，抑制其创富能力提升效应

创新升级是体育文化产业高质量发展的根本路径，也是体育文化产业赋能共同富裕的根本要求。近年来，体育文化产业的创新驱动发展取得显著成效，创新投入力度不断加大，新技术、新模式、新业态不断涌现，但是，具有颠覆性影响的重大创新成果较少，关键核心技术受制于人的局面尚未根本改变，富有革命性影响的新商业模式较少，产业整体的创新升级进程亟待加速。除了技术层面的制约，需求层面的持续低迷和结构性变化也对体育文化产业创新升级构成严重抑制。从国际来看，在全球经济陷入深度衰退的背景下，国际市场对我国体育文化产品的需求持续低迷，加上新冠肺炎疫情影响，国际体育文化交流和技术转让受阻，不仅制约了体育文化企业在产品开发领域的自主创新，而且制约了体育文化企业的技术引进和模仿创新。从国内来看，在经济下行压力加大的背景下，居民收入增长速度放缓，边际消费倾向降低，体育文化消费需求大幅萎缩，无疑会抑制体育文化产业创新。居民人均教育文化娱乐支出 2020 年仅为 2 032 元，比上年下降 19.1%，2021 年恢复到 2 599 元，仅比 2019 年增长 3.4%，在居民消费结构中属于下降速度极快而复苏速度较慢的类型。同时，我国人口老龄化程度不断加深，2021 年 60 岁及以上人口和 65 岁及以上人口占比分别为 18.9%和 14.2%，同比提高 0.7 个和 0.2 个百分点，“未富先老”的特征愈益明显，会在一定程度上抑制对新潮型和高端型体育文化产品和服务的需求，进而制约体育文化产业创新。产业创新升级受阻，不仅会影响供给品质和消费层次的提升，而且会抑制金融资本的投资热情和人力资本的创业激情，从而抑制体育文化产业提升创富能力的效应。

（三）“发展鸿沟”与“市场分割”制约体育文化产业协调发展，抑制其财富优化分配效应

体育文化产业在区域、城乡、行业、细分市场等多维度的协调发展，既是其自身高质量发展的内在要求，也是其优化财富分配的重要基础。然而，我国体育文化产业在发展过程中出现了不同维度的鸿沟，面临着来自体制和市场等多层面的分割，高质量协调发展的绩效亟待改进。虽然近年来，我国体育文化产业在相关政策扶持下呈遍地开花之势，但是，欠发达地区和乡村的体育文化产业仍然严重滞后，特别是相当部分以脱贫帮扶和乡村振兴为目标的体育文化产业项目，并未走上良性自我累积的内生发展道路，体育文化产业的区域和城乡鸿沟亟待弥补。特别是在

新冠疫情的冲击下，不少乡村体育文化产业项目濒临破产，不仅无法展现撬动乡村产业发展、带动农民增收的功效，部分主要依靠举债融资建起的体育文化项目反而成为乡村集体经济发展的负担。体育文化产业是与人们的健康和休闲生活密切相关的幸福产业，并且这种幸福效应是以普遍惠及全体人民为基础的，但是，体育文化产业在发展过程中并未充分包容所有人群，数字技术、年龄、收入都成为体育文化产业发展鸿沟的重要源泉，数字基础设施落后的地区、数字技术应用能力偏弱的人群、年龄较大和收入较低的人群往往都难以充分享受体育文化产业的幸福效应。同时，全国统一的体育文化大市场尚未形成，体育文化产品和服务的定价机制不健全，体育文化资源要素配置的区域和条线分割较为严重，都限制了体育文化产业的协调发展。

（四）“要素瓶颈”与“野蛮生长”制约体育文化产业包容发展，抑制其全面共同富裕效应

体育文化产业涉及多样化业态、多层次市场、多元化群体，增强发展的包容性既是高质量发展理念的集中体现，又是从多维度、多视角全面赋能共同富裕的必要条件。虽然我国通过一系列产业政策引导各类优质资源要素向体育文化产业领域集聚，但是，由于优质资源的稀缺性和市场竞争的激烈性，加上体育文化产业对特色体育文化资源和高素质人才资源的超强依赖性，导致体育文化产业仍然面临严重要素瓶颈。特别是由于核心体育资源、特色文化创意资源以及高素质人才资源的缺乏，体育文化产业的产品创新、业态创新和商业模式创新都难以取得突破性成果，无法充分满足不同群体的个性化、多样化的美好体育文化生活需要。尽管诸多社会资本在政策激励下纷纷试水体育文化产业，但是，由于体育文化产业项目往往具有较强的正向外溢效应，易引发市场失灵，并且难以快速产生稳定的现金流，回报周期较长，因而，资金短缺也成为体育文化产业发展的常态。需要注意的是，不少投机资本打着各种旗号进入体育文化产业淘金，追捧热门体育文化产业项目，导致资本在部分细分领域野蛮生长，有的体育文化产业项目被过度炒作甚至产生意识形态风险，有的体育文化企业变相以餐饮为主业，有的体育文化产业园区暗度陈仓进行房地产开发。同时，许多特色体育文化资源具有鲜明的地域性和较强的专用性，跨区域、跨系统整合配置的难度较大，在与产业资本合作过程中往往缺乏充分的话语权，在财富分配中往往处于弱势地位，导致多数财富被资本所有者获得。

四、体育文化产业共同富裕效应的实现机制:高质量发展的视角

体育文化产业是在高质量发展中促进共同富裕的重要产业载体,要将体育文化产业对共同富裕的赋能效应从理论转化为实践,必须瞄准体育文化产业高质量发展的短板和弱项,系统探讨体育文化产业高质量发展的科学路径。

(一) 战略引领机制:强化共富导向,促进量质齐升

加快制定以共同富裕为目标导向的体育文化产业高质量发展规划,明确共同富裕在体育文化产业战略体系中的核心地位,依据共同富裕的总体目标和阶段目标分解确定体育文化产业的具体目标,将赋能共同富裕的效果列入体育文化产业高质量发展考核指标。对照共同富裕的目标要求调整优化体育文化产业的发展战略,将体育文化产业高质量建成国民经济的支柱性产业,通过体育文化财富数量规模和质量层次的协同提升,满足人民对美好体育文化生活的需要,全面赋能物质生活共同富裕和精神生活共同富裕。

一是实施规模扩张战略,放大财富创造效应。深刻认识体育文化产业的综合效益优势,明确将体育文化产业作为建设现代化产业经济体系的重点领域,引导各类资源要素向体育文化产业领域流动集聚,加快培育新兴业态,激发体育文化消费,全面扩大体育文化产业的总体规模,尽快将其建成国民经济的支柱性产业,使其成为财富创造的重要生力军。目前,体育文化产业合计占 GDP 比重已达到国民经济支柱性产业的门槛值,但是其规模仍有很大提升空间,同发达国家相比还有较大差距,相关产业的联系带动效应也有待加强。因此,应舍弃粗放的传统发展模式,尽快转向与高质量发展要求相契合的集约型发展模式,依靠创新驱动实现更高质量的规模扩张,并且借助共同富裕目标的凝聚功能,强化体育文化产业对其他产业的联系带动效应,使其成为名副其实的支柱性产业。

二是实施结构优化战略,优化财富分配效应。以深入实施区域协调发展战略为契机,用好用足各类结对帮扶政策,充分利用欠发达地区的特色体育文化资源优势和发达地区的资金、技术、品牌优势,加强体育文化产业领域的跨区域合作,补齐欠发达地区体育文化产业和公共服务短板,优化体育文化产业的区域结构,带动社会财富在区域层面的合理分配。以全面实施乡村振兴战略为契机,充分挖掘乡村的特色体育文化资源优势,强化体育文化产业的城乡融合发展,优化体育文化产业的城乡结构,带动社会财富在城乡层面的合理分配。强化体育文化产品制造业与体育文化服务业的融合发展,不断培育新兴业态,持续优化体育文化产业的行业结

构，带动社会财富在行业层面的合理分配。

三是实施绩效提升战略，提升财富质量层次。以建设自主可控的先进制造业体系为契机，建设完整安全的体育文化产业链供应链，保障体育文化产品和服务的稳定供给，提升体育文化财富的安全性。紧跟市场需求开展产品研发，加强品牌营销，着力打造标志性体育文化产业项目，不断推出高质量的体育文化产品和服务，降低体育文化产业项目运营的制度性成本，提高体育文化企业的预期利润水平，提升体育文化产业资本的获利能力，增强体育文化财富的可增值性。

(二) 创新驱动机制：加强全面创新，提升创富能力

坚定不移走创新驱动发展道路，加快实现体育文化产业发展动力从要素和投资驱动向创新驱动的转换，主要依靠以科技创新为核心的全面创新化解体育文化产业发展的诸多难题，主要依靠科技进步和全要素生产率提高推动体育文化产业发展，不断增强体育文化产业的财富创造能力。

一是坚持科技自立自强，强化体育文化产业的战略支撑力量。明确科技之于体育文化产业的特殊重要意义，强化体育文化领域的科技创新，围绕关键核心技术组织开展联合攻关，率先突破一批“卡脖子”技术，打破核心技术受制于人的局面，增强我国体育文化产业的国际竞争优势，保障体育文化产业的技术安全。跟踪国际体育文化产业技术前沿，加强引领性和颠覆性技术创新，尽快实现从跟跑到并跑甚至领跑的转变，抢占全球体育文化产业技术的制高点，增强研发生产全球顶级体育文化产品的能力。

二是强化全面自主创新，激发体育文化产业的财富创造活力。主动拥抱科技革命，在技术创新的基础上全面推动制度创新、管理创新和商业模式创新，打通体育文化创新成果产业化的“最后一公里”，提供适销对路的新产品，培育前景广阔的新业态，使体育文化产业成为财富创造的热土。顺应数字时代的发展趋势，积极运用人工智能、大数据等先进技术，大力开发数字化、智慧化的体育文化产品和服务，激活数字生产与数字消费，使体育文化产业走到数字经济舞台的中央。加强区域文化和组织文化创新，倡导合法致富、合作致富、合理致富的理念，使共同富裕成为体育文化产业领域公认的目标追求和行为准则，引导各种创造活力集合指向共同富裕。

三是探索全产业链创新，增强体育文化产业的持续创富能力。鼓励体育文化产业探索实施全产业链发展模式[11]，补链强链固链多措并举，构建完整、牢固、韧性、安全、高效的体育文化产业链条，促进细分环节的分散创新与整个链条的集成创新有机结合，依托链条的创新效率优势构筑竞争优势，增强体育文化产业持续创造财富的能力。培育行业龙头企业与扶持中小企业并举，打造一批平台型的体育文化企业，构建公平有效的利益协调机制，协调好链主企业与节点企业之间合作竞争关系和财富分配关系，降低体育文化产业链条的摩擦性损耗。

（三）要素支撑机制：集聚高端要素，倡导合理逐利

加快构建全国统一的体育文化市场体系，合理引导优质资源要素流向体育文化产业领域，鼓励各类资源要素有序竞争、科学整合，健全各类要素按贡献参与收益分配的机制，为体育文化产业高质量发展提供坚实的要素支撑。

一是促进优秀人才资源有序集聚。明确人才是体育文化产业高质量发展的第一资源，完善多层次人才市场体系和政策体系，加大体育文化人才培养力度，千方百计加大优秀人才资源总量。全面深化人才管理体制改革，打破阻碍人才流动的制度壁垒，倡导人才引进领域的有序竞争，通过人才链与产业链、创新链的深度融合来吸引人才、留住人才，使体育文化产业领域成为优秀人才集聚高地。完善人才的激励约束机制，探索完善人力资本参与收益分配的机制，保障人才的合法权益与合理利益。

二是引导规范各类资本健康发展。保障财政资金对体育文化产业领域的稳定支持力度，发挥财政资金的先导作用，引导社会资本有序进入体育文化产业领域，弥补体育文化产业的资金缺口。理性认识体育文化产业的公益属性和意识形态属性，重视国有资本在体育文化产业发展中的特殊重要作用，理直气壮地做大做强做优国有体育文化资本，充分发挥其压舱石和稳定器的作用。同时，健全对各类体育文化产业资本的分类监管体系[12]，合理设置体育文化产业资本红绿灯，防止体育文化资本野蛮生长。强化体育文化产业资本的社会责任，鼓励各类资本合理逐利，使其在促进体育文化产业高质量发展过程中获得最大化的长期利益。

三是推动数据信息资源合理利用。明确数据信息作为生产要素和作为隐私权利的差异，加强数据立法，保障数据的合法使用与安全开发，探索数据参与收益分配的实现机制，为体育文化产业高质量发展提供充分的数据支撑。加快体育文化产业的数字化转向，一方面，利用先进的数字化技术，提升传统产品和服务的供给质量和效率，另一方面，基于数据资源开发全新的产品和服务，丰富体育文化产品和服务体系，从而更好满足人民群众数字化体育文化生活的需要。适时开征数据税[13]，对使用公共数据和私人数据开展体育文化活动的企业，征收数据资源使用税，从而使政府和公众都能享受到数据资源的财富红利，进而缓解由数字鸿沟导致的财富分配不均问题。

参考文献

[1] 周文,施炫伶.共同富裕的内涵特征与实践路径[J].政治经济学评论,2022,13(03).

[2] 唐任伍,孟娜,叶天希.共同富裕思想演进、现实价值与实现路径[J].改革,2022(01).

[3] 王春光.共同富裕的思想渊源、基本定律与实践路径[J].新视野,2022(03).

[4] 杨宜勇,王明姬.共同富裕:演进历程、阶段目标与评价体系[J].江海学刊,2021(05).

[5] 高帆.新型政府—市场关系与中国共同富裕目标的实现机制[J].西北大学学报:哲学社会科学版,2021,51(06).

[6] 李实.共同富裕的目标和实现路径选择[J].经济研究,2021,56(11).

[7] 蒙昱竹,王树,赵庆.共同富裕目标下缩小城乡区域发展和收入分配差距的产业结构升级动力研究[J].新疆社会科学,2022(01).

[8] 姜长云.新发展格局、共同富裕与乡村产业振兴[J].南京农业大学学报:社会科学版,2022,22(01).

[9] 涂圣伟.产业融合促进农民共同富裕:作用机理与政策选择[J].南京农业大学学报:社会科学版,2022,22(01).

[10] 赵培,郭俊华.共同富裕目标下乡村产业振兴的困境与路径——基于三个典型乡村的案例研究[J].新疆社会科学,2022(03).

[11] 丁宏,战炤磊."双循环"新格局下自贸区生物医药全产业链开放的逻辑与路径[J].现代经济探讨,2021(04).

[12] 战炤磊.出资人职责视角下新时代国有文化企业资产监管模式探究[J].文化产业研究,2020(01).

[13] 路文成,魏建,贺新宇.数据税:理论基础与制度设计[J].江海学刊,2022(01).

作者简介

战炤磊,山东莱阳人,江苏省社会科学院研究员,管理学博士。研究方向为产业经济。

The Common Prosperity Effect of Sports Culture Industry and Its Realization Mechanism

Zhan Zhaolei

Abstract: As an important part of the modern industrial system with good social, economic and ecological benefits, the sports culture industry not only has an important wealth creation effect at the material and spiritual levels, but also can promote the rational distribution of wealth by improving the quality of human capital and the level of public services, highlighting the common wealth effect. China's sports culture industry has made remarkable achievements and has a good foundation for enabling common prosperity. However, there are still many outstanding problems and there is still a big gap from the standard of high-quality development. Therefore, we must adhere to the goal of common prosperity and systematically explore the scientific path of high-quality sports culture industry from the dimensions of technology, market, system, elements and so on.

Key words: Common Prosperity　Sports Cultural Industry　High-quality Development

文化消费

品质消费体验与精神文化滋养
——文娱新业态高质量发展的双重追求

刘桂茹　刘小新

摘　要：随着文化与科技的深入融合，我国文娱产业进入转型升级的新发展阶段，许多融合了数字技术、IP文化、二次元、虚拟社交和沉浸式体验的文娱新业态应运而生。新业态具有规模化效应、生长动力机制及价值优势，但也不同程度存在高流量化、泛娱乐化、社交圈层化等问题。文娱新业态的高质量发展需着力于双重追求：一是要以高质量文娱新形态新模式不断满足人民日益增长的高品质消费体验需求；二是要以高质量文娱新内容新产品不断引领文娱精品的精神增强和文化滋养作用。其策略思考包含三个方面：强化内容供给，讲好新业态故事；融入新时代实践，激发新业态活力；健全现代文化产业体系，构建新业态良好生态。

关键词：文娱新业态　高质量发展　品质消费体验　精神文化滋养

随着数字技术和互联网赋能文化产业的水平不断提升，我国文化产业进入数字化发展阶段，新产业新业态新商业模式（以下简称“三新”）不断涌现。国家统计局在《新产业新业态新商业模式统计分类（2018）》中，把新一代信息技术设备制造、现代信息传输服务、互联网平台（互联网＋）、软件开发生产、数字内容设计与制作服务、文化娱乐服务等12项纳入文化类“三新”。文化“三新”在数字经济助力下加速生长，反映了文化产业数字化和数字文化产业化新趋势，现代信息技术与文化产业加速融合，文化产业链条的内容整合及跨界互动不断增强，新业态推动经济增长和文化产业高质量发展的引擎效应愈发明显。《中华人民共和国国民经济和社会发展第十四个五年规划》（以下简称“十四五”五年规划）就明确指出，“加快发展新型文化企业、文化业态、文化消费模式”[①];《“十四五”文化和旅游发展规划》也强调“推动数字文化产业加快发展,发展数字创意、数字娱乐、网络视听、线上演播、数字艺术展示、沉浸式体验等新业态”,并提出培育“文化新型业态”计划目标,“促进优秀文化资源数字化,培育 30 个旅游演艺精品项目、100 个线上演播项目、100 个沉浸式体验项目、100 个数字艺术体验场景”[②]。《“十四五”文化产业发展规划》同样强调“推动数字文化产业高质量发展,培育壮大线上演播、数字创意、数字艺术、数字娱乐、沉浸式体验等新型文化业态”[③]。新型文化业态成为国家顶层文化规划和产业发展规划的热词,表明了新的文化生产力在数字文化产业格局中的现实地位和发展空间。“十四五”时期,加快发展新型文化业态将是我国落实文化产业数字化战略,推动文化产业全面转型升级,扩大高质量文化产品供给的重要内容。

文娱新业态是新型文化业态的重要组成部分,包含数字广播影视及视听内容服务、数字化娱乐服务、数字新媒体服务、数字广播影视及视听节目服务、网络出版服务、数字创意与融合服务、数字博物馆等 7 个类别[④]。随着高新数字技术和新媒介新平台深度融入文娱领域,以及越来越多 Z 世代成为数字文娱创作和消费的主力军,诸多融合了数字技术、IP 文化、二次元、虚拟社交和沉浸式体验等多重要素的文娱新业态应运而生。与传统业态相比,新业态体现了数字时代文娱内容创意产业向高端化、平台化、个性化、社交化发展的特点,也因此成为数字时代青年人文娱生产和消费的热门选项。统计数据显示,我国文娱新业态的产业规模年平均增长速度超过 10%,2021 年产业规模预计突破 5 万亿元[⑤],已成为我国数字经济发展的重要支柱之一。

快速发展的文娱新业态进一步推动了数字文化产业转型升级,但整体来看仍有许多新业态处于起步成长阶段,行业水平参差不齐,存在不同程度的低水平发展、不规范发展等问题。“十四五”时期,文化强国战略和文化产业数字化战略将对文化产业高质量发展提出新目标,对新文创、新消费背景下的文化产业新业态如何满足人民对美好生活的新期待提出新要求,在现阶段,文娱新业态的发展水平还远

---

① 《中华人民共和国国民经济和社会发展第十四个五年规划和 2035 年远景目标纲要》,2021-3-12。

② 文化和旅游部:《“十四五”文化和旅游发展规划》,2021-4-29。

③ 文化和旅游部:《“十四五”文化产业发展规划》,2021-5-6。

④ 国家统计局:《新产业新业态新商业模式统计分类表(2018)》,2018-8-14。

⑤ 艾瑞咨询:《2019 年中国数字音乐产业研究报告》,2019-04-03。

未能适应时代要求。为此,梳理当前文娱新业态的现状,分析其存在的问题和面临的机遇和挑战,并对其高质量发展提出对策思考,是推动文化产业数字化战略顺利实施需要研究的课题,具有理论阐释价值和现实意义。

一、文娱新业态的生长机制与价值优势

推动文化产业与数字经济深度融合,大力发展数字文化产业,成为数字时代文化产业发展的下一个风口。数字文化产业作为一种新的产业形态,是“将新数字知识和数字技术转化为新产品和新的管理模式的结果,是适应数字技术变革进步的生产组织新形态和资源配置新方式”①,将为文化产业创新发展带来新动力,不断提升文化产业数字化、网络化、智能化水平,推动新型业态培育迈向新阶段。新冠疫情影响下,文化产业整体发展受到较大冲击,而数字文化产业“在技术平台的支撑下能够将文化、科技、金融、服务和制造等融为一体,创造新的产业形态”②,新业态保持增长态势,产业带动引领作用不断增强。2021 年上半年,“文化新业态特征较为明显的 16 个行业小类实现营业收入 18 204 亿元,比上年同期增长 32.9%,占全部文化企业营业收入的比重为 33.5%”③,这 16 个行业小类包括动漫、游戏数字内容服务,互联网文化娱乐平台,可穿戴智能文化设备制造等,其中“互联网广告服务、娱乐用智能无人飞行器制造、可穿戴智能文化设备制造 3 个细分行业营业收入两年平均增速均超过 30%”④。从统计数据来看,文化新业态持续保持强劲发展势头,文娱新业态作为其重要内容板块也展现出稳步提升的产业生机与活力。

(一) 线上线下文娱新业态风生水起

相较于传统文娱产业,当前我国文娱产业在互联网和数字新技术推动下,形成了许多新的业态及发展模式,包括数字电影、网剧、网络游戏、网络文学、网络综艺、网络动漫、数字音乐、云直播、电子竞技、云展览、短视频、剧本杀、密室逃脱、网络占卜、虚拟偶像等。从内容呈现和受众参与的角度来分类的话,这些新业态有的是线

---

① 张伟,吴晶琦:《数字文化产业新业态及发展趋势》,《深圳大学学报:人文社会科学版》,2021(12)。

② 耿达,傅才武:《带际发展与业态融合:长江文化产业带的战略定位与因应策略》,《福建论坛》,2016(8)。

③ 国家统计局:《2021 年上半年全国规模以上文化及相关产业企业营业收入增长 30.4%》,国家统计局官网,2021-07-31。

④ 张翼:《上半年文化新业态保持强劲增长》,《光明日报》,2021-8-3(4)。

上文娱行业，有的则属于线下文娱行业。但二者并非截然区隔，越来越多线上业态逐渐与线下业态形成融合发展之势。

从新业态场景来看，线上线下文娱各有千秋，极大拓展了数字内容应用场景。线上文娱新业态是当前数字化潮流中大众流行文艺的重要内容，尤其是新冠疫情暴发以来，线上文娱以跨时空交流优势成为替代线下文娱活动的重要娱乐形态。数字电影、数字艺术、数字出版、数字展览、云演唱会等各种文娱形态呈现繁荣发展态势，云直播、电子竞技、长短视频、云综艺、线上剧本杀等各类文娱形态借力新技术新平台得以爆发式增长并持续升温。线下文娱属于文娱产业链下游，需要借助实体空间及周边衍生空间来连接文娱内容产品与用户群体。传统线下文娱空间比如 KTV、桌游、网吧、展览馆、主题公园等，已无法满足新消费群体对文娱消费转型升级的需求。一大批以潮流时尚、互动参与、沉浸体验为主要特点的线下业态，包括真人 CS、轰趴体验馆、娱乐综合体、娃娃机集合店、点播影院、网咖、盲盒体验馆、女仆店、剧本杀、密室逃脱等，正不断展现出新的发展空间和市场潜力。

从市场规模来看，线上线下文娱新业态均表现出明显增长态势。根据艾媒咨询发布的《后疫情时代中国在线文娱行业研究报告》，2020 年中国在线文娱市场规模超 5 000 亿元，较 2019 年增长 30％以上；而艾瑞咨询《2018 年中国新生代线下娱乐消费升级研究报告》的数据也显示，中国线下娱乐行业连续多年保持约 15％的年均增长率，2019 年行业规模超 4 900 亿元。在当前我国新冠肺炎疫情控制整体向好的形势下，以优质 IP、AR/VR 技术、高流量入口和沉浸式体验为特点的线下文娱业态迎来新的发展机遇与挑战，剧本杀、密室逃脱为代表的新业态成为当前青年群体线下交友娱乐的主流方式。截至 2020 年年底，国内剧本杀及相关实体店已突破 30 000 家，其超百亿元的行业规模比前一年增加 7. 7 亿元，同比增长 7. 02％。《2021 实体剧本杀消费洞察报告》也指出，2021 年国内剧本杀市场规模将超过 150 亿元，消费者规模将达到 941 万人。

从消费群体来看，蓬勃发展的新业态成为“启动文化新消费和带动消费升级的关键”①，而 Z 世代已成为数字文娱产品的消费主力。阿里文娱推出的《青年文娱消费大数据报告(2020 年)》表明，95 后青年成为当前引领文娱消费新潮流的重要群体，他们热衷于追求盲盒、国潮、古风、文创等个性化文化体验，并愿意为此买单。以热度居高不下的电子竞技为例，艾瑞咨询《2021 年中国电竞行业研究报告》的数

① 魏鹏举：《数字经济与中国文化产业高质量发展的辨析》，《福建论坛》，2021(11)。

据显示，2019 年中国电竞整体市场规模突破 1 000 亿元，到 2020 年达到近 1 500 亿元，其中 2019 年电竞用户数量为 4.7 亿人，2020 年则达到 5.2 亿人，2021 年这一群体数量则将达到 5.5 亿人。艾媒咨询的相关研究也指出，电竞直播平台的用户以 95 后青年为主，比例高达 62.5%，其年龄段分布在 25—30 岁之间，用户占比为 25.5%。

（二）文娱新业态的生长机制

现阶段我国文娱新业态蓬勃生长所展现的发展势头和产业成效，离不开新业态内外部多种要素的合力推动。从内部要素来看，有来自文化产业转型升级的要素重构，也有先进技术应用的持续赋能；从外部要素来看，有国家政策的引导支持，也有来自文化消费需求升级的反向驱动。在多重要素作用下，文娱新业态获得新的生长内涵和发展动力，产业活力不断增强，产业链日趋完善，有力助推我国数字文娱产业的创新发展和提质升级。

1. 数字化重构产业要素。数字经济是新一轮科技革命和产业变革的重要引擎，对社会生产方式、生活方式带来深刻改变。数字技术和互联网的广泛运用，重构了文化产业生产、传播、消费诸多环节要素，也更新了文化产业商业模式和运作方式。传统文化产业发展方式已然不适应数字经济下的社会文化发展的新需求，以数字化、智能化、信息化为技术支撑的文化科技融合锚定了文化产业转型升级新方向。与传统文娱产业相比，云演艺、云展览、沉浸式等文娱新业态体现了线上线下融合发展、平台化经济生态、数据化＋算力推荐、个性化及交互共享等特点，符合数字时代文化产业新业态发展需求。

2. 高新技术赋能新业态竞争力。大数据、云计算、物联网、人工智能等新技术赋能数字文化创新创意水平不断提升，文娱新业态的设计、生产、传播应用各个环节要素加速更新，文娱内容数字化及在线交互发展得以不断拓展，新业态智能化模式不断完善。密室逃脱、剧本杀等新业态充分利用智能技术完善游戏机关设置，尤其是语音识别、图像识别、人工智能等技术应用不断强化游戏科技感，高新技术成为品牌竞争力的重要支撑。

3. 国家政策推动新业态发展。近年来国家相关部门出台系列政策，鼓励支持数字文化产业新业态发展，为文娱新业态快速增长提供重要方向目标。《关于促进文化和科技深度融合的指导意见》《文化和旅游部关于推动数字文化产业高质量发展的意见》《关于支持新业态、新模式健康发展激活消费市场带动扩大就业的意见》均强调新业态、新模式对于数字文化产业高质量发展有重要作用，《“十四五”规划和 2035 年远景目标纲要》《“十四五”文化和旅游发展规划》《“十四五”文化产业发展规划》也都提出加快发展新型文化业态和新消费模式。

4. 消费需求倒逼产业变革。数字化时代，年轻消费群体对文娱产品的技术视听体验需求不断上调，网络化、定制化、智能化、体验性、互动性消费等新型消费形态层出不穷。新消费形态变化倒逼文化产业生产变革。因此，文娱新业态的内容供给加快转变，把发展目光瞄准互联网人群和青年用户市场，更加注重个性化、符号化、时尚化、社交化特点，注重对接新消费方式和新消费场景，在细分领域加大转型创新力度，营造线上线下交互的趣缘部落，使新业态发展不断满足青年用户“圈层社交”和个性化的消费升级需求。

（三）文娱新业态的价值优势

文娱新业态快速崛起并成为具有蓬勃生机的数字文化产业新生力量，体现了数字化、智能化、多元交互及跨界融合的产业生态新风向，在产业流量、场景打造、消费体验和产业融合等方面展现出新价值新优势。

1. 新业态流量引擎平台化。数字化平台成为链接文娱新业态与用户的中枢平台，集聚了数据收集计算、内容开发设计、资源整合共享、产品匹配分发等功能，是文娱新业态流量增长的动力引擎。平台的精细化、多元化、差异化运营及产业布局，能够加速文娱新形态的内容创意和传播方式的更新，不断创新平台引流模式，以高质量内容精准聚焦用户，并生成新业态的核心竞争力和创新价值。以哔哩哔哩为例，平台由视频弹幕向全场景综合视频社区转型后，用户流量增长幅度不断提升，2021 年第四季度的月活用户达 2.717 亿，移动端月活达 2.524 亿，分别同比增加 35%及 35%；平均每月付费用户达 2 450 万，同比增加 37%，付费率增长至 9%，单月活用户收入同比增长 20%。① 以数字化平台为基石，文娱新业态还能与移动传播平台、IP 衍生平台及主流文化平台达成深度合作，形成新业态内容发展矩阵。

2. 新业态场景打造智能化。5G 时代科技与文娱的加速融合，成为打造新业态智能化场景的催化剂。技术创新引领文娱新业态场景应用的智能化水平，为多点互动、智慧文娱、远程直播、云端演艺等带来巨大生长空间。随着 AI、大数据、云计算等智能技术快速迭代，在线文娱新内容产品和线下传统文娱借助智能技术平台均能实现线下线上生产传播，虚拟空间与现实场景形成联动融合、远程交互新场

① 《B站 2021 年收入 194 亿元，现金储备 302T2》，澎湃新闻客户端，https://m.thepaper.cn/baijiahao_16953764，2022-03-04。

景。比如，云综艺、云演唱会、虚拟人直播等新业态在AR/VR、全息投影等技术支持下能够打破时空限制，强化融合新体验，营造智能化、时尚化传播新场景。基于智能技术的在线音频应用借力数据分析和精准推送等技术，可以把内容产品与线下实体终端相融合，用户通过车载音箱、家用智能音箱等设备即可便捷使用数字娱乐产品，场景再造带来智能化体验。

3. 新业态消费体验社交化互动化。4K高清直播、VR直播、360°全景视角、AI虚拟人、超强运算和精准推送等技术在直播、网游、线上剧本杀等业态的广泛应用，有力拓展了数字技术与新兴文娱垂直领域的结合，内容匹配更为精准，用户交互体验得到极大提升。文娱新业态带有网络化、流量化、移动化等特点，具备强社交和强交互属性。强化新业态的社交化互动化功能成为各类新业态吸引青年用户的"抓手"，强社交+沉浸式场景带来消费体验新模式，强互动+共享式审美衍生新的消费美学。B站和抖音的"一起看"功能、TT语音的多人在线实时语音、网络直播弹幕、在线剧本杀、密室逃脱、AI虚拟人、互动电影等，为青年用户提供了虚拟共在、实时互动、二次元角色代入、沉浸式体验的多种感受，以游戏化和故事化社交功能不断满足青年用户对个性化品质消费的新需求。

4. 新业态产业融合纵深化。新业态带动产业升级步伐，推动产业链跨界联通互动合作，产业融合不断向纵深推进。文娱新业态的发展活力来源于原创优质内容IP的吸引力，在优质内容IP引领下，短视频、网络直播、网络动漫、网络文学、虚拟偶像、互动综艺等线上文娱新业态将进一步深度融合，带动新业态产业链不断延伸。此外，优质内容IP能进一步拓宽场景应用空间，推动线上线下业态融合发展，使线下业态成为线上文娱的流量入场口，推动内容IP实现落地。知名IP《鬼吹灯》《庆余年》《唐人街探案》《赘婿》《斗罗大陆》《王者荣耀》《琅琊榜》等，正是借助内容IP影响力所形成的聚合效应和融合创新优势，实现了从网络小说、改编影视剧、网络游戏再到线下剧本杀的全链路纵深化发展。

二、文娱新业态高质量发展的双重追求及其挑战

党的二十大报告强调，"推进文化自信，铸就社会主义文化新辉煌"，国家《"十四五"文化发展规划》已擘画出新时代新阶段文化强国建设的宏伟蓝图和发展方向。文化强国建设要激活中华文化生命力，构建中华民族文化共同体，为人民提供共享的精神家园，需要高质量的文化产业和文化产品来支撑。2020年文化和旅游部《关于推动数字文化产业高质量发展的意见》就强调指出，"扩大优质数字文化产

品供给,促进消费升级”,“促进满足人民文化需求和增强人民精神力量相统一”①。“满足人民文化需求”和“增强人民精神力量”指出了高质量发展的一体两面:既要注重数字文化产品的原创能力建设,也要用优质文化内容增强民族自豪感和文化自信。高质量的文化供给能更好满足人民日益增长的文化需求,使人民的精神力量得到增强;而人民精神力量不断增强又将对美好文化生活产生更高需求。因此,“促进满足人民文化需求和增强人民精神力量相统一”,正是文化高质量发展和文化强国建设的必然要求。

(一)文娱新业态高质量发展的内涵和追求

“满足人民文化需求”和“增强人民精神力量”的目标定位向文娱新业态提出高质量发展新要求:一方面要充分发挥科技创新引领作用,提高数字文娱产品的创新性个性化内涵,满足人民高品质文娱消费体验需求,另一方面要打造具有广泛影响力的中国数字文娱品牌,弘扬中国精神,为人民提供文化精神力量。其基本内涵体现在三个层面:在发展理念上,要以社会主义核心价值观为引领,注重其文化属性,促进社会效益和经济效益相统一;在发展方式上,要深入推进技术创新驱动发展战略,推进“上云用数赋智”,实现产品内容、数字技术、发展模式及新业态、新场景的融合创新发展;在实现路径上,要持续推动促进文化产业与数字经济、实体经济深度融合,以优质新业态内容促进消费升级,提升中国文化影响力。

从高质量发展要求和内涵来看,文娱新业态的高质量发展首先不是经济统计层面的高速增长,而是要以坚定的人民中心立场进行创造性转化和创新性发展,提升文化创造水平,增强文化自信。这也意味着,高质量文娱新业态既要“把中华美学精神和当代审美追求结合起来”②,满足新时代人民对新消费及高品质消费体验的向往和期待,又要用“优秀作品滋养人民的审美观价值观,使人民在精神生活上更加充盈起来”③,是品质消费体验与精神文化滋养双重追求的统一。一方面要以高质量文娱新形态新模式不断满足人民日益增长的品质消费体验需求,另一方面要以高质量文娱新内容新产品强化文娱精品的精神滋养,增强精神文化引领力。

品质消费体验是新消费时代人民追求美好生活的内在需求,体现了新消费群体对高质量文娱新业态新体验的追求与选择。5G 时代下的文娱新发展模式,集科

① 文化和旅游部:《关于推动数字文化产业高质量发展的意见》,中国政府网,2020-11-18。
② 习近平:《在中国文联十一大中国作协十大开幕式上的讲话》,新华社,2021-12-14。
③ 习近平:《在中国文联十一大中国作协十大开幕式上的讲话》,新华社,2021-12-14。

技、潮流、个性、互动为一体，产业活力不断释放，应用场景不断拓宽，需要着力于全方位提升用户娱乐体验，满足以青年为主力的新消费群体的个性化追求，并彰显青年人“求新、求深、求精”①的消费体验诉求。所谓求新即追逐新风尚新潮流，所谓求深即学习新知识新思想，所谓求精即追求优质文化的审美消费体验。当前文娱产业跨界融合与破圈传播效应叠加，汉服、戏曲为代表的古风国潮元素与《觉醒年代》的红色故事皆有广泛受众，《经典咏流传》《典籍里的中国》《唐宫夜宴》打开了经典文化创新的新思路。高品质消费体验意味着文娱新业态一方面要打造出越来越多贴合市场的文化产品，充分满足新消费群体对个性化消费品位和消费习惯的需求，不断提升新业态新产品的吸引力和影响力；另一方面要自觉摒弃泛娱乐化、同质化、庸俗化、速成式等创作倾向，充分应用新场景、新科技、新载体来强化文娱新业态的创新创意水平，坚持以数字技术推动创新发展，形成不断推陈出新的发展态势，满足新消费群体更高层次的消费体验需求。

精神文化滋养指的是高质量文化产品所传递的主流文化价值和精神文明对人的内在心灵世界的浸染，这应成为美好精神生活追求的积极效应。一代人有一代人的美好精神生活内容，但那些指向普遍价值和生命体验的经典文化往往历久弥新，能对不同代际群体的精神世界产生持续影响。因此，文娱新业态高质量发展就是要用有品位有内涵有格调的文化产品来传播高尚的优美的沉敛的文化精神，使人们在消费体验活动过程中获得正向精神力量，实现美好充盈的精神生活。党的十九届四中、五中全会均明确提出，要“坚持以社会主义核心价值观引领文化建设”。党的二十大报告强调要“广泛践行社会主义核心价值”。社会主义核心价值观是新时代中国文化和中国精神的集中体现，也是凝聚社会共识的最大公约数，其丰富的价值内核和精神内涵应成为数字文娱新兴业态上中下游产业链条各个环节的方向引领。而核心价值观指导下的新业态新产品能够向消费群体传播国家和社会主流精神，形塑社会文化价值，以优秀文化内容滋养人民的价值观和审美观，促进人民精神生活“共同富裕”。

（二）高质量发展面临挑战

当前我国文娱新业态所呈现的规模效应、生长动能及价值优势，表明新业态具备良好发展潜力和成长空间。但不应忽略的事实是，一些新业态仍处于起步阶段，并且在快速产业化过程中存在不同程度的高流量化、泛娱乐化、社交圈层化等问

① 李雅琪：《从跨年活动看网生代的文化审美》，《光明日报》，2022-1-16(12)。

题，也尚未在国际竞争舞台抢占到制高点，新业态高质量发展面临挑战。

一是高流量化的品质失位。一些新兴业态急于应对消费市场新需求和新发展趋势，盲目追逐新技术和新场景应用所带来的高流量和短期商业成效，并不注重优质内容生产和体验服务。唯流量、唯技术、唯利益的发展模式，会导致内容质量和服务质量水平下降，进而降低用户对新业态的认可，失去新业态持续健康发展的重要根基。比如，许多城市商业空间把密室逃脱、剧本杀、电竞馆这样的线下流行业态奉为成功宝典，刻意制造所谓“网红打卡地”，但那些小、散、弱的“网红”并不具备与头部品牌竞争的产业链优势，对于产业链上游的原创内容无力深耕，存在目标用户流失、盗版现象严重、低质量发展等突出问题。

二是泛娱乐化的意义缺位。迅速爆红的新业态往往最容易吸人眼球，各种新奇刺激充满网感的内容在消费主义话语包裹下成为潮玩生活方式的代名词，极易形成泛娱乐化消费形态，出现过度追求感官刺激、无理性“氪金”、技术迷信，甚至庸俗化等乱象。比如，许多密室逃脱场景为了追求刺激效应有意强化惊悚、恐怖、暴力、血腥等“重口味”元素；一些剧本杀为了迎合消费者，推出荒诞、迷信、灵异、恐怖、凶杀甚至打“擦边球”的内容剧本；网络占卜借技术之名，用“AI 面相”“大数据算命”“心理学塔罗牌”等方式强行收割技术迷信“韭菜”，且极易滋生营销、诈骗等不法行为。

三是社交圈层化的价值错位。新业态为青年群体营造的圈层化社交存在一些弊端。一是虚拟化碎片化的圈层社交将会造成青年人的社会疏离。数字时代青年群体的社交自带互联网基因，文娱新业态所提供的虚拟化碎片化社交满足的是青年人实时交互的爽感，却强化了社交陌生感，压缩了圈层内外交流的空间，容易形成青年与现实社会的疏离；二是狂欢化游戏化的圈层社交会使青年人产生价值错位。文娱新业态引起青年群体狂热追逐并形成庞大粉丝圈，一些粉丝圈的非理性狂欢极易偏离社会价值秩序。

文娱新业态生长阶段中存在的低品质、泛娱乐化及意义价值错位等问题，虽说是新兴业态在初始阶段面临的普遍症候，但它折射出了现阶段文化产业高质量发展过程中从“泛娱乐化”向“新文创”转型所面临的某些困境，与高质量发展的双重追求存在差距。从“泛娱乐化”向“新文创”转型，指的是由原来基于 IP 生产的多元内容融合共生商业模式升级为“文化价值和产业价值的互相赋能，从而实现更高效的数字文化生产与 IP 构建”[①]的文化生产模式。通俗地讲，即是由原来追求娱乐化感官刺激的生产导向，转向产业＋文化的 IP 价值打造，使数字文化内容兼具娱乐与人文功能，并成为传递主流精神的中国文化符号。“新文创”背景下的文娱新业态将更加注重内容生产品质，注重数字技术在内容生产传播消费中的创新应用，以新内容新平台新生产力推动文化产业可持续发展和高质量发展。放眼全球数字经济发展格局，以美英日韩为代表的国家纷纷依托数字经济打造超级智能平台，利用互联网超强集聚力和数字技术驱动力形成数字创意新业态巨头，并成为重塑全球数字经济阵营的关键力量。置身风起云涌的数字经济大潮，我国文娱新业态向高质量“新文创”转型要树立全球数字经济竞争大格局，把品质消费体验和精神文化滋养的双重追求作为数字文化高质量发展的根本路径，才能在全球数字经济文化竞争中形成新品牌新优势。

三、新发展阶段文娱新业态高质量发展的策略思考

从满足品质消费体验的方面而言，高质量文娱新业态的生产、消费、传播的整个链条体现的是即时性、当下性、实践性的发展目标；从精神文化滋养的角度来看，高质量文娱新业态的精神引领和精神熏陶作用体现的则是长远的、持续的、抽象的发展成效。如何把当下的品质消费体验同持续的精神文化滋养有机融合，把创新创意与文化精品打造相结合，把文化品牌影响力和讲好中国故事相结合，应成为数字时代文娱新业态高质量发展所要思考的问题。

（一）强化内容供给，讲好文娱新业态中国故事

内容建设是数字文化产业发展的基础。高质量发展阶段，数字文化内容供给不能仅追求规模庞大、体量巨大、传播快速的效应，而是要加大力度强化供给端建设与管理。要借助技术优势提升原创内容品质，扭转高流量低品质现状，用丰富多元的高品质产品讲好数字时代的文娱故事，满足人民日益增长的高品质文娱消费体验需求。

提升原创能力，让新业态内容引人入“圈”。青年群体热衷于通过消费某物来标明自身兴趣和个性化追求，容易成为新业态的“圈内人”。但新业态引人入“圈”不能停留于搭建虚拟的游戏化的小圈层，而应从内容建设能力出发，以优质内容吸

---

① 范周：《从“泛娱乐”到“新文创”“新文创”到底新在哪里——文创产业路在何方》，《人民论坛》，2018(22)。

引更多跨圈层群体。一方面，新业态的内容生产要勇于创新，要把原创内容和新时代人民的精神文化追求及审美期待相对接，使故事内容及其代表的文化符号与人民的消费审美需求相契合，才能更有效地实现共情。比如，剧本杀的剧本创作不能卷入批量复制的怪圈，应该坚持以坚定的文化自信进行文艺创造和文化表达，用心提炼加工剧本的主题、人物关系、剧情、场景，增强优质内容的故事呈现能力，引导线上用户"入圈"线下消费，全方位提升沉浸式文化消费体验。另一方面，要提升高质量 IP 生产力，使新业态内容成功"出圈"。借助优质内容吸引力扩大新业态传播的圈层半径，使新业态走出小圈，形成更大范围的圈层影响力。在网络文艺、虚拟偶像、云综艺、云展览等领域构建具有文化影响力的 IP 或超级 IP，促进文化 IP 与电商直播、短视频等在线"宅经济"新模式相结合，生成打通产业上下游的核心基因和关键密码。以创新性思维发展数字平台经济，促进新业态与数字经济、实体经济深度融合，推动线下文娱业态的优质内容与其他业态形成广泛互联，实现更深层次高水平的融合发展，进一步带动实体消费。线下剧本杀＋剧场，线下剧本杀＋红色旅游，密室逃脱＋主题乐园，电竞＋城市建设等，这些新发展模式将不断丰富和拓展新业态 IP 的内涵和外延，助力新业态既成功"出圈"，又引人入"圈"。

强化技术支撑，让新业态体验引人入胜。新一代数字技术与新业态新内容加速融合，技术赋能新业态水平不断提升，成为新业态脱颖而出的重要支撑。新业态引人入"圈"是前提，但如果缺乏持续的技术提升和内容生产力就没有引人入胜的消费审美体验，无从谈及高质量发展。要积极应用云计算、大数据、区块链、5G 技术、人工智能、超高清、物联网、虚拟现实、增强现实、全息投影等高新技术，培育壮大云演艺、云展览、数字虚拟人、沉浸式等新业态，提高新技术为内容生产和业务创新提供创意的能力水平，不断拓宽产业链及新应用场景，进一步提升新业态新产品的质量水平和文化吸引力，为用户带来消费体验的深度变革。要利用大数据＋算力技术，及时收集新消费需求和市场反馈数据，"通过数据算法的优化来实现娱乐经济的智能化和柔性化生产"①，以精准绘制的需求端信息为高质量内容供给提供基础。要依托高新技术支持，创新性拓展新业态产品设计、营销、推广等环节的数据计算和精准推送服务，推动新业态在重点领域和场景的创新应用，借助微电影、微视频、动漫、网络直播等创新形式满足受众市场对个性化和多样化服务的需求，使越来越多优质的文化产品能够搭乘技术快车迅速抵达受众，加快提升新业态新

① 周锦：《数字技术驱动下的文化产业柔性化发展》，《福建论坛》，2018(12)。

产品的知名度和影响力，讲好文娱新业态的中国故事。

（二）融入新时代实践，激发文娱新业态发展活力

习近平总书记指出："文化产业既有意识形态属性，又有市场属性，但意识形态属性是本质属性。"《关于推动数字文化产业高质量发展的意见》把"牢牢把握正确导向，坚持守正创新，坚持以社会主义核心价值观为引领，把社会效益放在首位，实现社会效益和经济效益相统一"①作为总体要求中的基本原则。文化产业的意识形态属性指明了新时代新征程我国数字文化产业发展的历史方位。推动社会主义文化繁荣发展，培育新时代数字文化价值，传承中华文化精神和主流价值，为人民美好精神生活提供文化滋养，是文娱新业态走向高质量发展的必然要求。

把新时代实践的丰富内容与培育新业态相结合。新时代文化建设的主题是以社会主义核心价值观引领高质量文化发展，弘扬中国价值、中国精神，向人民传递源源不断的精神滋养。新时代文化实践提出新命题，也呼唤有内涵高品质的文娱产品以及有特色有创意的文娱新业态。把新时代实践的主题、命题、内容与文娱新业态培育相结合，要坚持新业态产品的价值导向和坚持以人民为中心的发展方向。一方面要坚持价值引领，以高品位新业态增强人民美好精神生活的幸福感、获得感。要把弘扬社会正气、传递时代精神作为文娱新业态创作实践的出发点和目标，推出兼具娱乐性和正能量的内容创意，以越来越多向善向上的优质文娱产品丰富新时代社会文化形态，不断提升品牌内容影响力。要以核心价值观的精神内涵来引导新时代数字文化消费潮流，杜绝跟风炒作制造消费"噱头"，主动设置消费分级制度，使人们的消费行为与新时代实践的价值观形塑相互融合，充分发挥新业态的文化属性。另一方面，要贯彻以人民为中心的思想，以丰富优质的新业态满足人民多层次的文化审美需求。要把握新时代文化建设命题的深刻变化，把文化产业转型升级和新业态培育与新的文化需求相对接，为人民提供更多样更美好的文娱产品和文化体验。要提炼中华优秀传统文化的精神价值，并对其进行创造性转化和创新性发展，为新业态的创新创造活力提供文化价值源泉，使具有中国文化和时代精神的文娱新业态成为激励、鼓舞、引导人民的文化力量。

把新时代实践的青年主体与引领新兴业态潮流相结合。青年是新时代实践的生力军和主体，新时代文化建设所包含的文化自信、中国故事、命运共同体等主题与青年一代的成长息息相关。高质量文化建设要求"以优质数字文化产品引领青

---

① 文化和旅游部：《关于推动数字文化产业高质量发展的意见》，2020－11－18。

年文化消费，创作满足年轻用户多样化、个性化需求的产品与服务，增强青年民族自豪感和文化自信心”①。因此，文娱新业态所代表的潮流文化不应等同于消费主义、极端个人主义、享乐主义或是“圈地自萌”，而是要为青年群体提供通往新时代生动伟大实践的正能量，使青年成为主流文化精神和核心价值观的受益者、践行者和引领者。新国潮所引领的审美时尚和消费潮流，就巧妙地把中华文化基因与精神价值融入文化产品当中，从而创新性地打造出新中式的潮牌形象，成为有效连接青年消费群体的新业态潮流。文娱新业态高质量发展要坚定文化自信，以敬畏感和自信心创造优质内容，注重传统与当代、经典与时尚、造物与设计、文化与科技的融合再生，使中华美学为新业态新潮流持续赋能，提升青年群体对新业态的文化认同感和文化自豪感。

（三）健全现代文化产业体系，构建文娱新业态良好生态

2018 年 8 月，习近平总书记在全国宣传思想工作会议上指出：“要推动文化产业高质量发展，健全现代文化产业体系和市场体系，推动各类文化市场主体发展壮大，培育新型文化业态和文化消费模式，以高质量文化供给增强人们的文化获得感、幸福感。”党的十九届五中全会对“健全现代文化产业体系”、建设现代化文化强国作出战略部署，指明文化产业高质量发展方向。健全现代文化产业体系是文娱新业态高质量发展的应有逻辑。

不断强化文娱新业态的竞争优势。相较于传统文化产业体系，现代文化产业体系追求更加开放高效有序的现代文化市场，更加优质有创意的文化新形态，以及高度数字化、信息化、品牌化、国际化的发展模式。面对“以国内大循环为主体，国内国际双循环相互促进”的新发展格局，健全现代文化产业体系必然要求文娱新业态要有与时俱进、独立自主的高质量发展水平，要具备把握发展主动权和市场优势能力，要在国内国际市场形成有竞争力和品牌标识的文化力量。面对世界百年未有之大变局，我国文娱新业态面向国内市场，要强化内容创意和技术创新，进一步增强创新创造能力和可持续发展活力，壮大文化市场主体，不断完善现代产业链体系，促进新业态内容供给与需求结构合理对接，使新业态内容更加丰富，应用场景更加完善，不断提升文娱新业态全产业链条的智能化、数字化、网络化水平；面向国际市场，一方面要加强文娱新业态品牌化建设，进一步打通国际传播渠道，对外传播高质量有中国文化内涵的品牌 IP，增强中国文化吸引力和影响力；另一方面要

① 文化和旅游部：《关于推动数字文化产业高质量发展的意见》，2020－11－18。

把中国文化精神注入文娱新业态，培育具有文化实力和文化竞争力的一流数字文娱企业和“头部”品牌参与国际竞争，提升中国文化软实力和国际话语权。

不断提高文娱新业态的治理水平。健全现代文化产业体系，要发挥现代文化市场体系的监管作用，提高文娱新业态治理的现代化水平。文娱新业态呈现多行业交叉、线上线下融合等特点，相关部门针对监管空白领域要尽快出台相应法规，建立高效的现代产业治理体系，不断提高新业态精准治理能力。要提升有效监管的创新性和科学性，以“互联网＋大数据”思维来创新管理手段，充分利用大数据、智能计算、数据挖掘等前沿技术开展相关研判、分析、治理，搭建大数据监管智慧平台，不断提升行业监管的科学性和现代化水平，把线上监控与线下监管相结合，把重点监管与全链条监管相结合，把落实监管责任与提高监管成效相结合，不断完善制度与技术协同驱动的治理体系，推动构建文娱新业态良好生态。

参考文献

[1] 管宁. 人类文明新形态的民族文化叙事——中国式现代化新道路的文化旨归[J]. 学习与探索，2021(9).

[2] 顾江，王文姬. 科技创新、文化产业集聚对城镇居民文化消费的影响机制及效应[J]. 深圳大学学报，2021(4).

[3] 中国文联网络文艺传播中心. 中国网络文艺发展研究报告(2020—2021)[M]. 北京：社会科学文献出版社，2021.

[4] 金元浦. 数字和创意的融会：文化产业的前沿突进与高质量发展[M]. 北京：中国工人出版社，2021.

作者简介

刘桂茹，福建南安人，福建省习近平新时代中国特色社会主义思想研究中心特约研究员，福建社会科学院副研究员。研究方向为文艺新形态与文化产业。

刘小新，福建政和人，福建省习近平新时代中国特色社会主义思想研究中心特约研究员，福建社会科学院研究员。研究方向为文艺理论与文化思潮。

Quality Consumption Experience and Mental Cultural Nourishment
—Dual Pursuit of High-quality Development of New Entertainment Formats

Liu Guiru　Liu Xiaoxin

Abstract: With the deep integration of culture and technology, Chinese entertainment industry has entered a new development stage of transformation and promotion. Many new entertainment formats that integrate digital technology, IP culture, 2 – D culture, virtual social contact and immersive experience came into being. New entertainment formats have many characteristics such as large scale, powerful growth mechanism and valuable advantages, but there are also problems in the formats, such as high stream, excessive entertainment, social circle and so on. The high-quality development of new entertainment formats needs to focus on dual pursuit: firstly, we should provide new formats and new modes of high-quality entertainment, to meet the people's growing demand for quality consumption experience; secondly, we should provide new contents and new products of high-quality entertainment, to enhance the fine works' spiritual guidance and mental cultural nourishment. There are three aspects about the thinking strategy: strengthening the content of new entertainment and telling stories of the new formats; Integrating into the practice of the new era and stimulating the vitality of new entertainment formats; improving the modern cultural industry system and building a good ecology for the new entertainment formats.

Key words: New Entertainment Formats　High-quality Development　Quality Consumption Experience　Mental Cultural Nourishment

基于文化消费的社会分层结构及影响机制研究*

李艳燕

摘　要:本文以文化消费分层理论为基础,利用 CFPS2020 数据,使用 LCA 潜类别模型识别居民现实文化消费社会分层结构状态,并采用多分类 Logistic 回归模型考察文化消费社会分层结构的影响机制,探讨与收入分层、职业分层、教育分层、社会经济地位分层的内在关联。研究结果显示,文化消费社会分层呈现出拮据、传统、普通、新兴和富奢五个阶层类别,表现为近似"圭"字形的结构形态,城乡差异、区域不平衡特征明显,存在扩散化、两极化趋势和阶层流动迹象;文化消费的群体差异与阶层差异受教育水平、社会经济地位以及个体特征的影响显著,进一步运用 Wald 检验方法验证了文化消费分层与其他分层维度之间并不存在一一对应关系,更多地反映出文化认同、社会信任、生活方式和意义归属等层面的差异。

关键词:文化消费　社会分层结构　影响机制　Logistic 模型

一、引　言

如何准确认识和呈现我国日益复杂的社会分层结构及其形成机制,一直以来都是学界研究的核心议题。相较于传统的收入分层、职业分层和教育分层等划分维度,文化消费以一种"自然化"的方式进行着社会区分乃至社会隔离。当前,文化消费已经融入社会生活领域的方方面面,形塑和改变着居民个体的生活状态,在呈现社会分层的过程中具有举足轻重的作用。根据国家统计局数据,2020 年全国文

---

*　基金项目:河南省科技厅软科学项目"不确定环境下河南省高新技术企业持续创新的财务柔性动态调整研究"(222400410606)、河南省高等学校哲学社会科学基础研究重大项目"数字经济对传统经济理论影响研究"(2022JCZD35)、河南省新乡市政府招标课题"新乡市城市韧性时空演变、影响因素及提升策略研究"(B21152)的阶段性研究成果。

化及相关产业增加值为 44 945 亿元，居民人均教育文化娱乐消费支出 2 032 元，占人均消费支出比重为 9.6%；其中，城镇居民人均为 2 592 元，占比 11.4%；农村人均为 1 309 元，占比 10.7%。在居民消费升级的同时，文化消费增长是否为社会各阶层带来了平等的消费福利？本文尝试从文化消费的视角，利用 CFPS 最新发布的 2020 年数据，重新识别我国现实社会分层状况，分析其结构及形态特征，探究文化消费分层与收入分层、职业分层、教育分层、社会经济地位分层的关联，以及不同阶层文化消费升级或降级的趋势，揭示社会区分的影响机制。在国际形势复杂多变、外部经济不确定性明显增加的背景下，进一步推动文化消费稳定增长，有效刺激居民消费需求，更好地发挥消费优化生产资源配置的作用；为设计各阶层共同发展的社会融合政策提供启示。

二、相关文献回顾

在凡勃伦(Veblen)、布迪厄(Bourdieu)和迪马吉奥(Dimaggio)等人影响下，西方社会逐渐关注到文化消费与社会分层之间的关联。布迪厄在《区分：判断力的社会批判》中，对阶级与品位重新界定和深入探究，确立了文化消费社会学研究的“合法性”地位。他认为，文化消费是一种社会区分的独特模式，人们在文化消费的日常实践中，不断找寻与自身具有相同习惯的社群，从而形成特定阶层的特定消费品位，反映了消费者在社会中所处的等级位置，解释了不同阶层之间品位的差异。不仅如此，文化消费同时还生产、维系与再生产了社会区分与差异，“品位的分类作用”本身虽然不能制造社会不平等，却让不平等取得正当性，所以文化消费成了“阶级”的标记，品位本身就具备了标志“阶级”的功能，即“品位使对象分类，也使分类者分类”。

基于欧美的情况，国外学者对文化消费与社会分层之间关系的理解主要有三种观点，以布迪厄(Bourdieu)与甘斯(Herbert Gans)等为代表的“同源性”观点，以吉登斯(Anthony Giddens)、贝克(Ulrich Beck)和鲍曼(Zygmunt Bauman)等为代表的“个体化”观点和以皮特森(Richard Peterson)等为代表的“文化势利眼-文化杂食者”观点。布迪厄根据不同阶层的经济资本和文化资本、性别、年龄及住所等指标区分出三个阶级：支配阶级、中间阶级和劳动阶级。他认为拥有高雅文化品位的人通常来自支配阶级，拥有大众文化品位的人通常来自中间阶级或劳动阶级；Sassatelli & Roberta(2007)通过调查数据发现，美国社会在举止、品位、教育以及对高雅文化的欣赏等方面也存在着不可逾越的边界；Chan & Goldthorpe(2007)

使用潜在类别分析方法，将英格兰居民的音乐消费大体上分离出“单一型”“杂食型”和“真正的杂食型”三种不同的类型，以一种当代的、新的形式塑造文化消费社会边界。

在经典社会分层理论中，文化消费分层与收入分层、职业分层、教育分层等密切相关。布迪厄（2010）认为人们对于合法性品位的审美能力，与教育水平和家庭地位相对应，人们欣赏高雅文化和艺术作品的能力在各个阶级中分配不平等；Chan & Goldthorpe（2007）研究表明，社会边界构建主要受到社会结构位置和所处地文化两大因素影响，布迪厄及后来的学者（Lamont，1996；Van Lang，2006）也注意到年龄和性别的影响，认为在文化实践的区分中，不仅阶级起作用，种族、性别、地理位置、生活方式群的参与都有影响。

我国文化消费和社会分层状况与其他国家相比有着重大差别，但不可否认的是，国外学者所揭示的习惯与人们在文化消费实践中表现出来的品位之间的关系，对理解我国目前的阶层结构分化状况仍然有重要启发意义。林晓珊（2017）利用中国家庭追踪调查数据 CFPS2014 检验发现，不同阶级在文化消费实践上的确存在非常显著的差异；范国周、张敦福（2019）通过对 CGSS2013 数据与文化消费和社会结构相关变量分析，证实文化消费与社会结构之间存在等级上的对应关系；高莉莉、胡慧源（2015）和靳卫东（2017）等学者研究发现，个体文化资本、受教育程度、收入水平、健康状况以及对自身社会地位评价等都会显著影响居民文化消费。文化消费群体分殊与阶层差异，必然会带来群体隔离、社会分化，通过文化消费社会分层，能够更清楚地观察社会阶层分化或社会不平等，弥补其他传统社会分层指标所不能显现的问题。

三、文化消费社会分层结构形态及特征

与社会分层其他维度相比，文化消费社会分层有其特殊而复杂的测量指标，本文的文化消费更加关注文化消费背后体现出的生活方式和阶层的差异。

（一）文化消费社会分层指标体系构建

现有文献有关中国社会分层的划分指标非常庞杂，涉及的维度包括收入、教育、消费、职业、经济地位、社会地位等，早期研究多采用居民个人收入、总资产、恩格尔系数、基尼系数、泰尔指数、职业声望等单一指标作为划分依据，单一指标虽然能够直观地反映阶层差异，但是不能全面反映社会阶层状况，同时也失去了丰富的社会学理论内涵。故部分学者采用了更加综合性的分层测量指标，田丰（2011）通

过消费水平、消费结构、耐用消费品拥有量和消费方式四个维度，将社会人群区分为国家干部、私营企业主、国有集体企业经营管理者、非公有制企业经营管理者、专业技术人员、办事人员、个体工商户和自营职业者、城市工人、农民工和农民 10 个社会阶层；张春泥和涂平(2014)选取消费水平、消费构成和消费品拥有量等 25 个消费变量，将中国家庭消费模式分为贫病型、蚂蚁型、蜗牛型、稳妥型和享乐型等五种；考虑到较大的地区发展不平衡情况，有学者采用了更加全面的，由职业声望、教育水平和收入构成的社会经济地位(SES)指标。目前聚焦文化消费阶层类别区分与社会分层角度的研究较少，李小文、陈冬雪(2016)使用"看电影碟片""购书看报""健身房锻炼""玩纸牌打麻将""购买艺术品"五个指标衡量文化消费。

已有文献研究成果为社会分层指标体系构建提供了很好的借鉴思路，为保证变量指标的全面性、权威性、同一性和延续性，本文选取北京大学中国家庭追踪调查(China Family Panel Studies，CFPS)2020 年数据，样本覆盖全国 25 个省、市、自治区，依据家户号以个人数据库为主库，剔除缺失值、异常值，最终得到有效成人样本 15 673 个。以此为基础，构建文化消费规模、文化消费结构、文化消费能力、文化消费质量和文化消费方式五个维度(一级指标)，包含十一个具体指标(二级指标)的文化消费分层指标体系(表 1)，同时根据消费不平等贡献较大的指标分布状况，区分有或没有该项支出的两类人群，建构具有明确社会分层分化含义的二分变量，以更加简洁、直观地区分出不同文化消费阶层。

表 1　文化消费社会分层指标体系

一级指标	二级指标	文化消费项目原始支出的基尼系数	是否有该项支出(%)	
			是	否
文化消费规模	文教娱乐支出	0.638 7	71.18	28.82
文化消费结构	文教娱乐支出/总支出	0.567 6	9.6	
	(是否大于当年均值)		24.67	75.33
文化消费能力	旅游支出	0.699 0	27.42	72.58
	保健支出	0.654 4	14.56	85.47
文化消费质量	教育支出	0.555 9	48.65	51.45
	文化娱乐支出	0.580 0	35.16	64.84
文化消费方式	业余上网时间	0.421 5	67.34	32.66
	朋友圈分享频率	0.477 8	63.92	36.08

（续表）

一级指标	二级指标	文化消费项目原始支出的基尼系数	是否有该项支出(%)	
			是	否
	是否读书	0	22.60	77.40
	每周看电影电视时长	0.433 2	81.23	18.77
	外出就餐	0.488 0	48.03	51.97

从测算出的文化消费项目原始指标支出的基尼系数看(表 1)，2020 年文化消费五个维度文化消费分层指标的基尼系数均较高。其中体现居民文化消费能力的旅游支出、保健支出，基尼系数分布情况差距最大，存在显著的阶层差异；其次是反映文化消费基本状况的文教娱乐支出，基尼系数分布差距仍较大，也存在显著的阶层差异；衡量居民最为基本的精神生活能力和精神幸福指数的教育支出、文化娱乐支出，以及文化消费结构的基尼系数分布情况差距也较大，存在比较显著的阶层差异；在外显的文化消费行为方式上，基于 CFPS 数据库资源，用于测量居民文化消费方式的指标包括业余上网时间、朋友圈分享频率、是否读书、每周看电影电视时长以及外出就餐等指标，虽未完全包含现实生活中所有的文化消费，但它们是居民日常生活中最常见的方式，测算出基尼系数差异状况相对比较平均。

(二) 文化消费社会分层潜在类别特征

由于文化消费参与方式、消费品位、消费态度等大多属于定类和定序变量，为清晰解释文化消费实践的无限多样性、个体差异性和复杂性，需要突破寻找因果决定关系的线性思维模式，使用潜在类别模型分析 LCA(Latent Class Model，LCA)方法，根据居民个体在文化消费规模、结构、能力、质量和方式五个维度上的分布概率，辨别其消费所属的阶层位置，进而进行文化消费分层识别和分析。利用 stata 软件，对 2020 年文化消费 LCA 潜在变量模型进行多次模拟，并根据 AIC 和 BIC 值评判模型拟合优度，确定合适的潜在分类数。

根据图 1 模型拟合优度指标结果，2020 年中国居民文化消费阶层分为五个层级，呈现出扩散化、两极化的趋势，但其中是否隐含潜在的社会流动，需要计算出不同潜在类别的边际概率，以及每个潜在类别中各个指标的边际预测平均值，判断分析不同潜在类别的特征、相互联系及其动态变化规律。

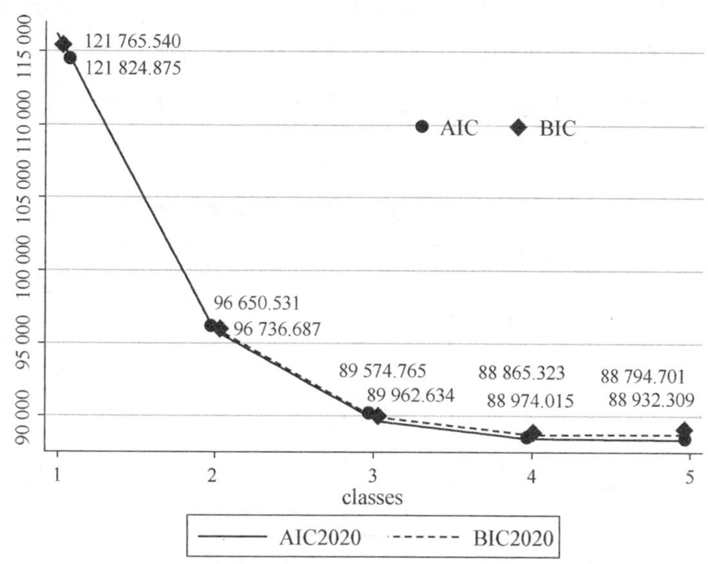

图 1　2020 年中国文化消费分层类别数量潜在变量模型

表 2 计算结果显示，不同阶层的文化消费特征存在显著差异，五类文化消费分层中，第一阶层占比为 24.51%，看电影电视时长最高，朋友圈分享频率高于第二阶层，其余指标预测均值都排在最后一位，这一阶层最基本的特征是文化消费规模小、消费能力差，消费质量低和消费方式单一、保守，属于最底层，将这一阶层称之为“拮据阶层”；第二阶层比第一阶层在文化消费规模、消费能力、消费质量和消费方式上都有提升和改善，尤其是日常文化消费支出，教育和文化娱乐支出指标值甚至超过了第三阶层，文化消费方式主要以看电影电视、读书为主，这一阶层比例最小为 9.87%，属于固守传统文化消费的类型，称之为“传统阶层”；处于中间的第三阶层占比最高，为 30.28%，这一阶层文教娱乐支出规模和文教娱乐支出/总支出均显著高于第一、二阶层，但与更高阶层还有一定差距，称之为“普通阶层”。这一阶层旅游支出和保健支出指标值较高，体现出文化消费能力的大幅度提升，但比较教育支出和文化娱乐支出指标值可以看出，文化消费质量仍然较低，文化消费方式的多样化趋势显著；第四阶层大部分指标的预测均值都逐渐向最高阶层靠近，与最高阶层明显的区别在于日常性文化消费水平并不高，甚至低于第二阶层和第三阶层，传统的文化消费方式所占比例较低，注重外出就餐、上网等新兴的文化消费方式，具有很大的消费潜力，称之为“新兴阶层”，占比 11.80%；第五阶层除了教育培训支出略低于二、三阶层外，其余指标的预测均值都最高，属于典型的有钱有闲的

奢侈享受的消费阶层，呈现出文化消费规模最高、消费能力最强、消费质量最优和消费方式时尚、多元的文化消费特征，这一阶层是文化消费的顶层，也是文化消费的领先者，称之为“富奢阶层”，与一般的认知不同，该类别占比并不是最小，达到23.54%。

表 2　2020 年文化消费分层潜在类别的边际概率和边际预测均值

二级指标	2020(N=15 673)				
	拮据	传统	普通	新兴	富奢
潜在类别的边际概率	0.245 1	0.098 7	0.302 8	0.118 0	0.235 4
文教娱乐支出	0.432 7	0.405 4	0.748 2	0.998 1	0.999 0
文教娱乐支出/总支出	0.333 5	0.410 3	0.765 4	0.998 0	0.999 3
旅游支出	0.123 8	0.396 5	0.470 5	0.436 7	0.498 0
保健支出	0.135 2	0.231 9	0.639 6	0.678 7	0.795 7
教育支出	0.030 3	0.177 7	0.098 6	0.267 9	0.429 9
文化娱乐支出	0.148 9	0.781 6	0.877 9	0.787 3	0.896 4
业余上网时间	0.518 7	0.766 5	0.595 4	0.802 6	0.869 5
朋友圈分享频率	0.239 1	0.165 4	0.338 6	0.858 6	0.743 2
读书	0.040 1	0.503 4	0.522 9	0.441 1	0.679 1
每周看电影电视时长	0.654 3	0.622 2	0.512 0	0.437 8	0.308 8
外出就餐	0.198 2	0.294 5	0.258 4	0.623 0	0.859 7

从文化消费规模、消费结构、消费能力、消费质量和消费方式演变看，同一阶层文化消费并不是固定不变的，文化消费指标发展变化也不是简单的线性增长过程，各阶层与全国文化消费总水平的逐年提升步伐并不同步，说明社会分层不再聚焦于单一层面上的层级分化，而是朝向多个维度分化，并渗透到了日常生活中的方方面面，使文化消费的不平等在更宽泛的领域中得到体现。

(三) 文化消费社会分层结构形态及特征

从全国范围看(图 2)，2020 年文化消费社会分层结构比较清晰，呈现出近似“圭”字形或偏圆的橄榄形形态，中间普通阶层占比最大，传统阶层占比最小，阶层比例有整体向平均比例分散靠近的趋势，阶层间存在潜在流动迹象。

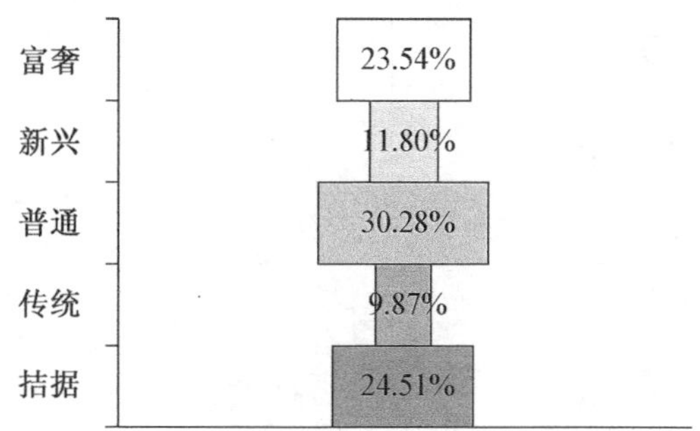

图 2　全国文化消费社会分层结构形态

从文化消费社会分层结构区域差异看(图 3),拮据阶层中部地区占比最高,东部地区占比最少;传统阶层东部地区占比最高,中部地区占比最少;普通阶层西部和东北占比相当,中部占比最少;新兴阶层中部占比最高,西部最少;富奢阶层东北占比最高,其余地区占比差异不大。

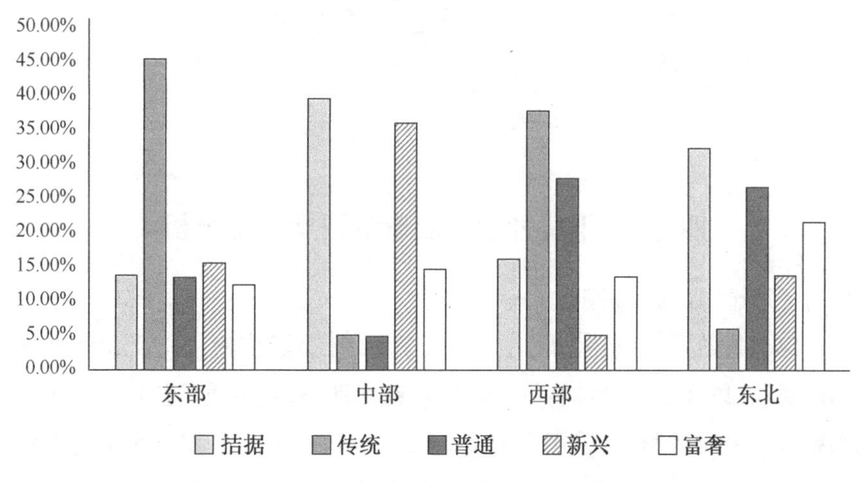

图 3　分区域文化消费社会分层结构

进一步分城乡看(图 4、图 5),城镇与农村呈现出两种完全不同的结构形态,城镇居民文化消费社会分层结构形态近似“王”字形,农村居民文化消费社会分层结构形态则近似“土”字形,表现出城乡差异明显、文化消费不平衡的特征。

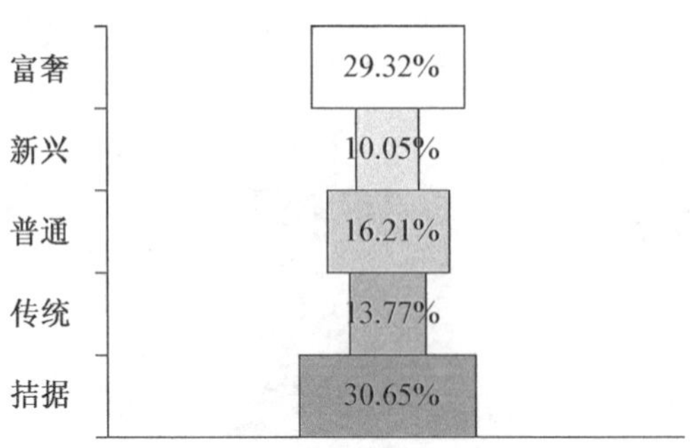

图4　城镇居民文化消费社会分层结构形态

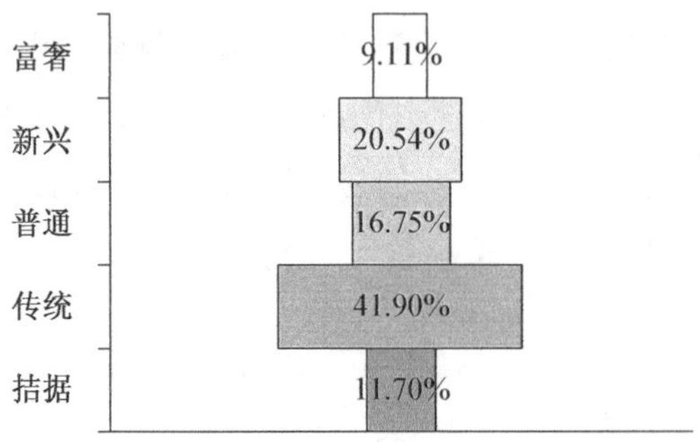

图5　农村居民文化消费社会分层结构形态

四、文化消费社会分层影响因素实证分析

(一) 多分类 Logistic 回归

为考察和检验文化消费与收入、职业、教育、社会经济地位与文化消费社会分层之间的关联，以及居民个体特征，包括年龄、性别、家庭规模、区域、城乡等因素对文化消费社会分层的影响，采用多分类 Logistic 回归模型，按照五个文化消费类别两两相互比较的方式，共建构 10 组比较模型(表 3)，每个模型估计结果都报告了各个变量的影响系数和优势比，可以体现出在控制其他变量的情况下，某个解释变量对文化消费阶层相对上升或下降的影响概率。

表 3　文化消费分层影响因素的多分类 Logistic 回归分析

	模型 1 传统 vs 拮据		模型 2 普通 vs 拮据		模型 3 新兴 vs 拮据		模型 4 富奢 vs 拮据		模型 5 普通 vs 传统		模型 6 新兴 vs 传统		模型 7 富奢 vs 传统		模型 8 新兴 vs 普通		模型 9 富奢 vs 普通		模型 10 富奢 vs 新兴	
估计系数	b	e^b	b	e^b	b	e^b	b	e^b	b	e^b	b	e^b	b	e^b	b	e^b	b	e^b	b	e^b
人均家庭收入																				
中间偏下收入	0.325*	1.033	0.123	1.129	0.414	1.513	0.397*	1.488	−0.38	0.786	−0.26	1.129	0.065	1.143	0.276	1.309	0.276	1.365	−0.01	0.981
中间收入	−0.43*	0.677	−0.95***	0.330***	−0.43	0.696	−0.78**	0.496**	0.430	0.544	−0.55	1.099	0.060	0.776	0.531	1.875	0.254	1.298	−0.34	0.665**
中间偏上收入	0.044	1.060	0.107	1.077	0.054	1.076	0.221	1.443	−0.08	1.111	0.011	0.899	−0.01	1.223	−0.08	0.966	0.157	1.170	0.119	1.223
高收入	−0.33	0.710	0.238	1.228	−0.34	0.737	−0.11	0.977	0.377	1.882	0.612	1.334	0.021	1.421	−0.73	0.561	−0.20	0.783	0.283	1.290
超高收入	18.32	70.66	10.19	66.70	77.89	1.000*	62.20	1.110*	−17.4	0.743	−0.27	1.177	0.200	0.709	0.477	1.527	0.047	1.054	−0.30	0.666
受教育水平																				
小学	0.123	1.701	−0.04	1.887	0.254	1.540*	0.200	1.765*	−0.10	0.600	0.009*	1.567*	0.164*	1.199	0.228	1.540	0.544	1.941	0.113	1.651
初中	0.459***	1.655**	0.604***	1.569***	0.659***	1.655***	0.687***	2.433***	0.007	1.692*	0.642***	1.290***	0.465***	1.398***	−0.00	0.765	0.744	1.398	0.643**	1.553**
高中/中专	0.556***	2.782***	0.757***	2.100***	0.788***	2.654***	1.905***	3.765***	0.221	1.444	0.363***	1.476***	0.676***	1.899***	0.665	1.639	0.555*	1.221**	0.653**	1.504**
大专	1.776***	4.987***	1.665***	4.008***	1.508***	5.459***	2.452***	8.008***	0.765	1.332	0.867***	1.790	0.932***	2.640***	0.267	1.763	0.987***	2.005***	0.764***	1.820**
大学本科	2.756***	11.87***	1.905***	5.911***	2.430***	9.877***	2.653***	32.90***	−0.33	0.543	0.821*	1.156*	0.876***	2.432***	0.009	1.676**	1.976***	3.643***	0.800***	2.654***
硕士	4.965***	43.43***	2.800***	10.05**	3.654***	43.80***	4.687***	55.02***	−0.88	0.554	0.036	1.864	0.900***	2.654***	0.830	2.656	1.777***	5.832***	0.911***	2.387***
博士	0.333	2.432	0.886	2.643*	−0.09	1.760	1.666	6.776*	0.770	1.543	−0.33	0.644	1.655**	5.076***	−0.82	0.876	1.054	2.969	1.875*	9.709**
职业																				
国有企业	−0.94	0.886	0.442	1.433	−0.43	0.797*	0.002	0.644	0.775	1.332	−0.06	0.764	0.553*	1.112	−0.92	0.611	−0.321	9.776	0.200**	1.321**
外资企业	1.564**	9.900**	2.900***	9.330***	1.554**	5.432***	2.650***	10.76***	0.212	1.435	−0.11	0.832	0.444**	1.543**	−0.88	0.554	0.198	1.744	0.578**	1.874**
私营企业	−0.65***	0.654***	−0.02	0.665	−0.55***	0.443***	−0.55**	0.554***	0.211	1.754	−0.24***	0.665***	−0.075	0.665***	−0.44***	0.886***	−0.45**	0.420**	0.665***	1.776**
农户	−0.78***	0.767***	−0.54***	0.556***	−154***	0.660***	−1.44***	0.330***	−0.10	0.665	−0.78***	0.554***	−0.880***	0.654***	−0.76*	0.443*	−0.98***	0.555***	−0.40***	0.675***
打工	−0.90**	0.645**	−0.87***	0.654***	−0.80**	0.655***	−1.87***	0.677***	−0.54	0.667	−0.11**	0.776*	−0.665***	0.544***	0.220	1.432	−0.88	0.776	0.765***	0.009***

（续表）

	模型 1 传统 vs 拮据		模型 2 普通 vs 拮据		模型 3 新兴 vs 拮据		模型 4 富奢 vs 拮据		模型 5 普通 vs 传统		模型 6 新兴 vs 传统		模型 7 富奢 vs 传统		模型 8 新兴 vs 普通		模型 9 富奢 vs 普通		模型 10 富奢 vs 新兴	
学生	−1.56***	0.112***	−0.11	0.887	−1.64***	0.309***	−0.43	0.554*	0.765***	2.444***	−0.20**	0.777*	0.665***	1.444***	−0.66***	0.665***	−0.65	0.645	0.644***	2.332***
失业	−0.55***	0.543***	0.332	1.009	−0.22***	0.454***	−0.56*	0.770**	0.887***	1.990***	−.0.32**	0.543*	0.009	1.876	−0.76***	0.112***	−0.43*	0.777**	0.330**	1.545**
社会经济地位																				
中下层	−0.64***	0.440**	0.888***	2.009***	0.568	1.320	0.444	1.030*	1.550***	3.776***	0.543***	1.961***	0.186***	2.001***	−0.74**	0.955***	−0.56**	0.650 *	0.221	1.439
中层	−5.00***	0.377***	1.748***	6.399***	−0.33	0.784	0.575	1.388*	4.048***	29.44***	0.884***	2.392***	1.565***	4.879***	−9.03***	0.355***	−1.56***	0.893***	0.100***	1.930***
中上层	−8.30***	0.112***	2.747***	13.01***	−0.74**	0.578*	0.402**	1.777*	6.090***	98.07***	1.009***	6.122***	2.45***	19.70***	−3.10***	0.009***	−1.47***	0.338***	1.445***	4.834***
上层	−6.48***	0.334*	7.362***	33.58***	−0.44	0.881	1.365**	7.030*	6.334***	80.90***	0.320***	1.377	2.229***	9.300***	−4.02***	0.298***	−1.90***	0.294***	1.384***	4.631***
年龄	−0.05***	0.839***	−0.02***	0.905***	−0.04***	0.878***	−0.04***	0.930***	0.011***	1.224***	−0.02	1.000	0.064***	1.005***	−0.02***	0.847***	−0.09**	0.900**	0.014***	1.223***
性别（男=1）	−0.04	1.033	0.533***	1.117***	0.077	1.269*	0.165***	1.544***	0.375***	1.339***	0.070***	1.251***	0.371***	1.358***	−0.11*	0.990	0.004	0.999	0.134**	1.536**
家庭规模	6.662***	74.40***	0.033	1.009	4.773***	82.14***	5.023***	56.43***	−9.12***	0.077***	0.084***	1.279***	−0.13***	0.837***	6.112***	84.31***	6.201***	43.99***	−0.89***	0.284***
区域	0.190***	1.029***	0.088***	1.220**	0.301***	1.878***	0.203***	1.483***	−0.06***	0.877*	0.038***	1.110***	0.078**	1.201	0.138***	1.390***	0.221**	1.198**	−0.06**	0.996**
城乡（城镇=1）	0.391*	1.489***	0.803***	4.322***	0.877***	2.201***	1.662***	4.004***	0.018***	1.908***	0.600***	1.388***	0.800***	2.344***	0.004	0.901	0.399***	1.330***	0.501***	1.667***
常数项	−9.43***	0.002***	−2.55***	0.675***	−10.2***	0.002	−10.77***	0.001***	8.112***	166.9***	−2.76***	0.030***	−4.29***	0.033***	−5.22***	0.002***	−10.20***	0.000***	−1.29***	0.377***
LR chi2（100）	33 454.86																			
Pr>chi2	0.000 0																			
PseudoR^2	0.423 7																			
样本量	15 673																			

注：1. 标准误略；2. 收入阶层参照组为低收入阶层，受教育水平参照组为文盲，职业参照组为政府事业单位，社会经济地位参照组为下层，性别参照组为女性，区域参照组为西部地区，城乡参照组为农村；3. 限于篇幅，城乡、区域以及居民人口特征等控制变量影响不再详细解释。

整体看，所有文化消费社会分层的影响因素中，收入的影响作用并不显著，只有中间收入组对个别组别有较显著作用；受教育水平、职业的影响对大部分组别具有显著作用，但对于“普通 vs 传统”“新兴 vs 普通”组别影响不显著，其中小学学历、博士学历、国有企业也只对个别组别有较显著作用；社会经济地位以及居民年龄、性别、家庭规模、区域、城乡等因素对文化消费阶层影响具有不可忽视的显著作用。

(二) 收入对文化消费社会分层类别的影响

为进一步检验解释变量对不同组别的影响是否具有显著差异，采用 Wald 检验方法，以各个分层维度变量为解释变量(参照组同上)，对模型中各个组别的估计系数是否显著异于 0 进行检验。从检验结果看，所有收入阶层的组别间影响差异不显著，说明阶层关系并不仅仅是经济关系的体现，更多地反映出文化认同、社会信任、生活方式和意义归属等层面的不同。

从收入角度考察，以低收入阶层为参照组，居民处于更高一级文化消费阶层胜算比并不是随着人均家庭收入的增加而增加，收入的增加脱离较低文化消费阶层的可能性增加，但并非收入越高，文化消费阶层类别就越高。进一步从六个收入分层组别与文化消费分层关系可以发现(图 6)，相对而言，低收入人群进入文化消费传统阶层的预测概率最大，但并没有完全排斥进入其他阶层的可能性，甚至进入富奢阶层的可能性高于中间收入人群；高收入人群进入普通阶层和富奢阶层的预测概率最大，超高收入人群进入新兴阶层和富奢阶层的预测概率最大，进入拮据阶层和传统阶层的可能性最小，中间偏下收入人群进入传统阶层的预测概率最大，中间收入人群进入拮据阶层和传统阶层的预测概率最大，进入富奢阶层的可能性甚至低于低收入人群。因此，居民个体在这两个分层结构中的位置分布具有很大差异，表明文化消费阶层中所处的位置虽然会受收入的影响，但并不必然取决于收入。

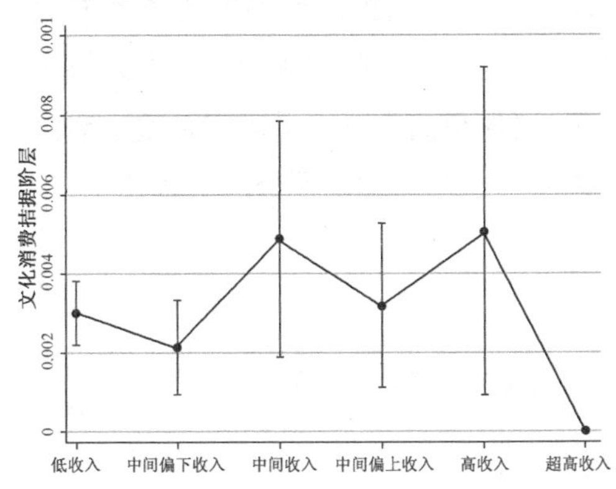

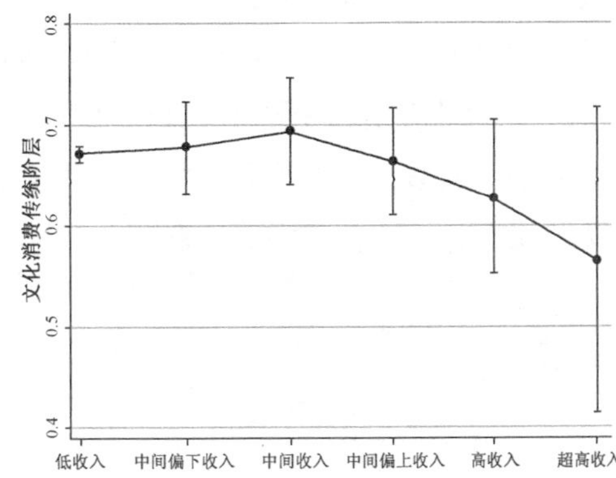

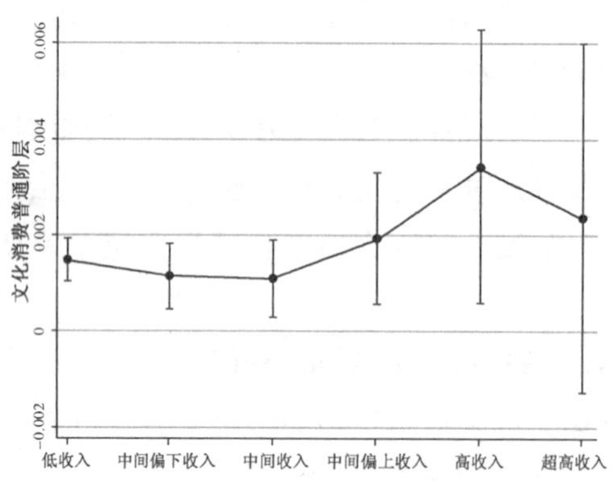

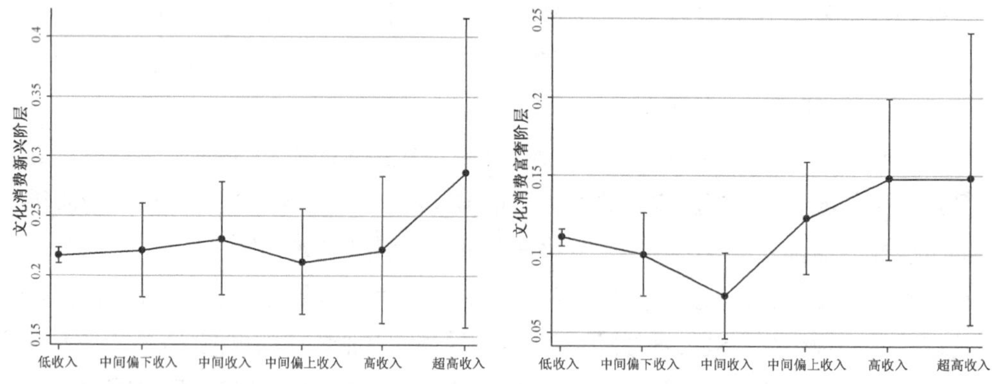

图 6　收入对文化消费社会分层类别的预测概率

（三）教育水平对文化消费社会分层类别的影响

从教育水平角度考察，以文盲为参照组，居民处于更高类别文化消费阶层胜算比有随着受教育水平提升而增加的趋势，且同一组别下，学历越高处于更高类别文化消费阶层胜算比越高，除小学、博士学历外，所有组别之间具有显著差异；结合八组教育分层与文化消费分层关系也可发现（图 7），进入拮据阶层预测概率最大的是文盲，随着教育水平提升预测概率值逐渐下降，进入富奢阶层预测概率最大的是博士，随着教育水平提升预测概率值逐渐上升，说明提高教育水平确实是摆脱拮据阶层进入富奢阶层的重要途径。总体来看，教育分层与文化消费分层一致性较强，两个分层维度之间存在紧密联系。

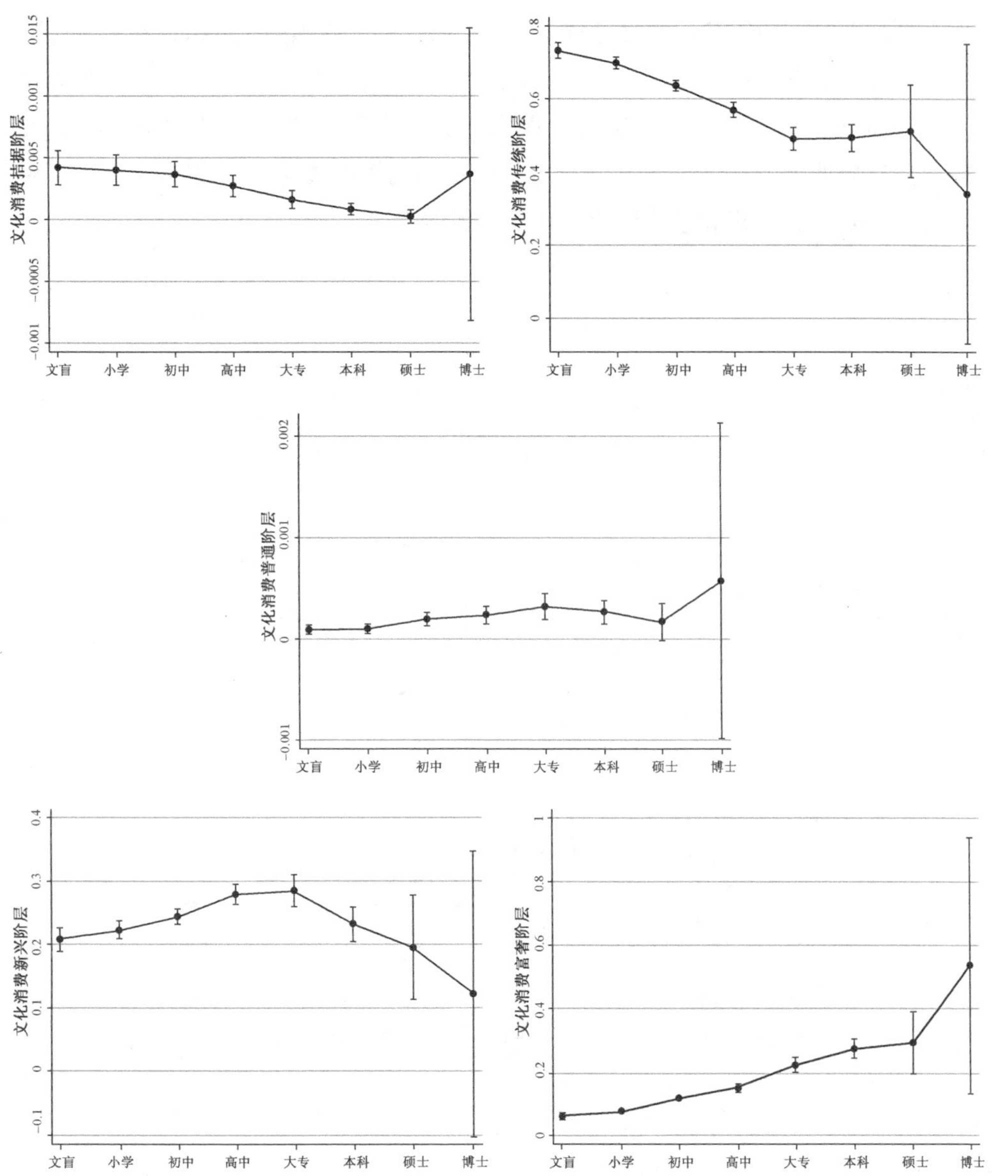

图 7　教育水平对文化消费分层类别的预测概率

(四) 职业对文化消费社会分层类别的影响

从职业角度考察，职业在影响文化消费分层中表现更加复杂，以政府事业单位为参照组，与其他职业阶层相比，进入更高文化消费层级优势并不显著，在新兴阶层胜算比较高，政府事业单位进入新兴阶层概率最大，进入富奢阶层概率低于外企；从职业分层位置与文化消费分层等级关系比较看，所有文化消费阶层预测概率都呈现出明显的曲线转折变化，除外企外，其余职业阶层预测概率值也并未表现出一致趋势，比如失业群体进入拮据阶层的预测概率并不是最高，低于农户、打工和学生群体，也不是进入富奢阶层概率最低的，甚至高于农户和打工群体，还发现，农户是所有职业中最弱势的群体，进入拮据阶层预测概率最高，进入富奢阶层概率最低，进一步采用 Wald 检验方法也验证了上述结论的显著性。

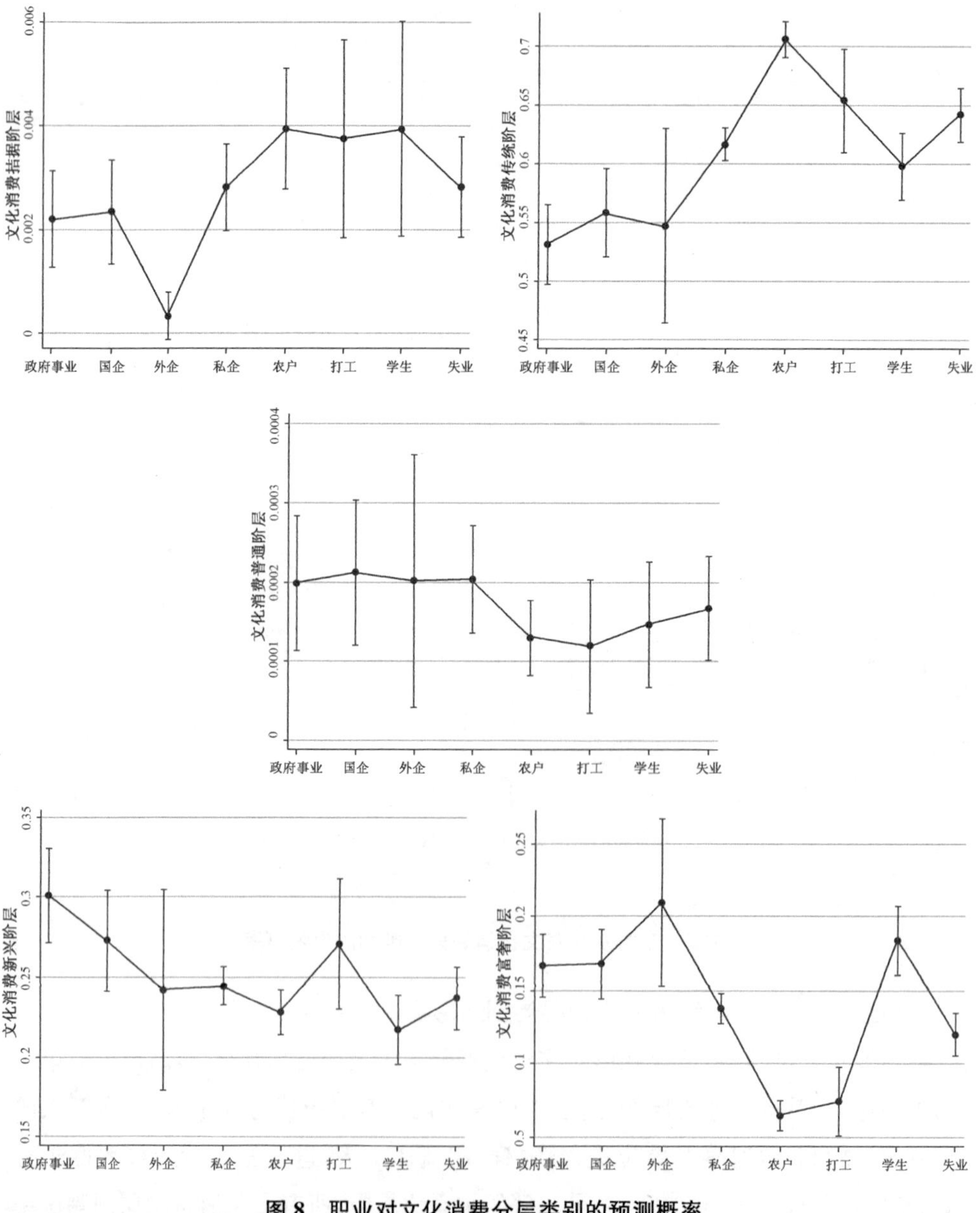

图 8　职业对文化消费分层类别的预测概率

(五)社会经济地位对文化消费社会分层类别的影响

从社会经济地位角度考察,以下层为参照组,居民处于更高一级文化消费阶层胜算比有随着社会经济地位提高而增加的趋势,且在统计意义上具有较强显著性。但文化消费分层和社会经济地位分层也并非完全一致,与下层相比,处于较高社会经济地位阶层的居民反而处于较低的文化消费阶层,除"新兴 vs 拮据"组别外,其余组别之间的影响均具有显著差异。结合五组社会经济地位分层与文化消费分层关系也可以发现(图 9),所有文化消费阶层预测概率的曲线转折变化非常明显,中上层呈现出突出的预测概率分布,拮据阶层、普通阶层、富奢阶层预测概率值随着社会经济地位提高逐渐上升,传统阶层预测概率值随着社会经济地位的提升逐渐下降,总体来看,社会经济地位分层与文化消费分层的一致性较强,分层维度之间存在紧密联系。

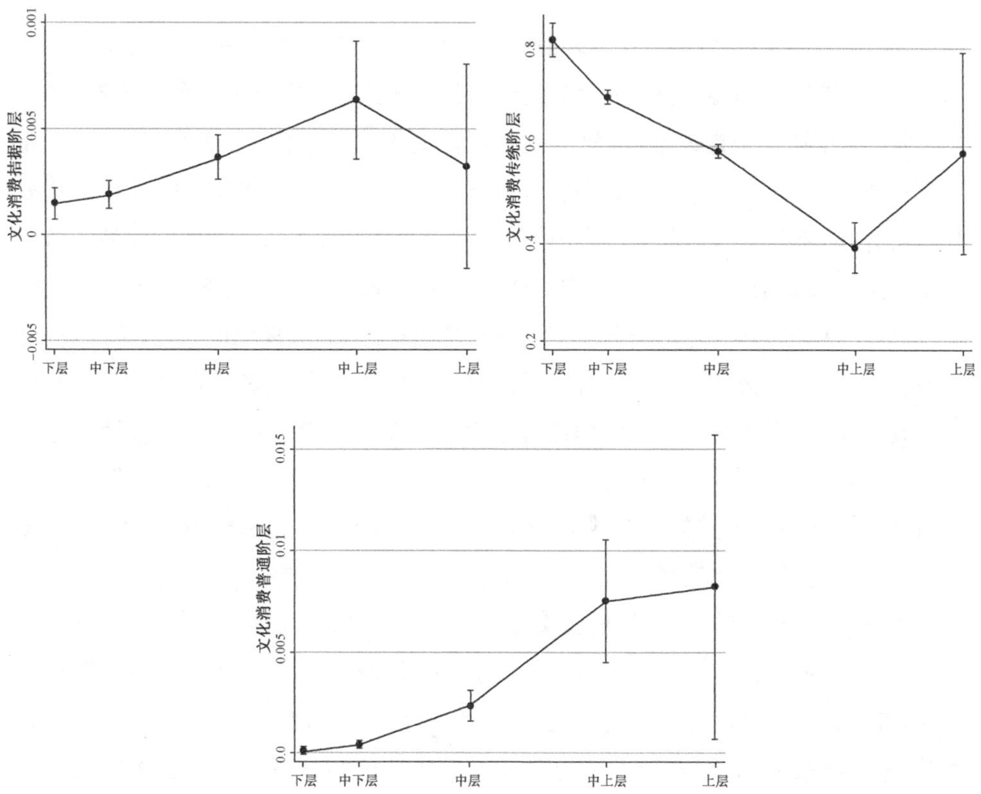

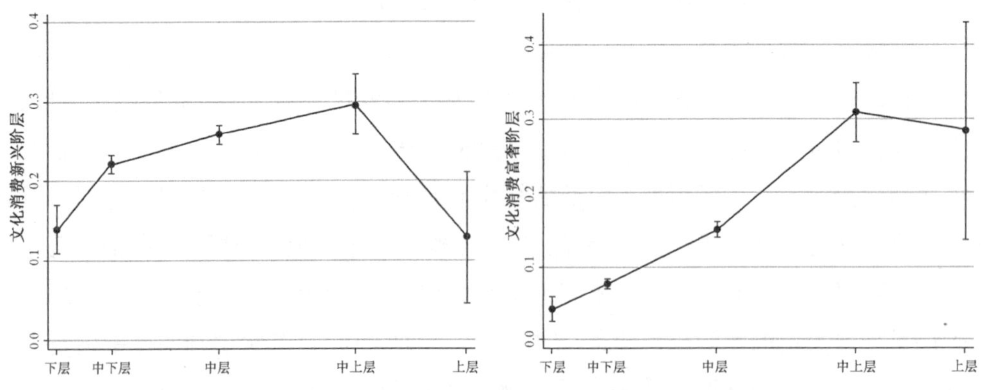

图 9　社会经济地位对文化消费分层类别的预测概率

五、结论与探讨

本文以文化消费分层理论为基础，尝试从文化消费视角刻画居民现实文化消费社会分层状况及其影响机制。借鉴已有社会分层实证研究中的分层依据，利用CFPS2020年社会调查数据，构建了一套包含文化消费规模、文化消费结构、文化消费能力、文化消费质量和文化消费方式五个维度十一个具体指标的文化消费分层指标体系，基于LCA潜分类模型模拟分析以及多分类Logistic回归模型的结果显示：第一，文化消费社会分层呈现出拮据、传统、普通、新兴和富奢五个阶层类别，阶层间存在明显的阶层分化和不平等，并表现出扩散化、两极化的趋势；第二，从全国整体看，文化消费社会分层呈现出近似“圭”字形的结构形态，阶层之间存在潜在的流动迹象，离理想的橄榄形结构还有很大的差距。城镇居民文化消费社会分层结构形态近似“王”字形，农村居民文化消费社会分层结构形态则近似“土”字形，农村阶层分化和不平等趋势大于城镇，区域之间也呈现出完全不同的结构形态，表现出城乡差异明显、文化消费区域不平衡的特征；第三，居民在文化消费阶层中所处的位置、群体差异与阶层差异，居民文化消费的多样性、异质性，既与收入、职业、教育、社会经济地位密切相关，也与年龄、性别、区域、城乡、家庭规模等个体特征联系紧密，其中教育水平的提升、社会经济地位的提高对文化消费社会分层具有显著的影响，进一步采用Wald检验方法也验证了上述结论的显著性；第四，文化消费分层与其他分层维度之间并不存在一一对应关系，居民个体在不同的分层维度结构中的位置分布具有很大差异，内在的影响机制也不相同，文化消费的阶层关系并不仅仅是经济关系的体现，更多地反映出文化认同、社会信任、生活方式和意义归属等层面的不同，表现为不同阶层文化消费升级和降级趋势，呈现出复杂的、不规律的动态变化状况。

对于整体社会经济而言，文化消费社会分层维度和其他分层维度对中国社会阶层分化和不平等的理解，实际上是对资源分布不平衡的多角度描述，处于不同分层纬度和阶层的社会群体具备不同的优势与资源，同时又有着不同的困境和诉求，其关键问题是各阶层所拥有的资源是否能够自由流动和合理配置，因此，正确认识当前社会分层结构及其形成机制，打破不合理、不公平的制度政策和资源区隔体制，关注不同文化消费阶层的健康、均衡发展，使社会分割的资源得到合理配置，是文化消费维度及其他多维度社会分层研究的最终目的。具体而言，一是改善社会治理机制，特别是保证弱势群体享有平等的社会福利与保障，避免陷入没有机会的困境；二是创新资源利用机制，使各阶层社会群体能充分利用自己的优势与资源，同时能够通过资源置换，享受到自己所期望的另一个世界的资源与机会；三是发挥职业能力比拼、技术创新竞争的作用，使居民能够通过自己的切实努力，依靠技术和能力实现梦想，营造积极向上、有所作为的社会心态；四是解决城乡差异明显、文化消费不平衡发展的矛盾，除经济因素外，还应对社会结构因素给予充分考量，重视城乡二元分割命题及其实际变迁状况，在资源分配和再分配过程中，更多地倚重文化消费中处于不利地位的社会群体和乡村地区。

参考文献

[1] Pierre Bourdieu. Distinction: A Social Critique of the Judgment of Taste, Translated by Richard Nice[M]. Cambridge: Harvard University Press, 1984, pp. 7.

[2] Pierre Bourdieu. Distinction: A Social Critique of the Judgment of Taste, Translated by Richard Nice[M]. Cambridge: Harvard University Press, 1984, pp. 2, 6.

[3] Pierre Bourdieu. Distinction: A Social Critique of the Judgment of Taste, Translated by Richard Nice[M]. Cambridge: Harvard University Press, 1984, pp. 114 - 128.

[4] Sassatelli and Roberta. Consumer Culture: History, Theory, Politics[M]. London: Sage Publications, 2007, p. 94.

[5] Chan, T. W., & Goldthorpe, J. H.. The Social Stratification of Cultural Consumption: Some Policy Implications of a Research Project[J]. Cultural Trends, 2007, 16(4): 373 - 384.

[6] 范国周，张敦福. 文化消费与社会结构：基于 CGSS2013 数据的多元对应分析[J]. 社会科学，2019(08):75—85.

[7] 张铮,吴福仲. 从社会分层到文化消费分层:基于职业视角的考察[J]. 全球传媒学刊,2019(02):129—146.

[8] 李培林,张翼. 消费分层:启动经济的一个重要视点[J]. 中国社会科学,2000(01):52—61.

[9] 许欣欣. 从职业评价与择业取向看中国社会结构变迁[J]. 社会学研究,2000(03):67—85.

[10] 田丰. 消费、生活方式和社会分层[J]. 黑龙江社会科学,2011(01):88—97.

[11] 林晓珊. 中国家庭消费分层的结构形态——基于 CFPS2016 的潜在类别模型分析[J]. 山东社会科学,2020(03):48—58.

[12] 李春玲. 当代中国社会的声望分层——职业声望与社会经济地位指数测量[J]. 社会学研究,2005(02):74—102.

[13] 李小文,陈冬雪. 有序概率回归模型下的城乡居民文化消费与幸福感关系研究——基于 2013 年 CGSS 调查数据[J]. 广西社会科学,2016(09):165—168.

作者简介

李艳燕,河北邯郸人,新乡学院经济学院教授,硕士研究生导师。研究方向为文化经济与贸易。

Research on Social Stratification Structure and Influence Mechanism based on Cultural Consumption

Li Yanyan

Abstract: Based on the theory of cultural consumption stratification, using CFPS2020 data, LCA latent category model was used to identify the social stratification structure of residents' real cultural consumption, and multi-classification Logistic regression model was used to investigate the influence mechanism of social stratification structure of cultural consumption. To explore the internal relationship between income stratification, occupation stratification, education stratification and social economic status stratification. The results show that the social stratification of cultural consumption presents five classes: poor, traditional, ordinary, emerging and rich, which is similar to the shape of "GUI". The urban-rural difference and regional imbalance are obvious, and there are signs of diffusion, polarization and class mobility. Residents in cultural consumption class position by education level, social economic status and the influence of individual characteristics significantly, further verified by Wald test method cultural consumption stratification and there is no one to one correspondence between the other dimensions of hierarchical relationships, more reflect the cultural identity, social trust, way of life and sense of belonging and the level difference.

Key words: Cultural Consumption Social Stratification Influence Mechanism Logistic Model

文化消费对青年群体主观幸福感的影响及作用机制*

陈维超　曾小晋　冀　榕

摘　要: 基于中国综合社会调查(CGSS 2018)的微观数据,采用Ologit和OLS回归模型,系统评估文化消费对青年群体主观幸福感的影响和作用机制。研究显示,文化消费能够显著正向影响青年群体的主观幸福感。考虑到文化消费和主观幸福感之间可能会因遗漏变量、测量误差以及变量的反向因果等而产生内生性问题,运用两阶段最小二乘法控制潜在的内生性偏误,发现研究结论仍然稳健。异质性分析结果显示,文化消费对居住在城市、低学历、中西部地区青年群体的幸福激励效应相对较强。检验结果表明,文化消费能够通过强化青年群体的主观阶层感知和社会交往来提升其主观幸福感。因此,相关部门应优化文化产品结构,提供多样态与多层次的文化消费产品和服务;此外,引导青年群体理性进行文化消费,发挥阶层认同在通过文化消费提升青年群体主观幸福感中的积极作用。

关键词: 文化消费　主观幸福感　影响机制　阶层认同　社会网络

一、引　言

主观幸福感包含情感经历(积极情感和消极情感)以及对生活质量的评价。[1]随着中国经济水平和居民收入水平的不断提高,幸福对个体和国家的意义愈加重要。个体层面,幸福是个体理性的根本追求,是人生的意义和目的。国家层面,作为衡量中国经济发展质量与社会治理体系现代化的重要指标,幸福是政府政策取向的主要依据。十八大以来,以习近平同志为核心的党中央特别强调要把“人民群众的获得感”作为衡量民生的重要指标。党的十九大报告指出,增进民生福祉是发

* 基金项目:国家社科基金重点项目“大数据时代青少年网络意识形态引导研究”(20AXW010)的阶段性研究成果。

展的根本目的。[2]

文化消费是人们为了满足自己的精神文化生活而采取不同的方式消费文化资源的行为，这种文化资源包括文化产品和文化服务。[3]实证研究发现，文化消费与个体主观幸福感存在相关性，一些学者认为文化消费与主观幸福感存在显著正向影响。[4]一些研究则认为，不同的文化消费类型带来各异的幸福体验，休闲型文化消费(看电视、玩棋牌等)对居民主观幸福感的影响不显著，发展型文化消费(阅读和旅游等)则正向影响居民主观幸福感。[5]研究结论的不一致可能因为既有研究的样本选取各异，不同消费者有着不同的消费动机和偏好，同时，对文化消费类型因划分依据的不同而各异，由此导致研究结论不一致。

青年人是我国经济社会发展的重要力量，通过分析文化消费影响青年人幸福感的程度及作用机制，不仅有利于社会更加关注青年人心理健康状况，而且有助于为相关部门制定完善的青年发展规划提供借鉴，最终实现经济社会的繁荣发展。

二、理论机制与研究假设

(一) 文化消费对幸福感的影响

由于消费者的兴趣爱好、价值观、受教育水平等方面的差异，人们的文化消费需求呈多层次、多方位的特点(欧翠珍，2010)[6]。众多学者研究证实，文化消费与个体主观幸福感显著正相关。(Clift 2012；Goulding 2013)[7][8] Scott and Willits (1998)将文化消费活动分为四类：社交类活动、艺术类活动、智力类活动以及体育类活动。[9] Andreja 等(2011)以克罗地亚居民为研究对象，将文化消费分为看电影、去剧院、参观展览、看演唱会、购物、读书、看电视等 15 项活动，发现参加文化休闲活动有助于提升主观幸福感，同时主观幸福感存在不同年龄、性别上的异质性。[10] Javier 等(2021)基于社会资本理论，分析墨西哥民众文化消费与主观幸福感之间的关系，研究发现，读书、参加艺术活动、看电影和戏剧与生活满意度显著正相关。[11] Javier(2022)以拉丁美洲居民为研究对象，发现阅读书籍和报纸、观看戏剧以及参观文物古迹对主观幸福感有着显著正向影响，而观看音乐会和参加节日庆典与主观幸福感的回归系数不显著。[12]基于既有研究结论，本文假设：

假设 H1：文化消费对青年群体主观幸福感有显著的积极效应。

(二) 主观阶层认同在文化消费对主观幸福感关系中的中介作用

美国社会学家杰克曼夫妇认为，阶层认同指的是“个人对自己在社会阶层结构中所占据位置的感知”[13]，这是目前较具权威性的定义。本文从微观层面切入，认为阶层认同是一种个人主观性的感知判断。一些学者认为，相较于社会经济地位这一客观测量指标，主观阶层感知更适合用来测量个体的社会地位（Zhang & Chen，2014）[14]，因为主观阶层感知与个体对社会不公的感知情绪联系更紧密。[15]

由于文化产品具有外显的符号意义，社会个体往往通过文化消费实现身份建构的阶层标示。金晓彤和崔宏静（2013）研究证实，青年农民工群体通过炫耀性文化消费所具有的社会符号来获取社会认同、寻求自身社会地位的提升。[16]张铮和陈雪薇（2018）研究发现，虽然阶层认知低者主观幸福感较低，但随着文化消费频率的增加，幸福提升效应增强。[17]

Zhao（2012）研究我国经济转型背景下民众主观阶层感知和主观幸福感的关系，发现阶层感知是影响经济幸福感和生活满意度的重要因素。[18] Han（2014）[19]探讨客观阶层地位与主观阶层认同对个体幸福感的影响，并发现主观阶层认同与个人幸福感的正向关系更为密切。据此提出假设：

假设 H2：阶层认同在文化消费和青年群体主观幸福感之间起中介作用。

（三）社会网络在文化消费对主观幸福感关系中的中介作用

社会网络是人与人之间由互动而产生的关系网络，社会网络关注个体在社会生活中采取行动的社会关系动因。（Lee et al.，2012）[20]文化消费能够提高个体社会交流频率及强化个体的社会网络。Daykin 等（2008）研究表明，经常参与艺术类文化活动有助于青年群体改善社交技巧，强化社会交流。[21] Mundet 等（2017）研究表明，文化消费活动能够通过促进个体社会交流来增强主观幸福感。[22]

社交活动能够提高个体主观幸福感。Bruni 和 Stanca（2008）[23]发现，参与社交活动与个人幸福感呈正相关关系，看电视等排斥社会交往的个人活动则对幸福感有消极影响。Hand（2018）[24]认为，参与艺术活动能增强个人的社会连接，这是艺术活动给人带来幸福感的决定性因素，艺术本身的影响则是次要的。李光明和徐冬柠（2018）[25]的研究显示，文化消费能为个人提供社会交往机会、提高社会交往能力，由内隐性路径正向影响个人的文化资本，文化资本积累则能进一步提高人的主观幸福感。

假设 H3：社会网络在文化消费和青年群体主观幸福感之间起中介作用。

三、数据来源、模型设定与描述性统计

（一）数据来源

本文实证研究采用了中国人民大学最新公开的“中国综合社会调查数据”

(CGSS 2018)。根据世界卫生组织确定新的年龄分段，青年人的年龄上限已经提高到 44 岁，我们选择出生日期在 1973 年之后的个案，在此基础上剔除含异常值和缺失值的受访者样本后，最终得到 3716 个用于分析的有效研究样本。本研究采用 R 语言和 STATA16.0 对数据进行整理和统计。

（二）变量说明

1. 被解释变量

本研究将被试者对自身幸福感的主观认知设置为被解释变量，学术界目前较多地使用单项目自陈主观幸福感量表对其进行测量[26]，在 CGSS 2018 有关幸福的调查中，通过提问："总的来说，您觉得您的生活是否幸福?"赋值范围为 1—5(1＝非常不幸福；2＝比较不幸福；3＝说不上幸福不幸福；4＝比较幸福；5＝非常幸福)。

2. 核心解释变量

本文核心解释变量为文化消费，测量题目为"过去一年，您是否经常在空闲时间从事以下活动?"选取看电影、看电视或看碟、读书看报或者看杂志、参加文化活动(比如听音乐会，看演出和展览)、在家听音乐、现场观看体育比赛、上网等七个题项，参与频率为"从不""一年数次或更少""一月数次""一周数次""每天"，分别赋值 1 至 5，将七项活动加总平均后作为"文化消费"的代理指标。

3. 中介变量

(1) 阶层认同。以问卷选项"综合看来，在目前这个社会上，您本人处于社会的哪一层?"来测量阶层认同，选项包含 1—10 个等级。将 10 个等级分为 5 组："下层"(1,2)、"中下层"(3,4)、"中层"(5,6)、"中上层"(7,8)和"上层"(9,10)，五组占比分别为 16.59%、36.53%、42.51%、4.00%、0.37%，可以看出，当前青年群体阶层认同偏向于中层和中下层。

(2) 社会网络。选取问卷中"与不在一起的亲戚聚会频率""与朋友聚会频率"，加总平均后作为"社会网络"的代理变量，该指标有 5 个层次，分别为：从不＝1；一年数次或更少＝2；一月数次＝3；一周数次＝4；每天＝5。

4. 工具变量

本文工具变量为社会信任，选取问卷中"总的来说，您同不同意在这个社会上，绝大多数人都是可以信任的?"作为"社会信任"的代理变量，赋值范围为 1—5(1＝非常不同意；2＝比较不同意；3＝说不上同意不同意；4＝比较同意；5＝非常同意)。

5. 控制变量

(1) 性别：属于定类变量，本研究将"男"和"女"分别设置为 1 和 0。

（2）年龄：以调查数据获取年份 2018 年为基准，将出生日期转化为连续变量“年龄”。

（3）婚姻：将“未婚”“分居未离婚”“离婚”“丧偶”选项合并为“无配偶”，赋值为 0；“同居”“初婚有配偶”“再婚有配偶”合并为“有配偶”，赋值为 1。

（4）自评健康情况：根据问卷题项“您觉得您目前的身体健康状况是”，将 5 种答案“很不健康”“比较不健康”“不一般”“比较健康”“很健康”依次赋值 1—5。

（5）心理状况：根据问卷题项“在过去的四周中，您感到心情抑郁或沮丧的频繁程度是”，从“总是”到“从不”分别赋值 1—5。

（6）受教育程度：小学及以下赋值为 1，将初中、高中和中专选项合并，赋值为 2，大专及以上赋值为 3。

（7）家庭年收入：研究表明，家庭年收入比个人年收入对个体幸福感影响更大，本研究将“全年家庭总收入”处理为对数形式。

（8）社会评价：选取问卷中“您觉得当今社会公平吗”一项，将回答选项“完全不公平”“比较不公平”“说不上公平也不能说不公平”“比较公平”“完全公平”依次赋值为“1”至“5”。

（9）区域：根据问题 S41“采访地点（省/自治区/直辖市编码）”构建，并按照东部、中部和西部划分标准将省份进行归类。

6. 描述性统计分析

本文的研究问题是青年群体文化消费与主观幸福感之间的关系，主要变量的描述性统计结果如表 1 所示。青年群体的主观幸福感均值为 3.919，标准差为 0.751，其中，17.28%的青年群体表示“非常幸福”，63.66%表示“比较幸福”，13.58%表示“说不上幸福不幸福”，4.61%表示“比较不幸福”，0.88%表示“非常不幸福”。可见，总体上青年群体自身幸福感较高，但个体之间的差异也较明显。文化消费均值仅为 2.651，说明青年群体文化消费水平不高。主观阶层认同均值为 2.490，标准差为 0.801，说明青年群体主观阶层认同处于中间偏下水平，且差异较大。

表 1　变量定义及描述性统计结果

变量名		均值	标准差	最小值	最大值
被解释变量	主观幸福感	3.919	0.751	1	5
核心解释变量	文化消费	2.651	0.567	1	5
中介变量	主观阶层认同	2.490	0.801	1	5
	社会网络	2.407	0.638	1	5
工具变量	社会信任	3.430	1.011	1	5
控制变量	性别	0.475	0.499	0	1
	年龄	32.999	7.273	18	44
	婚姻状况	0.734	0.442	0	1
	户籍	0.436	0.496	0	1
	是否拥有房产	0.870	0.337	0	1
	自评健康情况	4.036	0.894	1	5
	心理状况	3.972	0.899	1	5
	受教育程度	2.214	0.687	1	3
	家庭年收入	11.061	1.514	0	15.772
区域	东部	0.468	0.499	0	1
	西部	0.237	0.499	0	1
	中部	0.295	0.456	0	1

四、实证分析

(一) 各变量的相关性系数

考虑到影响青年群体幸福感的变量间可能存在相关性过高引发的结果精准性问题，为保障指标选择的合理性和科学性，本研究对所选指标采用 Pearson 相关系数方法对指标间的相关系数进行了初步分析，图 1 所示为变量之间 Pearson 相关性系数，“颜色越深表示负相关性越强，颜色越浅表示正相关性越强，正方形方框越大则表示相关性越强，反之则越弱”。可见，所有变量的相关性系数都小于 0.6，均处在可接受范围内。同时，利用方差膨胀因子检验可知，自变量的 VIF 均值为 1.38，最大 VIF 为 1.81，故自变量之间不存在多重共线性问题，能独立反映不同维度的幸福感信息。此外，幸福感与青年群体健康正相关性较强，教育与文化消费正相关性较强，年龄与文化消费表现出较强的负相关性。

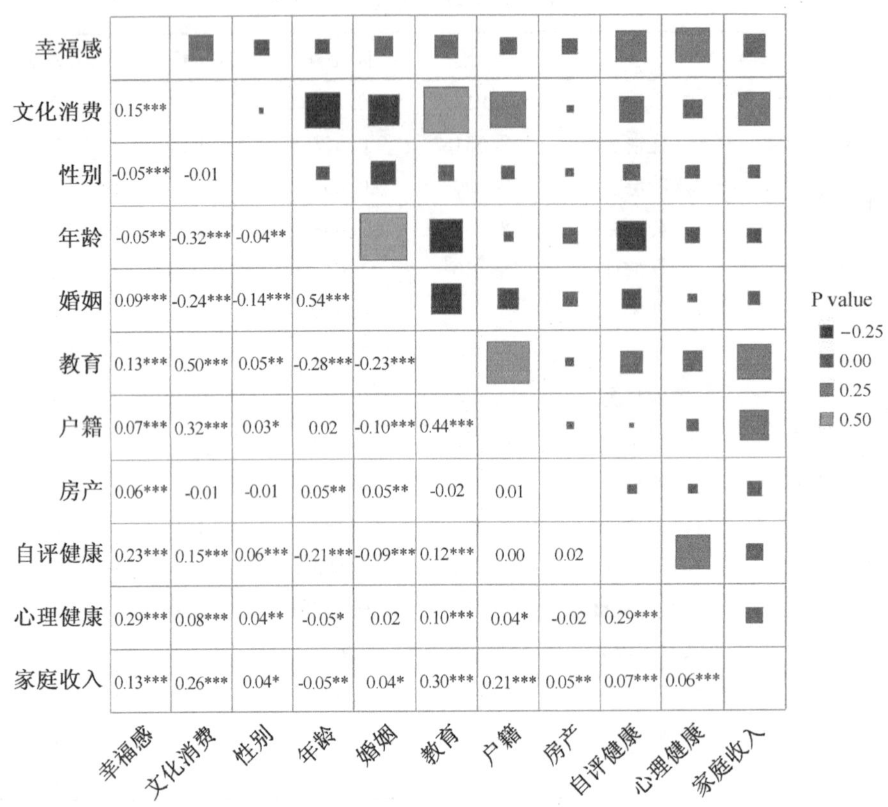

图 1 变量间 Pearson 相关性系数图

注：* $p<0.05$，** $p<0.01$，*** $p<0.001$.

（二）基准回归

如表 2 所示，OLS 回归的模型 1 和 Ologit 回归的模型 3 都是只加入控制变量，模型 2 和模型 4 加入核心解释变量文化消费。整体来看，无论是将幸福感视为连续变量的 OLS 回归，还是考虑幸福感内在排序的 Ologit 模型都运行良好，且变量的影响方向和显著性水平在各列之间也没有显著变化，表明模型估计结果具有较强的稳健性。模型 4 的估计结果显示（见表 2），文化消费的回归系数为 0.376，在 1%的显著性水平下显著，说明文化消费水平越高，青年群体的主观幸福感越高，假设 H1 得到验证。

就个体特征而言，模型 1 和模型 3 显示，女性、年龄较小、有配偶、高教育程度、居住在城市、有房产、健康状况良好、家庭收入较高的青年群体幸福感越强。年龄变量的回归系数显著为负，说明随着年龄增长，青年群体的幸福感下降，这可能因为随着年龄增长，青年群体逐渐组建家庭，经济负担的加重可能削减了幸福体验。自评健康状况和心理健康状况的回归系数均显著为正，这说明身心健康的青年群体整体上有更高的主观幸福感。相较于家庭经济紧张的青年群体，家庭条件富裕的青年群体主观幸福感更高。然而，区域与青年幸福感的回归系数不显著。

表 2　文化消费和青年群体的幸福效应

变量	OLS 回归		Ologit 模型	
	模型 1	模型 2	模型 3	模型 4
文化消费		0.129*** (0.024)		0.376*** (0.072)
性别	−0.100*** (0.023)	−0.092*** (0.023)	−0.29*** (0.069)	−0.266*** (0.069)
年龄	−0.006*** (0.002)	−0.004** (0.002)	−0.018*** (0.006)	−0.013** (0.006)
婚姻	0.224*** (0.032)	0.233*** (0.032)	0.66*** (0.094)	0.689*** (0.094)
受教育程度	0.075*** (0.021)	0.041* (0.022)	0.201*** (3.29)	0.104 (0.064)
户籍	0.045* (0.027)	0.025 (0.027)	0.144* (0.078)	0.083 (0.079)
房产	0.124*** (0.034)	0.123*** (0.034)	0.389*** (0.101)	0.384*** (0.101)
自评健康状况	0.127*** (0.014)	0.122*** (0.014)	0.356*** (0.041)	0.343*** (0.041)
心理状况	0.193*** (0.013)	0.193*** (0.013)	0.574*** (0.041)	0.573*** (0.041)
家庭年收入	0.032*** (0.008)	0.027*** (0.008)	0.068*** (0.024)	0.053** (0.024)
东部	−0.006 (0.031)	−0.016 (0.031)	0.005 (0.091)	−0.024 (0.091)
中部	−0.039 (0.032)	−0.044 (0.032)	−0.121 (0.094)	−0.132 (0.094)
N	3 716	3 716	3 716	3 716
$Pseudo\ R^2$			0.067	0.071
R^2	0141	0.147		

注：括号内为稳健标准误校准过的 t 统计量，“***”“**”“*”分别表示在 1%、5%和 10%的显著性水平上显著。

(三) 稳健性检验

文化消费与青年群体主观幸福感之间可能存在内生性问题。首先,一些难以测量的变量很可能对青年群体主观幸福感产生影响,从而产生遗漏变量问题,导致回归结果存在一定偏误。其次,青年群体主观幸福感很可能对文化消费施加影响,从而产生反向因果问题,导致模型估计出现偏误。因此,本文通过工具变量法处理内生性问题来得到文化消费影响青年群体主观幸福感的净效应。

本文参照资树荣和张姣君(2020)[27]的研究设定,选取"社会信任"作为工具变量。有效的工具变量应该满足两个条件:一是相关性,对与自己一起参加娱乐、锻炼、文化艺术等业余活动人士的信任程度越高,青年维持社会关系的意愿越强,从而更可能从事文化消费活动,因此,社会信任与青年文化消费密切相关;二是外生性,社会信任很难直接影响青年文化消费,故满足外生性。

针对回归模型的内生性问题,通常采用 2SLS 方法来分析模型的内生性以及工具变量的有效性。使用工具变量的前提是模型存在内生性,首先对模型进行内生性检验,通过 Wald 检验 P 值在 1%的显著性水平上拒绝了文化消费是外生变量的原假设,表明模型存在内生性问题,使用工具变量是合理的。其次,弱工具变量检验下的 F 统计量为 146.85,明显大于 10,表明"社会信任"这一工具变量有着较好效果。(见表 3)

根据表 3,一阶段工具变量"社会信任"的系数为 0.022,在 5%水平上显著。二阶段回归中内生变量文化消费的系数为 6.501,在 5%水平上显著。综上所述,基于工具变量的回归结果是有效的,文化消费的确能够显著提高我国青年群体的主观幸福感。

表 3 内生性分析结果(2SLS 模型)

变量	第一阶段回归结果	第二阶段回归结果
工具变量(社会信任)	0.022** (0.007)	
文化消费		6.501** (2.226)
控制变量	控制	控制
N	3716	3716
R^2	0.332	0.320
一阶段 F 值	146.85	
Wald 检验 P 值	0.000	

注:"***""**""*"分别表示在 1%、5%和 10%的显著性水平上显著。

（四）异质性分析

由于个体特质的不同，作为精神活动的文化消费给青年群体带来的主观效用和幸福感存在较大差异。因此，在研究文化消费与主观幸福感的关系时，考虑群体异质性特征及其群体目标差异就显得尤为重要。本文选取户籍、受教育程度、区域等维度来进行文化消费对青年群体主观幸福感影响的异质性检验，结果见表 4。

户籍方面，相较于农村青年，城市青年群体文化消费带来的幸福提升效应更显著。受教育程度方面，相比大学及以上教育程度的青年群体，文化消费能够显著提升初高中以及小学教育水平青年群体的主观幸福感。按照区域差异，相比东部地区，文化消费能够显著提升中部和西部地区青年群体的主观幸福感。

表 4　文化消费对青年群体主观幸福感影响的个体异质性检验结果

变量	户籍		受教育程度			区域		
	农村	城市	小学及以下	初高中	大学及以上	东部	中部	西部
文化消费	0.191*** (3.708)	0.238*** (3.703)	0.237** (2.545)	0.196*** (3.500)	0.186** (2.507)	0.136** (2.248)	0.287*** (3.955)	0.250*** (3.096)
控制变量	Yes	Yes	Yes	Yes	Yes	Yes	Yes	Yes
N	2 095	1 621	565	1 790	1 361	1 739	1 096	881
Pseudo R^2	0.064	0.078	0.062	0.068	0.072	0.078	0.056	0.084

注：“***”“**”“*”分别表示在 1%、5%和 10%的显著性水平上显著。

（五）机制分析

根据表 5，采取单步多重中介模型（Hayes，2009）[28]，利用偏差校正的 Bootstrapping 方法，2000 次 Bootstrap 抽样的检验结果显示，社会网络和阶层认同的直接效应和总效应均显著。同时，社会网络的中介效应为 0.022(95%CI=[0.006，0.037])，阶层认同的中介效应为 0.022(95%CI=[0.014，0.032])，两个中介变量 95%的置信区间均不包含 0，另外，总中介效应也是显著的。这说明阶层认同和社会网络在文化消费与主观幸福感之间的中介效应显著，假设 H2 和 H3 得到验证。

表 5　基于偏差校正 Bootstrap 的单步多重中介 SEM 分析结果

	效应	点估计	95%置信区间	
			LLCI	ULCI
社会网络	中介效应	0.022 (0.008)	0.006	0.037
	直接效应	0.085 (0.025)	0.040	0.137
	总效应	0.129 (0.024)	0.083	0.175
阶层认同	中介效应	0.022 (0.005)	0.014	0.032
	直接效应	0.085 (0.025)	0.040	0.137
	总效应	0.129 (0.024)	0.083	0.175

五、结论与政策建议

(一) 结论

为了更好地探索青年群体文化消费与主观幸福感之间的关系，本研究基于 CGSS 2018 数据，采用 Ologit 回归分析文化消费对青年群体主观幸福感的影响。同时，工具变量法所得结果依然支持文化消费对青年群体主观幸福感的正向效应。此外，本文还对不同户籍、教育程度以及区域进行了异质性分析。为了探索文化消费对青年群体主观幸福感的影响机制，引入社会网络和阶层认同进行中介效应检验。通过上述实证分析，得到了以下结论：

第一，文化消费对青年群体主观幸福感有显著正向影响。异质性检验分析结果表明，虽然文化消费对不同户籍青年人主观幸福感均具有促进作用，然而，和农村青年人相比，文化消费对城市青年人的幸福激励效应更强，这可能因为城乡二元结构背景下，相较于农村，城市的文化娱乐设施更为完善，形式多样的文化消费活动给城市青年带来更多的娱乐和幸福体验。相较于高学历青年群体，文化消费对学历较低青年群体的幸福激励效应更强，究其原因，CGSS 数据库设置的文化消费活动多为覆盖面较广的趣味型文化消费，缺乏需求层次更高、消费水平更高的文化消费类型，因此，这种需求层次较低的文化消费更能满足学历水平不高的青年群体需求，相反，其对大学及以上教育水平者的幸福感激励效应较弱。区域差异方面，文化消费对青年群体主观幸福感的影响存在区域差异，相较于东部地区，中西部地区文化消费的青年群体幸福激励效应最强，其中可能的原因是：中西部地区经济发展相对落后，能够带来幸福体验的娱乐活动有限，因此，平价的文化消费形态更能提升中西部地区青年的主观幸福感。

第二，在控制人口统计变量的情况下，引入阶层认同和社会网络变量探讨文化消费对青年群体主观幸福感的影响机制。其中，阶层认同在文化消费影响青年群体主观幸福感中呈现中介效应，放大了文化消费和青年群体主观幸福感的正向影响。一方面，文化符号具有外显意义，青年群体往往通过文化消费来建构自身的阶层认同[29]；另一方面，阶层认同可以显著提高青年群体的主观幸福感，这与徐福芝、陈建伟(2019)[30]的研究结论相一致。此外，社会网络在文化消费影响青年群体主观幸福感的中介效应显著，CGSS 2018 问卷设置的文化消费包含个体享乐和集体参与两方面，其中个体享乐类文化消费(听音乐、看电视、读书等)促使青年基于文化偏好在网络上进行"趣缘"集结，从而扩大了青年的社交网络，而集体参与类文化消费(如现场观赛、观看展览演出等)，青年往往会结伴前往，这无疑有助于强化亲朋好友间的关系联接。同时，社会网络的扩增有助于改善青年群体的主观幸福感，这与郭小弦等(2020)[31]的研究结论相一致。

(二) 政策建议

综合以上分析结果，提出以下对策建议：

(1) 政府可以通过发放消费券、提供普惠性的文化产品和服务拉动青年群体的文化消费，扩大文化消费的"量"，缓解我国当前"文化消费潜在需求大、实际消费量不足"的现实困境。同时，本研究证实，文化消费对居住在农村、学历较高以及东部地区青年群体的幸福激励效应相对较弱。因此，应该完善农村地区的文化设施、丰富文化消费形式，提升文化消费对农村青年群体的吸引力；文化产品和服务的提供者应优化文化产品结构，提高文化消费的层次和品质，为高水平区域和高层次消费者提供个性化、高水平的文化产品，以满足他们更高水平的文化消费需求。此外，青年群体一般是新兴技术的先行采纳者，随着 5G、大数据以及虚拟现实技术的发展，可以运用最新的科技成果来提升文化产品与服务的内涵与外在形式，以此吸引青年群体参与文化消费，最大化文化消费的幸福激励效应。

(2) 文化消费能够通过提高青年群体主观阶层感知的路径来改善其主观幸福感，一般而言，青年群体的主观阶层与经济资本相对较低，因此，文化产品消费的符号价值和象征意义对青年群体尤为重要。社会学家认为个体通过炫耀性消费追求社会地位，进而强化自身的阶层地位和形象。[32]因此，要引导青年群体形成对文化消费的正确认知，避免"炫耀性消费"带来的消极影响。

(3) 文化消费能够通过扩大青年群体社会网络的途径来提升其主观幸福感，青年群体正处在价值观成型时期，社会交往能够促进青年人的社会化程度，强化他们的社会信任水平、团队意识与合作精神。因此，相关部门可以将青年人喜爱的各种亚文化社群转化为线下集结活动，或是基于社区开展各种文艺与交流活动，以此提升青年群体的主观幸福感。

参考文献

[1] Taylor S H，Bazarova N N. Always Available，Always Attached：A Relational Perspective on the Effects of Mobile Phones and Social Media on Subjective Well-being[J]. *Journal of Computer-Mediated Communication*，2021，26(4).

[2] 熊若愚. 把增进民生福祉作为发展的根本目的[EB/OL]. http://theory. people. com. cn/n1/2017/1113/c40531—29642161. html.

[3] 徐淳厚. 关于文化消费的几个问题[J]. 北京商学院学报，1997(4).

[4] 胡荣华，孙计领. 消费能使我们幸福吗[J]. 统计研究，2015，32(12).

[5] 周春平. 文化消费对居民主观幸福感影响的实证研究——来自江苏的证据[J]. 消费经济，2015，31(01).

[6] 欧翠珍. 文化消费研究述评[J]. 经济学家，2010(03).

[7] Clift S. Creative Arts as A Public Health Resource：Moving from Practice-based Research to Evidence-based practice[J]. *Perspectives in Public Health*，2012，132(3).

[8] Goulding A. How can Contemporary Art Contribute Toward the Development of Social and Cultural Capital for People Aged 64 and Older[J]. *The Gerontologist*，2013，53(6).

[9] Scott D，Willits F K. Adolescent and Adult Leisure Patterns：A Reassessment[J]. *Journal of Leisure Research*，1998，30(3).

[10] AndrejaBrajša-Žganec，Marina Merkaš，Iva Šverko. Quality of Life and Leisure Activities：How do Leisure Activities Contribute to Subjective Well-being? [J]. *Social Indicators Research Volume*，2011，102(1).

[11] Reyes-Martínez J，Takeuchi D，Martínez-Martínez O A，et al. The Role of Cultural Participation on Subjective Well-being in Mexico[J]. *Applied Research in Quality of Life*，2021，16(3).

[12] Reyes-Martínez J. Cultural Participation and Subjective Well-being of Indigenous in Latin America[J]. Applied Research in Quality of Life，2022，17(2).

[13] Jackman M R，Jackman R W. An Interpretation of the Relation Between Objective and Subjective Social Status[J]. *American Sociological Review*，1973，38(5).

[14] Zhang W，Chen M. Psychological Distress of Older Chinese：Exploring the Roles of

Activities, Social Support, and Subjective Social Status [J]. *Journal of Cross-Cultural Gerontology*, 2014, 29(1).

[15] Han C, Whyte M K. The Social Contours of Distributive Injustice Feelings in Contemporary China[C]//Creating Wealth & Poverty in Post Socialist China. Stanford, CA: Stanford University Press, 2009.

[16] 金晓彤,崔宏静. 新生代农民工社会认同建构与炫耀性消费的悖反性思考[J]. 社会科学研究,2013(04).

[17] 张铮,陈雪薇. 文化消费在收入与主观幸福感关系中的中介作用及边界条件探究[J]. 南京社会科学,2018(08).

[18] Zhao W. Economic Inequality, Status Perceptions, and Subjective Well-being in China's Transitional Economy[J]. *Research in Social Stratification and Mobility*, 2012, 30(4).

[19] Han C. Health Implications of Socioeconomic Characteristics, Subjective Social Status, and Perceptions of Inequality: An Empirical Study of China[J]. *Social Indicators Research*, 2014, 119(2).

[20] Lee Rainie, BarryWellman. Networked: The New Social Operating System[M]. London: The MIT Press, 2012.

[21] Daykin N, Orme J, Evans D, Salmon D, McEachran M, Brain S. The Impact of Participation in Performing Arts on Adolescent Health and Behavior: a Systematic Review of the Literature[J]. *Journal of Health Psychology*, 2008, 13(2).

[22] Mundet A, Fuentes N, Pastor C. A Theoretical Approach to the Relationship between Art and Well-being[J]. *Revista De Cercetare Si Interventie Sociala*, 2017(56).

[23] Bruni L., Stanca L. Watching Alone: Relational Goods, Television and Happiness [J]. Journal of Economic Behavior and Organization, 2008, 65(3).

[24] Hand C. Do the Arts Make You Happy? A Quantile Regression Approach[J]. Journal of Cultural Economics, 2018, 42(2).

[25] 李光明,徐冬柠. 文化消费对新市民主观幸福感的影响机理研究——基于 CGSS2015 的数据分析[J]. 兰州学刊,2018(12).

[26] 赵卫华,冯建斌. 住房对农民工主观幸福感的影响分析——基于 CSS(2013)数据的实证研究[J]. 东北师大学报:哲学社会科学版,2020(05).

[27] 资树荣,张姣君. 文化消费活动提升了农村地区居民主观幸福感吗? ——基于 CGSS 数据的实证分析[J]. 消费经济,2020,36(06).

[28] Hayes A F. Beyond Baron and Kenny: Statistical Mediation Analysis in the New

Millennium[J]. *Communication Monographs*, 2009,76(4).

[29] 陈维超.情感消费视域下网络文学 IP 热现象研究[J].中国编辑,2019(01).

[30] 徐福芝,陈建伟.青年幸福感及影响因素研究——基于 CGSS2015 的实证分析[J].调研世界,2019(12).

[31] 郭小弦,芦强,王建.互联网使用与青年群体的幸福感——基于社会网络的中介效应分析[J].中国青年研究,2020(06).

[32] O'Cass A, Mcewen H. Exploring Consumer Status and Conspicuous Consumption [J]. *Journal of Consumer Behaviour*, 2010, 4(1).

作者简介

陈维超,湖南衡阳人,湖南师范大学新闻与传播学院讲师,博士后,硕士生导师。研究方向为新媒体传播。

曾小晋,湖南长沙人,湖南师范大学新闻与传播学院硕士研究生。研究方向为新媒体传播。

冀榕,山西忻州人,湘潭大学文学与新闻学院硕士研究生。研究方向为健康传播。

A Study on the Relationship Between New Media Use, Social Capital and Migrant Workers' Subjective Well-being

Chen Weichao Zeng Xiaojin Ji rong

Abstract: Based on the newly released micro data of the Chinese General Social Survey 2018 (CGSS 2018), this paper systematically evaluates the influence and mechanism of cultural consumption on youth subjective well-being. The research shows that cultural consumption has a significant positive impact on the subjective well-being of young people and has passed the robustness test. The results of heterogeneity test show that cultural consumption has a relatively weak happiness incentive effect on young people with higher education, living in cities and in eastern China. In addition, cultural consumption can enhance the subjective well-being of young people by strengthening their subjective class perception and social interaction.

Key words: Cultural Consumption Subjective Well-being Influence Mechanism Class Identity The Social Network

社会保险参保对居民文化消费水平的影响研究*

陈　鑫

摘　要:本文利用中国家庭追踪调查(CFPS)数据研究社保参保对文化消费的影响。通过面板固定效应模型及PSM倾向匹配进行了实证分析,研究发现,社会保险参保能有效提升家庭文化消费支出水平,但在不同家庭收入组下,这一影响作用表现不同。在高收入家庭组中,社会保险参保对家庭文化消费水平的影响作用是正向且显著的,但在低收入家庭组中,这一影响作用并不显著。需要进一步完善现有社保体系,以扩大社保覆盖面、加强社保保障力度、建立多层次社保体系等措施,有效发挥社保参保对居民文化消费的促进作用。

关键词:社会保险　文化消费　消费结构

一、引　言

近年来,在国内外竞争环境日益激烈的形势下,出口与投资拉动型的经济增长已表现出疲软状态,扩大内需已成为应对经济波动、实现经济高质量发展的有效路径。相较于国外居民收入与消费来说,我国居民消费水平远远不够,如何释放居民的消费潜力成了学者们关注的重要问题。

文化消费作为消费结构升级的重要方面,是一个既包含文化因素又包含经济因素的综合性活动,其增长关涉经济、社会、文化发展的方方面面。文化消费的发展能够促进我国居民消费需求从"基本生活消费需要"向"美好生活消费需要"的跃迁。而近年来我国文化消费出现的与"国际经验"背离、消费总量不足、消费缺口较大等问题引起众多学者关注。文化消费作为一种弹性消费类型,其发展同时受限

*　基金项目:本文受研究阐释党的十九届四中全会精神国家社科基金重点项目《健全现代文化产业体系和市场体系研究》(20AZD065)资助。

于消费结构内部其他刚性消费的影响，如近年来房价的快速增长，购房支出对文化消费产生了挤出效应。同时，家庭医疗支出不仅会使家庭减少部分文化消费支出，还会导致居民预防性储蓄动机增强，不利于消费结构向高层次跃迁。可以看出，医疗、养老与住房等方面的稳定发展是减弱家庭预防性储蓄动机，实现消费层次提升的重要手段。社会保障作为解决居民生存与发展的重要机制，对居民的消费生活带来重要影响作用。

社保是保障经济、社会、文化协调发展的"安全网"与"稳定器"，它具有的减弱居民预防性储蓄动机、提升财富水平、稳定消费环境等作用得到了学者们的证实(甘犁，2010；何立新，2018)。近年来，政府与各部门不断提出"基本实现法定人员全覆盖""建立健全更加公平、更可持续的社会保障制度"等要求，并借助各类媒体平台将社会保障推向热点，引起居民持续高度关注，使得社会保险渗透至居民生活的各个方面。目前，我国社会保险制度经过多次改革、修订、完善与实施后，在一定程度上有效降低了居民的预防性储蓄动机，带来了居民当期消费水平的提升。因此，借助社保作用的发挥，以社保制度的改革与优化、创新与健全，降低居民预期不确定性对文化消费的影响，解除广大民众的后顾之忧，破解文化消费"国际经验"在中国失灵的现象(毛中根，2017)。

二、文献综述

国内外有关社保对消费的影响研究较为丰富，主要从社保具有的"收入效应"和"引致退休效应"进行展开。研究结论可以分为以下两个方面：首先是社会保险能够减弱家庭预防性储蓄动机，带来家庭消费支出水平的提高。国外学者Bernheim(1987)、Hubbard 等(1995)、Gruber 和 Yelowitz(1999)的研究发现，社保具有"收入效应"，其对储蓄能够产生显著的负向影响作用。国内学者的研究也得出了相同的结论。例如，黄学军和吴冲锋(2005)研究发现医保能够挤出个体的预防性储蓄，增加个人的消费支出水平。何立新(2008)通过对养老保险中养老金财富的研究，发现养老金财富水平越高，家庭储蓄值越低，带来了居民当期消费支出的增加。甘犁等(2010)从医疗保险的角度出发，发现医保参保具有降低预防性储蓄的作用，对居民的消费支出呈现出显著的正向效果。其次是社保对家庭消费支出的影响程度取决于"收入效应"和"退休效应"两种效应的相对大小。如由Feldstein(1974)提出的消费函数可知，当社保的"引致退休效应"大于"资产替代效应"时，社保此时明显抑制了居民的消费支出。李雪增和朱崇实(2011)的研究得出养老金的收入对家庭储蓄率的影响作用为负，且系数并不显著。张治觉和吴定玉(2010)结合之前学者的研究，对改革开放以来社会保障制度进行评估，发现参加养老保险虽能刺激家庭消费，但随着养老保险缴费率的提高，家庭的消费支出将出现下降的现象。魏勇和杨孟禹(2017)运用扩展现行支出模型，以及"收入结构—社会保障—消费升级"的理论分析框架，研究得出社会保障对家庭消费升级产生显著的抑制性作用。

在社保对文化消费的影响研究中，目前学者较多的是从理论方面展开探究。21世纪以来，社会保险在促进社会民生发展、提高经济水平方面发挥了重要的积极作用，社保的资产收入效应、减贫效应与社会福利效应日渐显现。在理论与政策研究中，王亚南(2010)提出，文化消费的提升需要通过健全社会保障这一途径，认为缺乏满足基本民生需要的公共服务和社会保障体系是导致居民压缩"非必需"的精神文化消费的主要原因之一。葛继红(2012)认为让农村居民敢于购买文化产品，需要深化制度改革，落实社会保障差距的缩小工作。李惠芬和付启元(2013)认为社会保障水平是影响居民文化消费的基本因素，并提出"六大计划"刺激文化消费，其一就是实施"居民社会保障提升计划"以解决后顾之忧。王颖(2013)通过引入居民消费的"过度敏感性"特征，认为社保制度的变革是导致居民文化消费不确定性的主要因素。

学者们针对社保与文化消费的实证分析研究还不多，能够查找到近几年的相关研究主要有：甘犁(2010)采用DID模型研究基本医疗保险对家庭消费的影响，通过消费细项分析发现，城居保参保使家庭教育支出显著提升10.6%；靳卫东等(2017)针对城镇居民医疗保险制度改革的文化消费效应进行研究，考虑到居民参保过程中的逆向选择问题及居民具有的消费层次特征，认为城镇居民医疗保险的改革很难使文化消费增长达到理想预期。但是在高收入家庭中，随着收入水平的提高与社保制度的完善，文化消费效应将会逐步得以实现。本文把家庭文化消费作为主要分析对象，考察社会保险参保对家庭文化消费的影响作用，并将居民的收入分成高收入组和低收入组，分别研究社保参保对不同收入组下的文化消费的影响。

三、研究设计

本文研究使用的是中国家庭追踪调查数据(CFPS-China Family Panel Survey)，由北京大学"985"项目资助、北京大学中国社会科学调查中心进行的全国家庭追踪调查数据，目前已具有2010年基线调查、2012年、2014年、2016年和2018年的共五轮调查数据。一方面,在社会保险调查方面,由于 2014 年之前与之后的问卷设计存在差异,能够匹配到的有效信息较少;另一方面,由于最近的调查数据更能够说明最新的发展情况,因此本文使用的数据只包含 2016 年与 2018 年的面板数据。其中,家庭经济活动数据、家庭成员信息数据等分别来自数据库中的成人库与家庭经济数据库。

(一) 模型设定

本文研究的是社会保险参保对文化消费的影响,研究模型设定如下:

$$Culture_{pit}=\alpha+\beta Insurance_{pit}+\lambda X_{pit}+\chi_p+\gamma_t+\varepsilon_{pit} \qquad 模型(1)$$

$$Culture_{plt}=\alpha+\beta Insurance_{plt}+\lambda X_{plt}+\chi_p+\gamma_t+\varepsilon_{plt} \qquad 模型(2)$$

$$Culture_{pht}=\alpha+\beta Insurance_{pht}+\lambda X_{pht}+\chi_p+\gamma_t+\varepsilon_{pht} \qquad 模型(3)$$

其中,$Culture_{pit}$代表的是省份 p 的家庭 i 在 t 年的家庭文化消费支出水平;$Insurance_{pit}$代表的是省份 p 的家庭 i 在 t 年的家庭社保参保状态,是一个虚拟变量,参保用"$Insurance=1$"表示,反之用"$Insurance=0$"表示。l 和 h 分别代表低收入家庭与高收入家庭的个体。$Xpit$ 代表的是回归模型中的一系列控制变量。χ_p 代表的是省份固定效应,γ_t 代表的是年份固定效应,ε_{pit} 代表的是模型在省份、家庭与时间维度上的一些误差项。

(二) 变量说明与数据来源

1. 变量说明

(1) 家庭文化消费支出(culture):考虑到目前学术界尚未得到统一口径的"文化消费"①指标,也未对文化消费开展专项调查数据。因此,本文依照国家统计局每年对教育文化娱乐这一项的数据统计标准,将家庭经济数据库中的"文化娱乐支出"与"过去 12 个月教育培训支出"两项统一计算成按年统计的消费支出金额,并将两项加总,以表示常用的教育文化娱乐消费支出这一项的数值。

(2) 家庭社保参保状态(insurance):家庭的社保参保状态设定为虚拟变量,若家庭属于参保状态,insurance=1,反之为 0。本文首先从成人库中进行参保状态信息的提取,根据成人库中报告的"工作保障"这一问题进行统计,将拥有社会保险

---

① 文化消费是指居民对文化产品和服务的支出,主要包括教育、文化、娱乐和体育四项消费。考虑到 CFPS 数据只包括居民的教育文化、娱乐休闲支出,所以本文将这些支出设定为居民文化消费的核心内容。

的家庭年轻成员视作处于参保状态,并考虑到户主信息代替家庭信息可能会丢失一定参保家庭样本,因此将家庭年轻成员中至少有一人拥有社会保险均视作参保家庭。

(3) 控制变量:① 家庭人均收入水平(perincome),选用家庭经济数据库中的"人均家庭纯收入"数据表示。② 家庭成员数(numbers),选用家庭经济数据库中的"家庭人口规模(综合变量)"这一项的数值来表示。③ 家庭房贷压力(houseloan),选用家庭经济数据库中的"代偿房贷本息总额"这一项的数值来表示。④ 学历水平(edu),选用户主[①]信息中"最近一次调查最高学历"这一项进行赋值,将每一学历水平赋值为对应的受教育年数(如小学赋值为 6,初中赋值为 9,高中学历赋值为 12,以此类推)。⑤ 年龄(age),选用户主的年龄进行表示。⑥ 性别(gender),选用户主的性别表示,男性赋值为 1,女性赋值为 0。⑦ 婚姻状态(marry),虚拟变量,选取婚姻状态这一项表示,在婚赋值为 1,其余赋值为 0。⑧ 健康状况(healthy),选用调查数据库中的健康情况进行赋值,非常健康赋值为 5,很健康赋值为 4,比较健康赋值为 3,一般赋值为 2,不健康赋值为 1。⑨ 工作时长(workhours),根据成人库中报告的"每天工作几个小时"与"每周工作几天"这两项进行计算,最后得出每月的工作小时数。⑩ 家庭教育文娱氛围(books),用家庭数据库中的"家庭藏书量"进行表示。⑪家庭互联网上网(internet):虚拟变量,上网的家庭赋值为 1,不上网的家庭赋值为 0,选用问卷中"是否上网"这一项表示。

2. 数据描述性统计分析

本文数据整理首先从成人库出发,对数据进行筛选,后与家庭经济数据库相匹配得到最终的研究数据。本文选取的样本均是年龄处于 16—60 岁的居民。在成人库中删除年龄小于 16 周岁、大于 60 周岁的居民信息,将剩余的成人观测信息定义为"家庭年轻成员"。在提取到家庭年轻成员的数据信息后,接下来与家庭经济数据库进行匹配,将成人数据库数据匹配到家庭经济数据库中,最后提取有关家庭特征信息的变量。各变量描述性统计见下表 1。

---

① CFPS 数据库并未对户主信息展开调查,而对财务回答人这一项进行了调查,考虑到财务回答人清楚地掌握了家庭的经济活动情况,因此本章部分以数据库中是否是家庭的财务回答人来代表家庭户主信息。

表 1 变量描述性统计表

变量	变量名称	样本量	均值	标准差	最小值	最大值
culture	文化消费水平	1997	0.746 2	1.000 7	0	5.27
insurance	社保参保状态	1997	0.398 8	0.489 8	0	1
houseloan	家庭房贷水平	1997	0.732 1	5.506 8	0	200
books	家庭藏书量	1997	51.166 3	96.059 4	0	500
edu	学历	1997	12.376 5	1.311 1	0	22
numbers	家庭规模	1997	3.242 3	1.690 3	1	10
age	年龄	1997	39.226 4	12.189 0	17	60
marry	婚姻状况	1997	0.760 0	0.427 2	0	1
healthy	身体状况	1997	3.131 8	1.102 8	1	5
perincome	家庭人均收入水平	1997	39.256 6	37.580 6	3.733	195.467
workhours	工作时长	1997	52.297 3	19.774 0	0	168
gender	性别	1997	0.532 3	0.499 1	0	1
internet	互联网上网	1997	0.723 4	0.447 4	0	1

四、实证分析

(一) 基准结果估计与分析

关于总体模型,本文首先对面板数据进行回归,然后分别对 2016 年与 2018 年的横截面数据进行 ols 回归,为保证回归结果的稳健性,本文的回归均是在缩尾后进行。同时,回归控制了省份与时间效应。在总体面板回归中,通过豪斯曼检验,拒绝原假设,因此选用面板的固定效应进行回归,回归结果见表 2 中第 1 列所示。在横截面回归中,检验多重共线性后,VIF 最大值为 1.76,远远小于 10,因此不存在多重共线性。为了消除异方差的问题,横截面的回归选取了“ols+稳健标准误”的回归方法,结果见表 2 的第 2 列和第 3 列。

全样本的回归结果如表 2 第 1 列所示,家庭社会保险参保能够显著提高文化消费的支出水平。参加社会保险,能使家庭的文化消费支出提高约 10.92%,且回归结果在 10%的水平上显著。这一结果与国内一些学者的研究结论一致,即社会保障制度的改革能够推动收入弹性较大的文化消费水平的提升(王亚南,2010;王颖,2013)。

在全样本回归的控制变量中，其对居民家庭文化消费的影响含义有：第一，在家庭收入方面，人均收入水平越高，家庭文化消费水平也较高，且显著性较强。同时，家庭成员工作时长与文化消费支出水平正相关。工作时间越长的家庭，一方面能够带来家庭收入的提高，进一步提升文化消费水平；需要以对文化产品和服务的消费释放工作的压力。第二，在家庭负债方面，家庭待偿房贷金额越大，文化消费水平越低。近年来房地产市场的繁荣发展，使得房贷已成为大部分家庭的主要负债压力，对家庭发展型与享受型消费产生了挤压。第三，针对家庭文化消费氛围来看，家庭藏书量越多，家庭文化消费水平越高。在家庭网络环境下，互联网上网家庭比不上网家庭的文化消费水平要高。第四，在家庭规模方面，家庭人口规模越大，文化消费方面的支出越多。

表 2 社会保险参保对文化消费作用的回归结果

	(1) 全样本回归 家庭文化消费支出	(2) 2016 年子样本 家庭文化消费支出	(3) 2018 年子样本 家庭文化消费支出
insurance	0.109 2* (1.825 6)	0.139 5*** (3.384 0)	0.093 7*** (2.760 8)
numbers	0.068 8** (2.231 0)	0.123 4*** (9.467 6)	0.1522*** (13.662 3)
books	0.000 8** (2.344 3)	0.002 2*** (7.500 2)	0.002 6*** (9.638 0)
gender	−0.065 4 (−0.885 4)	−0.085 5** (−2.325 3)	−0.167 7*** (−4.915 8)
edu	0.126 8** (2.580 0)	0.058 9*** (3.386 0)	0.111 7*** (6.916 0)
age	0.011 6** (2.555 2)	0.004 5** (2.517 8)	0.001 9 (1.238 6)
houseloan	−0.004 3 (−1.110 6)	−0.028 5 (−1.199 2)	−0.061 7*** (−3.487 6)
perincome	0.002 0** (2.176 2)	0.005 8*** (6.083 8)	0.008 6*** (11.152 9)
marry	0.065 7 (0.626 3)	0.104 6** (2.215 9)	0.1937 2*** (4.327 2)
internet	0.055 2 (0.789 7)	0.132 4*** (2.779 5)	0.143 0*** (3.435 0)
workhours	0.002 7* (1.847 1)	0.000 4 (0.480 9)	0.001 3* (1.715 7)

(续表)

	(1) 全样本回归 家庭文化消费支出	(2) 2016 年子样本 家庭文化消费支出	(3) 2018 年子样本 家庭文化消费支出
healthy	0.045 9* (1.776 8)	0.014 9 (0.924 0)	0.054 5*** (3.694 8)
省份虚拟变量	—	是	是
省份固定效应	是	—	—
年份固定效应	是	—	—
常数项	−0.095 5*** (−2.981 6)	−0.051 9*** (−3.829 4)	−0.060 6*** (−4.691 6)
样本量	1 997	2 025	4 350
R^2	0.205 9	0.227 3	0.242 6
模型显著性检验	3.91 (P=0.000 0)	26.80 (P=0.000 0)	67.06 (P=0.000 0)
固定效应 F 检验	2.50 (P=0.000 0)	—	—

注:(1) ***、**、* 分别表示 1%、5%、10%的显著性水平。(2) 若非注明为 P 值,则所有括号内的值都为稳健标准误下的 t 值。(3) 模型显著性检验的检验统计量为 F 统计量。(4) 数据来源:CFPS 数据库。

本文将所有样本家庭按照收入水平的高低进行分组,通过引入分组模型研究社保带来的文化消费效应有何不同。为得到较为精确的家庭收入平均值,本文将所有样本数据统一计算,得到 2016 年的人均家庭纯收入平均值为 21 885.69 元,2018 年为 27 869.99 元,总面板均值为 28 251.25 元。因此,面板数据按照 28 251.25 元的标准进行分组,高于 28 251.25 元的设为高收入组,反之为低收入组。低收入组和高收入组的社会保险参保状态与文化消费水平的回归结果见表 3 所示。回归方法与总体模型相同,采用固定效应模型,同时控制省份和时间效应。

从表 3 的回归结果可知,在低收入组中,参保家庭比不参保家庭的文化消费水平高出 10.24 个百分点,但是回归结果并不显著。而在高收入组中,参保家庭的文化消费较不参保家庭的文化消费水平高出 29.07 个百分点,高于总体模型的影响系数值,且在 10%的水平上显著。

究其原因,主要是:(1) 在低收入家庭中,社会保险虽能够对家庭的不确定性产生一定的保障作用,但由于近年来的社保体系以“多缴多得”为主,而低收入家庭因收入限制，一般对应的是相对较低的保障水平，这就使得社保在低收入家庭产生的“收入效应”不明显，保障力度不够。(2) 低收入家庭的消费特征暂时还以生存型消费为主，发展型和享受型的消费占比较低，而社保的存在即使能够增加低收入家庭的消费支出，用于增加文化消费的比例却很小。(3) 低收入家庭可能面临着社保缴费率过高的问题，被迫进行过度储蓄以分担之后的社保缴费支出。因此，现有社保制度尚未有效减轻低收入家庭的预防性储蓄动机，对收入弹性较大的文化消费产生有效提升作用更是困难。

表 3　不同收入组社会保险参保对文化消费作用的回归结果

	(1) 低收入组 家庭文化消费支出	(2) 高收入组 家庭文化消费支出
insurance	0.102 4 (1.378 6)	0.290 7* (1.839 4)
numbers	0.094 8** (2.393 3)	0.092 8*** (3.807 7)
books	0.001 0** (2.040 2)	0.000 7 (0.090 7)
gender	−0.187 4** (−2.053 4)	−0.047 3 (−0.181 0)
edu	0.039 8 (0.584 3)	0.265 0** (2.010 2)
age	0.010 8* (1.842 7)	0.029 4 (1.628 7)
houseloan	−0.048 2*** (−3.483 1)	−0.015 5 (−0.929 7)
perincome	0.005 1*** (3.169 3)	0.000 7*** (3.487 6)
marry	0.171 7 (1.164 9)	−0.119 9 (−0.449 3)
internet	0.039 5 (0.506 0)	0.391 3* (1.776 8)
workhours	0.003 3* (1.928 5)	0.004 2 (0.807 0)
healthy	0.044 5 (1.441 2)	−0.046 7 (−0.568 8)

（续表）

	(1) 低收入组 家庭文化消费支出	(2) 高收入组 家庭文化消费支出
省份虚拟变量	—	—
省份固定效应	是	是
年份固定效应	是	是
常数项	−0.878 4 (−1.081 1)	−2.540 61* (−1.803 7)
样本量	1 360	637
R^2	0.209 2	0.258 3
模型显著性检验	2.22 (P=0.001 1)	5.03 (P=0.000 0)
固定效应 F 检验	2.02 (P=0.000 0)	3.27 (P=0.000 0)

注：(1) ***、**、* 分别表示 1%、5%、10%的显著性水平。(2) 若非注明为 P 值，则所有括号内的值都为稳健标准误下的 t 值。(3) 模型显著性检验的检验统计量为 F 统计量。(4) 数据来源：CFPS 数据库。

（二）稳健性检验

为保证实证结果的稳健性，本部分对上述回归结果进行了稳健性检验分析。通过选用家庭文化娱乐支出值替代家庭文化消费水平，检验家庭社保参保状态对家庭文化娱乐支出的影响结果，回归结果见下表 4 所示。

从表 4 中的回归结果中可以看出，家庭社保参保能够有效带来家庭文化娱乐支出水平的提升，且在 5%的水平上显著。控制变量的回归结果中也同样与表 2 的回归结果基本一致。在分组回归中，表 4 第 2 列显示，低收入家庭组社保参保不能够显著提升家庭文化消费水平，验证了低收入家庭因收入水平的限制，社保带来的保障程度对收入弹性较高的文化消费难以产生有效影响。表 4 第 3 列显示，在高收入家庭中，家庭的社保参保有效提升了文化消费水平，与上文中分组模型和倾向匹配下的高收入组回归结果一致。因此，可以看出，表 4 中的检验结果显示本文的实证结果是稳健的，确保了实证研究结论的可靠性。

表 4　社保参保对文化消费影响的稳健性检验

	(1) 总面板回归 家庭文化娱乐支出	(2) 低收入组 家庭文化娱乐支出	(3) 高收入组 家庭文化娱乐支出
insurance	0.224 7** (2.430 6)	0.115 9 (1.278 7)	0.400 1* (1.78f0 6)
numbers	0.091 5* (1.906 9)	−0.042 2 (−0.802 5)	0.131 1 (0.927 4)
books	0.001 3** (2.446 4)	−0.000 8 (−1.317 7)	0.002 7** (2.245 1)
gender	0.126 5 (1.105 2)	0.046 2 (0.418 3)	0.161 4 (0.486 9)
edu	0.051 3 (0.661 0)	0.151 3* (1.761 4)	−0.117 9 (−0.686 5)
age	−0.012 0* (−1.751 3)	0.001 0 (0.146 9)	−0.041 0** (−2.040 4)
houseloan	−0.013 9** (−2.299 5)	0.056 6*** (2.647 4)	−0.019 3* (−1.921 0)
perincome	0.006 6*** (4.833 9)	0.013 0* (1.810 4)	0.010 1*** (3.477 5)
marry	−0.189 0 (−1.141 7)	0.299 3 (1.596 0)	−0.142 3 (−0.350 7)
internet	0.117 0 (1.076 4)	0.180 7* (1.919 9)	0.393 6 (0.984 7)
workhours	0.000 5 (0.217 6)	−0.003 7* (−1.827 7)	0.007 6 (1.142 6)
healthy	−0.083 6** (−2.099 3)	0.024 0 (0.645 8)	−0.221 8** (−2.005 7)
省份虚拟变量	—	—	—
省份固定效应	是	是	是
年份固定效应	是	是	是
常数项	3.764 8*** (5.155 7)	−0.437 4 (−0.744 8)	7.039 2*** (4.562 0)
样本量	1 997	1 360	637
R^2	0.198 2	0.288 5	0.211 3
模型显著性检验	5.02 (P=0.000 0)	1.68 (P=0.002 6)	5.16 (P=0.000 0)

（续表）

	(1) 总面板回归 家庭文化娱乐支出	(2) 低收入组 家庭文化娱乐支出	(3) 高收入组 家庭文化娱乐支出
固定效应 F 检验	1.38 (P=0.000 0)	1.43 (P=0.000 1)	1.12 (P=0.142 5)

注：(1) ***、**、* 分别表示 1%、5%、10%的显著性水平。(2) 若非注明为 P 值，则所有括号内的值都为稳健标准误下的 t 值。(3) 模型显著性检验的检验统计量为 F 统计量。(4) 数据来源：CFPS 数据库。

五、结论与建议

本文通过设计总体模型、分组模型分别对社保参保下的家庭文化消费效应进行实证观察，利用面板固定效应、倾向匹配估计与替换变量法的稳健性检验，得到了以下相对稳健的实证回归结果：(1) 在总体模型中，家庭社保参保能有效提升家庭文化消费水平，验证了社保具有正向促进的文化消费效应。(2) 在分组模型中，高收入家庭的社保参保有效推动了家庭文化消费水平的提升。而在低收入家庭中，社保的正向文化消费效应受到限制。主要由于我国社保体系中"多缴多得"的设计体系使得居民缴费档位不同，所受的保障程度也有所不同。低收入家庭不仅面临着最低缴费下限带来的支付压力，还存在着收入不稳定、超出收入能力的缴费负担等问题。低收入家庭为规避之后的生活负担而进行的社保参保行为，往往会通过提高储蓄以负担下一期的税费，使得低收入家庭中社保体系设计的出发点没有得到有效落实。

因此，在社保体系设计中，需要进一步扩大社保覆盖面，提升居民文化消费能力；增强社保基金增值能力，降低居民社保缴费率；打破社保城乡发展障碍，缩小居民社会差距；建立多层次社保体系，满足居民多样化需求；完善社保监管机制，提高社保功能效率。同时，在社保体系的设立角度上，不应该仅仅关注于社保带来的消费水平的提升，还要将目标着眼于社保体系带来的消费层次提高与消费结构升级等方面，这样不仅能够解决目前我国消费增长疲软的问题，还能够较好地完成以消费为导向的经济高质量发展。

参考文献

[1] 曹佳斌，王珺. 为什么中国文娱消费偏低？基于人口年龄结构的解释[J]. 南方经济，

2019(07):83—99.

[2] 车树林,顾江. 收入和城市化对城镇居民文化消费的影响——来自首批26个国家文化消费试点城市的证据[J]. 山东大学学报:哲学社会科学版,2018(01):84—91.

[3] 樊锦霞,叶莉,张玉梅. 房价不确定性对城镇居民消费影响的研究——一个行为金融学角度的分析[J]. 当代经济管理,2018,40(05):9—14.

[4] 甘犁,刘国恩,马双. 基本医疗保险对促进家庭消费的影响[J]. 经济研究,2010,45(S1):30—38.

[5] 康书隆,余海跃,王志强. 基本养老保险与城镇家庭消费:基于借贷约束视角的分析[J]. 世界经济,2017,40(12):165—188.

[6] 马万超,王湘红,李辉. 收入差距对幸福感的影响机制研究[J]. 经济学动态,2018(11):74—87.

[7] 于进. 扩大和升级城乡居民文化消费的路径研究[J]. 宏观经济管理,2019(06):72—76.

[8] 臧文斌,刘国恩,徐非等. 中国城镇居民基本医疗保险对家庭消费的影响[J]. 经济研究,2012,47(07):75—85.

[9] Andrea, Creech, Susan. Active Music Making: A Route to Enhanced Subjective Well-Being Among Older People[J]. Perspectives in Public Health, 2013.

[10] Lee C., Chang P. "Social Security Expenditures and Economic Growth: A Heterogeneous Panel Application", Journal of Economic Studies, Vol. 33, 2006, pp. 386-404.

作者简介

陈鑫,安徽宿州人,江苏科技大学人文社科学院讲师。研究方向为文化消费。

Research on the Impact of Social Insurance on Residents' Cultural Consumption Level

Chen Xin

Abstract: This paper uses the data of China Household tracking survey (CFPS) to study the impact of social security insurance on cultural consumption. Through the empirical analysis of panel fixed effect model and PSM propensity matching, the study found that social insurance can effectively improve the level of family cultural consumption expenditure, but this effect is different in different family income groups. In the high-income family group, the impact of social insurance on the level of family cultural consumption is positive and significant, but in the low-income family group, this impact is not significant. We need to further improve the existing social security system to expand the coverage of social security, strengthen social security, establish a multi-level social security system and other measures to effectively play the role of social security in promoting residents' cultural consumption.

Key words: Social Insurance　Cultural Consumption　Consumption Structure

自然因素对电影消费的影响研究
——基于大数据视角的实证检验*

陆建栖　黄韫慧

摘　要:消费是"双循环"新发展格局下拉动经济持续增长的重要动力,其中电影消费已逐渐成为人民文化生活中的重要组成部分之一。高速发展的大数据技术为电影消费的研究提供了强有力的实证支持,给予了更加深入了解电影消费影响因素与机制的机会。本文关注自然因素对电影消费的影响,对已有研究较多侧重的经济与人文因素做出补充,并利用大数据技术所抓取的8大城市773天的面板数据进行实证检验。本文通过研究不仅希望拓宽电影消费影响因素的范围,帮助公共部门以及商家更加精准地制定策略以提高电影消费,更希望展现大数据技术对电影及整体文化消费未来研究的潜力与方向。

关键词:大数据　电影消费　自然因素　空气质量

一、引　言

消费作为拉动国民经济的"三驾马车"之一,在以国内大循环为主体的新发展格局下,对后疫情时代国民经济的复苏与进一步发展,起到至关重要的作用。其中,文化消费作为整体消费中以精神层面为主且特点鲜明的一种消费类型,是满足人民日益增长的美好生活需要的重要途径之一,能够带来更为持久和稳固的幸福感。[1]不同于其他消费形式,文化消费会受到较强主观意识的影响,具有鲜明的个人色彩,[2]同时文化消费属于非必需型消费,与收入、教育、环境等多种因素均有较高的敏感性。另外,文化消费种类也十分丰富,同一外界条件对不同类别的文化消

* 基金项目:本文受国家社会科学基金重大项目"5G时代文化产业新业态、新模式研究"(20ZD05)资助。

费可能会有完全相反的影响，例如恶劣天气下，旅游相关文化消费降低，但网络游戏等文化消费反而会上升。因此，如果只简单统计文化消费的总量水平，一些微观层面的信息因为此消彼长而会被忽略。此时大数据技术所带来的海量以个体为单位的数据信息，在对消费的分析与研究中凸显出优势。以大数据的视角分析文化消费，可以细化文化消费的种类并拓宽影响因素的范围，给予文化消费研究以新的视野与工具，从而对不同情况做出相应"量体裁衣"式的分析与对策。

电影消费作为文化消费中具有较强代表性的一类，在人民文化生活中扮演着不可或缺的角色。以 2021 年春节档为例，一周内观影人次达到 1.6 亿，总票房超过 78 亿元。整体电影行业来看，尽管在 2010—2016 年高速增长后增速放缓，但至 2019 年仍保持稳定增长态势，2019 年总票房超过 640 亿元，仅次于美国位于世界第二。并且，电影产业与互联网等数字技术结合较早，融合较为成熟，从获取电影资讯到观影订票再到观影评价，都可以通过线上及移动终端完成。随着大数据技术的不断发展，电影票房、观影人数、排片场次及各院线众多数据信息都已经有较为详细的收集，为分析电影产业及电影消费提供了丰富的实证数据。而在文化及电影消费的影响因素方面，国内学者的研究大多集中于经济因素、人文因素与社会因素等，其中包括居民收入[3]、人口结构[4]、地域差异[5]、家庭房贷压力[6]等。而以自然因素为影响因素的研究中，研究对象则主要集中于旅游产业。[7]相较于国外学者将自然因素与消费行为串联起来，并综合心理学、行为学等多领域知识，以微观视角剖析消费的相关研究，国内还较少，而包含自然因素与电影消费的影响研究，则在中外研究中均较少。因此，本文试图通过理论分析与实证检验相结合的方法，研究自然因素对电影消费的影响，以期更加全面并深入地理解电影消费，并促进电影消费及整体文化产业的高质量发展。

二、文献综述

针对自然因素，特别是天气及其相关因素对消费的研究，国外学者开始得较早。早在 1951 年，就有研究发现雨雪等天气因素对商场消费有负向影响。[8]随着心理学、消费者行为学的不断发展，相关研究不断丰富：研究发现天气因素可以影响情绪，例如阳光、温度、湿度等因素会影响助人为乐的意愿[9]，而情绪的变化则会影响人们的消费决策；同时，当下的天气会使人们产生计划性偏差（Projection Bias），从而做出过高估计的购买决策并导致过度消费[10]，根据不同天气做出购买敞篷车还是越野车的决定就是一个典型的例子。[11]

不过以自然因素为切入点，分析其对文化及电影消费影响的研究还相对较少。国内学者在研究中包含自然因素的，研究对象多数集中于旅游产业；而对文化消费的研究，多数关注于经济、人文、社会等因素，而非自然因素。同时，分析文化消费影响因素的研究中，对电影行业进行专项研究的也相对较少。在少数与本文相关的文献中，Buchheim 和 Kolaska[12]以户外电影消费数据为依据，发现当天的好天气会促使观众提前购买未来的电影票，从而证实了计划性偏差、外推预期(Extrapolative Expectation)等消费者心理机制。但由于户外电影消费与旅游消费相似，活动地点均处于户外，因此在对天气的反应上，与电影院观影有较大差异。其他与本文相关的文献，基本集中于消费者行为中社会学习效应[13]与社会网络外部性的研究[14]，均以天气因素及空气污染[15]作为工具变量解决内生性问题，探索电影消费跨期变化的影响机制。

在研究方法上，通过大数据技术采集的海量数据，为消费者行为相关研究提供了更全面更深入的实证分析的机会。学术界不少学者已经利用大数据技术，对消费者行为进行分析，例如运用消费数据研究当代大学生消费结构与消费观[16]；从大量赴澳中国游客的评论中分析中国出境游客的消费偏好和兴趣特征[17]；从酒店的评价中分析入住体验与满意度之间的关系[18]等。

本文主要有以下边际贡献：① 本文专注于研究当期自然因素对影院场景下电影消费的影响机制，并以城市实证数据进行检验。② 不同于现有文献多直接使用温度、湿度、光照等天气数据，本文将天气因素拆解为人体舒适度与交通拥堵程度，通过更贴近消费者真实感知的指标，分析自然因素对电影消费的影响。③ 不同于如 Gilchrist 和 Sands[14]及方娴等[15]的研究中以全国票房汇总数据，以及全国层面的天气与污染数据进行研究，本文认为不同地区间天气及空气污染因素差异较大，因此使用分城市数据进行研究，以期达到更准确的实证分析结果。

三、理论机制

天气等自然因素在日常生活中扮演着重要的角色，对人们的工作、出行、娱乐、消费造成不同方向与程度的影响。而电影消费由于其非必需、享受型娱乐型的特质，其需求弹性较高，易受外界因素影响。除疫情特殊时期以外，目前绝大多数电影仍把传统院线作为首选投放方式，并且观看电影还具有社交属性[19]，电影院是重要的社交场所之一，因此线下观影仍是最主要的电影消费方式。这意味着观看电影是一种需要离开住所，亲自外出前往影院的消费模式。所以，自然因素是否会对电影消费的选择造成影响？其影响机制是什么？影响的方向与力度有多大？这是本文试图研究的问题。在参考相关文献及研究后，本文将自然因素拆解为自然天气与空气质量两个因素，而自然天气对电影消费的影响，进一步拆解为人体舒适度与交通拥堵程度两个维度，并分别研究各因素对电影消费的影响机制。

(一) 天气因素对电影消费的影响

1. 人体舒适度对电影消费的影响

人体舒适度(CIHB)指人们无须借助任何消寒避暑装备与设施就能保证生理过程正常进行、感觉刚好适应且无须调节的气候条件。[20] 人体舒适度程度的计算主要取决于温度、湿度与风速等天气因素，对人们出行意愿有较为重要的影响。而电影消费具有其特殊的属性。电影消费既不同于旅游，需要消费者绝大多数时间处于户外环境中，电影消费的场所位于电影院这一室内环境之中。但电影消费又不同于例如电视剧集、网络游戏、书籍报刊以及线上教育等文化消费形式，可以在家中、住所中直接进行，观看电影现阶段仍以前往线下影院为最主要途径。所以，当人们因为工作、学习或社交因素，离开住所身处公共场所时，出于缓解压力、促进社交、放松心情等原因，若户外舒适度较低，则处于室内、拥有空调且往往位于配套设施丰富的商场中的电影院，便成了许多人的首选。相反，当室外人体舒适度较高，气候良好时，一部分消费者便会选择以室外为主的消费种类，例如旅游、室外体育活动等，而非选择前往电影院观影。因此，本文做出如下假设。

假设一：人体舒适度对电影消费有负向影响。

2. 交通拥堵程度对电影消费的影响

在特定城市中，天气因素是影响每日间交通拥堵程度变化的重要因素之一。国内外众多学者研究发现，天气因素对交通通行能力有较大影响，例如降雨会导致25%—30%以上[21]本文选取交通拥堵程度作为体现天气因素对电影消费影响的一个维度进行分析，并直接使用由高德通过大数据技术抓取的交通拥堵指数。而从电影消费的角度来看，由于消费者需要前往电影院，当出行交通状况受到天气影响，拥堵程度提高时，消费者前往电影院的所需时间及花费便会提高，例如原本采用公共交通的会改为打车或私家车，打车的费用因堵车也会增加等。当前往电影院的时间及金钱成本提高时，电影消费便会受到较大负向影响。同时，因为观看电影具有较强社交属性，通常为两人或多人团体前往进行，因此若团体中其中一个或多个成员因交通原因前往电影院意愿较低时，会导致整个团体放弃电影消费。因此，本文做出如下假设。

假设二:交通拥堵程度对电影消费有负向影响。

(二) 空气质量对电影消费的影响

中国经济的飞速发展,带来了一定程度的大气污染与环境破坏,雾霾、PM2.5成为百姓所关注的重要民生话题,也对消费者的消费选择产生重要的影响。空气中的污染物,例如细颗粒物(PM),臭氧、二氧化氮、二氧化硫等成分,对人体的呼吸系统和心血管系统健康均有损害作用,因此在人们对健康与养生理念愈发重视的情况下,在日常行为中会尽量选择避免暴露于空气污染之中。学者研究发现,人们会显著减少在空气质量较差时的外出游玩次数[22],人们出于健康考虑以及情绪因素,会降低外出就餐的频率且满意度也会下降。[23]电影消费与外出就餐消费相似,需要外出离开住所,会受到空气污染的负向影响。因此,本文做出如下假设。

假设三:空气质量对电影消费有正向影响,即空气污染程度对电影消费有负向影响。

(三)"健康效应"与"替代效应"

需要特别指出的是,人体舒适度与空气质量对电影消费呈相反方向的影响。原因在于,当空气质量较差,例如有雾霾等污染天气时,首先一部分人会直接选择减少外出活动,有些企业或学校甚至会选择让员工、学生居家进行办公或学习。由于电影消费通常发生在人们工作、学习结束后,或作为聚餐等社交活动的后续活动,因此空气质量下降导致外出工作学习及各类活动的整体减少,会对电影消费造成较大负向影响。而另外一部分人群中,当空气质量较差时仍外出前往工作或学习地点的,在下班或放学之后,出于身体健康考虑而选择直接返回住所,不进行任何文化相关活动的比例也会提高。空气质量的降低会抑制整体外出类型的活动,电影消费水平也受健康因素而降低,本文定义为"健康效应"。

与之相反的是,人体舒适度对文化消费的影响更多是"替代效应"。因为人体舒适度并不会明显带来身体健康方面的损害,所以人体舒适度对消费者选择的影响,更多体现在不同种类文化及旅游消费中的选择(如室外旅游与室内观影)。当人体舒适度较低时,人们会选择位于较为舒适室内环境的电影消费,作为室外活动的一种替代,而非直接放弃电影消费。同样,当人体舒适度较高时,人们便会更倾向于处于户外环境或可以享受到舒适天气的消费种类。

四、变量说明与模型设定

(一) 变量说明及数据来源

1. 被解释变量

本文选取的被解释变量是每日观影人次(Viewer)。本文所使用的数据来自国家电影资金办,根据数据可获得性,选取了北京、上海、广州、深圳、重庆、成都、杭州、武汉等八大城市,自 2017 至 2019 年间 773 天的逐日观影人次数据,组成面板数据。相较于每日票房数据,每日观影次数避开了价格因素,例如城市中心位置电影院售价较高,以及 IMAX 厅、VIP 厅等票价较高等因素,能够较直接地体现居民观影消费的意愿。

2. 解释变量

本文选取的解释变量是人体舒适度、交通拥堵程度以及空气质量。

(1) 人体的舒适程度由天气因素直接决定,受温度、湿度、风速以及大气压等天气指标共同作用影响。本文参考了气象学关于人体舒适度的多种衡量方法及模型,包括温湿指数(THI)、风寒指数(WCI)、着衣指数(ICL)等[7],最终选取了如下以温湿指数为基础的衡量模型[24]:

$$CIHB=(1.8*t+32)-0.55*\left(1-\frac{hu}{100}\right)*(1.8*t-26)-3.2*\sqrt{v} \quad (1)$$

其中,$CIHB$ 为人体舒适度指数(Comfort Index of Human Body),t 为温度(℃),hu 为湿度(%),v 为风速($m \cdot s^{-1}$)。由此计算出的人体舒适度指数一般处于 20 至 90 之间。因本文参考中国气象局人体舒适度指数等级标准,按常用的划分标准对人体舒适度进行划分,并给予相应舒适度等级分数赋值[25],舒适度等级分数赋值越高,表明舒适度越高。具体如下表所示:

表 1 人体舒适度指数分级标准及赋值

人体舒适度指数(CIHB)		
分级值	人体感受	舒适度等级分数赋值
$CIHB \leqslant 25$	寒冷,感觉很不舒服,有冻伤危险	1
$25 < CIHB \leqslant 38$	冷,大部分人感觉不舒服	3
$38 < CIHB \leqslant 50$	凉,少部分人感觉不舒服	5
$50 < CIHB \leqslant 55$	凉爽,大部分人感觉舒服	7

（续表）

人体舒适度指数(CIHB)		
分级值	人体感受	舒适度等级分数赋值
$55<CIHB\leqslant70$	舒服，绝大部分人感觉很舒服	9
$70<CIHB\leqslant75$	暖和，大部分人感觉舒服	7
$75<CIHB\leqslant80$	热，少部分人感觉不舒服	5
$80<CIHB\leqslant85$	炎热，大部分人感觉不舒服	3
$85<CIHB$	酷热，感觉很不舒服	1

模型中选用舒适度等级分数赋值进行回归分析。其中计算 CIHB 所需的温度、湿度及风速数据均来自国家气象科学数据中心，以天为时间研究单位，选取了每日平均气温、每日平均相对湿度与每日平均风速。

(2) 交通拥堵程度(Traffic)的测度来自高德交通大数据库中的城市每日拥堵延时指数。该指数来自高德地图运用其超 5 亿的月活用户及交通行业浮动车数据，通过大数据挖掘和分析技术计算而来，具有较高的准确度。

(3) 空气质量的测度(AQI)来自中国空气质量在线监测分析平台的空气质量指数。该平台实时测量各城市 PM2.5、PM10、二氧化硫、二氧化氮等多项指标，并计算出相应空气质量指数。由于 AQI 数值与空气质量级别并非线性关系，因此在模型中取其对数。

3. 控制变量

(1) 法定节假日(Holiday)。观影消费是一种娱乐放松型文化消费，并占用较多时间，因此在法定节假日人们会有更多的时间，从而选择观影。(2) 新片上映数量(New_movie)。新上映的电影在上映前会进行充分宣传吸引观众，观众因为追求新鲜感会选择前去观影。同时电影院也会为新上映的电影排片更多场次，以吸引观众。每日新上电影数量统计于猫眼电影的上映日历。(3) 城市商品房成交量情况(House)。如上文所述有研究发现，房地产等相关住房花费对文化消费有挤压效应，因此本文采取各城市每日商品房成交套数与平均值的比例，体现每日各城市房地产市场的活跃程度。(4) 余额宝 7 日年化收益率(Zhifubao)。余额宝作为用户数量超过 6 亿的互联网理财平台，其年化收益率一定程度上可以反映人们对现有财富的评估，以及对未来收入和财富的预期，数据来自 WIND 数据库。其余如居民收入等变量，本文认为在逐日的时间维度上变化较小，另外限于数据的可获得性，因此并未考虑。

（二）模型构建

本文构建如下模型考察人体舒适度、交通拥堵程度、空气质量对每日观影人次的影响：

$$Viewer_{it} = \alpha_0 + \alpha_1 CIHB_{it} + \alpha_2 Traffic_{it} + \alpha_3 \ln AQI_{it} + \alpha_4 \sum X_{it} + \mu_i + \varepsilon_{it} \quad (2)$$

其中，$Viewer$ 为当日观影人次，$CIHB$ 为人体舒适度，$Traffic$ 为当日交通拥堵程度，$\ln AQI$ 为当日空气质量的对数，X 代表一系列影响电影消费的控制变量集，α 为各待估系数值，μ 表示个体的固定效应，ε 为残差项，i 表示城市，t 表示时间。

表 2　模型变量的描述性统计

变量	变量说明	平均值	标准差	最小值	最大值	样本量
Viewer	每日观影人次(万人)	15.682	12.830	2.136	121.359	6 184
CIHB	人体舒适度	6.708	1.987	1	9	6 184
Traffic	交通拥堵程度	1.658	0.255	1.040	4.760	6 184
ln*AQI*	空气质量	4.223	0.452	2.944	5.645	6 184
Holiday	法定节假日	0.318	0.466	0	1	6 184
New_movie	新片上映数量(部)	1.471	2.537	0	14	6 184
House	每日各城市商品房成交量与年均值之比	1.014	0.597	0	6.342	6 184
Zhifubao	余额宝 7 日年化收益率(%)	2.977	0.718	2	4.394	6 184

五、实证检验与结果分析

（一）基准检验

首先，对面板数据进行单位根检验，本文采取 LLC 和 IPS 面板单位根检验方法，结果均通过平稳性检验，认为面板为平稳过程，不存在伪回归。之后对面板数据的组间异方差进行检验。通过沃尔德(Modified Wald)检验，结果显示 $\chi^2(8)$ 统计量为 286.05，p 值为 0.000 0，强烈拒绝原假设，认为存在组间异方差。进而对面板数据组内自相关进行检验。通过沃尔德检验(Wooldridge)，结果显示 F(1,9)统计量为 38.33，p 值为 0.000 4，强烈拒绝原假设，存在组内自相关。最后对面板数据进行异方差稳健的 Hausman 检验。由于存在异方差，因此使用过度识别检验方法，异方差稳健的 Hausman 检验结果显示，$\chi^2(4)$ 统计量为 38.729，p 值为

0.000 0，强烈拒绝原假设，应使用固定效应模型进行估计。

表 3　自然因素对电影消费的回归结果

	(1) OLS	(2) PCSE	(3) FGLS	(4) xtscc
CIHB	−0.685*** (0.057 4)	−0.629*** (0.101)	−0.031 2 (0.019 3)	−0.685*** (0.167)
Traffic	−15.25*** (0.704)	−14.27*** (1.329)	−1.823*** (0.165)	−15.25*** (3.427)
lnAQI	−1.928*** (0.256)	−2.059*** (0.372)	0.016 0 (0.058 7)	−1.928*** (0.600)
Holiday	11.53*** (0.351)	11.88*** (0.776)	10.01*** (0.311)	11.53*** (1.310)
New_movie	1.191*** (0.045 9)	1.170*** (0.115)	0.526*** (0.049 1)	1.191*** (0.114)
Zhifubao	1.522*** (0.160)	4.599*** (1.012)	2.042*** (0.773)	1.522* (0.784)
House	−1.157*** (0.201)	−1.168*** (0.253)	−0.030 5 (0.037 7)	−1.157*** (0.435)
_cons	44.94*** (1.723)	37.19*** (5.578)	13.02*** (3.347)	44.94*** (8.367)
N	6 184	6 184	6 184	6 184
R^2	0.490	0.548		

注：括号内为标准差；*、** 和 *** 分别表示在 10%、5%和 1%的水平上显著。

表 3 报告了全样本下各因素对电影消费的回归估计结果。从结果可以看出，除了全面 FGLS 方法回归结果显著性不高，其他估计方法均显示较强的显著性，这是由于 FGLS 方法效率依赖于与正定矩阵 V 估计一致的 $\overline{V}$，而当对 V 的估计不准确时，FGLS 的性能还不及 OLS+稳健标准误。因此，本文选择更加稳健的回归方法。采用 xtscc 估计的回归系数与 OLS 完全一致，只是在标准差上做出了修正。考虑到其对组间异方差、组内自相关和组间同期相关等问题影响的减弱，因此后文中仅报告 xtscc 命令估计。

从回归结果看，我们所关心的解释变量对每日观影人次均有显著影响。其中，人体舒适度(CIHB)的回归系数在 1%水平上显著为负。这说明当人体舒适度升高时，电影消费会随之降低，人们会更加偏好户外活动等可以更好享受天气的活动，“替代效应”占据主导地位，假设一成立。交通拥堵程度的回归系数在 1%水平上显著为负。这说明当交通较为拥堵时，人们出行会受到影响，从而电影消费会减少，假设二成立。体现空气质量的 AQI 指数的对数的回归系数在 1%水平上显著为负。这说明当空气污染程度加重时，人们会减少外出活动，从而电影消费也随之减少，“健康效应”占据主导地位，假设三成立。

控制变量的回归结果也体现出影响电影消费者做出选择的因素。其中，法定节假日(Holiday)对观影人次在 1%的水平上有显著正向影响，且系数高达 11.53，这说明很大一部分消费者会选择在周末及其他非工作日前往电影院观看电影，体现了电影消费的休闲性及占用时间较多的特点。新片上映数量(New_Movie)对观影人次在 1%的水平上有显著正向影响，上映新电影会吸引更多人前往电影院观看。余额宝 7 日年化收益率(Zhifubao)一定程度上反映了消费者对于资金收益的未来期望。当收益率提高时，消费者心理上对未来收入的预期提高，因此消费意愿也随之提高，回归结果显示其对观影人次在 10%的水平上有显著正向影响。每日各城市商品房成交量与年均值之比(House)对观影人次在 1%的水平上有显著负向影响，这与现有学者关于购房及房贷压力会对文化消费产生挤压效应的研究发现相一致。

(二) 分组检验

1. 按季节分组

由于各类天气因素，例如温度、雨雪以及空气污染程度等均受季节性影响，因此为了检验在不同季节下，人体舒适度、交通拥堵程度以及空气质量对电影消费的影响，将 773 天按日期分为春、夏、秋、冬四组进行分组检验。在分组时，以每年春分(3 月 21 日前后)、夏至(6 月 21 日前后)、秋分(9 月 21 日前后)和冬至(12 月 21 日前后)为四季的分界时间。由于数据的可获得性及完整性限制，总数据 773 天中，回归结果可能会受到样本数量的影响。

从表 4 的回归结果可以看出，人体舒适度只有在夏季对观影人次有显著(1%水平)负向影响，而其他季节则均不显著。这有两个原因，首先由于地理差异，所选的城市在其他季节天气差异较大，而夏季天气则均较为炎热，在样本特征上较为统一；其次，在炎热的夏季，拥有充足空调降温的电影院成为一个绝佳的避暑场所，而其他季节这种体验则没有夏季明显，“夏天去电影院避暑”相比于“冬天去电影院避寒”更多被消费者选择。交通拥堵程度在夏季、秋季和冬季对观影人次有显著(1%及 5%水平)负向影响，其中冬季回归系数值为各季节中最高。这是由于冬天日照时间较短，并且降水，尤其是降雪天气会造成较为严重的交通拥堵，因此很大程度上限制了人们前往电影院的意愿，对电影消费的影响也最大。空气质量 AQI 指数的对数在夏季、秋季和冬季对观影人次有显著(1%及 5%水平)负向影响，其中冬季回归系数值为各季节中最高。冬季由于逆温现象限制空气对流、供暖污染物排放增多等原因，通常空气污染度会相对其他季节较高，因此人们在冬季外出会更加在意空气质量，对空气污染更加敏感，空气污染的增高会较大程度影响电影消费。

表 4　自然因素对电影消费的回归结果(按季节分组)

	(1) Spring	(2) Summer	(3) Autumn	(4) Winter
CIHB	−0.022 8 (0.300)	−1.812*** (0.344)	−0.202 (0.200)	0.463 (0.372)
Traffic	−3.298 (2.005)	−14.00*** (2.468)	−11.68** (5.114)	−16.67** (6.681)
lnAQI	−0.833 (0.712)	−2.423*** (0.815)	−1.594** (0.757)	−3.665** (1.492)
Holiday	13.92*** (1.631)	11.84*** (1.467)	13.08*** (1.411)	13.18*** (2.827)
New_movie	1.346*** (0.303)	1.046*** (0.185)	1.096*** (0.154)	1.322*** (0.302)
zhifubao	1.873 (1.664)	1.490 (1.511)	−0.740 (0.783)	3.150** (1.245)
House	−0.500 (0.633)	−1.080** (0.514)	−1.078** (0.529)	−0.487 (0.748)
_cons	10.83 (7.032)	53.40*** (8.951)	39.52*** (12.63)	42.50** (16.83)
N	1 048	1 544	2 144	1 448

2. 按区域位置分组

由于区域地理位置也是影响天气的重要因素之一，并且不同城市的居民在文化、生活及消费习惯上也存在差异，因此为了检验不同区域城市内各天气因素对电影消费的影响，将 8 大城市按地理位置分为沪杭、广深、川渝、北京、武汉五组进行分组检验。北京和武汉由于与其他城市在位置上距离较远，无法归入其他组内，因此单独列出进行回归，采用 OLS＋异方差自相关稳健的标准误(HAC)方法，即 Newey-West 估计法。

表 5 自然因素对电影消费的回归结果(按区域位置分组)

	(1) 沪杭	(1) 广深	(1) 川渝	(1) 北京	(1) 武汉
CIHB	−0.829*** (0.260)	−0.579** (0.273)	−0.716*** (0.236)	−0.575** (0.231)	−0.588*** (0.144)
Traffic	−25.27*** (3.699)	−10.33*** (3.102)	−12.09*** (4.401)	−17.62*** (4.404)	−10.93*** (2.918)
lnAQI	−4.262*** (1.130)	−1.487 (1.275)	−1.857* (1.105)	−0.138 (0.849)	−1.529** (0.717)
Holiday	11.08*** (1.387)	14.25*** (1.201)	7.594*** (1.671)	14.84*** (2.178)	9.635*** (1.008)
New_movie	1.346*** (0.125)	1.081*** (0.109)	1.054*** (0.129)	1.378*** (0.150)	0.933*** (0.099 1)
Zhifubao	2.117*** (0.783)	1.159 (0.815)	0.920 (0.859)	2.519*** (0.833)	1.385** (0.546)
House	−0.780 (0.813)	−0.886 (0.548)	−1.993*** (0.537)	−1.498* (0.772)	0.081 8 (0.702)
_cons	70.07*** (9.895)	34.12*** (7.166)	42.18*** (12.23)	44.03*** (10.38)	30.80*** (6.248)
N	1 546	1 546	1 546	773	773

从表 5 的回归结果可以看出,人体舒适度在各个区域均显著(1%及 5%水平)对观影人次有负向影响,其中以沪杭、川渝两个区域回归系数值最高,说明在这两个区域城市内的居民对人体舒适度较为敏感。当天气较为舒适时,较多人会优先选择观影以外的活动与消费。交通拥堵程度也在各个区域均显著(1%水平)对观影人次有负向影响,其中以沪杭、北京两个区域回归系数最高,说明在这两个区域内,交通的拥堵会较大程度地降低市民外出观影的意愿。空气质量在沪杭(1%水平)、川渝(10%水平)及武汉地区(5%水平)对观影人次有显著负向影响,其中以沪杭区域回归系数最高,说明沪杭地区空气污染会较大程度地降低市民外出观影的意愿。

六、结论与启示

本文采用八个城市逐日观影人次数据及逐日人体舒适度、交通拥堵及空气质量数据,探讨了自然因素对电影消费的影响,并进行了总体以及分季节、分地区的实证检验。通过理论与实证分析，本文研究发现人体舒适度的升高、交通拥堵程度的提高以及空气污染的增加会降低城市居民的电影消费，且不同季节与不同区域在对各因素的敏感程度上也存在一定差别。但是，本文受限于数据的可获得性与完整性，只选取了 8 个城市 773 天的数据，数据量还相对较小。结合研究结果，本文认为，虽然天气因素无法人为改变，但作为公共部门若在较为长期的时间框架内，改善城市的交通拥堵程度以及空气质量，将对城市居民的电影消费有正向的促进作用。同时，作为院线等商家，可以合理利用自然因素，在电影院选址、排片场次与时间以及附加服务上做出补充与提高，设计包含自然因素在内各类因素的动态计算模型，以实现效益最大化或成本最小化。另外，本文希望通过以大数据的视角研究自然因素对电影消费的影响，不仅对现有研究做出补充，更可以为将来电影消费相关研究提供一种可行的方法。未来随着大数据技术的不断完善，海量的数据可以帮助我们更广泛更细致地对电影消费进行研究，不仅有助于电影及整体文化消费研究获得新的发现与突破，更是有利于促进文化消费不断升级，进一步释放文化消费潜力。

参考文献

[1] 张铮. 新时代社会文化新需求分析[J]. 人民论坛，2020(20)：133—135.

[2] 洪涛，毛中根. 文化消费的结构性与层次性：一个提升路径[J]. 改革，2016(01)：105—112.

[3] 张为付，胡雅蓓，张岳然. 生产供给、流通载体与文化产品内生性需求[J]. 产业经济研究，2014(01)：51—60.

[4] 顾江，陈广，贺达. 人口结构与社会网络对城市居民文化消费的影响研究——基于省际动态面板的 GMM 实证分析[J]. 福建论坛：人文社会科学版，2016(06)：158—164.

[5] 朱媛媛，甘依霖，李星明等. 中国文化消费水平的地域分异及影响因素[J]. 经济地理，2020，40(03)：110—118.

[6] 陈鑫，任文龙，张苏缘. 中等收入家庭房贷压力对居民文化消费的影响研究——基于 2016 年 CFPS 的实证研究[J]. 福建论坛：人文社会科学版，2019(12)：71—81.

[7] 刘清春，王铮，许世远. 中国城市旅游气候舒适性分析[J]. 资源科学，2007(01)：133—141.

[8] Steele, A.. Weather's Effect on the Sales of a Department Store[J]. Journal of Marketing, 1951, 15(4), 436 - 443.

[9] Cunningham, M.. Weather, Mood, and Helping Behavior: Quasi Experiments with the Sunshinesamaritan[J]. Journal of Personality and Social Psychology, 1979, 37, 1947 - 1956.

[10] Conlin, M., O'Donoghue, T., & Vogelsang, T. J.. Projection Bias in Catalog Orders[J]. American Economic Review, 2007, 97(4), 1217 - 1249.

[11] Busse, M. R., Pope, D. G., Pope, J. C., & Silva-Risso, J. The Psychological Effect of Weather on Car Purchases[J]. The Quarterly Journal of Economics, 2015, 130(1), 371 - 414.

[12] Buchheim, L., & Kolaska, T.. Weather and the Psychology of Purchasing Outdoor Movie Tickets[J]. Management Science, 63(11), 3718 - 3738.

[13] Moretti, E.. Social Learning and Peer Effects in Consumption: Evidence from Movie Sales[J]. The Review of Economic Studies, 2011, 78(1).

[14] Gilchrist, D. S., & Sands, E. G.. Something to Talk About: Social Spillovers in Movie Consumption[J]. Journal of Political Economy, 2016, 124(5), 1339 - 1382.

[15] 方娴,金刚. 社会学习与消费升级——来自中国电影市场的经验证据[J]. 中国工业经济,2020(01):43—61.

[16] 李静,沈书生,刘芳铭等. 大数据视阈下当代大学生消费行为新特征的调查研究[J]. 中国电化教育,2017(12):19—25.

[17] 刘逸,保继刚,陈凯琪. 中国赴澳大利亚游客的情感特征研究——基于大数据的文本分析[J]. 旅游学刊,2017,32(05):46—58.

[18] Xiang, Z., Schwartz, Z., Gerdes, J. H., & Uysal, M.. What Can Big Data and Text Analytics Tell Us About Hotel Guest Experience and Satisfaction[J]. International Journal of Hospitality Management, 2015, 44, 120 - 130.

[19] 金洪申,解立群. 电影院的社交化[J]. 新闻知识,2014(08):77—79.

[20] 闫业超,岳书平,刘学华等. 国内外气候舒适度评价研究进展[J]. 地球科学进展,2013,28(10):1119—1125.

[21] Smith, B. L., Byrne, K. G., Copperman, R. B., Hennessy, S. M., & Goodall, N. J. An Investigation into the Impact of Rainfall on Freeway Traffic Flow[J]. In 83rd Annual Meeting of the Transportation Research Board, 2004, Washington DC. Citeseer.

[22] 敖长林,王菁霞,孙宝生. 基于大数据的空气质量对公众外出游玩影响研究[J]. 资源科学,2020,42(06):1199—1209.

[23] 郑思齐,张晓楠,宋志达等. 空气污染对城市居民户外活动的影响机制:利用点评网外出就餐数据的实证研究[J]. 清华大学学报:自然科学版,2016,56(01):89—96.

[24] 于庚康,徐敏,于堃等. 近 30 年江苏人体舒适度指数变化特征分析[J]. 气象,2011,37

(09):1145—1150.

[25] 余志康,孙根年,罗正文等. 40°N 以北城市夏季气候舒适度及消夏旅游潜力分析[J]. 自然资源学报,2015,30(02):327—339.

作者简介

陆建栖,江苏南京人,南京大学长三角文化产业发展研究院博士。研究方向为数字经济、数字文化产业。

黄韫慧(通讯作者),广东普宁人,南京大学长三角文化产业发展研究院执行院长,南京大学商学院教授、博士生导师。研究方向为决策与消费心理学、文化消费。

Study on Influences of Natural Factors on Movie Consumption —Empirical Research from Big Data Perspective

Lu Jianxi　Huang Yunhui

Abstract: Under the macro environment of "dual circulation" development pattern, consumption is a crucial driving force of sustainable economic growth. Among all types of consumption, movie consumption has gradually become an essential part of people's cultural life. The fast-developing big data technology provides strong empirical support for the study of movie consumption, and offers great opportunity for a deeper understanding of the influencing factors and mechanisms of movie consumption. By focusing on the impact of natural factors on movie consumption, supplements existing researches which emphasize more on economics and humanity factors, and uses 773 days of panel data in 8 major cities captured by big data technology for empirical testing. Through research, not only hopes to broaden the range of influencing factors of movie consumption, to help public departments and businesses to formulate more precise strategies to improve movie consumption, but also hope to show the potential and direction of big data technology for future research on movie and overall cultural consumption.

Key words: Big Data　Movie Consumption　Natural Factor　Air Quality

产业集聚

竞争中立视域下城市互联网产业聚合战略与治理创新：以上海为例*

臧志彭　林文萍

摘　要：竞争中立城市的优势是垄断巨头在重重压力之下累积形成的、从"量变"到"质变"的厚积薄发所构筑起来的。近年来，上海互联网产业在各细分领域快速崛起，并在很大程度上打破了互联网巨头垄断格局下的"虹吸效应"，其关键在于充分发挥上海作为"竞争中立城市"的优势效应。这一破局之道值得国内其他超大特大型城市借鉴。基于政策引领下优良营商环境的建构，"竞争中立"的超大特大型城市在互联网产业聚合维度展现出巨头良性开放集聚、腰部企业发展壮大以及竞合生态形成等优势。基于此，应通过治理创新坚守"竞争中立城市"站位、建设开放公平营商环境，实施聚合战略、建立互联网产业集群生态系统，建立统筹规划和协调机制、激发城市整体协同效应，建构新型产业支撑体系、打造深度赋能型平台城市。

关键词：竞争中立　互联网产业　聚合战略　治理创新

中国互联网协会最新发布的《中国互联网企业综合实力指数(2021)》显示，国内互联网企业十强中，北京拥有百度、京东、美团、字节跳动等 6 家互联网巨头企业，深圳有排名第二的腾讯，杭州有排名第一的阿里巴巴。中国互联网产业的城市竞争格局似乎已经被北京、深圳和杭州三座城市"锁定"，对于那些未能孕育出本土互联网巨头的超大特大型城市，是否还有"翻身破局"的机会？又应该采取何种战略才能在巨头垄断竞争格局中重塑自身优势、掌握未来竞争主动权？这一问题已经成为国内很多城市亟待破解的战略问题，也是学术界值得深入探讨的关键课题。

上海，作为曾经"错过"阿里巴巴而被批评为"缺乏互联网基因"的超大型城市，

* 基金项目：国家社科基金一般项目"区块链对数字出版产业全球价值链重构机理与中国战略选择研究"(20BXW048)。

在消费互联网时代因未能孕育出阿里、腾讯、百度、字节跳动等互联网巨头企业而显被动。然而,互联网产业巨头们近些年来纷纷加大在上海的投资与布局,与此同时,拼多多、哔哩哔哩、喜马拉雅 FM、米哈游等一批上海本土互联网企业正在迅速崛起,并快速成长为互联网产业主要细分领域的头部企业,展现出明显的崛起之势。一定程度上讲,上海互联网产业发展已经初步寻找到破解巨头垄断格局的有效策略,即充分发挥上海作为"竞争中立城市"的优势效应。

一、认识思辨:"竞争中立城市"的双重效应

(一)"竞争中立城市"的思想来源

"竞争中立城市"的思想内涵有两个来源:一是来源于政治科学领域的"中立国家",二是来源于经济学、经济法学领域的"竞争中立政策"(Competitive Neutrality Policy)。政治自由主义的"中立性原则"(the Principle of Neutrality)表示国家对各种不同的善的观念保持中立①与"平等的尊重"②;在国际法语境下,中立概念被定义为一种不参与他国武装冲突的国家立场③,国家成为一个超然于各种利益团体和各种社会问题的"中立国家"(stato neutrale)。[1]竞争中立政策则源起于 20 世纪 70 年代,与古典经济学反对保护特殊利益、新古典经济学将市场视为不受干涉和价值中立的自然力量,以及凯恩斯主义主张实施有限政府干预政策等理论有着悠久深厚的渊源。[2]在 20 世纪 90 年代由澳大利亚政府正式提出后,竞争中立政策被世界各国基于实用主义进行不同的工具性理解并广泛应用[3][4],衍生出了"澳大利亚版""OECD 版""美国版"等不同内容特性,但其提法初衷均主要是在经济全球化背景下建立国有企业与民营企业公平竞争的市场环境。[5][6]从本质上看,竞争中立意在强调,政府行动对各类企业间市场竞争的影响为中性和实质公平的[7],多数学者也认为,除了针对公私企业的狭隘视角,竞争中立还可涵盖到所有市场竞争关系的多维视角[8],任何市场参与者相较于其他参与者都不应当受到歧视、关照或被额外赋予职责,以确保制度规则的非歧视性和整个市场竞争的公平性。[9]

在当下互联网寡头垄断格局下,竞争中立的理论逻辑对于城市发展互联网产

① 刘擎.国家中立性原则的道德维度[J].华东师范大学学报(哲学社会科学版),2009,41(02):6—13.

② 刘晓洲.列奥·施特劳斯与自由主义国家中立性问题[J].中南大学学报(社会科学版),2018,24(01):112—119.

③ 邵怿.战时网络中立与国际法的规制考量[J].中国政法大学学报,2021(01):207—220.

业具有一定的启发性。将"竞争中立政策""竞争中性原则"的概念内涵延伸至城市层面,可以发现,在目前互联网垄断巨头间激烈竞争的格局下,尚未被巨头"利益绑定"而依然能够按照竞争中立原则为全国乃至全球各地各类型企业创造开放、公平营商环境的城市,具有"竞争中立"的特性。在我国,近些年来阿里巴巴、腾讯、京东、美团、字节跳动等互联网巨头在多个新经济领域占据着大量的市场份额。[10]随着互联网流量见顶,垄断巨头间竞争日益白热化,巨头们所在的城市也被"裹挟"而成为巨头竞争过程中的利益绑定方,从而导致城市内部互联网产业的市场竞争机制运转受阻甚至是扭曲,城市未能按照竞争中立原则为全国乃至全球各地各类型企业提供开放、公平的营商环境;相比之下,那些没有被原生巨头企业"裹挟站队"的城市,则成了竞争中立城市。

(二)"竞争中立城市"的优劣双重效应

1. 劣势效应:城市竞夺下的优质资源流失

一般而言,竞争中立城市具有较为明显的劣势效应。拥有互联网巨头企业的城市,尤其是拥有超级互联网巨头的城市,往往能够获得互联网产业发展带来的对城市创新和城市经济增长的溢出效应(Spillover Effect),进一步产生内生增长优势。溢出效应可追溯至美国经济学家 Arrow 于 1962 年提出的强调技术积累带来外部效应的"干中学"概念①,随后 Romer(1986)基于技术和知识的外溢提出知识溢出模型[11],Lucas(1988)进一步强调人力资本要素的积累与溢出[12]。在当下数字经济发展时代,互联网巨头往往具有较强的技术创新性,能够基于知识、人力资本积累以及内生技术进步对所在城市产生溢出效应,进一步加快城市的人力资本积累、金融集聚和产业升级。[13]此外,互联网产业具有天然的网络联通能力、网络外部性和用户锁定效应,能够促使所在城市进一步打开全国乃至全球的市场、拥有全国和世界的用户,进而也将全国乃至多国的优质资源,如资本、人才、技术等汇聚到互联网巨头所在的城市,从而带动城市与巨头企业一起实现快速发展。

然而,对于竞争中立城市而言,由于未能产生互联网巨头企业,进而无法通过互联网巨头对全国优质资源的集聚效应而获得城市快速发展的动力支撑;与此同时,还往往遭受着互联网巨头原生城市的竞争性虹吸效应,导致大量优质资源日渐向巨头原生城市流动,从而使得竞争中立城市在互联网竞争中逐渐处于"被动""边

---

① Arrow K. J. The Economic Implication of Learning by Doing[J]. Review of Economic Studies, 1962, 29(3).

缘化""被收割"的窘境。

2. 优势效应:开放的市场和良性竞合生态

虽然竞争中立城市相比于互联网巨头原生城市处于劣势地位,但并非所有竞争中立城市都只有被弱化的命运,对于超大特大型竞争中立城市,其所具备的优势效应值得被重新认识。要认清竞争中立城市的优势效应,首先需要深刻认识到互联网巨头在带动城市发展的同时,实际上也会对城市产业生态带来不可忽视的"破坏效应",具体表现在两个方面:一是竞争排他效应,即互联网巨头盘踞下的城市较难对存在竞争关系的外地互联网巨头企业实现真正的开放。二是在城市内部的"大树虹吸效应"。Guellec 和 Paunov(2017)发现数字创新会产生"赢者通吃"(winner-take-all)的市场结构,这种新市场结构允许规模经济和创新边际成本递减的存在,从而提高了市场进入壁垒,导致市场份额不稳定。① 虽然互联网巨头会对本土产业产生一定的溢出效应,带动配套产业链发展形成一个大的商业生态系统,然而互联网巨头在把触角伸向经济的每一个角落时,往往也容易导致其在市场上"赢者通吃",使得各细分业务领域的腰部企业在与巨头抢夺人才、市场、资金(特别是政府扶持资金)及土地等各种优质资源时,由于巨头的虹吸能力而处于劣势地位、难以壮大。当虹吸效应大于溢出效应时,则容易产生"大树之下寸草难生"的产业生态破坏作用,进一步抑制城市产业竞合生态的和谐发展。而对于保持中立的超大特大型城市,因未有本土互联网巨头的垄断势力盘踞,不会产生根深蒂固的排他性竞争效应和"大树虹吸效应",更能基于开放的市场环境和良性竞合生态发挥和显现出竞争中立城市的优势效应。

二、案例分析:上海作为竞争中立城市的破局之势

竞争中立城市的优势效应并非一蹴而就,而是在垄断巨头重重压力之下逐渐累积形成的从"量变"到"质变"的厚积薄发过程。以上海为例,上海作为曾经"错过"阿里巴巴而被批评为"缺乏互联网基因"的超大型城市,经过多年的蓄势夯实,凭借城市政策优化以及产业、人才、资本等综合实力优势,为互联网企业打造开放包容的营商环境,其所具有的"竞争中立城市"优势效应已经开始逐步释放和显现。

(一) 政策引领下营商环境优化

近年来,上海作为超大特大型竞争中立城市,从产业红利、人才储备、金融支

---

① Guellec D, Paunov C. Digital Innovation and the Distribution of Income[R]. National Bureau of Economic Research, 2017.

撑、多元应用场景等方面不断推动城市互联网产业发展。其一，面向各层次互联网企业的扶持政策创新。发挥城市产业资源与基础设施优势，实现产业深度融合与发展产业互联网。2017 年，上海出台了《加快制造业与互联网融合创新发展实施意见》和《工业互联网创新应用三年行动计划》，依托上海已有的制造业基础优势与产业集群优势，布局工业互联网创新发展；在 2018 年发布的《上海市工业互联网产业创新工程实施方案》、2020 年发布的《上海市促进在线新经济发展行动方案(2020—2022 年)》以及随后的上海版“新基建 35 条”“工赋上海”三年行动计划中，进一步放宽准入门槛，加大扶持互联网新生代企业，推动互联网公司汇聚上海。其二，持续优化的产业金融政策与融资环境。根据 2022 年发布的全球金融中心指数报告(GFCI)，上海已成为全球第四大金融中心且金融科技水平位居全球第二。基于强大的金融优势及前沿的金融科技，上海进一步促进金融为互联网产业赋能优势，通过简政放权、转型驱动和深化改革来释放政策红利，支持推进互联网创业融资便利化等，为互联网企业在沪创新创业提供了优良的融资环境。其二，不断放宽对优秀人才的落户政策。针对人才落户难等问题，上海近些年来不断优化相关政策，加大力度放宽对于“高层次人才”“重点机构紧缺急需人才”“高技能人才”“市场化创新创业人才”“专门人才和其他特殊人才”的落户限制，吸纳全国乃至全球的人才集聚，为各类互联网企业发展提供了强劲的人才支撑。

(二) 互联网巨头良性开放集聚

基于营商环境的持续优化，近年来，上海的互联网巨头集聚效应明显加强。超大特大型城市是互联网巨头企业扩大市场和抢夺优质资源的战略要地。如果超大特大型城市政府能够理性看待短期利益而追求长期利益，始终坚持竞争中立原则，那么经过一段时间积累后则会产生比较良性的巨头集聚效应和开放竞争格局。近年来互联网巨头集聚上海进行战略布局的现象则很好地说明了这一点。2014 年以来，腾讯、阿里巴巴、百度、京东、美团、字节跳动等全国互联网巨头纷纷在上海进行大规模投资和战略布局(详见表 1)；此外，华为、小米等互联网产业链巨头也陆续与上海达成深度战略合作。上海作为竞争中立城市的优势效应日益凸显，巨头企业集聚上海并持续获得特大城市的外溢效应，将联动辐射整个城市的互联网产业链生态的优化良性发展，也强化了上海作为竞争中立城市的独特优势。

表 1　近年来互联网巨头在上海的战略布局与举措

互联网巨头	时间	战略布局与举措
腾讯	2018 年	与上海市政府签署深化合作框架协议
	2019 年	腾讯云与上海杨浦达成全面战略合作
	2020 年	腾讯华东区总部正式落成
阿里巴巴	2015 年	与上海签署战略合作框架,将支付宝落户浦东
	2018 年	虹桥阿里中心完成竣工
	2020 年	阿里巴巴将三大总部和三大中心全面落户上海
百度	2018 年	与上海市政府、杨浦区和宝山区政府签署战略合作协议;建设百度(上海)创新中心和物联网总部
	2020 年	与浦东新区政府签署深度战略协议
	2021 年	成立百度智能云超级链(上海)创新中心
京东	2016 年	与上海市政府签署战略合作框架协议;"京东到家"O2O 中国总部项目落户杨浦
	2021 年	与卓越联合体出资获取上海普陀商住办地块,打造智能创新经济
美团	2015 年	投资收购大众点评
	2020 年	与上海市政府签订战略合作框架协议
	2021 年	斥资 65 亿在杨浦滨江建设上海总部基地
字节跳动	2014 年	在上海设立分公司
	2020 年	陆续并购和投资了包括 Musical. ly(TikTok 前身)、图虫网、华尔街见闻、虎扑、新榜等 18 家上海文化传媒企业
	2021 年	抖音电商业务整体落户上海

注:相关资料来源于作者根据网络公开资料整理。

(三) 互联网腰部企业逐渐壮大

在拥有互联网巨头的城市,受网络外部性、用户锁定效应和边际成本递减等影响,互联网巨头常常占据市场支配地位,[14] 而中腰部位置的企业则处于受挤压的劣势地位。但是,在保持中立的超大特大型城市,这一局面则有所不同。腰部企业在很多细分业务领域能够在本土竞争中胜出,从而不断获得成长所需的相关优质资源而逐渐发展壮大。在没有本土互联网巨头企业挤压下,上海本土互联网产业发展在互联网电商、消费决策、音视频、网络文学和数字阅读、手机游戏、财经内容等多个垂直细分领域形成了一定的优势与特色。

在互联网电商领域,自 2014 年创立以来,拼多多已经快速成长为可以与阿里、京东三分天下的电商平台;在消费决策领域,小红书、大众点评两家头部企业占据明显优势地位。在视频领域，上海拥有哔哩哔哩这一垂直视频龙头。在音频领域，产生了喜马拉雅 FM、蜻蜓 FM 和阿基米德 FM，已经初步确立了国内音频领域的领先地位。在网络文学和数字阅读领域，阅文集团行业领先优势明显，七猫文化也已经成为免费阅读领域的头部企业。在手机游戏领域，米哈游、莉莉丝近几年来爆款频出，确立了行业新锐头部的地位；2021 年，连续 4 年出海文化收入第一的 FunPlus（趣加互娱）在上海设立总部，更加强了上海在手游行业的优势。在财经内容方面，有财联社、华尔街见闻和第一财经三家财经内容头部企业。在图片领域，图虫网络、IC Photo 及包图网等图片系头部企业都在上海集聚；此外还有内容科技独角兽特赞、版权分发的新榜、音乐国际分发的看见音乐、版权智能监测的冠勇科技等。虽然上述各互联网细分领域的头部企业有几家已经被互联网巨头入股或收购，但其成长的基因仍然带有强烈的上海属性，互联网巨头所采取的措施是加码投资，而非将其搬离上海，说明上海作为竞争中立城市的竞合生态对腰部企业持续创新壮大的赋能效应至关重要。

（四）产业竞合生态效应凸显

基于巨头企业开放竞争、腰部企业逐渐壮大以及大量中小微型企业茁壮成长，上海建构起了和谐的互联网产业竞合生态。竞争中立规则本身符合市场经济的发展规律[16]，可以防止占据优势地位的经济体获得不当竞争优势而降低市场经济的资源配置效率，从而创建公平竞争的市场经济环境，并通过促进公平竞争，正向作用于城市的经济发展。从上海近年来互联网产业发展成绩来看，可见其作为竞争中立城市的优势效应已经逐步彰显。中国互联网协会发布的《中国互联网企业综合实力指数（2021）》显示，上海已有拼多多跻身前七，在中国互联网企业 100 强中，上海有 16 家入围，已超过深圳（上榜 6 家）与杭州（上榜 5 家）之和。此外，2021 年底发布的《2021 全球独角兽榜》显示，2021 年上海以 71 家独角兽企业总部（其中大部分是互联网公司）位居全国第二，比深圳（32 家）与杭州（22 家）总量之和高出 31%，相比 2017 年上海仅比两城之和多出 16%，并且上海与北京的差距从 2017 年仅占北京 51%已经提升到 78%，差距大幅缩小，可见上海优势进一步扩大。在开放式竞争格局下，巨头企业在保持中立的超大特大型城市中带来的产业链溢出效应，将明显大于其对城市资源的虹吸效应，通过联动辐射带动产业链上下游及周边产业经济的良性发展，进而促使产业生态系统中各个生态位的企业获得“雨露均沾”式的公平成长环境和发展资源，最终展现出巨头企业开放竞争、腰部企业逐渐壮大以及大量中小微型企业茁壮成长的和谐竞合生态，并进一步促进城市互联网经济的发展。

三、问题识别：竞争中立城市互联网产业发展面临的挑战

虽然竞争中立城市具有一定的优势效应，但必须承认，互联网产业竞争在全国“一张网”的背景下对各城市优质资源都产生了明显的虹吸效应，竞争中立城市在与互联网巨头原生城市的产业竞争过程中面临着巨大的挑战和现实压力。由于绝大多数竞争中立城市并未认识到自身真正的竞争优势所在，也未能充分理解互联网产业本质特性，这些城市在互联网产业发展过程中往往因循于传统的城市发展路径和区域政府绩效考核模式，进而导致竞争中立城市的优势效应无法发挥。

(一) 缺乏跨界连通机制，整体价值网络效应未形成

竞争中立城市的互联网产业发展仍然以“单兵突破”为主、缺乏有效连通机制，导致整体网络效应难以形成。只有发挥整体网络效应的竞争中立城市才有竞争力，然而大多数竞争中立城市的互联网产业各个板块仍然处于相互独立、单打独斗的局面，各个细分行业和企业间彼此缺乏有效的沟通机制、互动机制、共享机制，无法发挥整体产业价值链网络效应。从细分行业发展来看，以上海为例，各个细分的互联网行业彼此间缺乏深度沟通与合作，如上海的以数字音频(不含音乐)、网络文学、电竞手游等为代表的互联网行业虽然在全国已处于领先地位，且拥有大量共同的目标消费群体，然而这些行业企业间仍然缺乏有效的互动与连通，“隔行如隔山”的壁垒效应仍然存在且坚固。从海外运营来看，竞争中立城市的互联网版权内容产业各个细分领域企业仍然局限于自身有限的渠道和资源中探索，总体仍然处于混乱的分散阶段。互联网产业的本质属性在于开放和共享，互联网巨头之所以保持强大的市场效率，就在于其通过建构内部跨行业、跨板块的联动协同机制，而竞争中立城市的互联网产业发展则往往在各个层面缺乏有效的连通机制而抑制了其整体价值网络优势效应的充分发挥。

(二) 城市内部争夺资源，区际政府过度竞争

竞争中立城市内部各个区域在互联网产业发展上仍然存在资源争夺与内部过度竞争的问题。竞争中立城市优势效应的充分发挥，必然要求城市内部各个区域之间能够形成一体化的整体协同效应。然而，在当前区域竞争机制驱动下，城市各个区级政府往往会为了促进本地区的经济发展，而在互联网产业招商引资过程中互相抢夺大企业或投资资源，这在上海也不例外。例如美团点评、字节跳动、爱奇艺、喜马拉雅、米哈游、莉莉丝、游族网络、三七互娱、沐瞳科技等一批互联网企业都

在上海各区之间产生了地址迁移或分散投资。虽然互联网企业的总部迁移、办公地址变更或者在不同区域的分散投资在很大程度上属于企业自主经营的市场化行为，然而各区为了完成自身招商引资任务而采取的优惠政策措施在其中也发挥着一定的刺激作用，而这种城市内部区域间的过度竞争，必然对竞争中立城市的整体竞争力提升产生破坏与抑制作用。

（三）互联网产业体系的支撑与配套匮乏

竞争中立城市的互联网产业体系，缺乏面向未来的资源配置、生产服务和产业组织三大体系的支撑与配套。[15]对于互联网巨头所在的城市而言，由于巨头企业本身就在着力建构其自身的产业生态系统，城市在互联网巨头的推动下会自然而然地形成以互联网巨头为核心的产业资源配置体系、生产服务体系和相应的组织体系配套。然而对于竞争中立城市而言，由于缺乏巨头企业的强有力牵引，城市互联网产业的三大支撑体系便很可能处于“混沌”状态，需要政府或其他强有力的商业组织牵头进行系统化建构。作为超大型竞争中立城市的上海，虽然其商业生态体系一直以来就很发达，早已超越了“混沌”状态，但是上海长期以来建立的三大支撑体系主要服务于传统工业体系和高科技制造业，对于互联网产业，尤其是对于方兴未艾的产业互联网和价值互联网未来转向而言，也是亟须优化升级的，而这一问题对于国内其他竞争中立城市则更加突出。

四、治理创新：以竞争中立原则建构服务型平台城市

立足治理创新、以竞争中立城市破解互联网巨头的平台垄断难题成为新时期城市发展的重要战略选择。2021 年，国家市场监管总局对阿里巴巴集团罚款 182.28 亿元，以及对涉及滴滴、阿里、腾讯、苏宁、美团系公司的 22 起互联网领域违法实施经营者集中案做出行政处罚决定等，这一系列的反垄断处罚意味着中国互联网产业正式进入反垄断强监管与互联互通开放竞争新阶段。然而，囿于排他性竞争效应和资源盘踞虹吸效应长年累积与盘根错节，互联网巨头原生城市对外地互联网竞争性企业的真正开放将是一个漫长的过程，这对于以上海为代表的竞争中立城市来讲，恰恰是其未来产业发展的天然优势与战略机遇。通过充分发挥竞争中立城市的优势效应、建构互联网产业良性竞合生态，有利于竞争中立城市破解互联网巨头垄断困局。

（一）坚守“竞争中立城市”站位，建设开放公平营商环境

竞争中立城市优势效应的发挥是有条件的，即以竞争中立为核心，坚守开放竞

争原则，政府不能为了吸引巨头企业投资而采用行政垄断手段限制其竞争对手入局。目前，国内一些城市迫于招商引资压力与互联网巨头企业达成排他性垄断条款，导致其无法发挥竞争中立城市优势效应，最终结果往往是“签下一个巨头、损失整个产业生态”，其主要表现在两方面：其一，迫于巨头撤资风险而不得不出让城市更多关键资源，被巨头裹挟程度日渐加深；其二，巨头一旦真的撤资，整个城市将被釜底抽薪、一蹶不振。从根本上讲，保持制度规则的非歧视性和整个市场竞争的公平性是竞争中立城市发挥优势效应的基础前提，只有坚守住竞争中立城市站位，以竞争中性原则面向所有竞争主体[16]，构建开放公平的营商环境，竞争中立城市才能在国内外巨头垄断格局背景下成功“破局”，真正在未来元宇宙时代互联网产业新一轮竞争中获取有利地位。

（二）实施聚合战略，建立互联网产业集群生态系统

对于互联网巨头企业所在的城市而言，巨头企业会根据自身发展需要，通过市场化手段和资本化工具将有价值的城市产业资源纳入其商业版图，经过一体化的统筹规划、资源配置和交流融通，打造其具有市场效率的庞大商业生态体系。而对于竞争中立城市而言，虽然可以凭借其开放公平的营商环境吸引到互联网巨头企业和各类企业的集聚，但是仅拥有产业的地理集聚，仍难与互联网巨头所在城市相抗衡。竞争中立城市优势效应的最大化发挥需要采取聚合战略，借鉴互联网巨头建构商业生态体系的模式打造整个城市的互联网产业聚合生态系统。第一，充分利用其竞争中立城市的“开放公平”优势，整合汇聚全国乃至全球互联网产业优质资源；第二，由政府主导牵头设立城市互联网产业的联合组织，聚拢产业资源，构建城市互联网产业发展的“联合舰队”；第三，着重打破企业与企业之间、政府与企业之间、本土企业与外地企业之间、互联网企业与非互联网企业之间等各层次、各类型组织间的壁垒与隔阂[17]，形成整个城市的价值连通网络和聚合生态系统，从而实现从产业集聚型城市向创意集群的平台型城市优化升级。

（三）建立统筹规划和协调机制，激发城市整体协同效应

城市内部各个区域在传统的竞争激励模式下往往会产生过度竞争和资源抢夺等问题，要充分发挥竞争中立城市的优势效应，需要建立一体化的统筹协调机制。一方面，2020 年以来，竞争中立城市都确立了“十四五规划”和 2035 年的远景目标与战略定位，要基于上述战略目标对全市各个区县进行统筹规划，根据各个区级行政区域内互联网产业各个细分领域的现有基础、产业特色及优劣势状况进行全盘设计和空间布局定位，从而在区域发展路线上避免彼此冲突和重复建设，进而使得

全市的互联网产业发展实现一体化整体推进。另一方面，要清醒认识到，互联网产业的各个细分行业之间、互联网产业与高新技术产业以及现代生产者服务业等多个产业发展是具有协同互促效应的，而这种产业间的协同效应往往被区域行政规划分割和破坏，因此，要充分发挥超大型竞争中立城市的优势效应，应敢于在互联网产业发展的区域行政管理模式上做出两大创新：一是打破传统的区域独立绩效评估模式，引入区际协同绩效评估因子，从制度上改变区际过度竞争的政绩驱动因素；二是打破产业规划服从行政区划的传统逻辑，尝试从整体产业协同发展战略高度调整优化互联网产业以及与其具有价值链协同发展效应的相关产业规划布局，从而最大化激发作为竞争中立城市的优势效应。

（四）建构新型产业支撑体系，打造深度赋能型平台城市

目前全球产业竞争新格局正在形成，平台竞争成为新的趋势。[18]作为竞争中立城市的政府，其核心定位并非为取代企业在市场中的资源配置主体地位，而是要通过建构新型产业支撑体系，为各类企业在全国乃至全球互联网市场竞争中的发展壮大提供强有力的支撑与配套服务。第一，紧跟互联网产业发展趋势，建构面向互联网、大数据、云计算、人工智能、区块链、5G、VR/AR等新一代科技革命的数字经济产业支撑体系，为竞争中立城市互联网产业在全国和全球范围内整合要素资源、重塑经济结构、改变竞争格局提供关键性的支撑力量。[19]第二，建立分类引导精准施策的产业扶持政策体系。对于领先型互联网行业，竞争中立城市应着重从国家级资源对接和特别化政策争取、城市公共资源导入、全球价值链建构等维度扶持龙头企业发展；对于追赶型互联网行业，在国内已经有垄断巨头的背景下，政府应积极鼓励、支持企业实施特色化、差异化战略，打造专精特新的“小巨人”，然后再向综合性龙头企业发展扶持；对于处在劣势地位的薄弱型互联网行业，由于主流市场已经被巨头垄断割据，建议深入调研摸排，对于具有颠覆性创新技术和商业模式的互联网企业给予重点关注，适时给予发展所需要的相关支持。第三，通过资源配置能力、生产服务能力和产业组织能力的网络化智能化建构，连接起互联网产业生态中的各种异质性的人、组织和资源[20]，着力打通各层级价值链网络，努力将竞争中立城市打造成为汇聚优质资源要素、培育现代产业体系，具有全国和全球吸引力的高水平服务型平台城市。[21]

参考文献

[1] 施米特. 中立化与非政治化的时代：论断与概念[C]. 上海：上海人民出版社，2006：123.

[2] 刘戒骄. 竞争中性的理论脉络与实践逻辑[J]. 中国工业经济,2019(06):5—21.

[3] Rennie M, Lindsay F. Competitive Neutrality and State-Owned Enterprises in Australia: Review of Practices and Their Relevance for Other Countries[J]. OECD Corporate Governance Working Papers, 2011 (4): 1.

[4] Gans J S, King S P. Competitive Neutrality in Access Pricing[J]. Australian Economic Review, 2005, 38(2): 128 - 136.

[5] 鲁桐. 竞争中立:政策应用及启示[J]. 国际经济评论,2019(05):99—122,7.

[6] Zwalf, S. Competitive Neutrality in Public Private Partnership Evaluations: A Non-neutral Interpretation in Comparative Perspective [J]. Asia Pacific Journal of Public Administration, 2017, 39(4): 225 - 237.

[7] 张占江. 政府行为竞争中立制度的构造——以反垄断法框架为基础[J]. 法学,2018(06):80—98.

[8] 张晨颖. 竞争中性的内涵认知与价值实现[J]. 比较法研究,2020(02):160—173.

[9] 丁茂中. 我国竞争中立政策的引入及实施[J]. 法学,2015(09):107—117.

[10] 郜庆. 优化数字经济营商环境背景下支配地位认定条款之重塑[J]. 行政法学研究,2020(05):77—90.

[11] Romer, Paul M. Increasing Returns and Long-Run Growth[J]. Journal of Political Economy, 1986, 94(5): 1002 - 1037.

[12] Lucas,R. E. Jr. On the Mechanics of Economic Development[J]. Journal of Monetary Economics, 1988, 22:3 - 39.

[13] 韩先锋,宋文飞,李勃昕. 互联网能成为中国区域创新效率提升的新动能吗[J]. 中国工业经济,2019(07):119—136.

[14] 叶明. 互联网行业市场支配地位的认定困境及其破解路径[J]. 法商研究,2014,31(01):31—38.

[15] 芮明杰. 上海未来综合性全球城市产业体系战略构想[J]. 科学发展,2015(08):17—27.

[16] 肖红军,黄速建,王欣. 竞争中性的逻辑建构[J]. 经济学动态,2020(05):65—84.

[17] 里斯・吉本,保罗・欧文. 创意英国:文化活动的经济和社会影响[M],黄昌勇,鞠薇,张静译,上海:上海同济大学出版社,2021:140—145.

[18] 芮明杰. 双循环核心:建立有强大国际竞争力的现代产业体系[J]. 上海经济,2021(01):1—10.

[19] 习近平. 不断做强做优做大我国数字经济[J]. 求是,2022(2):1—10.

[20] 帕克,埃尔斯泰恩,邱达利. 平台革命:改变世界的商业模式[M],志鹏译,北京:机械工

业出版社,2020:4.

[21] 韩剑.新发展格局下上海自贸区的定位与担当[J].人民论坛,2020(27):26—29.

作者简介

臧志彭,山东烟台人,华东政法大学传播学院教授、博士生导师,数字文化研究中心主任。研究方向为数字文化产业。

林文萍,广东汕头人,华东政法大学传播学院硕士研究生。研究方向为数字传媒与文化产业。

Urban Internet Industry Aggregation Strategy and Governance Innovation from the Perspective of Competitive Neutrality: Taking Shanghai as an Example

Zang Zhipeng Lin Wenping

Abstract: The advantage effect of a competitive neutral city is a cumulative process from "quantitative change" to "qualitative change" under the heavy pressure of monopoly giants. In recent years, the rapid rise of Shanghai's Internet industry in various segments has largely broken the "siphon effect" under the monopoly of Internet giants. The key is to give full play to Shanghai's advantage as a "competitively neutral city". This way of breaking the game is worth learning from other super-large cities in China. Based on the establishment of an excellent business environment under the guidance of policies, the "competitive neutrality" super-large cities have shown advantages such as the benign and open agglomeration of giants, the development and growth of waist enterprises, and the formation of competition and cooperation ecology in the dimension of Internet industry aggregation. Based on this, we should adhere to the position of "competition-neutral city" through governance innovation, build an open and fair business environment, implement aggregation strategies, establish an Internet industry cluster ecosystem, establish overall planning and coordination mechanisms, stimulate the overall synergy effect of the city, and build new industries. Support system and build a deeply empowering platform city.

Key words: Competitive Neutrality Internet Industry Aggregation Strategy Governance Innovation

地理集聚对文化产业生产效率的影响研究——基于外部性视角*

陈天宇　郭新茹

摘　要:通过构建空间计量模型,探究地理集聚对文化产业生产效率的影响效果。结果表明:(1) 我国文化产业生产效率和集聚水平存在正向的空间自相关性。但由于我国区域发展差异较大,各地区文化产业发展的空间关联整体较弱。(2) 现阶段,我国文化产业地理集聚主要通过 MAR 外部性和 Jacobs 外部性推动集群的精细化分工,实现产业链条的纵向和横向扩展,促进知识和技术的多元扩散,进而提升文化产业生产效率。(3) 当前我国多数文化产业集群内部尚未形成合理、有序的竞争机制,致使地理集聚的 Porter 外部性明显阻碍了文化产业生产效率的提高,并进一步扩大了 MAR 外部性和 Jacobs 外部性对邻近地区的溢出效应。(4) 地理集聚对文化产业生产效率的影响效果存在明显的地区差异,整体贡献率由高到低依次为西、东、中部地区。

关键词:地理集聚　文化产业生产效率　外部性　空间溢出

一、引　言

《"十四五"文化产业发展规划》明确指出,要以深化供给侧结构性改革为主线,催生文化产业发展新动能,不断提升产业链现代化水平和创新链效能。在此语境下,如何有效提升文化产业生产效率成为破题的关键。经济地理学的研究表明,相关产业在地理上的集聚,可以通过知识和信息外溢、基础设施共享以及产业链上下

* 基金项目:国家自然科学基金青年项目"空间关联视角下长三角文化市场一体化的时空演进与体制机制创新研究"(72004097)。

游的关联匹配，改善要素资源的错配和浪费（季书涵等，2016），进而提高相关产业的生产效率。（Behrens et al，2014；张可云和何大梽，2020）在我国文化产业集聚发展态势愈发显著的背景下，文化产业能否同其他产业一样，通过地理集聚所产生的共享、匹配和学习效应（Duranton & Puga，2004；苗长虹和张建伟，2012），摆脱连续多年“铺摊子”式粗放发展所带来的资源错配难题，推动知识、资本、技术等高级生产要素的有序流动，提高自身生产效率，成为当下亟待检验的问题。对此，学界已经展开了相应探讨。部分学者认为，文化产业集聚可以有效推动资金向中小微文化企业流动，调节和改善资本错配，进而提高文化产业生产效率。（盛丹和王永进，2013；朱建等，2020）还有部分学者认为，文化产业在地理上的集聚可以细化行业分工，优化劳动力结构，并通过“乘数效应”实现规模经济与范围经济，使集群企业获得正向的外部性，从而提高文化产业的生产效率。（魏和清和李颖，2016；江瑶等，2020）但也有学者针对上述结论提出了相反意见，认为当前我国文化产业集群的盈利和管理模式较为低端，企业间尚未建立起良好的社会关系网络，地理集聚对文化产业生产效率的正向影响难以显现。（王苗宇，2012；卫志民，2017）基于这一争论，部分学者开始对地理集聚与文化产业生产效率的关系进行差异化分析，指出地理集聚对文化产业生产效率的影响存在明显的区域异质性和分位异质性。（熊建练和王耀中，2017；陶金和罗守贵，2019）

综上，既有文献已经开始重视地理集聚对文化产业生产效率的影响，并对其内在机理做了初步探讨。但整体而言，当前这一领域的研究结论仍较为分散，部分研究虽已关注到地理集聚所产生的外部性，却未对外部性进行类型区分，致使研究结论无法明确地理集聚影响文化产业生产效率的具体机制。基于此，本文拟立足于集聚效应的差异，将地理集聚的三种外部性纳入实证考量，从机制分析和实证检验两个方面着手，充分考察地理集聚影响文化产业生产效率的具体路径和实际效果。

本文主要的创新点和边际贡献如下：第一，由于文化产业资本服务流的数据不可获取，既有研究在测度文化产业生产效率时普遍倾向于使用文化产业实收资本或资产总计等单一指标替代文化产业资本投入（马萱和郑世林，2010；蒋萍和王勇，2011），这一做法较为粗糙，易导致测度结果与实际情况存在较大偏差。对此，本文采用国际上较为通行的永续盘存法，用资本存量指代文化产业资本投入，以求保证文化产业生产效率指标测度的客观性和准确性。第二，既有研究在考察地理集聚影响文化产业生产效率的作用机制时，往往只注意到专业化集聚效应和多样性集聚效应，而忽略了竞争性集聚效应（王猛和王有鑫，2015），致使研究结论部分失效。

对此，本文以外部性为视角，将文化产业的集聚效应区分为 MAR 外部性、Jacobs 外部性和 Porter 外部性三种形式并加入模型，以探究地理集聚影响我国文化产业生产效率的具体机制。第三，既有研究在考察地理集聚影响文化产业生产效率的过程中多将样本确定在特定国家和省份层面（陈羽洁等，2020），忽视了地区间存在的异质性和多样性。对此，本文按照东、中、西部的区域划分标准，对样本进行分区域估计，以求进一步提升研究结论的现实观照和应用价值。

二、理论分析与研究假设

（一）地理集聚影响文化产业生产效率的作用机制

经济地理学认为，文化产业在地理上的集聚可以通过正向的外部性改善要素错配，深化分工降低交易成本，进而提高文化产业生产效率。从外部性差异来看，地理集聚影响文化产业生产效率的作用机制主要包括以下三种类型：一是 MAR 外部性，即专业化集聚效应。随着文化产业集群内部专业化分工的不断深化，隐性知识在企业间的扩散和溢出愈发频繁，可以有效破除知识壁垒，提高技术使用效率。同时，众多专业化企业在特定地理范围内的集聚还可以有效吸引专业化人才，为文化产业生产效率的提高提供充分的人才储备。二是 Jacobs 外部性，即多样性集聚效应。推动文化及相关产业的协同集聚，可以有效扩展集群企业合作范畴，优化要素多元供给水平，促进不同类型的企业间形成柔性合作机制，激励集群企业在跨行业交流中获得知识和技术的创新，进而提高文化企业的生产效率（郭新茹和谭军，2014）。三是 Porter 外部性，即竞争性集聚效应。同类企业在集群内的竞争可以有效激发企业的创新潜力，并促使其通过差异化竞争机制降低文化产业部门的交易成本，倒逼产业结构的优化升级。同时，在市场不存在障碍因素时，相关企业的竞争可以加速淘汰落后产能，进一步提高资源要素的配置效率。综合来看，Jacobs 外部性和 Porter 外部性的发挥需要具备一定的基础条件，即集群内的文化企业之间需要产生较强的联系。而我国大部分文化产业集群在现阶段虽然可以做到差异化集聚，但尚难实现集群企业间横向或纵向的业务关联。因此，提出：

H1：地理集聚可以通过三种外部性对文化产业生产效率产生正向影响。

H2：在地理集聚的三种外部性中，MAR 外部性对我国文化产业生产效率的正向影响最为突出。

（二）地理集聚影响文化产业生产效率的空间溢出

由于空间上的邻近，地理集聚对文化产业生产效率的正向影响往往会对邻近地区产生溢出。通常而言，这一溢出主要体现在以下方面：第一，文化产业在向特定地区集聚的过程中，往往可以组织形成新的生产网络，并推动商业模式和产业业态的不断更新，促进该地区的文化产品和服务向邻近地区扩散。同时在消费活动的带动作用下，地区间文化产业的交流与竞争会逐渐增强，从而促进邻近地区文化产业实现结构升级和效率改善。第二，文化产业在地理上的集聚是一个动态的过程。在集聚过程中，资本、技术、人才等生产要素的流动并没有明确的空间界限。因此，文化产业在特定地区的集聚同时也会引发上述要素的跨区域流动，进而助力邻近地区文化产业发展实现要素的更新与升级，推动文化产业生产效率的提高。第三，由于我国区域发展整体上呈现出不平衡、不充分的特点，文化产业集聚的溢出效应也因此获得了梯度增强的特性。根据市场竞争的规律，文化产业集聚水平较高的地区通常会逐渐将知识含量和技术水平较低的产业形态转移到文化产业集聚水平较低的地区，由于区域发展差距较大，上述产业形态的转移往往可以在邻近地区触发新的创新，并推动资源要素的合理化配置。因此，提出：

H3：地理集聚对文化产业生产效率的影响存在明显的空间溢出效应。

（三）地理集聚影响文化产业生产效率的区域差异

既有研究在一定程度上阐明了地理集聚与文化产业生产效率之间存在非线性关系，即地理集聚对文化产业生产效率的影响效果会随集聚程度的变化而变化。（雷宏振和李芸，2020）对当下我国文化产业而言，这种非线性关系集中表现在区域上的差异。一方面，得益于在经济社会发展方面的“先发优势”，我国东部地区的文化产业集聚水平整体较高，在资源要素加速流动的作用下，文化产业集群的规模经济效益显著，促进了地区内产业链各环节的连贯成熟，并进一步推动文化产业发展成果的跨区域扩散与共享，实现文化产业集群在东部地区的“位序—规模分布”（陈红霞和吴姝雅，2018），为地理集聚 Jacobs 外部性和 Porter 外部性的有效发挥创造了条件。因此，地理集聚对文化产业生产效率的促进作用可能在东部地区更为显著。另一方面，我国中、西部地区文化产业集群的规模整体较小，且集群管理模式较东部地区相对落后，可能导致文化产业集聚发展的规模经济效益整体较低，甚至出现“规模不经济”的情况。同时，由于缺乏完善的区域分工体系和配套服务机制，中、西部文化产业集群的产业链条普遍难以形成闭环，致使各地区文化产品和服务的同质化问题突出，地理集聚对文化产业生产效率的空间溢出受到阻碍。因此提出：

H4：地理集聚对文化产业生产效率的影响效果存在区域差异，从高到低依次为东、中、西部地区。

三、实证研究设计

(一) 模型设定

考虑到样本间可能存在的空间溢出效应与传统计量模型中样本观察值不相关的基本假设相悖，参照王亮(2019)的研究成果，构建广义嵌套空间模型(GNS)。由于文化产业生产效率的提升可能具有一定的滞后性，故在模型中加入文化产业生产效率的时间滞后一期项，构成动态空间模型。公式如下：

$$E_{it} = \tau E_{i,t-1} + \rho \sum_{j=1}^{N} W_{ij} E_{jt} + \alpha G_{it} + \gamma \sum_{j=1}^{N} W_{ij} G_{jt} + \beta X_{it} + \varphi \sum_{j=1}^{N} W_{ij} X_{jt} + \mu_i + v_{it}$$

$$v_{it} = \lambda \sum_{j=1}^{N} W_{ij} v_{jt} + \varepsilon_{it}$$

式中，i 和 t 分别表示地区和年份，$i=1,\cdots,N,t=1,\cdots,T$。$E_{it}$ 为地区 i 在时间 t 的文化产业生产效率，$E_{i,t-1}$ 为地区 i 文化产业生产效率的滞后一期项。W_{ij} 为空间权重矩阵 W 的第 i 行第 j 列元素，为更好地反应地理距离对空间溢出效应的影响，以省会城市经纬度为基准，构建省际地理距离空间权重矩阵①。E_{jt} 为地区 j(除地区 i 外)在时间 t 的文化产业生产效率。G_{it} 为地区 i 在时间 t 的文化产业地理集聚水平，X_{it} 为控制变量。α 和 β 表示影响系数。ρ 和 λ 分别为空间自回归系数和空间自相关系数，γ 和 φ 表示地理集聚及其他控制变量的空间溢出效应。μ_i 为个体固定效应，v_{it} 为纳入空间溢出的随机扰动项，$\varepsilon_{it} \sim N(0,\sigma^2)$。当 $\lambda=0$ 时，模型为空间杜宾模型(SDM)；当 $\lambda=\gamma=\varphi=0$ 时，模型为空间滞后模型(SLM)；当 $\rho=\gamma=\varphi=0$ 时，模型为空间误差模型(SEM)。

在此基础上，为进一步探究地理集聚影响文化产业生产效率的具体机制，参照卞晓丹、钟廷勇(2016)的研究，将地理集聚的三种外部性加入模型。具体设定如下：

① 现有空间权重矩阵主要包括邻接矩阵、地理距离矩阵、经济地理距离矩阵等形式。本文探讨的核心问题即地理集聚及其溢出效应对文化产业生产效率的影响，若选用邻接矩阵，仅以地理单元是否接壤作为评判依据，则设定过于简单，易导致实证结果出现设定偏差。若选用经济地理距离矩阵，则会导致地区间经济发展差异等内生性问题影响模型效果，故选用以省会城市经纬度为依据构建的省际地理距离空间权重矩阵。

$$E_{it} = \tau E_{i,t-1} + \rho\sum_{j=1}^{N}W_{ij}E_{jt} + \alpha_1 MAR_{it} + \gamma_1\sum_{j=1}^{N}W_{ij}MAR_{jt} + \alpha_2 JAC_{it} + \gamma_2\sum_{j=1}^{N}W_{ij}JAC_{jt} + \alpha_3 POR_{it} + \gamma_3\sum_{j=1}^{N}W_{ij}POR_{jt} + \beta X_{it} + \varphi\sum_{j=1}^{N}W_{ij}X_{jt} + \mu_i + v_{it}$$

$$v_{it} = \lambda\sum_{j=1}^{N}W_{ij}v_{jt} + \varepsilon_{it}$$

式中，MAR_{it} 表示 MAR 外部性，JAC_{it} 表示 Jacobs 外部性，POR_{it} 表示 Porter 外部性。

（二）变量说明

考虑到我国分别在 2012 年和 2018 年调整了文化及相关产业的分类标准，为保证研究的客观性和连续性，选取 2013—2017 年我国除港、澳、台、藏以外的 30 个省、市、自治区作为研究样本。相关数据均来源于 2014—2018 年的《中国统计年鉴》《中国文化及相关产业统计年鉴》及各省、市、自治区统计年鉴。各变量说明如下：

1. 被解释变量：文化产业生产效率（E_{it}）。参照吴育辉等（2021）的研究成果，选用全要素生产率来衡量文化产业的生产效率。借鉴张军和施少华（2003）的测度方法，假定文化产业的生产函数为：

$$Y_{it} = A_0 K_{it}^{\alpha_K} L_{it}^{\alpha_L}$$

式中，Y_{it} 表示文化产业产出水平，K 和 L 分别表示资本和劳动投入，α_K 和 α_L 分别表示资本和劳动的产出弹性。取对数，即为：

$$\ln Y_{it} = \ln A_0 + \alpha_K \ln K_{it} + \alpha_L \ln L_{it}$$

当 $\alpha_K + \alpha_L = 1$，即规模报酬不变时，有：

$$\ln(Y_{it}/L_{it}) = \ln A_0 + \alpha_K \ln(K_{it}/L_{it})$$

通过回归分析，可得出 α_K 和 α_L，正则化得：

$$\alpha_K^* = \alpha_K/(\alpha_K + \alpha_L);\alpha_L^* = \alpha_L/(\alpha_K + \alpha_L)$$

定义文化产业全要素生产率为：

$$TFP_{it} = \frac{Y_{it}}{K_{it}^{\alpha_K^*} L_{it}^{\alpha_L^*}}$$

参照张涛、武金爽(2021)的研究,产出 Y_{it} 用各地区文化产业营收总额代替。在测算资本投入 K 时,由于资本服务流的数据无法获取,选取资本存量替代。采用永续盘存法计算,计算公式为:$K_t=K_{t-1}(1-\delta)+I_t/P_t$。其中,$K_t$ 为第 t 期文化产业资本存量;δ 为折旧率,根据规模以上文化制造业、限额以上文化批发和零售业以及规模以上文化服务业每年折旧额计算;I_t 为文化产业固定资产投资额;P_t 为各地区固定资产投资价格指数(以 2012 年为基期)。2012 年各地区的文化产业资本存量采用折旧—贴现法测度,计算公式为:$K_0=I_{2012}/(G_{2012-2017}+\delta)$。其中,$I_{2012}$表示 2012 年文化产业固定资产投资额,$G_{2012-2017}$表示 2012—2017 年各地区文化产业固定资产额的平均增长率。(徐淑丹,2017)在测算劳动投入 L 时,采用各地区历年文化产业从业人员数指代文化产业生产过程中实际劳动投入。

2. 解释变量:(1) 文化产业集聚水平(G_{it})。综合已有研究成果(张苏秋、彭秋玲,2019),采用区位熵测度。计算公式为:$LQ_{ij}=(q_{ij}/q_j)/(q_i/q)$。其中,$LQ_{ij}$ 为地区 j 的文化产业集聚度,q_{ij} 表示地区 j 文化产业的从业人员数,q_j 表示地区 j 所有产业的从业人员总数,q_i 表示全国文化产业的从业人员数,q 表示全国所有产业的从业人员总数。LQ_{ij} 的值大于 1 表示该地文化产业集聚度高于全国平均水平,小于 1 则相反。(2) 外部性(MAR_{it}、JAC_{it}、POR_{it})。包括:第一,MAR 外部性(MAR_{it})。借鉴文丰安(2018)的研究成果,构建专业化集聚指数对其进行衡量,计算公式为:$MAR_{it}=MAX_j(S_{ij}/S_i)$。第二,$Jacobs$ 外部性(JAC_{it})。借鉴孙智君和李响(2015)的研究成果,采用 HHI 指数的倒数对各地区文化产业多样性集聚效应进行测度,计算公式为:$JAC_{it}=1/\sum_i S_{ij}^2$ 。第三,$Porter$ 外部性(POR_{it})。借鉴贺灿飞和潘峰华(2009)的测度方法对其进行衡量,计算公式为:$POR_{it}=(N_{ij}/G_i)/(\sum_i N_i/\sum_i G_i)$ 。其中,S_{ij} 表示 i 地区文化产业就业人数在该地区总就业人数中所占的比重,S_i 表示文化产业就业人数在全国所有地区就业人数中所占比重;N_i、G_i 分别表示 i 地区规模以上的文化企业数和规模以上文化企业的营业收入。

3. 控制变量:除地理集聚外,文化产业生产效率还受到其他因素的影响。参照既有研究,在模型中加入以下控制变量。(1) 市场化水平($market_{it}$)。参照韩长根、张力(2019)的研究,选用私营企业单位数占规模以上企业单位数的比值测算。(2) 人力资本($human_{it}$)。通过各地区平均受教育年限测度。(周少甫等,2013) (3) 对外开放水平($open_{it}$)。采用商品进出口总额占 GDP 比重测度。其中,商品进出口总额根据当年平均汇率换算为人民币。(4) 金融发展水平(fin_{it})。通过非国有部门的贷款比重衡量,具体计算公式为:非国有部门贷款比重=总贷款/GDP×(1－国有企业固定投资额/全社会固定投资总额)(白俊红、刘宇英,2018)。(5) 政府干预程度(gov_{it})。采用各地区财政支出与 GDP 的比值来衡量。关于各变量的描述性统计,详见表 1。

表 1　变量描述性统计

变量	均值	标准差	最大值	最小值	样本数
文化产业生产效率(E_{it})	4.51	3.70	18.10	0.86	150
文化产业集聚水平(G_{it})	0.95	0.83	3.85	0.19	150
MAR 外部性(MAR_{it})	1.34	1.35	7.73	0.28	150
Jacobs 外部性(JAC_{it})	2.11	0.28	2.61	1.37	150
Porter 外部性(POR_{it})	1.59	0.88	4.34	0.40	150
市场化水平($market_{it}$)	0.51	0.13	0.79	0.12	150
人力资本($human_{it}$)	8.90	0.83	12.03	7.16	150
对外开放水平($open_{it}$)	0.26	0.29	1.38	0.17	150
金融发展水平(fin_{it})	1.01	0.32	2.04	0.52	150
政府干预程度(gov_{it})	0.25	0.10	0.63	0.12	150

四、实证结果分析

(一) 空间自相关性检验

为纠正传统模型在估计时忽略空间溢出项而造成的设定偏差,通过探索性空间数据分析(ESDA)检验 30 个样本地区文化产业生产效率、集聚水平的空间依赖性。由表 2 可知,2013—2017 年各地区文化产业生产效率和集聚水平的全局 Moran's I 指数均为正且至少通过 10%水平下的显著性检验,表明各地区间存在正向的空间自相关性,即某一地区文化产业生产效率和集聚水平的提升会对邻近地区起到明显的促进作用。因此,在探究地理集聚对文化产业生产效率的影响效果时,应选用空间计量模型,以确定其中的空间溢出效应。

表 2　2013—2017 年我国文化产业生产效率、集聚水平的 Moran's I 指数

年份	2013	2014	2015	2016	2017
Moran's I (E_{it})	0.022*	0.020*	0.036**	0.030**	0.029**
Moran's I (G_{it})	0.077***	0.075***	0.079***	0.072***	0.060***

注：*、**、*** 分别表示通过 10%、5%、1%水平下的显著性检验，下同。

需要注意的是，我国各地区文化产业生产效率和集聚水平虽存在正向相关关系，但系数普遍较低，且随时间推移出现波动。因此，以 2017 年为例，进一步通过局部空间自相关分析，具体探究当前我国文化产业生产效率与集聚水平的空间关联模式。由表 3 可知，我国各地区文化产业生产效率与集聚水平的空间溢出机制具有较强的趋同性。其中，30 个样本地区中，有 18 个样本地区分布在第一象限或第三象限，表明我国文化产业生产效率和集聚水平的空间关联模式以"高—高"和"低—低"集聚的正向关联为主。此外，仍有 12 个样本地区位于第二象限或第四象限，空间关联模式表现为"低—高"和"高—低"的负向关联。这表明，上述地区间的文化产业生产效率和集聚水平差异较大，无法形成有效的空间溢出，致使文化产业生产效率和集聚水平的全局空间自相关系数较低。

表 3　2017 年我国各地区文化产业生产效率、集聚水平的空间关联模式

象限	空间关联模式	地区(E_{it})	地区(G_{it})
第一象限	高—高	天津、上海、江苏、浙江、福建、山东	天津、上海、江苏、浙江、福建、山东、湖南
第二象限	低—高	河北、山西、内蒙古、辽宁、安徽、江西、河南、湖北、湖南、海南	河北、山西、内蒙古、辽宁、安徽、江西、河南、湖北、海南
第三象限	低—低	吉林、黑龙江、广西、四川、贵州、云南、陕西、甘肃、青海、宁夏、新疆	吉林、黑龙江、广西、四川、贵州、云南、陕西、甘肃、青海、宁夏、新疆
第四象限	高—低	北京、广东、重庆	北京、广东、重庆

(二) 空间计量模型选择

根据 Anselin et al(2004)提出的模型选择思路，通过检验两个拉格朗日乘数(LM-Lag 和 LM-Error)及其稳健形式(Robust LM-Lag 和 Robust LM-Error)的

统计意义来判定使用空间滞后模型或空间误差模型。即若 LM-Lag 在统计意义上比 LM-Error 更显著，或二者均较为显著，但 Robust LM-Lag 和 Robust LM-Error 在统计意义上更显著，则选择空间滞后模型；反之，则选择空间误差模型。

表 4　空间滞后模型与空间误差模型的 LM 检验结果

检验	系数
LM-Lag	0.175
LM-Error	1.876*
Robust LM-Lag	3.976**
Robust LM-Error	5.677**

由表 4 可知，LM-Error 和 Robust LM-Error 分别在 10%和 1%水平下显著，且系数明显高于 LM-Lag 和 Robust LM-Lag，故应选择空间误差模型。但由于 LM 检验未考虑空间杜宾模型的情况，需进一步根据 Burridge(1981)的研究思路，通过 Wald 和 LR 检验判定空间杜宾模型能否被简化为空间滞后模型或空间误差模型。由表 5 可知，空间滞后模型与空间误差模型的 Wald 值和 LR 值均通过了 1%水平下的显著性检验，即空间杜宾模型不能被简化。

表 5　空间杜宾模型的 Wald 与 LR 检验结果

检验	系数
Wald spatial lag	86.07***
LR spatial lag	37.53***
Wald spatial Error	43.65***
LR spatial Error	36.19***

(三) 全样本估计

经 Hausman 检验，空间杜宾模型在 1%显著性水平下拒绝随机效应。在此基础上，进一步在个体固定、时间固定和双向固定模型中进行选择。根据 F 检验，拒绝存在时间固定效应。综上，本文最终选择个体固定效应下的动态空间杜宾模型探究地理集聚影响文化产业生产效率的实际效果。同时，由于普通最小二乘法对空间面板数据的估计无效，遂采用极大似然法估计地理集聚对文化产业生产效率的影响。结果见表 6。在模型(4)中，文化产业生产效率滞后一期项的估计值为 0.44，且通过 1%水平下的显著性检验，表明文化产业生产效率的提升具有明显的时间滞后和路径依赖。同时，文化产业生产效率的空间自相关系数为 1.16，且在

1%水平下显著，即文化产业生产效率在邻近地区间存在正向的空间溢出效应，验证了 H3 的猜想。需要注意的是，LeSage 和 Pace(2009)的研究成果表明，空间杜宾模型的回归系数无法真实展现解释变量与被解释变量间的数量关系，故按照通常做法，通过偏微分分解空间杜宾模型的空间效应。其中，直接效应表示本地区地理集聚对本地区文化产业生产效率的影响，间接效应表示本地区地理集聚对邻近地区文化产业生产效率的空间溢出，而总效应则为直接与间接效应之和，即地理集聚对文化产业生产效率的整体影响效果。

表 6 地理集聚影响文化产业生产效率的全样本估计结果

变量	随机效应	固定效应		
	(1)	(2) 双向固定效应	(3) 时间固定效应	(4) 个体固定效应
MAR	1.46*** (4.49)	1.15** (2.39)	0.05* (0.28)	1.11** (2.12)
JAC	0.02 (0.03)	0.18 (0.33)	0.24 (1.09)	0.35 (0.81)
POR	−1.15*** (−3.17)	−0.31 (−1.61)	−0.25*** (−2.61)	−0.24** (−1.81)
控制变量	是	是	是	是
L.E	—	0.43*** (4.46)	1.11*** (19.78)	0.44*** (3.43)
W×*MAR*	−4.08*** (−3.05)	8.19*** (3.03)	2.07*** (2.94)	8.71*** (3.09)
W×*JAC*	−1.89 (−0.33)	2.75 (0.62)	−0.64 (−0.36)	5.41*** (2.71)
W×*POR*	−3.43** (−2.10)	−0.30 (−0.20)	0.63 (1.07)	0.24 (0.23)
ρ	0.27** (1.98)	1.21*** (5.46)	0.76** (2.44)	1.16*** (6.30)
R^2	0.857	0.832	0.972	0.964
对数伪似然值	−137.92	−137.92	−149.09	−128.41
N	150	150	150	150

注：括号内的数值为 t 统计量，下同。

由表 7 可知，MAR 外部性、Jacobs 外部性和 Porter 外部性的总效应之和为正,验证了 H1 的猜想,即地理集聚可有效促进文化产业生产效率的提升。具体来看,MAR 外部性、Jacobs 外部性和 Porter 外部性的直接效应分别为 0.80、0.17 和 −0.25,与回归系数方向一致且均至少通过 10%水平下的显著性检验。这一结果表明,文化产业在某一地区的专业化集聚和多样性集聚有利于优化当地文化产业生产效率,而竞争性集聚则相反。可能的原因在于:竞争性集聚效应产生的前提是在一个开放、共享的经营环境中,集群企业间能够形成良好、健康的竞争机制。这意味着文化产业集群必须是一个由在业务上存在关联互动的企业和机构组成的共生体。但整体而言,当前我国大部分文化产业集群在形成初期并未注意到企业在业务上的关联性,致使多数文化产业集群内部尚未形成合理、有序的竞争机制。因此,当前大部分文化产业集群内部的企业竞争更多表现为同质化的恶性竞争,而非差异化的协同竞争,从而制约了当地文化产业要素资源的合理分配及生产效率的改善提升。同时,MAR 外部性的直接效应、间接效应和总效应均显著高于 Jacobs 外部性和 Porter 外部性,在一定程度上验证了 H2 的猜想,即现阶段地理集聚对文化产业生产效率的正向影响主要表现为专业化集聚推动集群企业沿产业链上下游的纵向分工和知识溢出。此外,MAR 外部性和 Jacobs 外部性的直接效应为 0.80 和 0.17,而间接效应则分别达到 3.69 和 2.55。这表明,专业化集聚和多样性集聚虽提高了当地文化产业生产效率,但作用效果弱于其对邻近地区的间接作用。结合 Porter 外部性结果来看,这一现象可在以下两个层面得到解释:第一,文化产业的地理集聚实质上是资本、劳动力、技术等各类生产要素在市场开放条件下的流动和汇聚,集聚过程中实现的劳动力共享、运输成本下降、隐性知识传播等外部规模效益不但可以促进当地文化产业生产效率的提升,也会通过“涓滴效应”向邻近地区产生明显的溢出。由于我国各地区文化产业发展水平呈现出明显的梯度差异,上述溢出效应对邻近地区文化产业生产效率的正向作用可能得到进一步增强。第二,由于多数文化产业集群内部尚未形成规范的竞争机制,部分文化企业可能会由于激烈的价格博弈和严重的资源错配而选择外迁,进而优化了邻近地区的产业结构和要素配置,推动了文化产业生产效率的提升,这也进一步解释了 Porter 外部性间接效应为正的原因。

此外,控制变量的作用在于使误差项条件均值独立于解释变量的假设得以满足,以解决解释变量估计结果可能存在的遗漏变量偏差。但是,控制变量自身通常仍然与误差项相关,因而无法将控制变量的回归结果进一步解释为因果效应(曹玉平,2020),故不再对控制变量的系数和空间效应进行报告和解释。

表 7　地理集聚影响文化产业生产效率的空间效应分解

变量	直接效应	间接效应	总效应
MAR	0.80*** (1.38)	3.69*** (2.70)	4.49*** (3.62)
JAC	0.17** (0.40)	2.55*** (2.69)	2.72*** (2.91)
POR	−0.25* (−1.86)	0.31 (0.58)	0.05 (0.11)

(四) 分区域估计

考虑到我国文化产业集聚状况的地区异质性较大，其对文化产业生产效率的影响效果可能存在差异。因此，将 30 个样本地区分为东、中、西部三个样本组，并对地理集聚与文化产业生产效率的关系进行分区域估计，估计方法仍选用个体固定效应下的空间杜宾模型。结果见表 8 和表 9。

表 8　地理集聚影响文化产业生产效率的分区域估计结果

变量	东部地区	中部地区	西部地区
MAR	0.61*** (4.10)	0.40*** (3.48)	0.53** (2.08)
JAC	0.14 (0.77)	0.19 (0.25)	0.06 (0.10)
POR	−0.26** (−2.45)	−1.36*** (−9.87)	−0.82*** (−3.04)
控制变量	是	是	是
L.E	0.45*** (3.44)	3.32*** (17.06)	0.04 (0.50)
W×*MAR*	2.56*** (4.79)	1.66*** (4.19)	4.01*** (4.04)
W×*JAC*	2.43*** (6.47)	0.83 (0.22)	4.54*** (3.81)
W×*POR*	0.27 (0.42)	−1.66*** (−4.59)	−1.04 (−1.27)
ρ	1.31*** (6.43)	0.65*** (3.41)	1.29*** (3.88)
R^2	0.803	0.825	0.872
对数伪似然值	93.67	19.73	60.78
N	55	45	50

首先，地理集聚三种外部性的总效应之和在东、中、西部均为正，表明地理集聚在各地区均可显著提升文化产业生产效率，影响效果由高到低依次为西、东、中部地区，与杨卫武和毛润泽(2015)的研究结论一致，但与 H4 的假设存在一定偏差。整体来看，地理集聚对文化产业生产效率的正向影响在西部地区最为明显的原因可能在于以下两个方面：第一，由于人才和资本的瓶颈约束，西部地区政府往往会根据当地特色资源和有利条件来助推文化产业集群的内涵化发展，使其获得最大化的规模经济效益，进而优化文化产业生产效率。如甘肃庆阳香包民俗文化产业群、四川自贡中国彩灯文化发展园区等。第二，西部地区文化产业集群整体上正处于成长初期，其在发展过程中通常可以充分借鉴东、中部地区文化产业集群相对成熟的管理模式与发展经验，规避部分已知问题和风险，从而在最大程度上激发地理集聚提升文化产业生产效率的作用。其次，Jacbos 外部性的直接效应、间接效应和总效应在中部地区均未通过显著性检验，同时，Porter 外部性对文化产业生产效率的抑制作用在中部地区显著高于东、西部地区。这在一定程度上表明，中部地区的文化产业集群可能正在遭受“威廉姆森假说”所提出的“集聚陷阱”。(于斌斌等，2015)即在政策条件的支持下，文化产业集群的数量和规模不断膨胀，但园区内、园区间的文化企业并没有形成相应的专业化分工体系，导致“鸵鸟型”文化企业出现，致使文化产业在地理上的集聚呈现出“规模不经济”，制约了文化产业生产效率的提升。最后，Porter 外部性的直接效应在东部地区显著优于中、西部地区，且总效应开始为正。这在一定程度上表明，随着一体化程度的加深，东部地区正在逐步形成统一开放、竞争有序的现代文化产业体系与市场体系，文化产业发展资源的配置愈发合理，要素的流动壁垒渐趋消失，文化产业集群内部和外部的竞争正在从弱化分工的无序竞争转向协作共融的有序竞争，因此地理集聚 Porter 外部性对文化产业生产效率的正向作用逐渐显现。此外，东部地区文化产业生产效率的空间自相关系数显著高于中、西部地区，表明东部各样本地区间的文化产业关联程度较高。而中部地区文化产业生产效率滞后一期项的系数显著高于东、西部地区，表明中部地区文化产业发展的路径依赖较为突出。

表 9　地理集聚影响文化产业生产效率的分区域空间效应分解

变量	东部地区			中部地区			西部地区		
	直接效应	间接效应	总效应	直接效应	间接效应	总效应	直接效应	间接效应	总效应
MAR外部性	0.29** (2.26)	1.08*** (4.48)	1.37*** (5.09)	0.24* (1.73)	1.06*** (3.38)	1.30*** (3.66)	0.10 (0.41)	1.87*** (3.42)	1.97** (3.57)
Jacbos外部性	0.25 (1.34)	1.37*** (7.17)	1.62*** (5.09)	0.17 (0.38)	0.78 (0.33)	0.94 (0.34)	−0.48 (−0.75)	2.51*** (3.10)	2.03*** (3.52)
Porter外部性	−0.37** (−2.27)	0.39 (1.05)	0.02 (0.05)	−1.27*** (−10.56)	−0.55* (−1.91)	−1.82*** (−5.07)	−0.82*** (−3.06)	0.03 (0.09)	−0.79* (−1.91)

五、结论与研究展望

本文以经济地理学为研究视角，综合运用空间计量模型，检验了地理集聚提高我国文化产业生产效率的作用机制和影响效果，结果表明：(1) 我国文化产业生产效率和集聚水平存在正向的空间自相关性。但由于我国区域发展差异较大，各地区文化产业间的空间关联整体较弱。其中，北京、广东、重庆的文化产业生产效率和集聚水平的空间关联模式均位于第四象限(高—低)，这表明尽管上述地区文化产业生产效率和集聚水平均较高，但未对周边地区产生有效的空间溢出。(2) 现阶段，我国文化产业在地理上的集聚主要通过 MAR 外部性和 Jacobs 外部性推动集群的精细化分工，实现产业链条的纵向和横向扩展，降低集群企业交易成本，推动知识和技术的多元扩散，进而提升文化产业生产效率。(3) 当前我国多数文化产业集群内部尚未形成合理、有序的竞争机制，致使地理集聚的 Porter 外部性明显阻碍了文化产业生产效率的提高，并进一步扩大了 MAR 外部性和 Jacobs 外部性对邻近地区的溢出效应。(4) 地理集聚对文化产业生产效率的影响存在地区异质性，整体贡献率由高到低分别为西、东、中部地区。其中，MAR 外部性和 Jacobs 外部性的直接效应在东部地区最为显著，间接效应则在西部地区最为明显。Porter 外部性的直接效应对中部地区文化产业生产效率的负向影响最大，对东部地区的负向影响最小，且总效应在东部地区为正。这表明，随着东部地区文化产业体系的不断完善，文化产业集群内部的竞争正在从弱化分工的无序竞争转向协作共融的有序竞争，Porter 外部性对文化产业生产效率的正向作用开始显现。

地理集聚能否提高文化产业的生产效率是当前学界研究的热点问题之一。部分学者立足要素错配和供给侧改革等视角(焦斌龙和赵卫军，2017)，对此展开了较为详尽的论述。但整体而言,现有研究成果普遍对地理集聚影响文化产业生产效率的理论机制关注不足。从外部性差异来看,地理集聚影响文化产业生产效率的路径并不是单一的。因此,本文进一步将地理集聚区分为专业化集聚、多样性集聚和竞争性集聚,对其影响文化产业生产效率的具体机制进行了较为充分的理论阐释,并将上述三种集聚产生的外部性纳入实证模型之中,以考察当前地理集聚影响我国文化产业生产效率的具体情况。尽管本文力图在理论视角和实证方法上有所突破,但仍存在以下问题有待后续研究完善:由于我国分别在 2012 和 2018 年对文化产业统计口径进行了调整,为保证研究的连贯性,本文仅选取了 2013—2017 年的省级数据探究地理集聚与文化产业生产效率间的关系,样本整体较少,且未能从城市层面具体考察文化产业集聚的空间溢出。未来的研究应尽可能纳入更多的全国性调查资料,在更精细的时空尺度上检验地理集聚影响文化产业生产效率的理论机制和实际效果。

参考文献

[1] 白俊红,刘宇英. 对外直接投资能否改善中国的资源错配[J]. 中国工业经济,2018(1):60—78.

[2] 卞晓丹,钟廷勇. 空间集聚与文化产业供给侧改革——基于要素错配的视角[J]. 江海学刊,2016(4):86—91,238.

[3] 曹玉平. 互联网普及、知识溢出与空间经济集聚——理论机制与实证检验[J]. 山西财经大学学报,2020,336(10):27—41.

[4] 陈红霞,吴姝雅. 文化创意产业的空间集聚特征及其区际差异比较——基于地级市的实证研究[J]. 城市发展研究,2018,25(7):25—33.

[5] 陈羽洁,赵红岩,郑万腾. 不同集聚模式对产业发展阶段创新效率的影响——基于我国创意产业的分析[J]. 广东财经大学学报,2020,35(5):58—68.

[6] 顾江,车树林. 资源错配、产业集聚与中国文化产业发展——基于供给侧改革视角[J]. 福建论坛,2017,297(2):15—21.

[7] 郭新茹,谭军. 相关性产业关联互动、企业分蘖机制与文化产业空间集群演化研究[J]. 江苏社会科学,2014,277(6):184—190.

[8] 韩长根,张力. 互联网是否改善了中国的资源错配——基于动态空间杜宾模型与门槛模型的检验[J]. 经济问题探索,2019(12):43—55.

[9] 贺灿飞,潘峰华. 中国城市产业增长研究:基于动态外部性与经济转型视角[J]. 地理研

究,2009,28(3):726—737.

[10] 季书涵,朱英明,张鑫. 产业集聚对资源错配的改善效果研究[J]. 中国工业经济,2016,339(6):73—90.

[11] 江瑶,高长春,陈旭. 创意产业空间集聚形成:知识溢出与互利共生[J]. 科研管理,2020,41(3):119—129.

[12] 蒋萍,王勇. 全口径中国文化产业投入产出效率研究——基于三阶段 DEA 模型和超效率 DEA 模型的分析[J]. 数量经济技术经济研究,2011,28(12):69—81.

[13] 焦斌龙,赵卫军. 中国文化产业的阶段性特征——基于要素支撑视角的分析[J]. 山西财经大学学报,2017,300(10):59—71.

[14] 雷宏振,李芸. 文化产业发展效率时空差异及影响因素分析[J]. 当代经济管理,2020,304(6):50—56.

[15] 马萱,郑世林. 中国区域文化产业效率研究综述与展望[J]. 经济学动态,2010(3):83—86.

[16] 苗长虹,张建伟. 基于演化理论的我国城市合作机理研究[J]. 人文地理,2012,27(1):54—59.

[17] 盛丹,王永进. 产业集聚、信贷资源配置效率与企业的融资成本——来自世界银行调查数据和中国工业企业数据的证据[J]. 管理世界,2013,237(6):85—98.

[18] 孙智君,李响. 文化产业集聚的空间溢出效应与收敛形态实证研究[J]. 中国软科学,2015(8):173—183.

[19] 陶金,罗守贵. 基于不同区域层级的文化产业集聚研究[J]. 地理研究,2019,38(9):2239—2253.

[20] 王亮. 网络零售提高了制造业集聚吗? ——基于动态 SDM 的时空效应分析[J]. 中国经济问题,2019,315(4):68—81.

[21] 王猛,王有鑫. 城市文化产业集聚的影响因素研究——来自 35 个大中城市的证据[J]. 江西财经大学学报,2015(1):12—20.

[22] 王苗宇. 文化创意产业集聚效应及面临的问题[J]. 经济纵横,2012(8):76—78.

[23] 魏和清,李颖. 我国文化产业聚集特征及溢出效应的空间计量分析[J]. 江西财经大学学报,2016(6):27—36.

[24] 卫志民. 文化创意产业发展的现状、制约与突破——一项基于北京文化创意产业发展的研究[J]. 河南大学学报:社会科学版,2017,57(2):15—21.

[25] 吴育辉,张欢,于小偶. 机会之地:社会流动性与企业生产效率[J]. 管理世界,2021,37(12):74—93.

[26] 熊建练,王耀中. 分布异质视角下产业集聚与文化产业增长研究——基于分位数面板

回归的经验证据[J]. 财经理论与实践,2017,38(2):117—122.

[27] 徐淑丹. 中国城市的资本存量估算和技术进步率:1992－2014 年[J]. 管理世界,2017,280(1):17—29,187.

[28] 杨卫武,毛润泽. 文化产业集聚、经济增长与地区差异——基于省级面板数据的回归分析[J]. 上海师范大学学报:哲学社会科学版,2015,243(4):34—42.

[29] 于斌斌,杨宏翔,金刚. 产业集聚能提高地区经济效率吗?——基于中国城市数据的空间计量分析[J]. 中南财经政法大学学报,2015,210(3):121—130.

[30] 张军,施少华. 中国经济全要素生产率变动:1952—1998[J]. 世界经济文汇,2003(2):17—24.

[31] 张可云,何大梽. 空间类分与空间选择:集聚理论的新前沿[J]. 经济学家,2020(4):34—47.

[32] 张苏秋,彭秋玲. 分工视角下创意阶层集聚的影响因素研究[J]. 江苏社会科学,2019,305(4):114—121.

[33] 张涛,武金爽. 中国文化产业绿色发展效率的空间网络结构及影响机理研究[J]. 地理科学,2021,41(04):580—587.

[34] 周少甫,王伟,董登新. 人力资本与产业结构转化对经济增长的效应分析——来自中国省级面板数据的经验证据[J]. 数量经济技术经济研究,2013,30(08):65—77,123.

[35] Anselin L, Bongiovanni R, Lowenberg-DeBoer J. A Spatial Econometric Approach to the Economics of Site-specific Nitrogen Management in Corn Production[J]. American Journal of Agricultural Economics, 2004, 86(3): 675 - 687.

[36] Behrens K, Duranton G, F Robert-Nicoud. Productive Cities: Sorting, Selection, and Agglomeration[J]. Journal of Political Economy, 2014, 122(3): 507 - 553.

[37] Burridge P. Testing for a Common Factor in a Spatial Autoregression Model[J]. Environment and Planning A, 1981, 13(7): 795 - 800.

[38] Duranton G, D Puga. Micro-foundations of Urban Agglomeration Economies[J]. Handbook of Regional and Urban Economics, 2004, 4(4):2063 - 2117.

作者简介

陈天宇,河北石家庄人,同济大学人文学院博士研究生。研究方向为文化产业空间集聚。

郭新茹(通讯作者),河南南阳人,南京师范大学文化产业与创意传播基地教授,南京大学长三角文化产业发展研究院研究员。研究方向为文化产业空间集聚。

Research on the Influence of Geographical Agglomeration on the Production Efficiency of Cultural Industry
—Based on the Externality Perspective

Chen Tianyu　Guo Xinru

Abstract: Through the construction of a spatial measurement model, explore the effect of geographic agglomeration on the production efficiency of cultural industries. The results show that: (1) There is a positive spatial autocorrelation between the production efficiency and agglomeration level of China's cultural industries. However, due to the large differences in regional development in China, the spatial correlation of the development of cultural industries in various regions is generally weak. (2) At this stage, the geographical agglomeration of China's cultural industries mainly promotes the refined division of labor in the cluster through MAR externalities and Jacobs externalities, realizes the vertical and horizontal expansion of the industrial chain, promotes the diversified diffusion of knowledge and technology, and improves the production efficiency of the cultural industries. (3) At present, most of the cultural industries clusters in China have not yet formed a reasonable and orderly competition mechanism. As a result, the geographical agglomeration of Porter externalities obviously hinders the improvement of cultural industries production efficiency, and further expand the spillover effect of MAR externality and Jacobs externality to neighboring areas. (4) There are obvious regional differences in the effect of geographic agglomeration on the production efficiency of cultural industries. The overall contribution rate is from high to low in the West, East, and Central regions.

Key words: Geographic Agglomeration　Cultural Industries Production Efficiency　Externality　Spatial Overflow

产业创新

基于 DEA 方法的我国上市文化企业融资效率评价

胡洪斌　马子红

摘　要:近年来,我国文化产业对国民经济的重要性日益凸显,文化产业的增长质量开始受到关注。通过构建 DEA 的 CCR 和 BCC 模型,并结合 Malmquist 生产率指数,本文对 2012—2019 年我国上市文化企业融资效率进行静态与动态的评价,进而利用 Tobit 回归方法对融资效率的影响因素进行分析。结果表明,从整体上看,我国文化上市企业的融资效率均值较高,但从趋势来看具有逐年下降的特征;从个体上看,受企业的经营能力、资金利用率、市场估值等因素的影响,我国上市文化企业融资效率存在明显的异质性。在此基础上,本文从企业、市场和政府三维视角提出提升我国上市文化企业融资效率的路径选择及对策建议。

关键词:上市文化企业　融资效率　评价　DEA

一、引　言

近年来,在国家鼓励文化产业发展的背景下,金融支持文化产业发展的政策相继出台,社会资本大量流向文化产业,文化产业融资效率的评价成为产业发展的一个重要问题。2011 年 10 月 18 日,中共中央审议通过了《中共中央关于深化文化体制改革、推动社会主义文化大发展大繁荣若干重大问题的决定》,该决议明确提出了“文化强国”的长期方针,指出文化强国对夺取全面建设小康社会新胜利、开创中国特色社会主义事业新局面、实现中华民族伟大复兴具有重大而深远的意义。2017 年 5 月,国务院办公厅印发了《国家“十三五”时期文化发展改革规划纲要》,前瞻性地指出文化是民族的血脉,是人民的精神家园,是国家强盛的重要支撑,文化产业在国家发展中的重要地位日益凸显。截至 2018 年年末,我国文化产业实现增加值 38 737 亿元,较 2012 年增长 114.36%;2012—2018 年文化产业增加值年均增长 13.6%;文化产业增加值占 GDP 比重由 2012 年的 3.36%提高到 2018 年的 4.3%。目前，文化产业已经是备受国家重视的“朝阳产业”，伴随着中国人民对美好生活需求的日益增长，文化产业无疑将迎来更大的发展机遇。在我国文化产业实现数量上快速增长的背后，是否实现了高质量的增长？文化产业高速发展，究竟何为增长源泉？上市文化企业提高融资效率，又应当关注哪些方面？本文以此为引，通过构建 DEA（数据包络方法）的 CCR 和 BCC 模型，结合 Malmquist 生产率指数，基于 2012—2019 年上市文化企业的面板数据，对企业融资效率进行静态与动态的评价，并结合 Tobit 回归方法对融资效率的影响因素进行分析。在此基础上，从企业、市场和政府三维视角提出提升我国上市文化企业融资效率的路径选择及对策建议，希望能发掘文化产业的巨大潜力，增强文化发展活力，有效促进国民经济增长。

二、文献综述

随着我国文化产业的繁荣发展，如何提高文化企业效率的问题逐渐成为国内学者们关注的焦点，已有研究主要集中于以下几个方面。一是基于宏观层面的研究。王家庭和张容（2009）基于 31 个省市的文化产业构建了考虑环境因素的 DEA 模型来进行评价，结果表明，由于各省市文化企业规模较小，其技术效率水平偏低；韩学周、马萱（2012）运用 DEA 的 BBC 和 CCR 模型研究后发现，得益于文化体制改革，自 2006 年起我国文化产业各子行业的技术效率均有所提升；黄永兴和徐鹏（2014）利用 Bootstrap-DEA 方法对中国文化产业效率进行测算发现，如果不考虑随机冲击的影响则会高估文化产业效率。二是基于区域层面的研究。鲁小伟和毕功兵（2014）结合 DEA 模型和主成分分析法，对特定省市的文化产业产出效率进行了评价；朱伟等（2018）使用基于 DEA 的 Malmquist 指数对京、沪、深三大文化创意产业先驱城市和东、中、西部地区之间文化产业效率的差异进行了实证探讨；马子红和郑丽楠（2018）采用传统 DEA 模型对西部地区文化产业投入产出效率进行测算，但并未深入挖掘西部地区文化产业效率的影响因素；刘倩（2020）等学者则利用三阶段 DEA 模型，对中国不同区域的文化产业技术效率进行了评价研究。三是基于企业视角的研究。刘璐（2013）基于因子分析构建的投入产出指标体系对 2012 年文化产业上市公司做效率测算，发现子行业之间的效率存在显著差异；郭淑芬等（2014）选取 2011—2012 年文化产业上市公司的数据构建 Malmquist 指数模型进行分析，结果显示，技术进步率的下降导致了公司平均全要素生产率降低；熊正德等（2014）采用 DEA 模型研究发现，我国上市文化企业的股权融资效率普遍偏低且存在显著差异;张群等(2016)构建异质性随机前沿模型,对我国 37 家上市文化企业的发展效率进行评价。

对有关文献进行梳理后我们可以看到,我国对文化产业的相关研究仍处于起步阶段,研究成果数量有限,现有文献采用 DEA 模型分析时并未考虑智力资本等无形资产及相关因素对文化产业上市公司效率提升、价值增值的重要贡献。因此,必须结合影响企业融资效率的因素分析,进行上市文化企业融资效率评价,才能更好地提升我国文化产业效率,不断增强文化产业的竞争力。事实上,国内学者针对上市企业融资效率的研究主要集中于融资效率的测度方面,典型测度方法有模糊综合评价方法(魏开文,2001;祝建军等,2006)、灰色关联评价方法(伍装,2005)、层次分析与模糊评价相结合(彭晓英等,2007)以及 DEA 方法(袁海和曹培慎,2011;曹韩和张波,2013)等。前三种方法在应用中主观性较强,而 DEA 方法既无须主观确定权重,亦能够衡量多输入、多输出的多目标决策问题,具有较好的现实应用性,被学者们广泛应用于评价不同区域或不同行业的上市文化企业融资效率。(王秀贞等,2017;刘超等,2019;王伟和董登新,2020;贺正楚等,2020)

不难发现,上述关于文化产业融资效率的研究仍然存在探索空间。一是现有研究大多集中于对区域、行政单元进行效率评价,而缺乏对微观企业的关注;二是为了将不同区域和行政单元的文化产业效率纳入同一个指标体系下进行研究,现有研究多采取较为通用且宏观的变量进行效率评价,在文化企业的异质性考量方面仍有补足空间;三是现有研究多将注意力集中于效率评价本身,但没有对影响效率的因素进行探索,难以为解决现实融资问题提供方向和建议。因此,本文将运用 DEA 和 Malmquist 指数分别对文化产业头部上市企业的融资效率进行静态和动态分析,在考虑文化企业特质的前提下,从微观角度对文化产业融资效率进行详细的分析比对;之后,运用 Tobit 模型对影响上市文化企业融资效率的主要因素进行研究,以期加深学界对文化产业融资问题的认识,为推动我国文化产业的高质量发展提供有力的理论支撑。

三、模型构建与实证分析

(一)模型的设定

1. BCC 模型

DEA 方法根据规模报酬是否可变的不同假设,可分为 CCR 模型和 BCC 模型。基于固定规模报酬(Constant Return to Scale,CRS)的 CCR 模型,主要评价技术效率值(Technical Efficiency,TE),结果越高表明投入产出效率越高。基于规模报酬可变(Variable Return to Scale,VRS)的 BCC 模型,是在 CCR 模型的基础上,将技术效率分解为纯技术效率(Pure Technical Efficiency,PTE)和规模效率(Scale Efficiency,SE)的乘积。即 CCR 模型中加入一个凸性假设 $N\times\lambda=1$,设 α 为被评价单元的效率值,则对于任意决策单元,在满足锥性、凸性和无效性三个条件的基础上,可以得到具有非阿基米德无穷小量的 BCC 模型:

$$\begin{cases}\min\alpha \\ \sum\lambda_j X_j + s^{+} = \alpha X_0 \\ \sum\lambda_j Y_j - s^{-} = Y_0 \\ \sum\lambda_j = 1 \\ \lambda_j \geqslant 0, s^{-} \geqslant 0, s^{+} \geqslant 0 \\ j = 1,2,3,\cdots,n\end{cases} \# \tag{1}$$

其中,若 $\alpha=0$,$s^{-}=0$,$s^{+}=0$,表明 DMU 纯技术效率有效;若 $\alpha<1$ 或 $s^{-}\neq0$,$s^{+}\neq0$,表明 DMU 纯技术效率有效。

2. Malmquist 指数

Malmquist 指数由 Malmquist(1953 年)①提出,1994 年 RolfFäre 等人将这一理论的一种非参数线性规划法与数据包络分析法(DEA)理论相结合。Malmquist 指数能有效解决 CCR、BCC 这两个模型存在每个时期纵向比较时没有参照的问题。本文运用 Malmquist 生产率指数模型,将全要素生产率分解成技术进步、技术效率、纯技术效率、规模效率,方便更加深入地了解生产率的构成以及变化情况。

从 t 到 $t+1$ 的规模效率不变的 Malmquist 指数公式为:

$$M(x^{t},y^{t},x^{t+1},y^{t+1})=\sqrt{\frac{D^{t}(x^{t+1},y^{t+1})}{D^{t}(x^{t},y^{t})}\times\frac{D^{t+1}(x^{t+1},y^{t+1})}{D^{t+1}(x^{t},y^{t})}} \# \tag{2}$$

其中 $D^{t}(x^{t},y^{t})$ 和 $D^{t}(x^{t+1},y^{t+1})$ 指以 t 期的技术为基期数据参考时,t 期和 $t+1$ 期的决策单元的距离函数,$D^{t+1}(x^{t+1},y^{t+1})$ 和 $D^{t+1}(x^{t},y^{t})$ 指以 $t+1$ 期的技术为基期数据参考时,t 期和 $t+1$ 期的决策单元的距离函数。

Malmquist 指数可分解为技术效率(effch)和技术进步(techch)两部分,技术

---

① Sten Malmquist. Index numbers and indifference surfaces[J]. Trabajos de Estadistica,1953,4(2).

效率变化能分为纯技术效率变化(pech)和规模效率变化(sech)。即:

$$M(x^t,y^t,x^{t+1},y^{t+1})=\frac{D^{t+1}(x^{t+1},y^{t+1}|VRS)}{D^t(x^t,y^t|VRS)}\times\frac{D^{t+1}(x^{t+1},y^{t+1}|CRS)}{D^t(x^t,y^t|VRS)}\times$$

$$\frac{D^t(x^t,y^t|VRS)}{D^t(x^t,y^t|CRS)}\times\sqrt{\frac{D^t(x^{t+1},y^{t+1})}{D^{t+1}(x^{t+1},y^{t+1})}\times\frac{D^t(x^t,y^t)}{D^{t+1}(x^t,y^t)}}$$

$$=pech\times sech\times techch \tag{3}$$

3. Tobit 模型

由于传统 DEA 模型测算出的科研创新效率值服从于[0,1]的截断型分布,若采用传统最小二乘法(OLS)的函数估计可能导致分析结果有偏差。因此,在测算我国城市群高校科研效率值后,将采用最大似然估计法(MLE)构建空间 Tobit 回归模型,对高校科研创新效率的关联因素做进一步分析。Tobit 回归模型又被称为受限回归模型,由美国学者 Tobin① 于 1958 年首次提出,该模型因表达简洁、具有较强的普适性而被广泛应用。其基本形式如下所示:

$$\begin{cases} y_i^* = \alpha_i + \sum \beta_i X_{it} + \varepsilon_i \\ y_i = y_i^*, if \quad y_i^* > 0 \\ y_i = 0, if \quad y_i^* \leqslant 0 \end{cases} \tag{4}$$

(二) 指标选取与数据来源

为计算我国上市文化企业的融资效率,本文根据数据可得性,选取总资产、负债总额、所有者权益合计和财务费用作为投入指标,净资产收益率和主营业务收入作为输出指标。首先,在投入方面,总资产、所有者权益合计在一定程度上代表了企业的债权(股权)融资规模,且能够代表企业的实际资产控制规模,具备较好衡量企业融资规模的特性;负债总额在一定程度上代表了企业的资本结构和企业的债务规模,能够在反映企业经营状况的同时代表企业一定时间内的融资需求;财务费用则在一定程度上代表了企业的融资成本,因此本文经过综合考虑选取了这 4 个变量作为投入指标。其次,在产出方面,净资产收益率和主营业务收入均为最直观的企业市场盈利表现,反映了企业的融资是否得到了有效的利用,因而选取这 2 个变量作为产出指标。

---

① Tobin, James. Estimation of Relationships for Limited Dependent Variables [J]. Econometrica, 1958, 26(1).

综合考虑数据的可获得性，本文按照《2012 年上市公司证监会行业分类标准》，选取 2012 年前上市文化企业共 33 家，分别建立 BCC 模型和 Malmquist 指数模型对企业融资效率进行静态和动态分析，相关数据均来自 CSMAR 国泰安数据库。

（三）上市文化企业融资效率测算结果与分析

考虑到 DEA 模型对数据质量的要求，我们对所有指标数据进行无量纲化处理，提高 DEA 模型结果的准确性，标准化公式为：

$$x'_{ij}=0.1+0.9\times\frac{x_{ij}-\min\{x_{ij}\}}{\max\{x_{ij})-\min\{x_{ij}\}}\#\qquad(5)$$

其中，x'_{ij}是第 i 家企业第 j 个指标无量纲化后的数值，$\max\{x_{ij}\}$、$\min\{x_{ij}\}$分别为 33 家样本公司第 j 个指标原始数据中的最大值和最小值。

1. 静态分析

本文运用 DEAP2.1 软件处理过后的数据进行效率测算，对 2012—2019 年 33 家上市文化企业融资效率的评价结果进行整理后得到表 1。由表 1 可知，融资效率高的上市文化企业占比呈现逐年缓慢减少的趋势。

表 1　2012—2019 年我国上市文化企业基于 BCC 的融资效率 DEA 结果

年份	指标	均值	DEA 有效	有效单元占比
2012	TE	0.969	15	45.45%
	PTE	0.971	16	48.48%
	SE	0.997	19	57.58%
2013	TE	0.968	11	33.33%
	PTE	0.978	19	57.58%
	SE	0.990	11	33.33%
2014	TE	0.970	12	36.36%
	PTE	0.976	16	48.48%
	SE	0.994	13	39.39%
2015	TE	0.946	9	27.27%
	PTE	0.961	13	39.39%
	SE	0.985	9	27.27%

（续表）

年份	指标	均值	DEA 有效	有效单元占比
2016	TE	0.938	8	24.24%
	PTE	0.953	13	39.39%
	SE	0.984	13	39.39%
2017	TE	0.942	8	24.24%
	PTE	0.948	14	42.42%
	SE	0.994	15	45.45%
2018	TE	0.909	8	24.24%
	PTE	0.935	14	42.42%
	SE	0.974	15	45.45%
2019	TE	0.921	11	33.33%
	PTE	0.939	18	54.55%
	SE	0.982	15	45.45%

由表 1 可知，2012—2019 年我国上市文化企业的融资效率均值较高，未达到 DEA 有效的公司数量较多，存在巨大的改进空间。从每年的情况可以看出，在 33 家公司里面，大多数公司没有达到 DEA 有效，且未达到 DEA 有效的公司主要以纯技术效率和规模效率都无效为主，融资的投入产出不理想，需要调整投入、优化配置。以 2019 年为例，上市文化企业的综合效率均值为 0.921，其中，仅有 11 家的综合效率值达到了 1，这说明只有 33.33%的公司处于效率前沿面，同时纯技术效率有效并且规模效率也有效，投入无冗余、产出没有短缺，所得资金得到了最大的利用；有 7 家企业的纯技术效率有效而规模效率无效，表明这些公司的投入存在优化空间，需通过调整投入比例从而更好发挥规模效应；有 4 家公司规模效率有效而纯技术效率无效，说明这些公司在技术要素层面存在优化空间；有 11 家公司纯技术效率和规模效率均无效，说明这些文化公司在投入和产出层面均存在一定问题，管理和技术等要素结构亟待进一步优化。

为了更好地刻画 2012—2019 年我国上市文化企业融资效率的变化情况，我们绘制了图 1。如图 1 所示，2012 年以来我国上市文化企业的综合技术效率、技术效率和规模效率的均值都高于 0.9，纯技术效率和规模效率都处于较高水平，且规模效率值波动较小。但是，整体来看三个效率指标数值均呈现相似的下降趋势。其中，上市文化企业每年的规模效率和纯技术效率均处于相对较高水平，这说明纯技术效率对这些上市文化企业的融资效率影响更大。此外，我们还可以看出综合效率值为 1 的企业占比均值为 31%，2012 年占比 45%下降到了 33%，2016、2017、2018 年三年比重最低，仅为 24%，这表明三个效率指标下降的主要原因是微观融资效率开始下降的企业逐步增多。

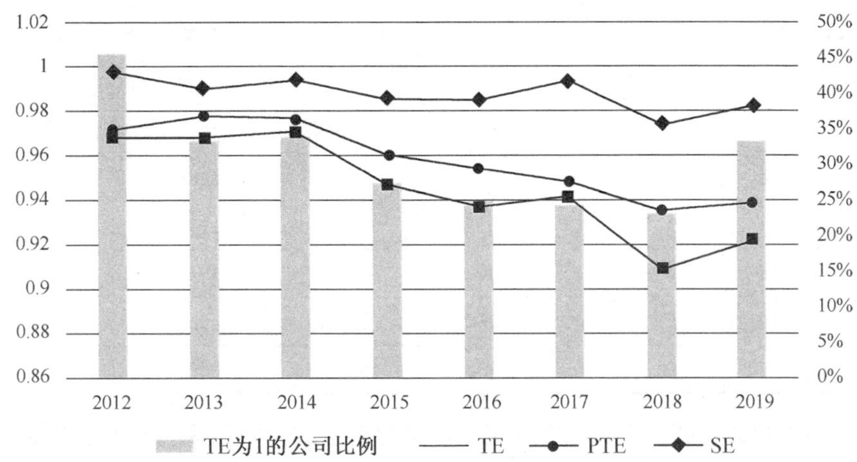

图 1　2012—2019 年我国文化产业公司融资效率变化情况

图 2 是我国 33 家上市文化企业综合效率值分布区间的情况，由图可知，从 2012 年开始，融资效率有效的上市文化企业的数量呈现逐年走低态势。2012 年，尚有超过 90.9%的样本企业融资效率高于 0.9，截至 2019 年年末，仅有 69.7%的企业融资效率仍维持在 0.9 以上。随着时间推移，部分公司的效率值降低，融资效率持续变差。

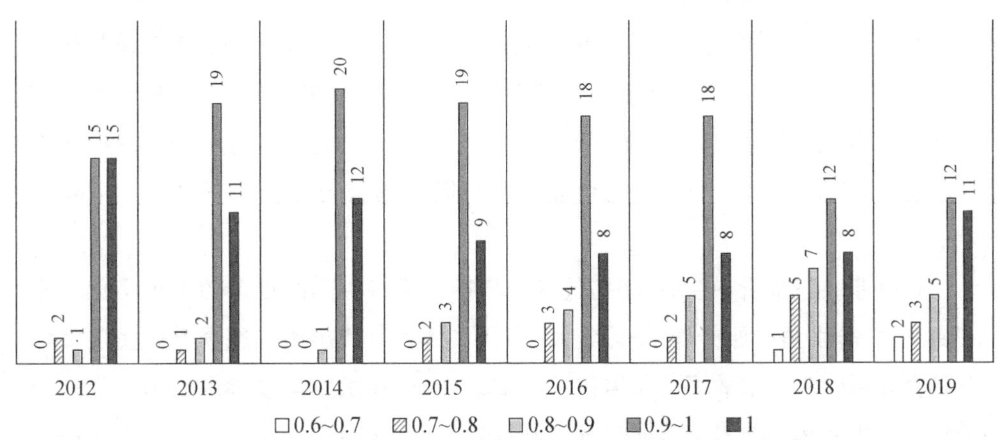

图 2　2012—2019 年我国文化产业公司综合效率值情况

2. 动态分析

接下来,我们将利用 DEAP2.1 软件对上市文化企业的 Malmquist 指数进行测算,以便观察一个期间内企业融资效率的变动情况,结果如表 2 所示。

表 2 上市文化企业 Malmquist 指数

时期	技术效率	技术进步	纯技术效率	规模效率	融资效率
2012—2013	0.999	0.994	1.008	0.992	0.993
2013—2014	1.003	0.995	0.999	1.004	0.998
2014—2015	0.973	0.997	0.982	0.991	0.97
2015—2016	0.991	1.027	0.992	0.999	1.018
2016—2017	1.004	0.992	0.994	1.01	0.996
2017—2018	0.963	1.042	0.985	0.978	1.004
2018—2019	1.012	0.987	1.003	1.01	0.999
均值	0.992	1.005	0.995	0.998	0.997

由表 2 可以看出,2012—2019 年上市文化企业的融资效率呈现出持续波动的态势,其中,由于企业技术进步的贡献较大,2015—2016 年、2017—2018 年企业的融资效率均大于 1;由于技术进步的贡献较小,2019 年上市文化企业的融资效率未达到 1。平均来看,上市文化企业的融资效率均值为 0.997,表明这些企业的融资效率呈现整体下降的态势,只是下降幅度相对较小。2012—2019 年,尽管上市文化企业的技术进步指数平均增长率为 0.5%,但技术效率、纯技术效率、规模效率指数都呈现负增长,这说明企业的技术进步效率虽然能提高融资效率,但不足以弥补纯技术效率与规模效率的下降。

接下来,将 33 家我国上市文化企业 2012—2019 年的平均融资效率及其分解结果进行计算汇总,如表 3 所示。由表 3 可知,我国上市文化企业中融资效率小于 1 的有 17 家,占比为 51.5%;融资效率大于 1、等于 1 的企业各有 14 家、2 家,占比分别为 42.4%、6.1%,上市文化企业中一半以上的公司融资效率呈连年下降的状态。

进一步分解来看,技术效率与技术进步指数维持在 1 及以上的上市文化企业只有 4 家,分别是中原传媒、华闻集团、当代文体和时代出版。融资效率呈现负增长的企业可分为技术效率恶化但技术进步的企业、技术效率改善但技术退步的企业以及技术效率和技术进步同时发生退步的企业。对于技术效率恶化但技术进步的企业而言,其本身的生产率在提升,但技术效率在恶化,因此导致其融资效率负增长的原因可能是自身管理因素;对于技术效率改善但技术退步的企业而言则正好相反,其融资效率负增长的原因可能是外部市场变化。对于技术效率和技术进步均产生恶化的企业而言,企业可能在外部市场和内部管理层面均存在一定问题,导致其融资效率表现不佳。

表 3 2012—2019 年 33 家文化产业公司平均融资效率及其分解

公司名称	技术效率	技术进步	纯技术效率	规模效率	融资效率
华数传媒	0.936	1.008	0.937	0.999	0.944
华媒控股	0.999	0.976	0.999	1	0.975
湖北广电	0.953	1.019	0.953	1	0.972
视觉中国	0.993	1.003	0.995	0.998	0.996
中原传媒	1	1.001	1	1	1.001
华闻集团	1	1.028	1	1	1.028
北京文化	0.97	0.99	0.975	0.994	0.96
慈文传媒	0.999	0.988	1	0.999	0.988
*ST 中南	0.988	1.015	1.002	0.986	1.003
*ST 鼎龙	1	0.999	1	1	0.999
美盛文化	1	0.99	1	1	0.99
华谊兄弟	0.977	1.106	0.981	0.996	1.08
华策影视	0.961	1.023	0.961	1	0.984
宋城演艺	0.997	0.997	1.004	0.993	0.995
天舟文化	0.997	0.999	0.996	1	0.996
捷成股份	0.973	1.035	0.976	0.997	1.007
光线传媒	0.99	1.011	0.994	0.996	1
华录百纳	1.002	0.999	1.001	1.001	1.001
新文化	0.999	1.011	1	0.999	1.01
中视传媒	1.012	0.992	1.011	1	1.004
当代文体	1	1.047	1	1	1.047
城市传媒	0.996	0.994	1	0.996	0.99
中文传媒	1	0.975	1	1	0.975

（续表）

公司名称	技术效率	技术进步	纯技术效率	规模效率	融资效率
时代出版	1.008	1.002	1.008	1	1.01
祥源文化	1.005	0.985	1.002	1.002	0.989
文投控股	0.967	0.989	0.967	1	0.956
长江传媒	0.998	0.991	1.003	0.995	0.989
新华传媒	1.02	0.994	1.019	1.001	1.014
博瑞传播	1.001	0.999	1.001	1	1
中南传媒	0.992	1.014	0.99	1.002	1.006
皖新传媒	0.995	1.006	1	0.995	1.001
凤凰传媒	1.009	0.98	1.035	0.974	0.989
出版传媒	1.011	0.995	1.01	1.001	1.006

（四）上市文化企业融资效率的影响因素分析

为了探寻导致头部文化企业出现融资效率负增长的原因，本文在上述实证分析的基础上，进一步利用面板 Tobit 模型对融资效率的主要影响因素进行分析。目前，已有一些学者针对企业融资效率的影响因素展开研究。如崔杰等（2014）学者结合制造业中小企业的经营实际情况，验证了中小型制造业企业的资本结构、融资成本、经营能力、企业规模与流动性、金融环境五个要素对融资效率的影响最大的结论；黄永福（2020）则结合物流企业的实际情况，将企业的运营能力也纳入了影响因素的分析中，并对其进行了实证检验。

考虑到文化企业相较于其他行业的特性，本文最终选取总资产周转率、营业总成本、存货、利润总额四个方面的影响因素作为解释变量，探究其对文化企业融资效率的影响。其中，总资产周转率用以衡量企业的经营能力，本文认为，对文化企业而言，保持良好的资金周转有助于企业更好地获取融资机会，总资产周转率的提升应有助于提升企业的融资效率；营业总成本用以衡量企业的资金利用率，本文认为，文化企业多具有轻资产的形态，控制企业的营业总成本有利于对外界构筑更加稳健的企业经营形象，营业总成本的降低应有助于提升企业的融资效率；存货、利润总额用以衡量企业的市场表现，对文化企业而言，存货的降低、利润的提升意味着企业的市场表现良好，表明其产品能更快销往市场并获取利润。因此，我们认为，上市文化企业的经营能力、资金利用率和市场表现都会对企业融资效率产生正向促进作用。

这一判断是否正确？接下来，我们将针对企业经营能力、企业资金利用率、企业的市场表现三者对企业融资效率的影响进行实证检验。实证模型的设计如式(6)所示。其中，y_{it} 为被解释变量，即 DEA 测算所得的融资效率；X_{it} 为解释变量，对应影响融资效率的总资产周转率、营业总成本、存货、利润总额四个变量；μ_{it} 控制了个体固定效应，δ_{it} 控制了时间固定效应，ε_{it} 为随机扰动项。

$$y_{it}^{*} = \alpha_i + \sum \beta_i X_{it} + \mu_{it} + \delta_{it} + \varepsilon_{it} \tag{6}$$

$$y_{it} = \begin{cases} y_{it}^{*}, if \quad 0 < y_{it} \leqslant 1 \\ 0, if \quad y_{it} \leqslant 0 \ or \ y_{it} > 1 \end{cases} \tag{7}$$

变量的描述统计如表 4 所示。营业总成本、存货、利润总额均经过取对数处理，剔除了部分数据缺失的观测。

表 4　变量描述性统计

变量名	观测数	均值	标准差	最小值	最大值
融资效率	237	0.907	0.123	0.442	1.000
总资产周转率	237	0.454	0.242	0.111	1.415
营业总成本	237	21.161	1.191	17.007	23.327
存货	237	19.072	1.958	11.849	21.798
利润总额	237	19.357	1.256	14.733	21.382

回归结果如表 5、表 6 所示。表 5 为不控制固定效应的面板 Tobit 回归结果，表 6 为控制个体固定效应、时间固定效应下的面板 Tobit 回归结果。可以看出，在控制固定效应后，各变量的回归系数和显著性均未产生明显变化，表明回归结果较为稳健。

回归结果验证了我们之前的判断。首先，提升企业经营能力能够显著强化企业的融资效率，总资产周转率每提升 1 个百分点，企业的融资效率就会提高 0.338。第二，提升企业的资金利用率能够显著强化企业的融资效率，营业总成本每降低 1 个百分点，企业的融资效率将提升 0.079。第三，提升企业的市场表现能够显著强化企业的融资效率，一方面存货每下降 1 个百分点，企业的融资效率将提升 0.008；另一方面利润总额每上升 1 个百分点，企业的融资效率将提升 0.014。

表 5　不控制固定效应下的融资效率影响因素分析

解释变量	系数估计值	标准误	Z 值	P 值
总资产周转率	0.338	0.030 3	11.18	0.000***
营业总成本	−0.079	0.008 29	−9.50	0.000***
存货	−0.008	0.004 14	−1.94	0.053*
利润总额	0.014	0.006 23	2.28	0.022**
常数(C)	2.292	0.132	17.38	0.000***

表 6　控制个体、时间固定效应下的融资效率影响因素分析

解释变量	系数估计值	标准误	Z 值	P 值
总资产周转率	0.337	0.034	9.99	0.000***
营业总成本	−0.094	0.010	−9.41	0.000***
存货	−0.009	0.004	−2.14	0.032**
利润总额	0.019	0.006	3.01	0.003***
常数(C)	2.589	0.181	14.29	0.000***

(五) 结论分析

通过以上实证分析，我们可以得出如下结论：

1. 从整体上看，我国文化产业融资效率与 DEA 有效水平还存在差距，导致无效率的主要因素是纯技术效率和规模效率持续走低。

2. 从静态来看，2012—2019 年文化产业公司融资大部分未达到 DEA 有效，以纯技术效率和规模都无效为主。综合效率值是纯技术效率值和规模效率值的乘积，二者共同导致了我国文化产业融资效率的变化，其中纯技术效率是拖累综合技术效率，进而降低文化产业融资效率的主要因素。

3. 从动态来看，2012—2019 年文化产业大部分公司融资效率呈现下降的趋势，技术进步对文化产业融资效率具有重要意义，但技术进步的上升不足以弥补纯技术效率与规模效率下降。

4. 企业自身的经营能力、资金利用率和企业的市场表现差异是影响文化企业融资效率的重要因素。提升企业的经营能力、资金利用率，优化企业的市场策略和产品并获取更广大的市场，能够有效提升企业的融资效率。

四、提升路径及对策建议

(一) 我国上市文化企业效率提升的路径

根据上文 DEA 测算的结果,可以将融资效率出现负增长的文化企业分为三类,即技术效率恶化但技术进步的公司、技术效率改善但技术退步的公司以及技术效率和技术进步同时发生退步的公司。不同类型的文化企业需要通过不同的路径提升其融资效率。

对于技术效率恶化但技术进步的公司,需要着力于扩大资金规模,从优化资金规模效率入手提升融资效率。对这类企业而言,其本身在融资的技术层面,也即融资利用方面已然实现有效,但在融资结构、投入规模上仍有一定优化空间。因此,这类企业需要审慎地研判市场,不断调整自身的生产规模和融资结构,以优化资金规模效率的方式提升融资效率。

对于技术效率改善但技术退步的公司,需要着力于改善自身的资金使用效率。对这类企业而言,其生产规模及融资结构已然实现有效,但在资金利用方面仍存在一定优化空间。因此,这类企业需要拓宽融资渠道、优化资金投入模式,科学、灵活地利用资金进行投入,通过提升资金使用效率的方式提升融资效率。

对于技术效率和技术进步均出现退步的公司,则需要同时着力于资金使用效率及资金规模效率的优化改善,向外提升资金规模效率,根据市场需求和资本供给,适时调整自身生产投入规模与融资规模;向内优化资金使用效率,不断拓宽融资渠道,科学利用资金投入生产,统筹改进资金规模效率、资金使用效率,以期促使融资效率达到有效。

无论是哪一类公司,其融资效率的提升本质上都源于企业内部或者外部融资因素的改善,也即内部资金规模效率、外部资金使用效率的改善。而要想改善企业的资金规模效率与资金使用效率,则首先要求企业在深刻的自我审视基础上,不断针对企业自身在生产投入规模、融资规模、融资结构上的薄弱点进行改进。当然,仅仅依靠企业自身不断调优资金规模效率和资金使用效率,还是很难让企业始终保持有效的融资效率。毕竟,伴随着市场的周期变化,上市文化企业的融资难度、融资条件、可融资资金规模也会随之动态变化,企业难以长时间保持有效的融资效率,甚至会持续出现融资困难的境况。因此,对上市文化企业而言,除了积极应对市场竞争带来的融资风险之外,还要着力寻求政府的支持。

（二）我国上市文化企业效率提升的对策建议

根据研究结论，目前我国上市文化企业融资效率整体并不乐观，仍存在较大改进空间。结合上述路径分析，为了不断提升上市文化企业的融资效率，实现高质量发展，必须着力做好以下几方面的工作。

第一，强化市场导向，注重企业创新发展。上市文化企业大多属于知识或技术密集型产业，应当将其视为国民经济的新增长点和新兴支柱产业。上市文化企业创新发展需要增加技术创新与科研投入，在发展传统业务的基础上，利用高科技发展新业务、新业态，新的科技成果可以创造新的文化生产模式和文化消费方式，刺激人们新的文化需求。首先，政府应为上市文化企业发展创造宽松的金融环境，最大化确保企业在市场化融资过程中统筹做好“防风险”和“增投资”两方面的工作，不断增强企业对冲融资风险的能力，切实改善企业的融资效率。其次，加大上市文化企业产品开发的科技含量，加快科技成果在文化领域的产业化，将高科技融入文化产业创意、制作、生产与营销过程，实现高新技术与上市文化企业的相互促进与良性互动。

第二，打造产业链和创新链，推动企业集群发展。从文化产品及服务的生产到最终经济效益以及社会效益的实现，需要形成完整有效的文化产业链和文化创新链。就企业而言，需优化产品结构、强化人力资源开发、拓展营销渠道，重塑并协调产业链和创新链中相关利益主体间的关系，实现资源的有效配置和利润的合理分配。就政府而言，通过政策的制定及文化产业园区的打造等措施做好对上市文化企业市场的监督、引导工作，在税收优惠政策上给予上市文化企业倾斜，探索设立文化产业创投引导基金，有意识地加强产业链中高附加价值环节的培育，实现在全球产业链中占据有利位置。

第三，营造良好的政策环境，引导企业优质发展。首先，需要政府增加文化产业公共产出，加强文化产业基础设施建设，完善公共文化服务网络，确保上市文化企业的产品能够让公众便利化地享受；同时，要切实加强乡村的文化振兴，缩小城乡文化消费的差距，让上市文化企业的产品能够更好地覆盖广大农村地区。其次，需要不断降低上市文化企业融资的制度成本。要加强与资金供给方的合作，对不同规模的文化企业根据实际情况放宽融资条件、帮助企业获得所需融资；要建立政府、金融机构、企业三者共担风险的风险补偿机制，支持银行、担保、融资租赁等金融机构扩大信贷供给总量；要加快推动银行、保险、证券、基金、担保公司以及其他聚焦文化领域金融机构之间的联动衔接，积极推广投、贷、保联动等多种服务模式创新，鼓励银行业金融机构大力开展股债联动业务，以投资收益对冲信贷风险，实现对上市文化企业信贷投放的风险收益匹配。再次，需要不断优化市场监管政策。健康的市场是上市文化企业发展的重要根基，伴随互联网和新通信技术应用的不断发展，上市文化企业的业态更新十分迅速，这就需要政府能够与时俱进，针对上市文化企业的特性适时推出更加符合市场动态变化的监管政策，更好地推动我国文化产业的持续健康发展。

参考文献

[1] Bharat A. Jain, Omesh Kini. The Impact of Strategic Investment Choices on Post-Issue Operating Performance and Survival of US IPO Firms[J]. Journal of Business Finance & Accounting, 2008, 35(3-4).

[2] FrancoModigliani, Merton H. Miller. The Cost of Capital, Corporation Finance and the Theory of Investment[J]. The American Economic Review, 1958, 48(3).

[3] TIM LOUGHRAN, JAY R. RITTER. The Operating Performance of Firms Conducting Seasoned Equity Offerings[J]. The Journal of Finance, 1997, 52(5).

[4] 曾刚，耿成轩. 基于 Super-SBM 和 Logit 模型的战略性新兴产业融资效率及影响因素研究[J]. 科技管理研究，2019，39(16).

[5] 樊硕. 文化传媒产业融资策略选择研究[D]. 西安：长安大学，2018.

[6]贺正楚，王姣，潘红玉. 生物医药产业不同融资方式的融资效率研究[J]. 财经理论与实践，2020，41(01).

[7] 姜妍. 基于 Super-SBM 和 Logit 模型的人工智能产业融资效率及影响因素研究[J]. 工业技术经济，2020，39(07).

[8] 林丽. 我国文化产业发展中的投融资问题及对策[J]. 经济纵横，2012(04).

[9] 刘超，傅若瑜，李佳慧，周文文. 基于 DEA-Tobit 方法的人工智能行业上市公司融资效率研究[J]. 运筹与管理，2019，28(06).

[10] 罗悦文. 中国文化产业融资模式研究[D]. 长春：吉林大学，2018.

[11] 彭晓英，张庆华，张润涛. 黑龙江煤炭企业融资效率的模糊评价[J]. 辽宁工程技术大学学报：社会科学版，2007(06).

[12] 王莉. 我国中小企业融资方式及融资效率研究[D]. 上海：华东师范大学，2010.

[13] 王平. 基于 FAHP 的民营企业融资效率评价[J]. 商业研究，2006(19).

[14] 王帅，张友祥. 互联网驱动下我国文化产业融资模式探讨[J]. 税务与经济，2016(02).

[15] 王伟，董登新. 科技型中小企业新三板市场融资效率分析——基于湖北省企业面板数

据的实证研究[J]. 证券市场导报,2020(02).

[16] 王秀贞,丁慧平,胡毅. 基于 DEA 方法的我国中小企业融资效率评价[J]. 系统工程理论与实践,2017,37(04).

[17] 王玉荣,吴刚. 我国创业板上市公司股权融资效率研究[J]. 西部论坛,2018,28(01).

[18] 王重润,王赞. "新三板"挂牌企业融资效率分析[J]. 上海金融,2016(11).

[19] 魏开文. 中小企业融资效率模糊分析[J]. 金融研究,2001(06).

[20] 吴鹤,于晓红,徐芳奕. 解决我国文化产业融资难问题的策略[J]. 经济纵横,2013(01).

[21] 伍装. 中国中小企业融资效率的灰色关联分析[J]. 甘肃社会科学,2005(06).

[22] 谢伦灿. 文化产业融资的现状透视及对策分析[J]. 同济大学学报:社会科学版,2010,21(05).

[23] 辛阳,梁琳. 拓宽我国文化产业融资渠道的对策[J]. 经济纵横,2013(04).

[24] 熊正德,丁露,万军. 文化产业上市公司股权融资效率测度及提升策略——以《倍增计划》为视角[J]. 经济管理,2014,36(08).

[25] 尹宏祯. 西部文化产业融资困境及解决之道[J]. 广西社会科学,2016(05).

[26] 赵佳. 中国少数民族文化产业融资支持问题研究[D]. 北京:中央民族大学,2017.

[27] 祝建军,蒲云,胡敏杰. 基于模糊综合评价的物流企业融资效率研究[J]. 经济经纬,2006(05).

[28] 崔杰,胡海青,张道宏. 非上市中小企业融资效率影响因素研究——来自制造类非上市中小企业的证据[J]. 软科学,2014,28(12).

[29] 王家庭,张容. 基于三阶段 DEA 模型的中国 31 省市文化产业效率研究[J]. 中国软科学,2009(09).

[30] 张仁寿,黄小军,王朋. 基于 DEA 的文化产业绩效评价实证研究:以广东等 13 个省市 2007 年投入产出数据为例[J]. 中国软科学,2011(02).

[31] 鲁小伟,毕功兵. 基于主成分分析法的区域文化产业效率评价[J]. 统计与决策,2014(01).

[32] 李兴江,孙亮. 中国省际文化产业效率的区域差异分析[J]. 统计与决策,2013(20).

[33] 邓帆帆,周凌燕,林良金. 我国东南沿海地区文化产业效率分析——基于三阶段 DEA 模型及超效率模型[J]. 中国海洋大学学报:社会科学版,2014(06).

[34] 刘倩. 基于三阶段 DEA 模型的山东省文化产业技术效率研究[J]. 中国文化产业评论,2020,28(01).

[35] 韩学周,马萱. 基于 DEA 模型的中国文化产业发展效率研究[J]. 云南财经大学学报,2012,28(03).

[36] 黄永兴,徐鹏. 中国文化产业效率及其决定因素:基于 Bootstrap-DEA 的空间计量分析

[J]. 数理统计与管理,2014,33(03).

[37] 朱伟,安景文,孙雅轩. 我国文化创意产业效率区域差异分析[J]. 科技管理研究,2018,38(11).

[38] 马子红,郑丽楠. 西部民族地区文化产业效率提升的路径选择[J]. 文化产业研究,2018(01).

[39] 刘璐. 我国文化产业上市公司经营绩效研究——基于因子分析和 DEA-Bootstrap 法[J]. 时代金融,2013(27).

[40] 郭淑芬,郝言慧,王艳芬. 文化产业上市公司绩效评价——基于超效率 DEA 和 Malmquist 指数[J]. 经济问题,2014(02).

[41] 张群,邱玉兴,王丹丹. 文化产业上市公司的融资效率及影响因素研究——基于异质性随机前沿分析法[J]. 会计之友,2016(20).

[42] 袁海,曹培慎. 中国文化产业区域集聚的空间计量分析[J]. 统计与决策,2011(10).

[43] 曹韩,张波. 我国西部地区文化产业效率评价[J]. 商业时代,2013(32).

作者简介

胡洪斌,副教授,硕士生导师,云南大学文化发展研究院副院长。研究领域为文化产业。

马子红,教授,硕士生导师,云南大学经济学院副院长。研究领域为产业金融学。

Evaluation of Financing Efficiency of Listed Cultural Enterprises in China Based on DEA Method

Hu Hongbin Ma Zihong

Abstract: In recent years, the importance of Chinese cultural industry to the economy has become increasingly prominent, and the growth quality of the cultural industry has begun to attract attention. Combining with the Malmquist productivity index, this paper constructs DEA's CCR and BCC models, then makes a static and dynamic evaluation of the financing efficiency of listed cultural companies in China from 2012 to 2019, and then uses the Tobit regression method to analyze the factors affecting financing efficiency. The results show that: on the whole, the average financing efficiency of culturally listed companies in China is relatively high, but from a trend point of view, it has the characteristics of declining year by year; from an individual point of view, there is obviously heterogeneous within the financing efficiency of listed cultural companies in China, which is affected by factors such as corporate operating capabilities, capital utilization, and market valuation. On this basis, this paper proposes path selection and countermeasures to improve the financing efficiency of listed cultural companies in my country from the three-dimensional perspectives of enterprises, markets and governments.

Key words: Listed Cultural Companies Financing Efficiency Evaluation Data Envelopment Analysis

基于 MGWR 模型的我国文化产业全要素生产率及其影响因素分析

旷婷玥　李康化

摘　要:针对我国文化产业全要素生产率及其影响因素的问题,本研究使用 DEA-Malmquist 指数法测算我国 29 个省级行政单位的文化产业全要素生产率,并基于 MGWR 模型构建了我国 2011—2019 年文化产业全要素生产率的影响因素模型。研究结果显示:第一,我国文化产业增长呈现波动性。整体而言,我国文化产业全要素增长率呈现出了增长趋势,2017 年后出现高幅增长;第二,研究发现我国文化产业全要素生产率受到市场化进程、对外开放、文化产业集聚水平等因素的影响。基于研究结果,本研究从市场化进程、文化产业集聚、对外开放等角度提出相关建议,为全面推进我国文化产业高质量发展提供理论支撑。此外,本研究还立足文化产业"走出去"问题,建议当下文化产业应当提升市场化水平,为打开国际市场做好准备。

关键词:文化产业全要素生产率　MGWR 模型　影响因素

一、引　言

伴随着我国文化产业逐步迈向国民支柱产业的步伐不断加快,其对经济发展的贡献度不断增强,文化产业对我国经济发展的助推作用也越发明显。文化产业发展能够为我国经济转型提供助力,加快调整经济结构、转变经济发展方式以及推动经济高质量发展等经济活动都需要依靠文化产业提供相应动力。近 10 年来,我国文化产业增长迅速,在国民经济中的占比份额逐步提升,2019 年我国文化产业增加值占国内生产总值的比重超过 4.5%,已初步接近国民经济支柱产业占比。在各级政府的共同关注下,文化产业逐步成长为具有规模化、集约化以及数字化特征的经济业态。

文化产业全要素生产率(Total Factor Productivity,TFP)是衡量文化产业投入产出以及资源利用效率的综合指标，它可用于衡量我国文化产业的生产效率。就全要素生产率而言，提升文化产业全要素生产率就意味着文化产业生产更多地从要素投入型逐步转向效率增进型，代表文化产业投入——产出比不断提升。现代经济增长理论指出，技术创新能够带来产业效率提升，从而助力经济长期增长。文化产业的长期增长也是如此，计算文化产业的全要素生产率，不仅能帮助我们更为深刻地认识我国文化产业发展现状，还能依据计算结果指导我国文化产业发展，例如制定相关产业政策，引导我国文化产业健康发展。由此可见，对我国文化产业全要素生产率的研究与计算具有重要的理论意义和实践意义。

然而，以往关于文化产业全要素生产率测算的研究成果并没有考虑到文化资源投入问题，也没有明确影响文化产业全要素生产率提升的相关因素（吴慧香，2015）。并且以往关于文化产业全要素生产率的研究多以区域为研究案例（郭兰平，2018），缺乏对全国文化产业发展的关注。此外，相关研究也较少关注到我国文化产业全要素生产率的影响因素，进而导致相关结果无法更为有效解释如何提升我国文化产业发展的问题（江晓晗和任晓璐，2021）。

有鉴于此，本研究以“中国文化产业全要素生产率的时空差异以及相关影响因素是什么”为主要问题，在充分考虑文化资源投入与文化产品产出关系后，拓展文化投入要素的测量指标，增加非遗资源投入、公共图书资源投入要素、名村名镇投入要素以及文化馆、博物馆等文化资源投入要素，一定程度上弥补了以往研究仅靠人力和经费投入要素来计算文化产业全要素生产率的局限性。此外，研究在测算文化产业全要素生产率后，进一步探究影响我国文化产业全要素生产率变动的相关因素。

本研究将在以下方面力图有所贡献与创新：首先，研究认为文化产业发展的基石在于各地区文化资源的差异，因此在进行我国文化产业全要素生产率计算时重点考虑将各地区的文化资源保有量作为投入要素进行相关计算。其次，基于具有空间异质性处理能力的 MGWR 模型讨论影响我国文化产业全要素生产率的因素。以往研究多集中在计算文化产业全要素生产率的工作上，在一定程度上忽视了对影响文化产业全要素生产率因素的讨论与分析，这导致相关研究无法提供有力证据以及有效措施来帮助文化产业全要素生产率的提升。

二、相关文献回顾

对文化产业全要素生产率的测算方法进行回顾，可以发现当下针对文化产业全要素生产率的测算多以 Malmquist 指数算法为主要方法。此外，关于文化产业全要素生产率的影响因素研究表明，文化投资力度以及市场需求等多个因素都能影响我国文化产业全要素生产率的变动。

(一) 文化产业全要素生产率计算方法研究

Malmquist 指数算法。以往研究中省级单位的文化产业全要素生产率计算较多以此指数算法计算，郑世林和葛珺沂(2012)在讨论文化体制改革对于中国文化产业全要素生产率的影响问题时，使用 Malmquist 指数算法对中国文化产业全要素生产率进行了计算，该研究使用文化产业增加值、文化产业资本存量以及文化产业从业人数三个指标进行计算。揭志强(2013)使用基于 RD 分解的 Bootstrap-Malmquist 指数算法研究了中国省级单位的文化产业全要素生产率。这项研究在选择投入与产出变量时，使用文化产业总资产替代文化产业资本存量。吴慧香(2015)使用 DEA-Malmquist 生产率指数计算法对我国各省市的文化产业全要素生产率进行了计算，该研究指出北京、上海、广东等地的文化产业全要素生产率增长低于中西部地区。顾江(2018)等人使用 Malmquist 方法计算了中国 30 个省级行政单位的文化产业全要素生产率，并讨论其与金融错配之间的关系，该研究依旧使用文化产业增加值作为产出变量，将从业人员和资本存量作为投入变量。夏一丹(2014)等人使用 Globe Malmquist 算法对文化传媒上市企业的全要素生产率进行计算，结果显示，文化传媒上市企业全要素生产率(GM)、技术效率(EC)、技术进步指数(BPC)呈现出上下波动的不稳定形态；此外，该研究还发现文化传媒企业的全要素生产率呈现出 U 形变动特征。

(二) 文化产业全要素生产率的影响因素研究

文化产业全要素生产率作为衡量整个产业发展水平的综合指标，它受到多个因素的影响。文化投资差异能有效影响到我国文化产业全要素生产率(吴慧香，2015)。向勇和喻文益(2011)的研究指出，无形的技术创意、组织创意以及文化创意也能有效影响文化产业全要素生产率的变动。此外，人力投入也能有效影响我国文化产业全要素生产率的变动(夏一丹，2014)。郭淑芬等人(2015)的研究指出，文化科研条件、文化市场需求、文化产业政策和经济发展水平等因素能有效影响我国文化产业全要素生产率的变动。王家庭和梁栋(2020)的研究显示，我国文化制造业的绿色全要素生产率变动会受到地区文化资源禀赋结构、市场需求、地区经济发展水平、环境规制强度和能源结构等因素的影响，其中地区产业发展水平对文化制造业的绿色全要素生产率变动的影响最大。此外，对于文化企业的研究显示，企业的商业信用、银行借款、风险投资对企业 TFP 具有显著的影响作用(董平、史占中,2017)。

(三)文化产业全要素生产率的时空差异研究

由于我国各地区的文化资源禀赋、地区市场产业结构以及文化投资差异等多项因素具有差异性,进而造成了我国文化产业发展的不均衡现象,文化产业发展不均衡在地理空间上投射为各地区的文化产业全要素生产率的时空差异。戴俊骋等人(2018)在研究中国区域文化产业发展空间差异后,基于规模—效率的视角指出,我国文化产业全要素生产率全面优势型省份包括上海、北京、广东、湖南、福建、江苏、江西。从产业规模的角度出发,该研究认为天津更符合这一特征。从文化产业效率优势角度出发,重庆、山东、安徽为文化产业效率优势省份。

学者们从东部、中部和西部角度来分析我国文化产业的全要素生产率及其时空差异。朱伟等人(2018)的研究将中国文化创意产业效率分为京沪深三大文化创意产业先驱城市和东、中、西部三大区域。这项研究通过建构创意效率指数衡量了我国东中西三大地域的文化创意产业效率,分析了 2010—2015 年间各地区的文化创意产业全要素生产率的时空差异。何里文等人(2019)的研究认为,2005—2009 年间,我国东、中、西部省级文化产业全要素增长率有较大差异,且西部文化产业的增长率高于中东部地区。

从以往的研究发现:首先,文化产业发展依靠文化资源的投入,这一问题被以往学者所忽视。上述研究多以 Malmquist 指数法对我国省级行政单位的文化产业全要素生产率进行计算,但相关投入要素存在一定问题,投入要素仅以人力资本(从业人员)和资本存量为主,忽视了文化产业的“文化资源”投入。

其次,在讨论我国文化产业全要素生产率的时空差异时,学者们更愿意将我国文化产业全要素生产率划分为东、中、西三个部分进行分析。

最后,上述研究在计算我国文化产业全要素生产率时忽视了空间尺度的异质性问题,从而导致相关研究成果主要讨论的是我国东、中、西三个地区的文化产业全要素生产率的差异。

综上所述,文化产业发展需要依靠文化资源供给,因此本研究在使用 DEA-ML 指数算法对我国文化产业全要素生产率计算时,将各地区的文化资源保有量作为投入要素进行计算。此外,本研究采用具有处理空间异质性能力且可用于探索变量与变量之间空间关系的多尺度地理加权回归模型(multi-scale geographically weighted regression model,MGWR)来分析我国文化产业全要素生产率的时空差异。

三、研究方法与变量选择

本研究关注中国文化产业全要素生产率的计算，并通过计算结果使用 MGWR 模型对其进行时空差异分布研究。需要说明的是，本研究在计算中国文化产业全要素生产率时采用 DEA-ML 指数进行计算。

（一）DEA 模型

DEA 模型，即数据包络分析法。该方法由 Charnes 等人（1978）提出，该方法注重以"效率"作为核心概念，认为效率可以有效指代总产出与总投入之间的投入—产出比，作者认为 DEA 方法的测算是以效率最大化为核心目标。Charnes 等人利用数学模型对多个投入和产出的决策单元的相对有效性进行评价。此外，由于 DEA 方法不需要对投入要素和产出要素进行预先设定相应的权重，其计算过程是以实证资料中的数据关系作为推导，从而产出相应结果，这也使得 DEA 方法被广泛运用于多个学科，其中利用投入要素与产出要素的数据直接构建非参数模型来分析某个行业的生产率效率已经被广泛接受。本研究使用 DEAP2.1 软件计算中国文化产业全要素生产率 DEA-ML 指数。

（二）混合地理加权回归模型 MGWR

MGWR 模型能够有效帮助本研究刻画出我国文化产业全要素生产率在时间与空间上的差异，这是其他模型难以具备的能力。与经典的 GWR 模型相比，MGWR 模型在对各个变量不同的空间平滑水平的约束上有了更进一步的放宽，与此同时也就产生了真实有用的空间过程模型。这能够有效帮助本研究找到真实且有效的影响变量。因此，本研究考虑使用这一模型作为研究方法。该模型的计算公式如下：

$$y_i = \sum_{j=1}^{k} \beta_{bwj}(u_i, v_i)x_{ij} + \varepsilon_i$$

在上面的公式中：bwj 用于指代第 j 个变量回归系数使用的带宽。需说明的是，MGWR 模型的每个回归系数依旧采用了 GWR 模型的核函数以及带宽选择的标准。

（三）数据选择

本研究认为，计算文化产业全要素生产率时需要充分考虑到文化资源的投入，不能将文化产业全要素生产率的计算仅从人力投入和资本投入两个角度进行。因此，在计算文化产业全要素生产率时，本研究从文化资源保有量的角度出发，将投入要素选定为“图书馆个数”“文化馆个数”“非遗数量”“旅游景区数量”“人员投入”“经费投入”“名村名镇数量”“方言数量”和“博物馆个数”九个指标；将产出要素设定为“文化产业增加值”。

关于数据来源，“旅游景区数量”从《中国旅游统计年鉴》中获取；“图书馆个数”“文化馆个数”“文化产业增加值”“博物馆个数”“人员投入”和“经费投入”六项指标从《中国文化及相关产业统计年鉴》中整理所得；“方言数量”从《汉语方言大词典》中获取；“非遗数量”从国家非遗中心网站获得；“名村名镇”数量根据住房城乡建设部网站中获得并整理。

四、实证估计结果与分析

（一）中国文化产业全要素生产率估计结果

本研究使用 DEAP2.1 软件对中国文化产业全要素生产率进行计算，通过构建的 DEA-Malmquist 指数模型，测算了 2010—2019 年中国文化产业的全要素生产率。相关结果如下表所示（由于计算结果过长，本研究将结果分为两个部分，第一部分为表 1：2010—2015 年，第二部分为表 2：2015—2019 年）：

表 1　基于 DEA-Malmquist 指数的中国文化产业全要素生产率估计结果

（第一部分：2010—2015 年）

Malmquist	2010→2011	2011→2012	2012→2013	2013→2014	2014→2015
安徽	1.33	0.47	1.01	1.02	0.85
北京	0.39	1.64	1.30	1.16	1.06
福建	1.30	0.98	1.01	0.83	0.92
甘肃	0.44	1.01	1.02	0.99	0.96
广东	0.94	1.09	0.88	1.00	0.96
广西	0.53	2.79	0.35	0.96	2.14
贵州	0.84	1.03	1.07	1.19	0.80
海南	0.18	0.93	1.10	0.98	0.97
河北	1.43	0.75	1.28	1.01	1.05
河南	0.83	1.40	1.04	1.19	1.06
黑龙江	1.50	1.03	0.98	1.85	0.48
湖北	1.28	0.94	0.94	1.03	1.01

（续表）

Malmquist	2010→2011	2011→2012	2012→2013	2013→2014	2014→2015
湖南	0.97	0.98	1.06	1.06	0.81
吉林	1.89	1.33	0.98	1.15	1.06
江苏	3.86	0.68	1.06	1.11	1.02
江西	0.69	0.66	0.81	1.06	0.86
辽宁	0.95	1.54	0.96	1.15	1.45
内蒙古	0.92	0.36	1.68	1.06	1.02
宁夏	0.84	0.97	0.92	0.98	0.91
青海	0.60	1.01	1.00	1.00	0.87
山东	2.60	1.38	0.72	1.03	1.12
山西	0.74	0.92	0.94	1.05	1.05
陕西	1.35	1.01	0.93	1.01	0.97
上海	1.01	0.85	1.03	1.11	1.18
四川	1.16	1.20	0.91	1.03	0.99
天津	1.02	1.43	0.80	0.77	1.07
云南	1.53	0.76	0.52	0.95	0.91
浙江	1.34	1.20	1.44	1.15	1.00
重庆	0.96	0.85	0.79	1.14	1.00
Average	1.15	1.07	0.98	1.07	1.02
Max	3.86	2.79	1.68	1.85	2.14
Min	0.18	0.36	0.35	0.77	0.48

表 2　基于 DEA-Malmquist 指数的中国文化产业全要素生产率估计结果

（第二部分 2015—2019 年）

Malmquist	2015→2016	2016→2017	2017→2018	2018→2019	Average
安徽	1.09	1.03	1.14	1.11	1.01
北京	1.05	1.28	1.24	0.90	1.12
福建	1.03	1.12	1.03	1.08	1.03
甘肃	1.04	1.04	1.08	0.90	0.94
广东	1.05	0.99	0.99	0.99	0.99

（续表）

Malmquist	2015→2016	2016→2017	2017→2018	2018→2019	Average
广西	0.97	0.98	0.53	0.99	1.14
贵州	1.01	0.95	1.09	1.14	1.01
海南	1.04	1.04	1.01	0.97	0.92
河北	1.10	0.94	1.28	1.35	1.13
河南	0.98	1.06	2.15	1.54	2.79
黑龙江	1.00	1.02	1.09	1.16	1.12
湖北	1.06	1.14	1.04	1.04	1.05
湖南	0.84	0.83	1.03	1.10	0.96
吉林	1.07	1.09	1.05	1.00	1.18
江苏	1.04	0.99	1.13	1.16	1.34
江西	0.99	0.94	1.10	1.08	0.91
辽宁	0.77	1.04	0.65	1.08	1.07
内蒙古	1.00	0.97	1.00	1.10	1.01
宁夏	0.82	0.99	0.99	1.00	0.94
青海	0.96	0.97	1.00	1.06	0.94
山东	1.12	1.01	0.96	1.15	1.23
山西	0.94	1.01	0.97	1.09	0.97
陕西	1.07	1.41	1.50	0.91	1.13
上海	1.18	1.16	1.03	1.17	1.08
四川	1.07	1.07	1.05	1.13	1.07
天津	1.05	0.74	1.13	1.12	1.02
云南	0.96	1.00	0.99	1.08	0.97
浙江	1.10	1.17	1.58	1.00	1.22
重庆	0.89	0.66	1.55	0.98	0.98
Average	1.01	1.02	1.12	1.56	1.11
Max	1.18	1.41	2.15	1.54	2.79
Min	0.77	0.66	0.53	0.90	0.91

上述表1和表2报告了2010—2019年，中国29个省级行政单位的文化产业全要素生产率指数值。从以上内容可以看出，2010—2011年，我国文化产业全要

素生产率均值约为“1.15”，之后的2011—2018年我国29个省的文化产业全要素生产率均有所下降，直到2018—2019年，我国文化产业全要素生产率的均值增长到“1.56”。其中，2012—2013年，我国文化产业全要素生产率均值呈现了负增长（依据DEA-Malmquist指数，数值小于1为负增长），当年均值约为“0.98”。整体而言，我国文化产业全要素增长率呈现增长趋势。

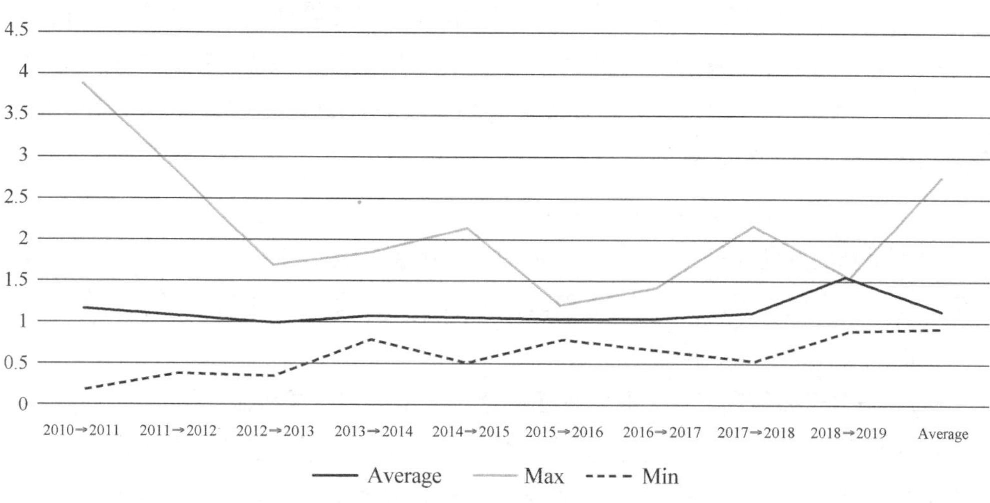

图1　我国文化产业全要素生产率均值时间变化图

从图1可以看出，我国文化产业全要素生产率总体呈现出一种较为均衡的发展趋势。从2010—2018年，我国文化产业全要素生产率年均变化为+0.05，总体呈上升趋势。我国文化产业全要素生产率整体呈增长趋势，具体来看，2010—2013年，我国文化产业全要素生产率呈现下跌趋势，随后2013—2015年有一定增幅，在2015—2017年总体呈现文化产业全要素生产率稳定趋势，在2017—2019年，我国文化产业全要素生产率呈现出增长趋势。从时间维度上看，上述数据体现出如下特征：

1. 政策影响下的文化产业全要素生产率变化波动较大阶段

2010—2013年，我国文化产业全要素生产率的均值变化在1.15、1.07、0.98，呈下降趋势。本研究认为这样的波动可从以下几个方面来解释：(1) 从文化产业发展政策看，本研究认为这与2010年以来我国文化资源得到大规模开发以及国家对于文化产业发展的政策支持有关。2010年，我国颁布《关于金融支持文化产业振兴和发展繁荣的指导意见》等一系列文化产业政策，在一定程度上支持了我国文化产业发展,促进了我国文化产业体系的构建,并为今后几年间我国文化产业的良好发展起到了一定作用。2011 年,《文化系统深入学习全面贯彻党的十七届六中全会精神实施方案》提出,加强规划指导,将发布实施《文化部"十二五"时期文化产业倍增计划》和《国家动漫产业发展"十二五"规划》;充分发挥文化部与科技部部际会商机制的作用,将制定发布《文化部文化科技"十二五"发展规划》,研究起草促进文化与科技融合发展的指导意见,适时启动文化与科技融合示范基地、示范企业相关认定工作;推动动漫、游戏、演艺、网络文化、文化旅游等领域的重大文化科技项目纳入国家相关科技发展规划和计划。2012 年,为了更进一步地推进文化产业发展,财政部重新修订印发《文化产业发展专项资金管理暂行办法》,这一政策出台,为文化产业发展很好地解决了资金压力与限制。(2) 从文化资源投入的角度看,2011 年我国第三批非遗文化项目公布,并且自 2010 年开始我国图书馆、文化馆等资源都得到更好地保护与利用,文化资源一时间得到充分挖掘。但文化资源转换为文化产业发展动力需要一定的过程,因此这几年间文化产业的全要素生产率有一定的波动性甚至是下降。

2. 得益于政策利好的文化产业全要素生产率稳定发展阶段

2013—2015 年,我国文化产业全要素生产率有所上升,但随后又出现数值略有下滑,其数值为 1.07 与 1.02,表明在这两年间我国文化产业发展水平较 2010—2013 年有所上升,但上升幅度较小,属于正常波动范畴。随后在 2014—2015 年,我国文化产业全要素生产率波动再次下滑,但其水平仍高于 2012—2013 年,这意味着从纵向角度看,我国文化产业全要素生产率水平呈现出上升趋势。具体看,2014 年 2 月,国务院出台《关于推进文化创意和设计服务与相关产业融合发展的若干意见》,提出塑造制造业新优势、加快数字内容产业发展、提升人居环境质量、提升旅游发展文化内涵、挖掘特色农业发展潜力、拓展体育产业发展空间和提升文化产业整体实力七项重点任务。这类政策强有力地推进我国文化产业的发展,有效帮助文化产业建立完善文化创意和设计服务企业的多元化体系,一定程度上推进了文化产业的整体发展。

3. 政策支持下我国文化产业出现强势增长阶段

2015—2017 年,我国文化产业全要素生产率水平呈现出平稳增长态势,波动幅度不大,具体数值为 1.01 与 1.02。这意味着在 2015—2017 年,我国文化产业整体发展已经步入稳定边界,且文化产业发展态势在稳中求进,有轻微幅度的上升。2015 年 5 月 19 日,文化部办公厅正式印发《2015 年扶持成长型小微文化企业工作方案》,该方案进一步优化小微文化企业创业发展环境,对全国的小微型文化企业提供了发展助力,进而有效提升了全国的文化产业全要素生产率。2016 年作为文化产业政策发布的"大年",中央层面就发布了 31 份政策文件。国家发改委表示要加快推进文化产业发展,持续推动《推进文化创意和设计服务与相关产业融合发展的若干意见》贯彻落实工作,推动文化创意和设计服务进一步对外开放,产业做大做强。此外,为了从市场消费端更好地刺激到文化产品消费,文化部、财政部发布了《关于开展引导城乡居民扩大文化消费试点工作的通知》,从而确定了国家基本公共文化服务指导标准,为我国公共文化服务体系进一步建立健全起到保驾护航的重要作用。同时,《文化部"一带一路"文化发展行动计划(2016—2020 年)》公布,从组织保障、政策法规保障、资金保障、人才保障以及评估落实等方面鼓励国内文化企业跨区域经营。

2017—2019 年,我国文化产业全要素生产率呈现出增长态势,且增长幅度较大,具体数值为 1.12、1.56,涨幅约 0.44。这说明在 2017—2019 年的两年时间里我国文化产业得到了快速发展,文化产业发展水平迎来了历史性突破。2017 年是实施"十三五"规划的重要一年,文化领域各项"十三五"规划纷纷出台,为接下来"十三五"时期的文化建设指明了方向。《国家"十三五"时期文化发展改革规划纲要》宏观定调,文化产业、文物事业、文化旅游、文化科技、群众文艺、文化扶贫、文物科技、公共图书馆事业、公共数字文化、古籍保护、新闻出版广播影视、版权工作等各细分领域均有相应规划出台。在文化产业高质量发展的根本要求下,我国文化产业顶层设计进一步建立健全,机构改革、调整的动作加快,这也为我国文化产业的进一步发展提供了政策支持。2017 年持续了 2016 年的"政策大年"趋势,仅中央层面就发布了 32 份文化产业发展政策,发文数量、发文层级和政策力度等方面都很突出。2017 年我国文化产业实现增加值 35 462 亿元,相比 2004 年增长了 9.3 倍。由此可见,我国文化产业是"政府驱动型发展模式",每前行一步,都离不开政策的驱动和指导。在该年,文化部出台《电影产业促进法》,从而在法律层面将电影产业发展纳入各级政府发展的规划之中。此外,国家统计局于 2018 年发布最新的文化产业分类标准《文化及相关产业分类(2018)》,将文化及相关产业划分为三层并新增了符合文化及相关产业定义的活动小类,包括互联网文化娱乐平台、观光旅游航空服务、娱乐用智能无人飞行器制造、可穿戴文化设备和其他智能文化消费设备制造等文化新业态。文化分类标准的调整,适应了我国以"互联网+"为依托的新业态发展的需要,有效提振了我国文化产业的发展效率。2019 年,作为文旅融合深入推进的一年，党的十九届四中全会审议通过的《中共中央关于坚持和完善中国特色社会主义制度推进国家治理体系和治理能力现代化若干重大问题的决定》明确提出，完善文化和旅游融合发展体制机制。文化和旅游部印发《关于促进旅游演艺发展的指导意见》，着力将旅游演艺培育成更好的文旅融合载体。随着文化和旅游部进一步完善激发文化和旅游创新创造活力的管理体制和生产经营机制、加快文旅融合体制机制建设，文旅融合不断深化，文旅产业正成为投资重点、消费热点和开发亮点。

综上所述，我国文化产业全要素生产率的增长与相关推进政策的出台关系密切。每当有强力政策出台并实施后，我国文化产业全要素增长率就会出现小幅度上扬，且就本研究的时间跨度来看，2012 年至 2017 年出台文化产业政策为 77 个，其中 2016 年和 2017 年作为“政策大年”，这两年间的文化产业全要素生产率都保持了较为稳定的发展态势。

（二）基于 MGWR 模型的我国文化产业全要素增长率影响因素分析

为进一步明确影响我国文化产业全要素生产率变动的有效因素，本研究使用 MGWr 方法进行建模，依据前人研究成果，将文化资源保有量（周建新和刘宇，2019）、对外开放程度（W Bardi，2019）、市场化进程（谢贤君等，2021）、文化产业发展水平（使用文化集聚作为测量指标）变量作为核心解释变量，将人员投入和经费投入作为控制变量。

其中，文化资源保有量变量借鉴袁渊和于凡（2020）的研究方法，以及周建新和刘宇（2019）的研究，使用“图书馆个数”“文化馆个数”“非遗数量”“旅游景区数量”“名村名镇数量”“方言数量”“博物馆个数”等数据依据熵权法进行加权计算得到。对外开放程度变量的计算，本研究借鉴了冯茜（2021）的对外开放计算方式，使用国家发展和改革委员会国际合作中心对外开放课题组《中国区域对外开放指数报告》中的对外开放指数作为衡量指标。关于市场化进程变量的测量，本研究使用了樊纲市场化指数。文化产业发展水平使用了文化产业集聚作为衡量指标（张涛等，2021）。人员投入和资金投入控制变量使用文化产业从业人员和文化产业固定资本存量（郑世林和葛珺沂，2012）作为衡量指标。计算结果如下表 3 所示：

表 3　文化产业全要素生产率影响因素结果

Residual sum of squares：				252.028
Log-likelihood：				−365.778
AIC：				745.556
AICc：				748.127
R2：				0.634
Adj. R2：				0.612
Variable	Est	S E	t(Est/SE)	p-value
对外开放程度*	−0.044	−0.044	−0.382	0.032
市场化进程*	0.184	0.112	1.647	0.020
文化产业集聚*	−0.050	0.081	−0.621	0.035
文化资源保有量	0.006	0.149	0.037	0.070
人员投入	−0.109	0.148	−0.736	0.162
经费投入**	0.105	0.210	0.498	0.018

注：* 表示 $p<0.05$，** 表示 $p<0.01$，*** 表示 $p<0.001$

从表 3 看，当前我国文化产业全要素生产率增长受到对外开放程度、市场化进程、文化产业集聚水平、经费投入等因素的影响。具体而言：

从对外开放程度看，对外开放程度与文化产业全要素生产率增长呈现负相关，且对外开放水平每上升 1%，我国文化产业全要素生产率就有可能下降 0.044 个单位。这意味着在发展过程中，我国的文化产业依赖于本土发展空间，对外开放程度增高会对我国文化产业全要素生产率的增长体现出抑制作用。这一发现印证了朱风慧和刘立峰(2021)的研究，证明在整个中国的经济发展中开放性假说得到了支持，即随着对外开放程度的持续扩大，我国文化产业全要素生产率的增长会逐步减弱。

从市场化进程看，市场化进程与我国文化产业全要素生产率呈现正相关关系，即每当市场化进程提升 1%，其有望对我国文化产业全要素增长率提升 0.184。由此可见，市场化进程能够有效帮助我国文化产业全要素生产率的提升。详细而言，市场化是指用市场作为解决社会、政治和经济问题等基础手段的一种状态，意味着政府对经济的放松管制，工业产权的私有化的影响。市场化的工具有很多种，比较低程度的市场化例如外包，比较高程度例如完全出售。我国文化产业发展与市场化进程之间存在一定的关联性，且市场化进程越高越能够影响文化产业全要素生产率的提升，这表明我国应该大力提升市场化进程，从而帮助文化产业实现跨越式发展。

从文化产业发展水平看，文化产业集聚已经逐步体现出负效应，即文化产业集聚程度越高，对我国文化产业全要素生产率的增长贡献就越低。这说明就目前而言，随着我国经济发展水平的提升，文化产业集聚在一定程度上能够促进生产效率的提升，然而当经济发展程度达到一定的临界值后，文化产业集聚出现拥挤效应，其负外部性效应逐步体现(杨守云，2019)。

此外，控制变量的结果表明，文化产业发展需要依靠经费投入。经费投入作为一种产业发展的基本要素，说明我国文化产业需要继续加大经费投资力度，从而有效提升我国文化产业全要素生产率的增长。

综上所述，我国文化产业全要素生产率的提升受到对外开放程度、市场化进程、产业集聚水平以及经费投入和人员投入等因素的影响。依据戴俊骋等人(2018)的研究结果，本研究认为我国文化产业全要素生产率存在空间不均衡的现象，并且受到经费投入以及人力投入的限制，此外，市场化对于我国文化产业全要素生产率的影响也具有显著作用。由此可见，要提升我国文化产业全要素生产率应当注重上述影响因素，根据其影响程度制定相应的引导策略，从而助力我国文化产业健康发展。

(三) 基于地区特征的文化产业全要素生产率影响因素异质性检验

相关研究表明，区位条件能够有效影响产业发展水平，并且区位作为空间特征也被相关研究关注，前文研究成果表明，文化产业全要素生产率的影响因素在各个地区有一定的差异性，因此本研究将我国的省级行政单位划分为东、中、西三部分进行异质性检验，通过在基准回归模型中加入地区虚拟变量与解释变量的交互项后，本研究得到如下模型：

$$\text{isu}_{it} = \alpha_0 + \alpha_1 dgc_{it} \times \text{area}_i + \alpha_c X_{it} + u_i + \delta_t + \varepsilon_{it}$$

在上述公式中，areaa_i 代表城市所在地区，具体包括东部(east)、中部(medium)和西部(west)，其他符号的含义与基准回归模型相同。通过模型运行，得到以下结果：

表 4　基于地区特征的文化产业全要素生产率影响因素异质性检验

变量地区	东部	中部	西部
对外开放程度	0.031 9*** (12.32)	0.231 3*** (11.08)	−0.012 2*** (9.12)
文化产业集聚	0.014 6*** (5.15)	−0.206 2*** (−9.09)	−0.099 0*** (−6.31)
市场化进程	−0.001 2 (−0.18)	−0.010 4 (−1.49)	−0.006 1** (−2.51)
文化资源保有量	0.012 5 (0.72)	0.011 2 (0.67)	0.024 1 (0.49)
人员投入	0.011 6*** (2.68)	0.029 3** (2.01)	0.003 9 (0.44)
经费投入	−0.003 2	0.117 1***	0.004 2
时间效应	否	否	否
地区效应	否	否	否
_cons	5.140 2*** (313.26)	−0.484 5*** (−3.38)	1.037 4*** (14.97)
Adj-R^2	0.460 8	0.171 9	0.313 5
F	219.582	32.807 1	103.807 6

本研究的区域异质性检验结果见上表 4，从上表 4 可以看出，在我国东部、中部、西部的区域内，文化产业集聚都会有效影响到我国文化产业全要素生产率的提升，但各个区域内的文化产业集聚效应有所不同，因此对于各个区域的文化产业全要素生产率提升的影响效应也存在差异。

具体而言，首先，对外开放程度对于文化产业全要素生产率的影响具有一定的提升作用，并且呈现出中部＞东部＞西部的特征，我国东部和中部地区的对外开放程度远高于西部地区，这一检验结果也较为符合我国当下的实际情况。其次，文化产业集聚对于我国文化产业全要素生产率的影响呈现出东部＞西部＞中部的整体态势，我国东部和西部地区的文化产业集聚程度较高，中部仅部分地区的文化产业集聚程度较高，因而这一排序符合中国当下的情况。第三，市场化进程的检验结果也呈现出东部＞西部＞中部的特征，本研究推测这与我国文化经济发展状况有关，我国东部地区和西部地区的文化经济发展状况较好，略微优越于中部，此外，我国文化经济发展程度与市场化进程之间存在一定的关联性和互为因果性，这也导致市场化进程对于我国文化产业全要素生产率的不同影响结果。第四，文化资源保有量的检验结果表明相关系数并未达到响应的显著值从而不具备在统计学的意义。第五，从文化产业投入角度看，人员投入呈现出中部＞东部＞西部的特征，尽管我国各个地区对于文化产业发展的投入近年来都有一定的提升，但也存在一定的差异性，并且文化产业投入对于文化产业全要素率提升的作用也与各地区的全要素基础额度有关。经费投入呈现出中部异质性影响最强的特征，这与中部地区文化产业发展的经费额度、发展时间都有一定的关联性。

五、结论与建议

（一）结论

本研究通过 DEA-ML 指数计算了我国 29 个省级行政单位的文化产业全要素生产率，并进一步回答了影响我国文化产业全要素生产率增长的因素。本研究提出对我国文化产业全要素生产投入指标进行更新，强调文化产业发展的投入指标应当注重文化资源投入维度，从而选择“图书馆个数”“文化馆个数”“非遗数量”“旅游景区数量”“人员投入”“经费投入”“名村名镇数量”“方言数量”和“博物馆个数”九个指标进行测算。研究发现：① 自 2010—2019 年，我国文化产业全要素生产率总体呈上升趋势，且近年来我国各地区的文化产业全要素生产率增长较为均衡；② 通过对文化产业全要素生产率影响因素的计算，结果显示我国文化产业全要素生产率的增长受到市场化进程、文化资源保有量以及经费投入等要素的影响。③ 我国文化产业的良好发展离不开政策扶持，2016 年与 2017 年作为政策大年，对于之后我国文化产业的稳定发展起到重要作用。④ 本研究依据 MGWR 模型的结果，对相关的文献进行了异质性检验，通过对我国行政单位划分出东中西三部分，本研究对六个影响因素进行了异质性检验，结果发现，各个因素造成的总体影响和区域影响有所差异，我国东中西部的文化产业发展本身就存在一定的差异性，这也是导致不同因素在不同区域表现差异较大的重要原因。

综上所述，本研究指出，我国文化产业发展与对外开放之间的关系并不明朗，且有可能存在反向关系，这一研究发现对后续实证研究提出了新的命题与挑战。此外，尽管文化产业发展需要大量的人员投入与经费投入，但本研究也指出文化产业发展需要大量的文化资源投入，文化资源作为刺激文化产业发展的基本动能，我国东部、中部和西部三个地区都需要加大对文化资源的挖掘与梳理，从而增强文化资源对于文化产业发展的贡献力度。

(二) 建议

随着我国文化挖掘工作的逐渐深入，文化产业发展也逐步走上新征程。近年我国政策也逐渐开始关注到中国文化产业走出去的问题。在上述背景下，本研究提出以下建议：

(1) 注重文化产业的人员与经费投入，逐步形成文化产业的人才优势与经费投入优势。文化产业作为一种高创新型人力投入行业，投入更多创新型人才能够帮助文化产业提升发展绩效。与此同时，人员投入也需要配套的资金投入，从而形成人力与资金双重优势，更好地作用于文化产业全要素生产率的提升。此外，适当形成文化产业发展的"政产学研"新形态，为我国文化产业发展提供良好的知识人才供给也是今后我国文化产业发展的趋势之一。

(2) 注重我国各区域文化资源的挖掘，提升文化资源转化为文化产业发展的效率。一方面从文化资源的挖掘工作入手，更深层次以及更大面积地挖掘文化资源成为助力文化产业发展的基本路径；另一方面提升文化资源的转化效率能够帮助文化产业获得更好的发展前景。此外，应积极出台相关的文化资源保护与开发政策，逐步规范以及开创我国文化资源的使用路径有效为我国文化产业发展提供助力。

(3) 通过加大对外开放力度以及市场化进程，为文化产业发展提供更好的产业市场环境。当下，我国文化产业主要依靠国内市场，对外"走出去"的文化产品关注度较为欠缺，国外市场尚未全面打开。因此，对内推进市场化进程并培养出更具市场竞争力的龙头企业，帮助这些企业走出去赢得更具有发展潜力的国外市场，成为今后文化产业提升全要素生产率的一大路径。此外，文化产业"走出去"需要依靠相关的政策扶持，因而出台相关扶持政策也显得尤为重要。

参考文献

[1] 吴慧香. 中国文化产业生产率变迁及省际异质性研究[J]. 科研管理，2015，36(07).

[2] 郭兰平. 文化产业全要素生产率动态演化——以江西省为例[J]. 企业经济，2018，37(02).

[3] 江晓晗，任晓璐. 长江经济带文化产业高质量发展水平测度[J]. 统计与决策，2021，37(02).

[4] 郑世林，葛珺沂. 文化体制改革与文化产业全要素生产率增长[J]. 中国软科学，2012(10).

[5] 揭志强. 我国地区文化产业全要素生产率增长状况研究[J]. 统计与决策,2013(01).

[6] 顾江,车树林,贺达. 金融错配对文化产业全要素生产率的影响研究:理论与实证[J]. 江苏社会科学,2018(01).

[7] 夏一丹,胡宗义,戴钰. 文化传媒上市公司全要素生产率的 Globe Malmquist 研究[J]. 财经理论与实践,2014,35(04).

[8] 向勇,喻文益. 基于全要素生产率的文化创意与国民经济增长关系研究[J]. 福建论坛(人文社会科学版),2011(10).

[9] 郭淑芬,王艳芬,黄桂英. 中国文化产业效率的区域比较及关键因素[J]. 宏观经济研究,2015(10).

[10] 王家庭,梁栋. 中国文化制造业绿色全要素生产率测度及其影响因素研究[J]. 西安交通大学学报(社会科学版),2020,40(05).

[11] 戴俊骋,孙东琪,张欣亮. 中国区域文化产业发展空间格局[J]. 经济地理,2018,38(09).

[12] 朱伟,安景文,孙雅轩. 我国文化创意产业效率区域差异分析[J]. 科技管理研究,2018,38(11).

[13] 何里文,袁晓玲,邓敏慧. 中国文化产业全要素生产率变动、区域差异分析——基于 Malmquist 生产力指数的分析[J]. 经济问题探索,2012(09).

[14] 周建新,刘宇. 我国省域文化资源保有量估算及其空间差异——基于 2007—2017 年省域面板数据的研究[J]. 山东大学学报(哲学社会科学版),2019(05).

[15] Charnes, A., Cooper, W. W., & Rhodes, E.. Measuring the Efficiency of Decision Making Units[J]. European Journal of Operational Research,1978, 2(6).

[16] Bardi, W.. Does Openness Affect the Economic Development and Growth? Evidence from a Panel ARDL Approach[J]. International Research Journal of Finance and Economics, 2019,(174).

[17] 谢贤君,王晓芳,任晓刚. 市场化对绿色全要素生产率的影响[J]. 北京理工大学学报(社会科学版),2021,23(01).

[18] 袁渊,于凡. 文化产业高质量发展水平测度与评价[J]. 统计与决策,2020,36(21).

[19] 冯茜. 文化产业集聚程度对文化产业发展效率的空间溢出效应[J]. 西安财经大学学报,2021,34(04).

[20] 张涛,武金爽,李凤轩,接奕铭. 文化产业集聚与结构的测度及空间关联分析[J]. 统计与决策,2021,37(08).

[21] 朱风慧,刘立峰. 中国制造业集聚对绿色全要素生产率的非线性影响——基于威廉姆森假说与开放性假说的检验[J]. 经济问题探索,2021,(04).

[22] 杨守云，赵鑫，王一乔. 高技术产业集聚对产业效率的影响——基于威廉姆森假说与开放性假说的检验[J]. 科技进步与对策，2019，36(20).

[23] 杨秀云，李敏，李扬子. 我国文化产业空间集聚的动力、特征与演化[J]. 当代经济科学，2021，43(01).

[24] 董平，史占中. 融资模式对文化产业发展影响的实证研究——以文化类上市公司为例[J]. 管理现代化，2017，(01).

作者简介

旷婷玥，湖南娄底人，中央财经大学中国互联网经济研究院博士后，研究方向为人力资本、文化经济。

李康化，浙江温州人，上海交通大学媒体与传播学院教授，博士生导师，研究方向为文化经济与市场营销、文化企业管理。

Analysis of the Total Factor Productivity of China's Cultural Industry and Its Influencing Factors Based on the MGWR Model

Kuang Tingyue　Li Kanghua

Abstract: In order to investigate the total factor productivity of China's cultural industry and its influencing factors. This study adopted the DEA-Malmquist index method to measure the total factor productivity of cultural industries in 29 provincial-level administrative units in China, constructed a model of influencing factors affecting the total factor productivity of China's cultural industry from 2011 to 2019 based on the MGWR model. The research results showed that: Firstly, the growth of China's cultural industry is volatile. Overall, the growth rate of all factors of China's cultural industry showed a growth trend, with a high growth after 2017; secondly, the study found that the total factor productivity of China's cultural industry was affected by factors such as the process of marketization, opening up to the outside world, and the level of cultural industry agglomeration. Based on the research results, this study put forward relevant research suggestions from the perspectives of marketization process, cultural industry agglomeration, and opening up to the outside world, so as to provide research support for comprehensively promoting the high-quality development of China's cultural industry. Furthermore, based on the "going out" strategy of the cultural industry, this study suggested that the current cultural industry should improve the level of marketization and prepare for the opening of the international market.

Key words: Total Factor Productivity of Cultural Industry　MGWR Model　Influencing Factors

文化产业与高新技术产业耦合发展的体制机制创新研究

缪锦春　易华勇

摘　要:文化产业与高新技术产业耦合所形成的数字文化产业是我国产业转型升级,发展创新型经济,率先转变发展方式的重要引擎。基于高新技术产业与文化产业之间的耦合发展内在机理,结合我国2008至2016年间的省级面板数据,建立了高新技术产业与文化产业之间的耦合发展模型,并对其融合现状进行评价分析。研究结果表明,我国现阶段的高新技术产业与文化产业处于一个高速发展高度耦合的良好阶段,融合发展趋势正在不断增强。基于此,本文提出了构建政府部门协调机制、科技创新与文化产业伴生机制、创新创意成果市场转化机制等对策建议。

关键词:文化产业　高新技术产业　融合发展机制　耦合评价模型

一、引　言

随着我国科技的快速发展以及国民教育层次的大幅提高,科技创新速度得到了快速发展,国民生活品质的提升直接影响了国民消费结构的改变,目前学界对跨界融合发展的研究极为关注。我国快速发展的科技并未在精神文化生活方面进行更多的应用,文化产业与高新技术融合所产生的数字文化产业规模还不大、产业链还较细较短,在部分细分行业,财政的引导性、创新性投入不足,"文化耦合科技"对产品和服务价值提升效应还不明显,数字文化产业对我国产业升级的关键支撑作用还没有完全释放出来,这就迫切需要研究我国文化产业与高新融合的发展现状、体制机制与路径模式。

二、研究文献综述

目前,产业跨界融合取得了长足发展,逐渐成为国内外学者关注的热点问题。

Hsu(2016)对产业跨界融合的内涵进行了阐述，认为产业之间的融合主要是为了应对各个产业的快速发展导致的各个产业之间出现发展边界不协调不平均的现象。杨春宇(2018)提出产业之间的跨界融合主要是受到技术创新以及政策扶持力度加大的影响，能够提高产业之间的互通性。Cho et al(2015)进一步对产业跨界融合内涵进行了阐述，指出产业融合主要是基于技术的整体进步以及我国政策扶持的进一步开放。与此同时，汪芳等(2015)对电子通信企业的创新程度进行了实证分析，主要评价指标为企业所拥有的专利数量。张捷等(2016)对我国的制造行业与电子信息技术产业之间的交叉发展进行了分析，研究得到了两个产业之间的融合度。曲景慧(2016)对我国文化相关产业与旅游业之间的融合发展进行了调研分析，基于耦合融合协调度理论得到了两个产业之间融合发展程度。傅为忠等(2017)结合耦合信息熵理论对新一代制造产业的发展模式(工业 4.0)与各类高端研发技术类产业之间的融合进行了分析，并对其进行了全面的评价分析。

而针对各类产业之间融合产生的具体效果的研究，吴福象等(2009)从信息产业出发，深入分析了不同产业之间同时具有竞争与合作的双重关系。王丽芳(2018)对我国各类产业融合在产业发展过程中所起到的作用进行了相关分析，主要体现在突出产业发展战略升级以及综合提高产业自身在社会发展过程中的竞争力。同时，孟召宜等(2016)采用实证分析的方法对我国信息产业与现代制造业之间的融合发展进行了分析研究，得出两者之间的融合能够大幅促进产业内部结构的优化。

综上所述，目前国内外学者的研究热点主要集中在高新技术产业与传统制造产业之间的融合发展，而对于文化产业与我国高新技术企业之间的耦合协调发展模式的研究不多，且从内生机理及体制机制、产业升级方面进行的实证研究不多、不深，特别是结合省域经济发展水平，基于文化产业与高新技术融合发展的“双创新”视角下的研究更少。基于此，在对文化产业与高新技术融合发展的内在机理进行分析的基础上，加入产业耦合发展评价模型，对我国文化产业与高新技术产业之间的耦合发展程度进行评价分析，提出了构建政府部门协调机制、科技创新与文化产业伴生机制、创新创意成果市场转化机制、创意创新氛围营造机制等对策建议。

三、文化产业与高新技术产业融合发展的内在机理研究

我国现阶段的文化产业与高新技术产业均属于朝阳行业，其所具有的生态友好特性，注定了两者之间是能够实现互联互通的，文化产业与高新技术产业之间的

融合发展,主要体现在软件融合和硬件融合两个方面。软件方面的融合主要指的是两个产业内部所拥有的技术、市场占有度以及各类高端人才等。在市场方面,文化产业具有高度发达的市场辐射特性,这与高新技术产业所具有的特性极为相似,两个产业之间的融合能够快速提升其市场占有率以及切实加强两个产业的服务水平。高新技术产业与文化产业的有效融合,能够提升文化产业在发展过程中的服务效率,在赢得市场好评的同时,又能够对给予其支持的高新技术产业进行较好的营销宣传,进而实现两个产业协同健康快速发展。同时,两个产业对各类高端复合型人才的需求均表现出了极为强烈的需求,随着两个产业之间融合度的不断提高,两个产业均能够提供一系列的新型岗位,切实加强我国整体就业结构的优化升级。

我国文化产业与高新技术产业之间的硬件融合主要是指资源互通共享以及创新技术落地应用等,资源互通共享主要就是指在两个产业进行互通协同融合发展过程中,高新技术产业基于其所拥有的创新性技术对文化产业进行升级调整,实现两个产业所有资源优化整合、共同发展的最终目的。两个产业的有效融合,能够为社会提供丰富多样的创新性文化产品和服务,能够满足我国居民对美好生活的需要,这成为文化产业与高新技术产业之间融合发展的重要目的。

四、文化产业与高新技术产业融合发展的耦合协调研究

(一) 文化产业与高新技术产业发展有序度模型构建

将高新技术产业与文化产业融合发展过程定义为一个耦合协调发展系统来进行分析研究,记作 $e(e_1, e_2)$。e_1, e_2 分别代表了高新技术产业与文化产业在耦合发展过程中的序参变量。e_{ij} 表示第 i 个子系统中所包含的第 j 个顺序参数变量,其具体的值为 X_{ij}。具体规定如下,当 e_{ij} 为正值时,表明两个产业之间的耦合有序度较好,当 e_{ij} 为负值时,表明系统协同发展的有序性较差,e_{ij} 与 X_{ij} 之间的标准化处理模型为:

$$e_{ij}=\begin{cases}\dfrac{X_{ij}-p_{ij}}{\varphi_{ij}-p_{ij}}, e_{ij}\text{具有正功效}, i\in(1,2), j\in(1,2,\cdots,n)\\ \dfrac{\varphi_{ij}-X_{ij}}{\varphi_{ij}-p_{ij}}, e_{ij}\text{具有负功效}, i\in(1,2), j\in(1,2,\cdots,n)\end{cases} \tag{1}$$

式中,φ_{ij} 和 p_{ij} 分别代表高新技术产业创新系统以及文化产业序参量取值的上下限。同时,笔者采用线性加权理论得到下述方程。

$$e_{ij}=\sum\omega_{ij}e_{ij} \tag{2}$$

结合信息熵权值理论得到公式(2)中的权重,计算步骤如下所述。

设定 $X_{ij}(1,2,\cdots,m)$,$j\in(1,2,\cdots,n)$代表第 i 个数据样本中的第 j 个序参量的值。

进而计算得到其具体比值计算模型:

$$\theta_{ij}=X_{ij}/\sum_{i=1}^{m}X_{ij} \tag{3}$$

信息熵值计算模型为:

$$g_{ij}=\sum_{i=1}^{m}(\theta_{ij}\ln\theta_{ij}) \tag{4}$$

信息熵值计算标准模型为:

$$k_{ij}=\max g_{ij}/g_{ij} \tag{5}$$

最后得到序参量各个指标权重计算模型:

$$\omega_{ij}=k_{ij}/\sum_{i=1}^{n}k_{ij} \tag{6}$$

(二) 高新技术产业与文化产业系统耦合度以及耦合协调度模型分析

结合上述 n 个子系统之间的关系,给出耦合度计算模型:

$$R_n=\left\{(e_1e_2e_3\cdots e_n)/\prod(e_1+e_2+e_3+\cdots+e_n)\right\}\frac{1}{n} \tag{7}$$

进而得到高新技术产业与文化产业系统之间的耦合度计算模型:

$$R_2=\left\{(e_1*e_2)/(e_1+e_2)/\prod(e_1+e_2)(e_1+e_2)\right\}\frac{1}{2} \tag{8}$$

公式(8)表明了高新技术产业与文化产业之间的系统耦合度 R_2 在(0,1)之间变化,当 $R_2=1$ 时,表明两个系统之间的耦合度最大,当 $R_2=0$ 时,则表明两系统之间的耦合度最小,也说明两者之间毫无关系。

上述两系统耦合度计算模型有可能会产生系统耦合度较高,但是实际中两个系统之间的耦合关联性极低,笔者引入高新技术产业与文化产业之间耦合协调度的概念,避免出现上述不科学的计算结果,其表达式为:

$$D_2=\sqrt{R_2*T_2} \tag{9}$$

式中,D_2 表明两个子系统的耦合协调度,R_2 表示两个子系统之间的耦合度,T_2 表明两个系统之间的综合耦合发展水平,其表达式为 $T_2=\alpha e_1+\beta e_2$,α 代表高新技术产业对两个系统耦合度的贡献率，β 代表文化产业对两个系统耦合度的贡献率，αe_1 及 βe_2 分别表示高新技术产业的整体技术层次以及文化产业实际发展水平。笔者将对 α 以及 β 进行取值，分别为：$\alpha=0.6$，$\beta=0.4$。

综上，笔者对高新技术产业以及文化产业两个系统之间的耦合评价等级进行了构建，具体评价标准见表 1。

表 1　高新技术产业与文化产业之间的耦合协调度评价标准体系

D_2	极度失调	低度失调	初级失调	中度失调	高度失调
等级	0—0.2	0.2—0.4	0.4—0.6	0.6—0.8	0.8—1.0

(三) 产业耦合实证分析

1. 数据来源

笔者选择 2016 年《中国科技统计年鉴》以及《中国统计年鉴》等公布的统计数据，将高新技术企业与文化产业之间耦合稳定发展的临界点上下限进行调整，分别为上限提高 10%，下限降低 10%，具体表示为：

$$\varphi_{ij}=\max X_{ij}*(1+10\%);\rho_{ij}=\min X_{ij}*(1-10\%);$$
$$(i=1,2,\cdots,m);(j=1,2,\cdots,n) \tag{10}$$

2. 数值计算

基于信息熵值计算模型可以得到 2008 至 2016 年间的权值以及高新技术产业与文化产业耦合发展计算结果，如表 2 所示。

表 2　文化产业与高新技术产业发展的耦合结果

年份	e_1	e_2	αe_1	βe_2	T_2	R_2	D_2	协调等级
2008	0.209	0.072	0.537 4	0.133 6	0.889	0.148	0.365	轻度失调
2009	0.137	0.123	0.742 1	0.053 6	0.997	0.119	0.363	轻度失调
2010	0.263	0.319	0.121 3	0.108 3	0.998	0.290	0.531	勉强协调
2011	0.311	0.345	0.042 1	0.027 0	0.998	0.318	0.564	勉强协调
2012	0.379	0.540	0.032 5	0.014 4	0.987	0.460	0.670	初级协调
2013	0.428	0.671	0.077 5	0.0512	0.979	0.551	0.729	中级协调
2014	0.459	0.781	0.091 9	0.020 4	0.971	0.619	0.771	中级协调
2015	0.489	0.879	0.050 5	0.015 9	0.962	0.691	0.811	良好协调
2016	0.570	0.981	0.308 5	0.114 5	0.965	0.769	0.859	良好协调

3. 结果分析

基于《中国统计年鉴》中2008至2016年间的统计数据，结合上述所建两个系统耦合发展计算评价模型，可得到高新技术产业与文化产业融合发展水平特征曲线，如图1所示。

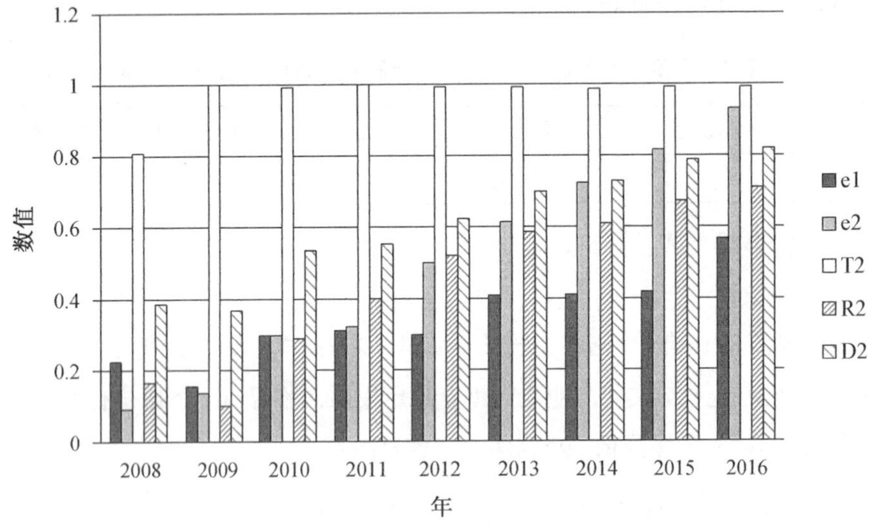

图1 文化产业与高新技术产业融合发展水平

(1) 时序分析

图1表明了我国整体高新技术产业与文化产业之间的耦合发展程度是比较低的，尚未形成一个科学合理的两个系统耦合发展关系，这主要因为我国幅员辽阔，存在着明显的地域差异，但是图1中也表现出了一定的积极优势，其R2的值仅仅在2009年出现了小幅下降，随之就呈现出快速增长的变化趋势，从2009年的0.102上升到了2016年的0.713，通过计算可得到2016年T2的值为0.995；这能够充分表明高新技术产业与文化产业之间是具有明显相关性的，说明这两个系统之间是能够较好地协调发展的。

从图1中的单个相对独立的子系统来分析，文化产业与高新技术产业均呈现出一种较好的上升变化趋势，从2008年开始，文化产业从0.288增加到2016年的0.566，增长幅度约为96.5%；高新技术企业从2008年的0.094增长到2016年的0.933，较文化产业增长幅度大，其增长了将近2008年的十倍。这说明了我国高新技术产业自2008年以来发展速度较快，存在较大的提升潜力。

综合高新技术产业与文化产业之间的耦合发展过程来进行分析，高新技术产业与文化产业融合发展能够分为三个发展阶段。第一个阶段为 2008 年，文化产业数值大于我国高新技术产业的发展数值，但是文化产业的综合评价数值指数并不高，因此在 2008 年，并未对社会整体发展带来较明显的推动作用，据此，可以认为这两个产业在 2008 年具有极大的上升空间；第二个阶段为 2009 至 2011 年间，文化产业与高新技术产业发展指数相近，说明高新技术产业在此期间得到了较为明显的发展提升，同时文化产业在此期间出现了一定范围的小幅波动，这主要是因为受到 2008 年经济危机的影响，文化产业出现低迷的发展趋势，而相应的高新技术产业得到了长足的进步；第三个阶段是 2012 至 2016 年期间，高新技术产业的发展指数逐渐高出文化产业发展趋势，这主要是由于近年来，我国教育取得了较大的发展，各类人才大量涌现，这是高新技术产业出现大幅上涨的基本动因，第三阶段的变化趋势表明了高新技术产业的进步能够推动我国文化产业升级。

(2) 耦合序参量分析

如图 1 所示，我国 2008 至 2016 年期间的数据分析表明，我国高新技术产业与文化产业之间的发展耦合度能够维持在 0.9 左右波动，其耦合发展最大值为 0.998，这表明我国高新技术产业与文化产业之间的融合发展状态较好，呈现出明显的耦合发展作用。

从耦合协调度的角度来看，在 2008 至 2009 年间，我国高新技术产业与文化产业之间的耦合发展协调指数约为 0.3，按照评级标准可判定此期间我国两个产业之间处于轻度失调状态。这主要是由于我国在 2008 年之前并未特别重视文化产业的发展；同时，我国高新技术产业也处于蓄势待发的阶段，两者并未形成良好的耦合协同发展模式；2016 年，我国高新技术产业与文化产业之间的耦合发展指数约为 0.871，增长幅度约为 112%，这说明此时已经基本实现了两个产业耦合协调发展。

五、结论与建议

“文化耦合科技”通过塑造和提升产品品质，改变和丰富产品的表现方式、商业模式、传播方式来推动产业升级。基于高新技术产业与文化产业之间的耦合发展内在机理，结合我国 2008 至 2016 年间的省级面板数据，建立了高新技术产业与文化产业之间的耦合发展模型，并对其融合现状进行评价分析，研究结果表明，我国现阶段的高新技术产业与文化产业处于一个高速发展高度耦合的良好阶段，融合发展趋势正在不断增强。“文化耦合科技”所形成的新兴产业是我国产业转型升级，发展创新型经济，率先转变发展方式的强大产业力量。基于此，推动我国文化产业与高新技术融合，可以从以下体制机制创新方面发力。

（一）构建以市场竞争为导向政府协调体制机制

1. 创新政策扶持

研究制定有利于创意创新内容生产、市场交换的税收优惠政策。实施骨干企业培育计划，针对骨干企业依据不同行业返还不同比例的企业所得税。对需要重点扶持的配套企业尤其是物流、商务服务等生产性服务业企业给予享受税收优惠政策。发挥融资租赁、版权质押、信托等融资方式在中小企业中的融资作用，积极培育和规范产权交易市场。创新财政资金使用方式，以母子基金的运作方式，发挥国有资本的杠杆撬动作用，吸引更多社会资本参与。通过财政贴息引导机制引导银行、风投公司对具有成长性的创意创新项目进行信贷投入。预留一定额度资金作为经营性企业的改制上市成本。制定政府采购支持中小企业的制度，完善公共服务外包制度，给中小企业更多参与机会。对于获得国家级创意产业项目实行地方配套资金补贴。

2. 建立沟通协调机制

放大制度改革红利，更加重视多部门、跨地区协同推进，构建江苏省内无行政壁垒、无地区分隔、低交易成本、高效率的沟通协调机制。强化政府服务功能。依托各级服务平台、行业协会，定期邀请国内外产业专家对企业高层进行培训，提升企业管理人才的决策领导能力。建立简政放权、转变职能的推进机制。简化与创意创新领域相关的行政审批事项，提高政府行政服务效能。关注不同行业之间的特殊性，梳理现有的各项审批项目，放宽市场准入门槛，改“先证后照”为“先照后证”，改审批制为备案制，减轻税负，让各项改革对每一细分行业具有更强的针对性、科学性。强化流通引导服务，强化经纪公司、服务公司等中介公司的市场纽带功能，重视发挥行业协会在产业指导、行业自律、市场开拓、企业维权等方面的功能。探索建立激活市场的服务机制。鼓励和扶持服务于生产性的金融机构做大做强，探索成立各级文化金融合作试验区，构建社会资本投资创意创新产业风险补偿机制，创新保险制度。

3. 改革管理体制

继续深化改革管理的体制机制，建立健全党委领导、行业自律、社会监督、企事业单位依法运营的管理体制。继续加快推进国有经营性单位的公司制、股份制改造，完善企业法人治理结构，建立高效透明的决策运营机制、社会监督机制与责任问询机制。构建有机统一的管理体制,健全创意创新主体间协调配合机制,构建内部关系协调、职能明确、分工协作紧密的管理体制和运行机制。综合运用财政、税收、人才、土地等多种政策手段,吸引知名创意创新企业、研发中心入驻功能区,打造"数字文化企业总部经济"。

(二)完善创意创新成果市场转化机制

1. 积极推进政产学研多方合作

设立产业创新专项基金,开展产业创新试点企业评估。紧盯十大战略新兴产业,集聚高级要素,促进高校科技资源与企业创意创新需求的对接,开展重大关键技术联合攻关,加速创意创新成果的市场化。依托江苏省众多的高校资源,以产学研联盟的方式推进创意创新成果的转化,通过"创意创新导师进课堂""创意创新项目帮扶制度",共建"创意创新人才培育基地""大学生创业园"等方式建立企业与高校联动创新的发展机制。鼓励外贸类企业与国内外高校以订单式培养方式培育一批熟悉国际惯例与规则、擅长涉外的项目策划、市场营销、文化经济、资本运作的复合型专业人才。建立"江苏省创意创新人才数据库",依据不同行业,对高级创意创新人才进行资格认证,帮助优秀的创意创新人才设立网上虚拟工作室,使其通过被"租""借""聘"等柔性方式承接更多的设计订单。允许并鼓励各类创意创新人才以设计专利、创新技术、科研成果等无形资产入股参与组建文化创意和科技创新类服务企业,营造"人才留得住、用得好"的氛围。培育创意创新经纪人市场,鼓励发展各类专业化中介服务机构。

2. 利用"互联网+"构建创意创新成果转化新机制

为解决科技成果的供需矛盾、降低企业进行创新研发的高成本,打开科技成果市场转化的通道,可以在以下几个方面进行尝试:一是以"互联网+"的方式重配各种创意创新资源。以跨界、共享、开放、扁平化的互联网思维,创新成果产业化转化的行政配置方式,将财政支持、社会资本、企业资金等资金聚集到创意创新成果转化活动中,创建一批专门实施创意创新成果转化的实验基地、中试车间、工作坊、孵化器创新载体,形成完善的创意创新成果的转化链条。发挥"互联网+"的资源聚合功能、市场交易功能、共享功能和交流功能。如发挥"互联网+"的平台交易与资源聚合功能,联动国际国内各种要素资源,汇集最新创意创新成果、资金、人才等供需信息,以市场快速的交易,促进创意创新项目的产业化落地。发挥"互联网+"交流功能,可以通过线上的论坛与供需服务,推进创意创新成果的转化推介、资金对接、咨询培训等活动,促进创意创新各类关联主体的交流与合作,推动创意创新成果的产业化。二是搭建各种创意创新成果转化的开放式合作平台。借助互联网技术，建设各省市级、区县级互动型创意创新成果展示、成果转化、消费体验、国际交流为一体的创意创新产品和服务营销平台。在基础好的产业园区，打造创客、极客空间，输出文化创意与培训服务；对接各个金融服务中心，搭建集企业信用评级，产业项目评价，版权资产评估、认证、管理等专项金融服务为一体的专业服务平台，以开放型、专业化服务平台的构建缩小创意创新成果的产业化转化周期。构建科技成果评价和转化的体系标准。三是建立公平、公正的创意创新成果市场化的评价体系，分批次、分门类、分区域将创意创新成果、转化后的市场项目、项目交易额、产业化效益进行公开发布，使创意创新项目在市场的评判与监督中进行；设立创意创新资源配置的修正机制，改变传统上政府直接资金扶持的方式，采取贷款贴息、消费补贴的方式促进创意创新成果的转化。

3. 构建完善的知识产权保护机制

以知识产权的完善保护机制鼓舞并带动企业进行文化创意设计与科技创新。以政策扶持等方式，引导部分企业建立知识产权管理部门或者相关岗位，培养知识产权保护的文化自觉，营造尊重人才、尊重创造、尊重权益的社会氛围。扶持并培育江苏省产权交易所、南京产权交易中心的做大做强，完善原创性产品和服务版权的登记、认证、托管、监管和维权服务，强化知识产权法制建设。鼓励挖掘、保护、创新江苏省民间特色传统工艺，帮助其申请商标注册，保护商标专用权。依托企业、院校、科研机构成立江苏省知识产权保护联盟，构建知识产权保护的联运机制。

(三) 构建文化创意与科技创新的伴生机制

1. 打造各种“文化耦合科技”类平台

要继续重视文化、金融、科技等要素融合工作，积极推进文化创意融合核心技术研发和技术服务平台建设，推进创意产业向资本化、证券化方向发展，让要素融合成为在城市、产业、企业、产品和空间等各层面融合的重要抓手，以“发展大文化、形成大产业、打造大平台”的产业融合发展思路，积极推动文化产业公共服务平台、文化产业投融资平台等项目建设。加快推进包括文化众筹、文化众创等在内的互联网金融发展，助推文化创意企业上市，形成资本市场“江苏创意产业板块”和一批战略投资者。[①] 建设专业化、高水平、具有国际影响力的产业科技创新中心，孵化一批具有原创性技术成果、在全球领先的创新型产业项目，构建创意创新活力持续

---

① 谭军，郭新茹. 又好又快发展江苏文化产业[J]. 群众，2015(5):24—26.

迸发、创意创新高端要素不断积聚、创意创新氛围不断完善的“文化耦合科技”产业创新高地。

2. **全面推进文化创意与科技创新纵深融合**

以高新技术为支撑，推动文化创意与其他产业的横向融合，有效提升其他产业产品的文化附加值。推动创意产业的纵向产业链延伸，以创意设计为核心，带动后端产品制造、配套服务、衍生产品、品牌服务、线上线下商店互动发展。① 完善文化科技融合扶持政策，加强高新技术应用研发，建立完善文化创意类公共技术服务平台；积极鼓励知识创新、技术创新，在各类省市文化产业引导基金与转型基金中，优先扶持科技创新类和版权交易类创意产品与服务。推进官产学研合作，引导和支持各类高新技术企业以创意创新联盟方式组建各类协同创新平台，促进高新技术成果在创意设计领域的运用。

3. **实施文化创意与科技创新融合重大示范工程**

围绕“书香中国”建设，把全民阅读、构建学习型社会作为江苏省经济社会可持续发展的长久的基础性文化工程，实施公共文化共享服务示范工程，建设数字图书馆、移动图书馆、小区自助图书馆、区域图书资源共享体系等设备载体。通过创新联盟的形式，实施数字出版产业创新工程，以江苏省国家数字出版基地为载体，打造优秀数字文化产品创意制作、展示输出的平台。实施特色文化科技保护示范工程，完成对中国文化遗产的数字化保护与创新建设，建设一批民族文化资源数据库。实施表演艺术产业发展示范工程，运用声、光、电技术对舞台场景进行提档升级，设计出体现中国气派的表演艺术精品。实施数字博物馆示范工程，鼓励有条件的市、县通过信息实体虚拟化对传统博物馆进行数字化升级。实施“教育云”创新工程、文化科技创意人才培养工程，培育出更多复合型、创意创新人才。

参考文献

[1] Hsu S T, Prescott J E. The Alliance Experience Transfer Effect: The Case of Industry Convergence in the Telecommunications Equipment Industry[J]. British Journal of Management, 2016.

[2] 杨春宇. 文化旅游产业创新系统理论研究——多理论视角下的研究进程、评述及展望

---

① 谭军，郭新茹. 又好又快发展江苏文化产业[J]. 群众，2015(5)：24—26.

[J]. 技术经济与管理研究,2018.

[3] Cho Y, Cho Y, Kim E, et al. Strategy Transformation under Technological Convergence: Evidence from the Printed Electronics Industry [J]. Social Science Electronic Publishing, 2015, 674(67): 106 - 131.

[4] 汪芳,潘毛毛. 产业融合、绩效提升与制造业成长——基于1998—2011年面板数据的实证[J]. 科学学研究,2015,33(4):530—538.

[5] 张捷,陈田. 产业融合对制造业绩效影响的实证研究——制造业与服务业双向融合的视角[J]. 产经评论,2016,7(2):17—26.

[6] 曲景慧. 中国文化产业与旅游产业融合发展的时空变动分析[J]. 生态经济,2016,32(9):129—134.

[7] 傅为忠,金敏,刘芳芳. 工业4.0背景下我国高技术服务业与装备制造业融合发展及效应评价研究——基于AHP-信息熵耦联评价模型[J]. 工业技术经济,2017(12):92—100.

[8] 吴福象,马健,程志宏. 产业融合对产业结构升级的效应研究:以上海市为例[J]. 华东经济管理,2009,23(10):1—5.

[9] 王丽芳. 山西省农业与旅游业融合的动力机制与发展路径[J]. 农业技术经济,2018(4).

[10] 孟召宜,渠爱雪,仇方道,等. 江苏文化产业时空格局及其影响因素研究[J]. 地理科学,2016(12):87—96.

[11] 林秀梅,张亚丽. 文化产业发展影响因素的区域差异研究——基于面板数据模型[J]. 当代经济研究,2014(5):42—46.

作者简介

缪锦春,江苏东台人,南京航空航天大学博士生、南京大学商学院博士后。研究方向为比较经济学、金融风险管理等。

易华勇,河南固始人,南京航空航天大学博士。研究方向为中国文化产业与文化治理。

Research on Institutional Mechanism Innovation of Coupling Development of Cultural Industry and High-tech Industry

Miao Jinchun Yi Huayong

Abstract: The digital cultural industry formed by the coupling of cultural industry and high-tech industry is an important engine for China's industrial transformation and upgrading, the development of innovative economy and the first transformation of development mode. Based on the internal mechanism of coupling development between high-tech industry and cultural industry, combined with China's provincial panel data from 2008 to 2016, this paper establishes a coupling development model between high-tech industry and cultural industry, and evaluates and analyzes its integration status. The research results show that China's high-tech industry and cultural industry at this stage are in a good stage of high-speed development and high coupling, and the development trend of integration is increasing. Combining with the research results, this paper puts forward some countermeasures and suggestions such as constructing the government-oriented coordination mechanism, the mechanism of technological innovation and cultural industry, and the market transformation mechanism of innovative and creative achievements.

Key words: Cultural Industry High-tech Industry Integration Development Mechanism Coupling Evaluation Model

文旅融合背景下智能可穿戴产业发展路径*

张　茜　钟嘉馨

摘　要:智能可穿戴产业的发展是推动数字经济发展和文化产业转型的重要路径,同时也是我国科技创新,实现新时代文化强国的重要环节。在文旅融合背景下,智能可穿戴以多感官的交互方式提升用户文化体验感和参与度,推动传统优秀文化的传播,构建数字人文与新文化经济体系。然而智能可穿戴产业在发展过程中仍存在制度不够完善、创新理念和技术不能完全满足需求、支持平台不够多元化等问题。基于此,拟提出如下破解方案:一是完善顶层制度设计;二是加强科技意识与技术;三是建立多渠道深度融合的产学研平台模式。

关键词:智能可穿戴产业　智慧文旅　发展路径

一、引　言

随着数字经济的发展与5G技术的应用,人民的生活方式逐步转向智能化。智能可穿戴产品的迅速发展与广泛应用推动了社会智能化发展。智能可穿戴是将电子元件或智能材料与可穿戴产品相结合而形成的智能化、高功能性的新型产品。科技性和使用便捷性等特点使得智能可穿戴产业得到迅猛发展,其应用多样性也为众多行业创新发展及行业转型提供了新思路。随着人民生活水平的提高与实现美好生活的需求,自2021年我国文化和旅游部发布《"十四五"文化和旅游发展规划》,提出文化旅游融合需要注重创新发展,在实践过程中智能设备的融入给新型文化的传播带来活力。文旅部、国家发改委等部门陆续发布的《关于推动数字文化产业高质量发展的意见》《关于深化"互联网＋旅游"推动旅游业高质量发展的意

*　基金项目:教育部人文社会科学研究项目(21YJC760086)、上海市哲学社会科学规划课题(2021ZWY001)、现代服装设计与技术教育部重点实验室(东华大学)中央高校基本科研业务费专项基金(2232020G－08)、上海市浦江人才计划资助项目(21PJC003)。

见》指出，从智能化的角度推动文旅产业的高质量发展，结合新型科技推动创新发展。文旅融合的应用背景为智能可穿戴的发展提供更为广阔的应用领域，同时倒逼智能技术与产业发展的结合，推动技术落地。由此可见，智能可穿戴产业发展需要抓住文旅融合领域这一发展机遇，推动自身高质量发展。

目前，文化与旅游深度融合的趋势在不断加强。在图书馆领域，朱蓓琳①研究智能技术与图书馆导示、主题分类以及影像呈现等方面相结合，但是在智能设备的交互性以及智能设备的文化挖掘方面尚有欠缺。在博物馆领域，徐延章②提出智能化的用户线上体验，包括用户注册、文化资源浏览、VR 体验等，使得线上线下服务深度融合，提高用户体验感。然而随着用户体验的不断深入，需求层次不断提升，对博物馆这样的公共文化服务创新提出了更高的要求。从智能公共文化服务的角度分析，当前在智能化技术结合文化发展的过程中需要加强顶层设计，布局文化与科技相融合的系统性。林秀琴在研究文化和科技融合发展的过程中提出当前双向融合度还较低，融合机制不够完善等问题。③ 当前在智能可穿戴领域主要研究重点在智能可穿戴技术研发和迭代，商业化产业化的研究不足。④ 以 web of science 检索“smart clothing industry”共有 558 条结果，其中大量研究集中在工程以及材料科学方面。关于智能可穿戴产业发展集中在智能加工生产方面以及消费者接受意愿方面，Cho 和 Lim⑤ 以用户为中心探索消费者对不同功能智能产品的消费需求；王晓艳等探究智能可穿戴商业化的宏观因素与其在企业基础、开发、运营方面上的商业化对策。⑥ 智能可穿戴与文化产业的融合，尤其与文旅产业发展路径探索尚有不足，探究智能可穿戴与文旅多因素影响关系，发掘现实问题、找到解决路径尤为重要。因此，本文探究智能可穿戴产业与文旅融合创新发展的时代机遇、理论逻辑与现实困境，从而提出智能可穿戴产业创新发展的新路径推动文旅融合文化传播新方式。

---

① 朱蓓琳.“数字人文+”智慧文旅应用产品的功能展望[J]. 图书情报工作，2021(65)：35—43.

② 徐延章. 人工智能时代公共文化智慧服务设计研究[J]. 文化产业研究，2020(2)：45—58.

③ 林秀琴. 文化科技融合的趋势及问题研究[J]. 文化产业研究，2019(1)：116—127.

④ 王晓艳，胡守忠，居玲玲. 基于扎根理论的智能服装商业化影响因素研究[J]. 丝绸，2018(55)：31—37.

⑤ Cho，H.，Lim，H. Acceptance of Smart Clothing Based on Outdoor Consumption Behavior [J]. Fashion & Textile Research Journal，2020(22)：209 - 221.

⑥ 王晓艳，田丙强，居玲玲，胡守忠. 智能服装商业化的影响因素及其模型[J]. 东华大学学报：自然科学版，2019(45)：619—635.

二、文旅融合背景下智能可穿戴产业发展的时代机遇

智能时代推出新的经济体制。中国制造 2025 的经济发展目标要求坚持创新驱动、智能转型,推崇传统行业向“互联网+”的趋势发展。此外,工信部、科学技术部等八大部门发布的《物联网新型基础设施建设三年行动计划(2021—2023)》提到,鼓励物联网企业加快与文化、旅游、娱乐等产业的合作,推动智能可穿戴产品的应用普及。在产业智能化转型的关键时期,智能可穿戴与文化旅游相结合,可加快数字技术落地,激励技术研发。在文旅融合发展的背景下,数字技术的发展、居民对高质量文旅的需求,是新文化经济体系发展的必然实践,是智能可穿戴产业发展的时代机遇。

(一) 数字技术发展的现实选择

数字技术包括元宇宙概念下的区块链技术、物联网技术等。数字技术的发展加强了文旅与智能可穿戴融合的可行性。国务院办公厅在 2020 年 9 月出台的《以新业态新模式引领新消费加快发展的意见》提到,要加快研发可穿戴设备的技术支持。智能可穿戴市场的良性发展和政策支持能够加快数字技术、传感技术、5G 网络技术、云计算等高新技术的研发和落地,更快推动我国科技在智能时代经济转型大环境下从“0”向“1”的质变。物联网、元宇宙的技术逐步覆盖医疗、娱乐、教育、文旅等产业[①],虚拟现实、人工智能等技术逐渐向文旅产业渗透。我国文化旅游产业发展需要实现数字化创新,创新文化传播方式,不断进行技术文化整合,提高产业实力。

智能技术的创新发展为智能可穿戴产业发展提供新思路与新方向。智能可穿戴从本质上是产品与智能技术的综合应用设计,运用设计思维创造性地解决问题。[②] 在数字技术蓬勃发展的时代背景下,高新技术推动智能可穿戴产业这一新型产业的发展。在技术发展背景下,科技和文旅的结合成为产业发展新动力。智能可穿戴设备的 VR、AR 等功能提升游客的观影体验,增加游客与文化内容的交流互动,实现博物馆、图书馆等文化场馆的营销宣传。通过智能可穿戴设备与智能场馆结合收集的观览数据录入当地数据平台,对文旅发展提供有力的参考价值。

---

① 林秀琴. 文化科技融合的趋势及问题研究[J]. 文化产业研究,2019(1):116—127.

② Kees D. The Core of ‘Design Thinking’ and Its Application [J]. Design Studies, 2011 (32): 521 - 532.

(二) 居民文旅需求提升的必然

当下游客们不再满足于走马观花式的旅游模式，有内涵、有文化、有价值的文化旅游受到广泛关注与喜爱。当前我国居民生活水平还处于不平衡不充分的阶段，要实现人民所需求的美好生活，政府不仅需要保障人民基本生活需求，还需要不断提高人民生活质量。随着居民可支配收入和居民人均消费指数的上升，居民在消费上更加注重提升个人生活质量。智能可穿戴产业在一定程度上革新了文化传播方式和呈现形式，推动高质量文化旅游项目。在我国居民消费能力逐渐增长的情况下，人们除了关注物质文化，更加重视精神文化的价值。5G 时代的到来提升了虚拟现实技术的性能，增强了用户体验感，2019 年《关于促进文化与科技深度融合的指导意见》提出，我国需要加强文化创作、生产、传播和消费等环节共性关键技术研究，其中包括对 VR/AR 虚拟现实文化设备的研发。消费级的虚拟现实产品需要满足产品与用户之间的交互，并通过提供虚拟场景营造出真实感受。当下博物馆、图书馆或公共文化服务都加入了智能可穿戴设备。2011 年我国提出"云旅游"的概念，即通过云计算、虚拟现实设备的方式实现虚拟旅游，游客跨时空感受文化。在当下后疫情时代，游客无法实地旅游，但是智能可穿戴设备通过构建旅游服务的虚拟平台实现数字化旅游。通过图文、动画等形式，游客融入文化中，身临其境感受文化的魅力。

(三) 建设新文化经济体系实践的必然

新文化经济主要是将文化作为主要的驱动力拉动消费最终实现产业转型升级。文旅经济已是我国经济发展的新支柱，文旅发展离不开技术创新。通常技术创新演化可以分为 4 个环节，即创新理念—技术革新—制度改革—结构协同，如图 1 所示。以创新理念为核心推动技术革新和制度改革，同时增加结构协同的路径。与此同时，技术革新将完善创新理念，制度改革也更加支持创新理念的实施。整体技术与制度改革的创新将确立创新结构的路径，相反创新结构落实技术与制度改革从而产生良性循环。技术和制度的发展推动产业整体结构升级和经济转型从而诱导新技术、新制度的发展，推动科技不断发展。智能可穿戴产业由于其科技创新理念的本质决定了它与技术市场、制度变革以及结构的融合，从而推动新文化经济变迁。新文化经济的发展需要智能可穿戴产业推动文旅融合发展的快速转型。

新文化经济发展下，消费者消费能力不断扩大，面向文化、娱乐、旅游的消费群体不断扩大，受众人群上至老人下至婴幼儿均有相对应的文化娱乐项目。而智能可穿戴由于其强大的功能性和娱乐性不仅吸引了技术发烧友的追捧，更吸引了年轻人、Z世代人群的目光。研究报告显示购买智能可穿戴的人群多在20—30岁之间，关注产品的智能性并且大多分布在消费能力较高的一二线城市。与此同时，消费者消费方式不断变化。在工业革命4.0的背景下，为了突破现有资源的限制、建设美丽新中国，我国进行产业转型，由集约型技术向高新技术、清洁能源方面转型，而智能可穿戴产业的发展正是在这一洪流下的必然趋势。如今智能可穿戴注重于从能源收集、自发电产电模式等环保角度解决智能产品的能源供给问题，从人体汲取生物能源实现能源的可持续发展。智能可穿戴消费市场的环境条件和发展规模等情况均表明，立足我国现代化经济新发展格局，在新文化经济的发展融合中智能可穿戴产业将成为必然。

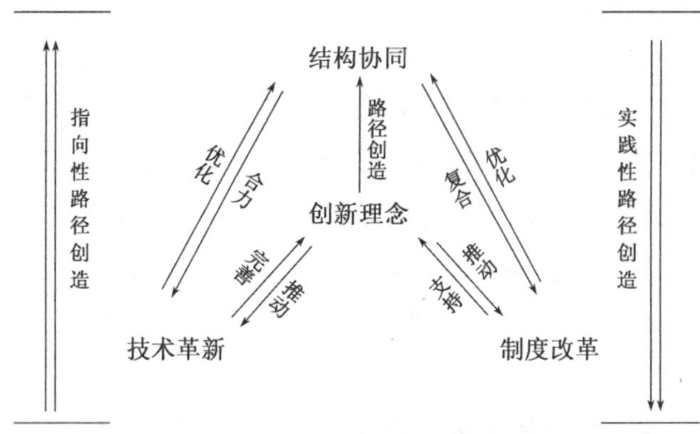

图1　科技创新理念的逻辑分析框架

三、文旅背景下智能可穿戴产业发展的现实困境

（一）融合发展的顶层设计存在不足

智能可穿戴产业的发展离不开顶层设计即发展战略的宏观指导和方向明确。当前文化产业与智能可穿戴结合的顶层设计尚有不足。① 顶层设计源于系统工程学领域中的自上而下设计。② 发展文旅背景下智能可穿戴的顶层设计能够明确文化娱乐领域智能可穿戴舒适化、交互性和可持续性的发展方向；集合企业各部分组

① 徐延章.人工智能时代公共文化智慧服务设计研究[J].文化产业研究，2020(2)：45—48.

② 刘继承."互联网+"时代的IT战略、架构与治理传统企业信息化转型的顶层设计[M].北京：机械工业出版社，2016.

成要素和关系从而建立全局性、集成化的总体构架;凝聚智能行业发展共识。推进不同行业间交流学习及信息传播,推动智能可穿戴产业变革,提前预测发展中存在的难点和问题,在一定程度上规避智能可穿戴产业在发展中遇到的风险。

当前智能可穿戴产业顶层设计结构包含不同维度,首先是整体战略规划,包括智能可穿戴的业务规划以及智能技术发展规划,其次是文化旅游事业构架,包括业务架构和智能技术架构。业务架构包括非物质与物质文化遗产的传播宣传、文化事业单位管理部门规划、行政管理部门规划和国内旅游市场部门发展规划。智能技术架构是行业之间的数据传递、相关的应用系统以及具体智能可穿戴技术的架构,包括旅游软件开发、游客、藏品数据传递、系统管理以及技术平台搭建,最后是对应规划的解决方案架构(业务和智能技术解决方案架构)。

我国文旅背景下智能可穿戴产业发展中还存在顶层设计内容框架不充分、维度单一的问题。目前政府对于智能可穿戴的发展作出了系列的规划和发展价值的阐述,但是从架构规划上来讲,少有从智能可穿戴的发展出发考虑整体构架规划。其次在创新文化知识产权保护制度上即从数据的顶层设计上还没有相对完善的规划,而高新技术产业的发展离不开战略保障和宏观环境的支持,因此文旅融合下智能可穿戴产业的发展需要多维度顶层设计支持。

(二)管理保障意识有待加强

智能可穿戴产业在文化旅游业发展的创新技术和监管系统尚且薄弱,对知识产权和小型文创企业的监管保障有待加强。智能可穿戴产业不仅涉及传统公共文化行业的转型发展,也在促进小微企业数字文创发展。发展智能可穿戴产业是提升文旅产业的附加值,优化产业结构的重要道路。但是目前我国从国家、社会层面对于发展智能可穿戴产业的管理、保障意识还不够深入。

首先我国对于智能可穿戴产业在文旅领域发展的监管系统有滞后现象。当前智能可穿戴产业已经形成一定的市场规模,但是我国监管系统的法律法规较少涉及该领域,智能可穿戴作为创意创新技术产品超出了我国传统文旅行业的监管范畴。对于智能可穿戴这一新兴产业发展,如果没有合理的监管体系,将会限制文旅产业的融合发展和转型。无法完善智能可穿戴产业发展的监管系统,在面向新一轮产业革命和数字化经济发展背景下,我国文化软实力将受到影响。其次,政府对智能可穿戴产业发展的保障意识尚有欠缺。大型文化旅游企业缺乏活力,使用智能技术进行创新的动力不足,从而导致智能可穿戴运用受限。小型创意企业难以保障自己的知识产权,盗用创意而抢占市场的局面有待整改,在一定程度上影响技术落地和研发。在各色新型产业纷起的大环境下，给予智能可穿戴企业或该行业投资者合理的鼓励政策，肯定创新产业的发展潜力，为智能可穿戴产业的发展提供保证，树立可穿戴产业从业者的信心，增强凝聚力发展产业。最后，政府和企业对加强智能可穿戴产业的宣传意识较弱。加大新技术融入的新文化项目宣传力度，可以吸引消费者对数字文旅的热情，推动传统文化旅游产业转型。

（三）公共性平台有待建设

公共性平台主要包括技术平台、业务以及应用平台。平台结构的优势在于能够利用共享机制降低技术或者产品的开发和应用成本。① 在智能化时代，资源共享和动态化平台的建设至关重要，直接影响游客的消费行为。同时平台会影响整体的战略规划、智能技术发展和文化旅游产业构架与运营。基于此，智能可穿戴产业要想稳健发展，必须补齐平台建设的短板。一是在智能可穿戴产业中创新技术、企业构架、运营模式等环节的自身和联动性平台的建立需要优化。当前主要平台如博物馆等文化场所为游客提供具体旅游导览和文化内容呈现，无法完全覆盖文化科技创意专利和版权交易以及新型复合人才培养。二是我国当前智能可穿戴与文旅产业结合的产学研研究所建立不够完善，发展相对零散，没有形成系统化的发展形式。智能产业的发展结合文化旅游的相关项目未成系统，发展相对零散而无法形成信息整合的统一平台。三是产学研结合的过程中创新成果转化的效率较低。我国高校关于智能可穿戴专利成果申请和持有数量持续增加，但是科研成果产业化的程度较低。从管理的角度入手，科研成果转化不是高校教师考核指标，导致高校成果转化效率低，此外文旅与智能可穿戴学科融合度不够，无法聚集学校资源与文旅产业部门进行对接，对文旅背景下智能可穿戴产业化发展有一定阻碍。

四、文旅背景下智能可穿戴产业发展的破解路径

（一）优化顶层设计

在智能时代和数字经济发展的时代，智能技术不再是简单的工具支撑，而是国家发展核心竞争力的重要组成部分。智能可穿戴产业的发展有利于改进落后的旧有制度，促进新业态下数字文旅标准的建立以及专利保护。加快建设智能可穿戴产业发展的顶层设计至关重要，需要抓住新时代新技术，使智能技术战略与产业战略保持一致，明确智能可穿戴在文旅领域的发展意愿，制定整体制度、架构与发展

---

① 李克克.平台产业的创新与竞争策略研究[M].武汉：湖北科学技术出版社，2013(1).

方针。对于企业建设，合理的智能化发展架构战略可缩小文创产业内部平台、标准、系统、基础设施与产业发展之间的鸿沟，推动企业转型的适应变化能力。

智能可穿戴产业的发展要把握局部和全局升级两种战略模式。其中局部应是渐进式的升级发展，在传统文旅行业现有的发展条件和架构上进行局部的完善和升级，通过简单智能导游设备或与通信设备合作的形式逐步融入数字化技术，并对现存不适应发展的部门进行整合，逐步淘汰。此外，在总体全面升级的模式上，传统的文化产业、旅游产业发展应当适应当下智能化、生态化和数字化发展格局。政府部门需要明确在新时代新经济格局下的整体发展目标。并充分发挥我国社会主义市场体系，建立灵活、机动的产业政策，保证科技的不断更新迭代和基金支持。同时从制度方面吸引高新人才，保障科技自主性研发的空间环境。顶层设计需要从改革和革命两个角度进行，逐步满足大型文化事业与中小型文化旅游企业的转型。

智能可穿戴产业的顶层设计需要从重点问题突破。智能可穿戴产业的发展不仅是面向传统文旅产业的转型升级，更是在智能产业这一大背景下的发展。由于各行业之间，企业内部变革要素过多，战略层面需要重点从智能制造、智能产品研发、数字化信息管理等各方面明确方向①，打好基础逐步从重点扩散，以点带面。建立激励机制，鼓励企业进行不同方案尝试，增加前期道路探索试错的保障体制，最终明确智能可穿戴转型的方向，推动该行业的全面发展。

（二）提升智能可穿戴产业发展意识

提升产业发展的意识需要从监管意识、保障意识两个方面出发，为智能可穿戴的发展提供兜底和支柱作用。提升智能可穿戴产业发展意识，保证市场、生产者和投资者以及制度能统一发展。

首先要有提升监管意识。将大型文化旅游事业以及中小型企业和监管机构联合在一起共同监管智能可穿戴产品。同时将大众力量融合到监管体系中，共同建立监管数据的道德体系。英国在进行管理和竞争时有采用“监管沙盒”的体系，将创新和监管体系进行融合，在产品测试阶段融入其他企业和监管机构测试产品。此外对待特色地方文化旅游，监管系统需要具有针对性，因地制宜建立差异化文旅管理，完善权责对等的监管机制。

---

① 罗序斌. 传统制造业智能化转型升级的实践模式及其理论构建[J]. 现代经济探讨，2021(11)：86—90.

其次要提升保障意识。提升我国智能可穿戴产业发展的保障意识，第一，要意识到智能可穿戴产业的发展是我国建设智能化经济，保证中国服装产业转型的重要路径，通过制度明确智能可穿戴发展的重要性。第二，发挥制度优势，为文创从业者提供支持和基金保障。智能可穿戴产业的发展还离不开对专利的保护，需要提升社会对文化知识产权的保护意识，保护新型技术和文旅产品的研发，提高人才的积极性。

最后要提升宣传意识。明确文旅定位，了解市场需求，从特色旅游地区、展馆以及公共服务领域实现多维文化展现。增强对特色活动宣传力度能够在一定程度上吸引人才，扩大消费市场。企业需要拓展思路，提升宣传力度和宣传能力；此外抓住智能可穿戴产品特点，以技术吸引游客，讲好品牌故事打造旅游品牌，提高市场竞争力。

（三）多渠道创建智能可穿戴产业发展平台

发展智能可穿戴产业要利用好平台的力量，创建多渠道研发机构。通过新型研发机构、培育市场化的科研机构，减少传统产学研体系中的制度问题，推进智能可穿戴产业化的进程。

推动新型研发机构的建立。新型研发机构是推动新兴产业发展、汇聚国内外专业人才的重要平台，是对现有平台制度空白领域的探索。文化 IP 平台的建立能够将企业和事业单位融合，保证智能可穿戴的科研创新能力的同时又保障成果的市场转化。同时 IP 平台能够加强知识产权的集中管理，加快推动现代化新型研发机构。明确机构发展目标和创新方向，形成融合性的线上线下平台，推动企业—地方产业—国家产业结构的优化调整。

培育市场化运营的科技机构，提高智能可穿戴发展园区的集群效应。智能可穿戴由于其技术领域的综合性，发展需要整合企业各个部门的人力、物力资源，加强企业组织联系，推动上下合作。推动原创文化旅游内容项目与科技创新的交融互通。同时建立智能可穿戴与高新技术园区的联系合作，设置运营机构与文化产业之间的联系，形成去中心化的产业集群。发挥好政府的优势以及企业的活力，集中力量推动个性化智能文旅平台建立以及地区性文旅平台建立，保证不同背景和年龄阶段的游客对于特色性文化旅游的价值需求。

结　语

在文旅产业发展的环境下，智能可穿戴发展具有广阔的市场空间和受众。技术赋能的文化旅游产业发展是文旅在数字化时代下的重要发展趋势。这一宏观趋势为发展智能可穿戴产业提供时代机遇。数字化文旅发展为智能可穿戴技术的落地提供动力，人民对高质量文化旅游的追求更加为智能可穿戴设备的介入提供市场，同时文旅产业所代表的新文化经济系统为智能可穿戴产业的发展提供理论和政策支持。

当前智能可穿戴产业发展中还存在一系列问题。如产业的顶层设计不够完善，与文旅背景融合深度有待提高；中小型企业技术升级创新的政策保证和支持不够；产业的品牌建设不够完善，市场运营有待加强；知识产权建立有待深化；智能可穿戴产业平台建设的去中心化力度不够，政府和市场建设平台的优势没有完全发挥等问题。文旅背景下，智能可穿戴产业的发展可以从顶层设计、监管保障制度、全方位平台建设的路径着手，提升文旅产业的创新性、趣味性及影响力，促进公共文化服务向多样化、智能化、精准化方向转换。

作者简介

张茜，内蒙古乌兰察布人，东华大学服装与艺术设计学院讲师、硕士生导师，现代服装设计与技术教育部重点实验室研究员。研究方向为文化服务设计理论与应用。

钟嘉馨，四川成都人，东华大学服装与艺术设计学院，现代服装设计与技术教育部重点实验室助理研究员。研究方向为文化服务设计理论与应用。

High Quality Development Path of Intelligent Wearable Industry under the Background of Cultural Tourism Integration

Zhang Qian　Zhong Jiaxin

Abstract: The development of intelligent wearable industry is an important path to promote the development of digital economy and the transformation of cultural industry. At the same time, it is also an important link for China technological innovation to achieve a cultural power in the new era. In the context of cultural tourism integration, smart wearable enhances users' sense of cultural experience and participation by means of multi-interaction to promote the dissemination of traditional excellent culture and construct a digital humanistic system. However, the problems encountered by the smart wearable industry in practice, such as imperfect system, innovative ideas and technologies cannot fully meet the needs and insufficient support platform, which has certain restrictions on the development of the smart wearable industry in the context of cultural tourism. Based on this, the following solutions are proposed: Firstly, improve the top-level system design; Secondly, strengthen the scientific and technological awareness and technology; Thirdly, establish a multi-channel platform of industry-university-research mode for in-depth integration.

Key words: Smart Wearable Industry　Smart Culture and Tourism　Development Path

后疫情时代博物馆“云展览”发展路径研究*

黄可悦　张　铁

摘　要：通过分析新冠疫情对博物馆线下展览的影响，探寻新冠疫情下博物馆的新机遇，发现“云展览”是博物馆数字化发展道路上新的转机。针对“云展览”的发展现状，并结合国内外相关案例，总结了后疫情时代博物馆“云展览”的优势以及现存的问题，最终提出了博物馆“云展览”的未来发展路径：一是加强“云展览”平台建设和顶层规划；二是加大技术支撑，突破互动体验瓶颈；三是吸纳社会力量参与，构建“云展览”体系；四是拓展“云展览”衍生价值，创新博物馆商业模式。

关键词：博物馆　云展览　数字化

一、引　言

博物馆是传播知识文明的人群聚集性文化场所，在 2020 年年初，受新冠疫情的冲击和影响，为保障观众的安全，全球许多博物馆采取了闭馆措施，中国虽然是全球博物馆闭馆时间最短的国家，但其人流量和展览方式也受到了一定的影响，传统的展览模式已满足不了观众看展的需求。于是，应运而生的数字化“云展览”模式成了博物馆转型的一大途径。

在国家层面，我国为实施文化产业数字化战略，举行了各类会议，并相继出台了若干旨在传承传播文化遗产、活化文物资源、充分发挥博物馆价值的专门性政策文件。

“十四五”规划将数字化战略地位提升至国家层面，提出了一系列全面推进数字化进程的举措，鼓励加速发展新型文化业态和文化消费模式，鼓励数字产业的壮

* 2021 年江苏高校“青蓝工程”资助。

大和发展。习近平总书记关于数字化发展的讲话中指出，数字技术和现代技术手段应致力于满足当代人民群众的文化需求，达到普惠性、便捷性的水平。《关于加强文物保护利用改革的若干意见》提出大力发展智慧博物馆，打造博物馆网络矩阵，强调新型传播方式的应用，让中国文化和精神得到更深远的传播。《关于实施革命文物保护利用工程(2018—2022年)的意见》中谈到了革命文物数字化展示的具体方式，提出借助融媒体技术传承革命精神。

在博物馆层面，博物馆数字化建设一直是文博领域的研究重点，2020年新冠疫情的暴发及新冠疫情防控机制加速了博物馆数字化的进程。自新冠肺炎疫情发生以来，各博物馆、展览馆、美术馆都积极拓展网络端业务，“云展览”“云巡馆”“云直播”“云课程”“云互动”等线上体验模式应运而生。2020年的全国“两会”期间，刘玉珠的提案紧紧围绕博物馆“云展览”的发展问题，提出“云展览”已成为“互联网+”时代博物馆颠覆传统展览方式、进行创造性变革的标志性事件。闭馆防疫期间，全国各地博物馆都将展览主要阵地转移至线上，据不完全统计，全国在线展览项目约2000项，共推出2000余项在线展览，访问量高达50亿次。《中国日报》评选出的2020年文博行业十大新闻事件之一是“云博物馆”在全国的崛起。可见，博物馆“云展览”是博物馆在线服务发展的重要趋势，是满足公众体验需求，并且推动文物资源活起来的一种展览形式，也是未来我国博物馆数字化发展的一个重要方向。

“云展览”作为一个较为新兴的名词，目前尚未有明确的概念和定义。目前，学者们对“云展览”的阐述包括如下几种。张立凤(2021)认为，云技术在博物馆展览工作中的一种应用称之为“云展览”，这是更好地实现展览效果的一种途径。[1]陈孝全(2021)认为，博物馆“云展览”是以互联网为平台，突破时间和地域为观众带来的一种展览服务，这种展览形式极大地激发了观众的需求，让观众能充分享受到展览带来的乐趣和益处。[2]张罗丹(2021)提出，“云展览”即线上展览，是指以互联网信息技术为依托，在网络上对展品进行展览的新兴展览方式。[3]因此，本文将“云展览”的概念归纳为：以云技术为基础，依托数字网络平台和媒介融合技术，多元展示和传播优秀文化遗产。

基于此，本研究在后新冠疫情时代背景下，首先分析新冠肺炎疫情下博物馆展览面临的危机和发展的新机遇；其次，通过对比博物馆新冠肺炎疫情期间“云展览”“云直播”等在线文化消费数据，剖析国内外相关案例，总结博物馆云展览的现状；最后，针对“云展览”现存的问题提出未来的发展路径。

一、新冠肺炎疫情对博物馆展览的影响

自 2019 年年底新冠肺炎疫情暴发以来，直至今年，新冠肺炎疫情防控在我国乃至全球已成为常态。类似于博物馆这样的人员密集型室内场所已很难再像新冠肺炎疫情前一样开放和运营。新冠肺炎疫情对于博物馆行业的打击无疑是巨大的，曾经依靠线下流量赚取的门票收入、线下文创商店收入以及其他体验项目收入都减少为零。除此之外，博物馆的管理难度和日常维护费用却在增加。[4]在很多国家，博物馆、美术馆等文化性场所都是开放优先级最低的场所，毕竟欣赏艺术不是生活的必需品，因此，即使在后新冠肺炎疫情时期，博物馆行业也不会像一般零售业、餐饮业一样迎来报复性的消费。在这样的困境之下，许多博物馆开始探索文化消费的线上模式，像“云展览”“云直播”等都是帮助博物馆走出困境的方式，这也是博物馆数字化建设中的一个新趋势。

（一）新冠肺炎疫情下博物馆面临的危机

1. 闭馆措施导致博物馆亏损严重

根据联合国教科文组织 2020 年发布的《全球博物馆应对新冠肺炎疫情报告》，全球范围内有九成博物馆受新冠疫情影响暂时闭馆，有近一成的博物馆面临倒闭。不仅新冠肺炎疫情的暴发影响了博物馆的正常运营，旅游业所遭受的重创也直接影响了博物馆的收入。海外的一些著名博物馆，其本土游客只占一小部分，由于国际旅游的限制，亚洲游客几乎消失。法国卢浮宫在 2021 年仅接待游客 280 万人，其中 60%以上是本土游客，极少数来自欧美国家，这是 1986 年以来游客数最少的一年，还不足新冠疫情前游客量的 30%。根据欧洲博物馆的网络研究，有近一半的博物馆每周亏损 1 000 至 5 000 欧元不等，一部分损失较严重的博物馆每周损失高达 10 万至 60 万欧元。国际博协的调查数据显示博物馆损失的公共资金和私有资金均超过 40%（如图 1）。当这样的亏损情况持续一段时间后，一部分大型博物馆依靠政府拨款及自身影响力获得的捐赠资金尚能维持下去，例如大都会艺术博物馆。但其余的不知名博物馆，收入渠道基本瘫痪，这直接影响到了博物馆的生存。

2. 博物馆财政危机导致员工失业

新冠疫情防控下博物馆闭馆引发的财政赤字最直接的影响就是博物馆工作人员面临失业。国际博协的一份新冠疫情期间博物馆、博物馆从业者的调查报告显示，有 29.8%的博物馆进行了裁员，同时有 82.6%的博物馆选择了减少项目活动

(如图 1),甚至一些博物馆直接取消了所有的展览活动和项目。[5]在这些被解雇的博物馆员工中,非全职员工占大多数,少部分的全职员工也面临着不得不转业的困境。比如美国的纽约现代艺术博物馆、古根海姆博物馆都采取了降薪、裁员、终止合同、减少资金投入等措施。

Foreseen Economic impact

	Downsize staff	Reduce programs	Loss public funding	Loss private funding	Close the museum
Yes	29.8%	82.6%	40.4%	42.5%	12.8%
No	36.8%	7.6%	28.8%	23.6%	67.8%
Not sure	33.4%	9.8%	30.8%	33.8%	19.2%

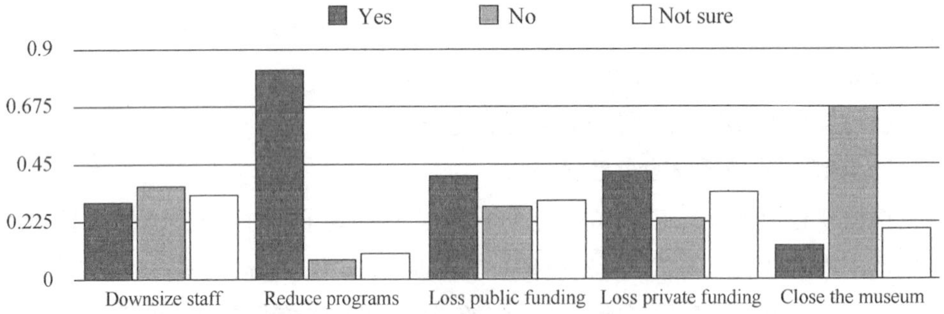

Yes No Not sure

0.9
0.675
0.45
0.225
0

Downsize staff Reduce programs Loss public funding Loss private funding Close the museum

图 1 博物馆预期经济影响

* 图片来源:国际博协《博物馆、博物馆从业者和新冠疫情的调查报告》

3. 博物馆恢复与重塑面临新问题

随着新冠疫情的好转,如何恢复博物馆往日的活力,重塑博物馆的教育传播功能是所有博物馆需要思考的。首先,要解决防疫期间博物馆安全开放问题。博物馆需要配备一系列的安检设施和安检人员,如在入口处放置防疫警示牌、配备体温检测设备,安排专门人员登记游客信息等,并且参观人数和参观时间受限,导致参观流程更加复杂。北京市文物局发布的有关防疫期间北京地区各类博物馆开放原则中要求,开放区域要做好防疫措施,并由相关部门对其安全性进行评估。其次,博物馆中相对密闭、人流量较大的区域如影院、互动体验区、餐饮区等不符合安全开放条件的均不能开放。“重塑”则意味着博物馆职能和社会价值的转变。虽然众多博物馆都紧跟时代发展方向,利用现代信息技术拓展线上服务,形式上的创新在短时间内引入了大量的客流,但博物馆的传播价值最终还要落到社会教育上,生动地传达展品中深厚的文化底蕴才是根本。因此,博物馆在恢复和重塑过程中面临的问题有三个：其一是博物馆内部的管理程序相比以往更加复杂，增加了资金投入和人员投入，这部分资金如何补足；其二是馆内业态的减少会削弱观众的体验感，这部分局限如何突破；其三是线上服务如何扩大博物馆传播力，如何维持线上展览长久的生命力。

（二）新冠肺炎疫情下博物馆展览发展新机遇

1. 刷新线上展览新模式

为应对新冠疫情影响，继续保持和观众的黏性，国内外不少博物馆在网络和社交平台上推出了线上展览模式。其实，在我国，数字博物馆的建设从 20 世纪 90 年代就开始推进，在全球，大约有一半博物馆拥有自己的线上平台和社交宣传账号。在特殊时期，线下文化消费遇到阻碍之后，博物馆的数字化转型取得了较大的突破。在此期间，博物馆云上展览方式开始兴起，比如数字展览、直播探馆、虚拟展厅、线上讲座等。根据国际博协 2020 年的调查报告，闭馆后，博物馆对数字服务的使用增加了 15%以上，博物馆对社交媒体的使用增加了一半。例如敦煌研究院出品的“云游敦煌”小程序中，涵盖探索、游览、保护、新文创四个板块，分别对敦煌文化艺术、莫高窟游览、壁画的保护、敦煌文创做了介绍。其中“新文创”板块推出的点亮莫高窟、声动画语、云游敦煌动画剧等互动项目更是走在了国内文博数字化发展的前列。该小程序上线一年的访问量达到 3 000 万人次，远超线下一年的游客量。

2. 拓宽线上销售新渠道

为缓解因游客骤减导致的博物馆财政危机，许多博物馆尝试将博物馆营销与当下最热的直播带货结合起来，重新找寻博物馆的商业价值。第一个途径是和品牌合作，扩大影响力。卢浮宫从 2019 年开始与各大品牌合作，比如与潮牌 Off-White 合作，推出了莱昂纳多・达・芬奇的限量联袂系列服装，将莱昂纳多・达・芬奇的经典画作《岩石圣母》《圣母子与圣安妮》注入 T 恤和连帽衫的设计中。我国故宫博物院以网络赛事的形式促进故宫文化形象的传播，与腾讯集团长期合作举办“NEXT IAED 腾讯创新大赛”，将故宫的文化 IP 形象扩展至社交、游戏、动漫、音乐、创新赛事等线上媒介中。第二个途径是发展电子商店，促进线上文创产品的销售。目前在淘宝天猫平台可检索到的博物馆旗下的文创产品旗舰店还不算多，基本都是一些知名博物馆，像中国国家博物馆、故宫博物院、大英博物馆等。新冠疫情期间，更是有博物馆通过淘宝直播带货的方式销售文创产品。这也暂时挽回了博物馆在闭馆期间的一些经济损失。

二、博物馆“云展览”的发展态势及现存问题

(一) 博物馆“云展览”的发展态势

目前,博物馆“云展览”借助虚拟现实(VR)、人工智能(AI)等技术提高了观众的体验度,通过各类平台和媒介传播,打破了时间、空间的壁垒,策展内容由实体藏品延伸至虚拟作品,创造了新的观展模式和文化体验方式。“云展览”不只是新冠肺炎疫情下支撑博物馆文化展示功能的一个产物,还是在后疫情时代以及未来帮助博物馆数字化升级的新趋势。

1. 现代技术赋能“云展览”,实现线上线下联动

自国家文物局在微博平台启动“线上约会博物馆”项目以来,各大博物馆积极推送优质内容,陆续有300多家博物馆的线上展览项目被公布。其次,还有上千家博物馆通过微博、微信、官网等发布展览信息。观众对于“云观展”的兴趣空前高涨,各大在线展览项目的关注度也不断倍增,比如故宫推出的“全景故宫”“V故宫”项目,国博的“展览线上数据库”,敦煌研究院的“数字敦煌”等。各个地区也集中归纳在线浏览文博平台,公开共享在线看展资源,帮观众解锁看展的新渠道。

2020年年初,各大博物馆争相在网络和社交平台上开展在线展览和直播服务,其中包括国博在内的八家博物馆在淘宝上进行了一次集体直播,这次直播将近一千万人观看,也有部分是外国观众,这是“云展览”的一次成功尝试,也体现了线上文化展示的无国界化。从直播数据来看,西安碑林博物馆的点赞量遥遥领先(如图2),这也归功于该博物馆独树一帜的直播方式,它有别于其他博物馆常规式的展示文物,而是将当下最热门的文化输出形式——脱口秀融入直播中,讲解员白雪松并没有在现场对文物进行逐一介绍,而是一个人完成了一场脱口秀,这样互动性强的形式拉近了与观众的距离,也让文化输出变得生动有趣。

2. 展览内容突破虚拟和现实的界限

除了利用网络平台、社交平台进行“云展览”外,有些先锋的博物馆已经将“云展览”的阵地探索至虚拟世界。BCA GALLERY是国内首个加密数字艺术画廊,BCA从两年前开始就从多个维度对元宇宙建筑设计与艺术策展进行开拓性探索,并在元宇宙(指借助科技手段创造的交互性虚拟世界,并能与现实世界产生链接的一个具有新社会系统的数字空间)建成了十多个数字艺术画廊并成功举办了多场线上展陈活动。去年,BCA在上海外滩建立了线下画廊,并举办元宇宙主题月,实现了线下画廊和线上艺术空间的融合对话,是将“云展览”从现实空间推进至虚拟

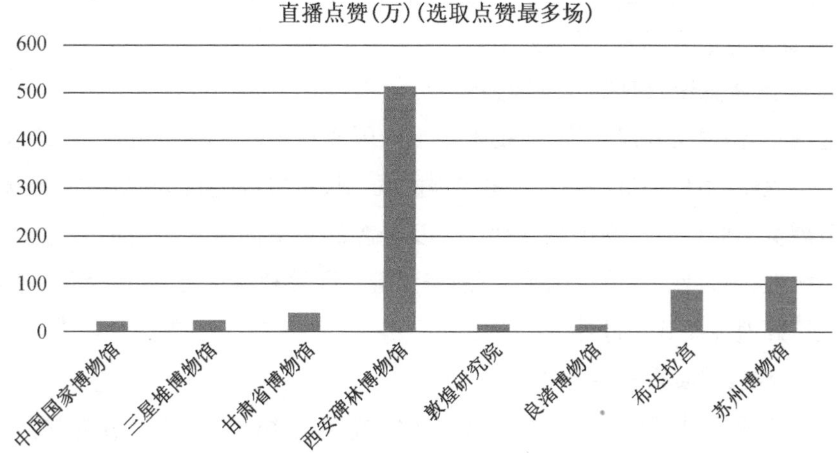

图 2　八大博物馆直播点赞数据图

* 数据来源:http://static. nfapp. southcn. com/content/202003/05/c3213175. html.

空间的一次成功实验。

在国外,有些博物馆对虚拟空间中的数字化探索也很超前。例如数字艺术品的售卖、全数字化的云上展览等。圣彼得堡冬宫于 2021 年 11 月推出了一个名为"The Ethereal Aether"全数字化展览,这是在虚拟空间中的展览,在这个空间中用数字重建的形式展示了 38 个 NFT 作品,游客可以像玩游戏一样与作品进行互动,其趣味性和新鲜感超越了实体博物馆中的展览。LaCollection 的创始人 Beaucamps 说,NFT 不仅是博物馆用来盈利的一种创新方式,还是一种"潜在的艺术史教育",NFT 是一种帮助艺术完成民主化的技术,它同时也能为博物馆吸引更年轻、更多样化和国际化的观众。

通过对比发现,虽然国内博物馆"云展览"在技术层面有所突破,但在展陈方式和内容的互动性上还有一定欠缺。如何提高观众参与线上的体验度,如何将网络上单调的图文场景转变成交互性强的展览内容,是博物馆云展览中需要考虑的问题。国外线上展览中体现的交互性、参与性、共享性,以及在虚拟空间中的互动体验是值得我们学习和借鉴的内容。

(二) 博物馆"云展览"的现存问题

在中国知网 CNKI 数据库中检索主题"博物馆云展览"共有 104 条结果,其中最早的文献发表时间为 2020 年 4 月。可见,"云展览"是这两年兴起的词汇,国内对于博物馆"云展览"的研究还处于初级阶段,在展陈方式上的创新、新技术的运用、网络数字平台的搭建等方面还有很大的研究、发展空间。在博物馆“云展览”实践中，也面临着诸多问题，具体如下。

1. 线上展览资源有待开发和整合

近两年，国家文物局定期、分批推送了全国博物馆网上展览资源，各地区也通过微信小程序、手机 App 等平台，将当地的线上展览资源进行分享，帮助观众及时地观看展览。但目前博物馆“云展览”以及资源的共享都只是小范围的尝试，还未形成系统性、聚合性、规范性的平台，还需要继续开发和深化，让中国文化以数字化的方式更好地传播到全世界。

2. “云展览”质量良莠不齐

新冠疫情期间，全国多地的博物馆、文化馆、美术馆尝试用“云展览”的方式突破困局，想以此获得新的转机。一些大型的博物馆，由于有前期数字化、智慧型博物馆转型的铺垫和经验积累新形势下加大了对线上展览的投入，因此在“云展览”的尝试上也取得了一定创新性的成果。比如，故宫博物院发布的《“云游”故宫指南》提供了多种在线游览故宫、欣赏展品、与文物互动的模块，让观众在云端也能感受展览的历史文化内涵和氛围。但是，由于技术不成熟、功能发挥不足、体系不健全等原因，部分博物馆特别是中小型博物馆出现了展示内容单一化、陈旧化，展示方式形式化、粗糙化等问题，有的只是图片的简单堆叠、视频的罗列，违背了“云展览”展示传播的目的，其效果远没有线下展览来得生动，难以满足观众多样化、沉浸式的观展需求。

3. 博物馆专业人才短缺

在 2021 年全国政协双周协商座谈会上，国际博物馆协会副主席安来顺提出，经调研统计，全国高校每年博物馆专业的应届毕业生人数仅占全国博物馆系统新增人数的十分之一，硕士学位的高层次实践人才的对口就业率不足 50%。可见，博物馆专业人才十分短缺，这一现象也在一定程度上阻止了博物馆的高质量发展。特别是后疫情时期，博物馆“云展览”的体系建设更加需要一批既懂艺术又懂技术的复合型人才的加入。因此，这也是博物馆目前需要解决的问题之一。

4. 博物馆线上运营模式亟待更新

此前大多数博物馆将运营的重点放在实体场馆的服务上，忽略了线上服务的配套融合。目前线上博物馆、“云展览”等形式还是停留在展览展示的阶段，缺少清晰的运营模式和盈利途径，属于依托在线下博物馆上的一个分支。是否要将线上展览作为一个独立的模块进行经营，并增加知识付费等功能是博物馆线上运营需要思考的问题。

三、博物馆“云展览”未来发展路径思考

后新冠疫情时代，博物馆“云展览”呈现蓬勃发展的态势，但仍存在线上资源不足、展览内容和形式缺乏创新、观赏性和互动性不够、博物馆专业人才短缺、博物馆线上运营模式单一等问题，阻碍了博物馆“云展览”的创新步伐，基于此，本文分别从加强“云展览”平台建设和顶层规划；加大技术支撑，突破互动体验瓶颈；吸纳社会力量参与，构建“云展览”体系；拓展“云展览”衍生价值，创新博物馆商业模式等四个方面，提出对博物馆“云展览”未来发展路径的几点思考。(见图 3)

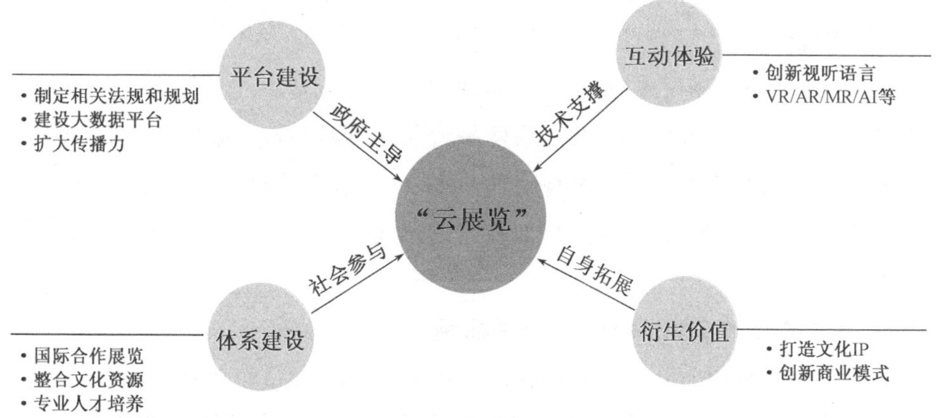

图 3 博物馆“云展览”发展思路图

(一) 加强“云展览”平台建设和顶层规划

通过新冠疫情期间观众对于博物馆“云展览”的高度关注可以发现，博物馆数字化资源充满魅力，积极开发开放博物馆数字化资源，是符合观众期待和适应市场需求的，同时也能弥补实体博物馆展览存在的一些弊端，解决展览内容局限、传播路径单一、覆盖人群有限、辐射范围小等问题。因此，加强“云展览”平台建设是十分重要的。

加强“云展览”平台建设首先离不开国家政策和政府的支持。结合我国“十四五”规划中的相关内容，应制定有关博物馆“云展览”发展的针对性规定和意见。我国尚未有专门的法规来规范博物馆数字资源的开放，但是随着“互联网+”时代文博的发展，我国有相关政策鼓励各级各类博物馆积极提供高质量的数字文化资源。比如，国家文物局出台的关于文博单位复工的意见中指出：“利用数字资源，通过在

线展览、在线教育、在线开放课程等网络资源共享方式,继续丰富文物展示内容,为公众提供高质量的数字文化资源和服务。”在政策指引下,应当顺应数字资源开放的脚步,围绕博物馆优质数字资源和线上服务制定相应的法规,让博物馆线上资源更加规范、全面。

其次,要做好网络数据平台的开放和建设。从国家鼓励博物馆利用数字资源开展各类形式的线上展览开始,一些地区已经进行文物的数字化登记研究。比如,前两年,苏州上线了“文物资源大数据平台”,北京上线了“博物馆大数据平台”,江西上线了“博物江西”,中国文物信息咨询中心上线了“博物中国”。在这些平台上能够查看文物的图片信息,部分还可以查看三维模型。在此基础上,应该逐渐从点到面、从地区到全国,开放更多的浏览、查询渠道,为公众提供更多的文物资源信息化数据,实现博物馆线上数据平台的协同合作。

最后,要利用市场化效应,扩大对博物馆数字文化资源的传播力。目前,公众对淘宝、抖音、微博等我国的一线互联网平台关注度极高,新冠肺炎疫情期间八大博物馆的淘宝直播客流量就充分体现这一点。因此,需要进一步加强“云展览”平台建设和顶层规划,走政府主导、外部参与的路线,将博物馆线上资源通过多平台传播出去。

(二) 加大技术支撑,突破互动体验瓶颈

麦克唐纳(Macdnald)于 1997 年对数字博物馆的内涵和功能做过解读:数字博物馆将通过克服物理空间和地理位置的限制,让更多用户访问更多藏品,并通过互动媒体增强展陈效果。由于其传播面广、内容丰富、效果强,其教育使命将得到更好的落实。[6]在融媒体时代,观众欣赏博物馆藏品的方式、角度以及解读故事的能力都发生了变化。图文介绍或者是平铺直叙地介绍藏品历史已经不能满足观众的心理,而是需要一种幽默、放松、贴近生活的语言更能符合观众的要求。因此需要充分利用融媒体平台中新的视听语言,这样有利于激发文物的活力,形成一种新的展示方式,更加贴近大众生活,拉近大众与文物的距离。比如《博物馆说》以短视频的方式讲述文物历史内涵,将丰厚的信息内容浓缩成 5 分钟的短片,并通过主流媒体形成矩阵传播出去。

新技术在博物馆领域的运用越来越广泛,并逐渐渗透至博物馆工作的各个环节,对藏品的保护、开发、展览、传播都有着重要的作用。[7]博物馆中的新技术包括虚拟现实技术、增强现实技术、混合现实技术、全息影像、3D 打印、人工智能等技术,提高了实体展览的互动性,很大程度上丰富了观众的感官体验,但在云上展览

中运用得还不够成熟。国内很多博物馆的线上小程序及 App 上的展览内容还是以图片、文字、影像为主,展陈方式比较单调。因此,博物馆对于新技术的运用不能仅停留在藏品的展示和传播中,在文物资源数字化、公众与展品的互动交流的过程中也应该被用到。美国的博物馆领域在近几年已经将人工智能技术应用到分析观众情绪走向、与观众问答、分类藏品、给予个性化建议等方面。

因此,国家应加大对博物馆"云展览"科研技术层面的投入力度,为博物馆线上展览提供强大的技术保障,博物馆应充分利用新技术,优化"云展览"的展示功能,进一步提升观众的互动体验。同时借助融媒体平台,拓宽文物资源的公开渠道,挖掘更贴近公众生活方式的展示方式,增加公众参与,满足人民群众的需要。[8]

(三) 吸纳社会力量参与,构建"云展览"体系

在后新冠疫情时代,博物馆线上展览的形式和内容不断被丰富,但博物馆仅依靠自身力量难以推动博物馆资源进一步开放共享。因此博物馆需要借助社会力量的参与,更好地推动"云展览"体系的建设。首先,博物馆要考虑馆内藏品合理开发利用,加强与国内外其他博物馆的合作,通过聚合网络资源,实现文物资源共享,继续深化线上服务,并与线下服务融合起来,形成体系化的模式,从而更好地传播文物的价值。目前,各大机构正在快速整合文化资源,共同打造"博物馆网络展示平台"等博物馆在线展示资源载体,整合、开放、共享文化资源。例如,腾讯博物馆与国内外 400 多家文化博物馆机构进行深入合作,将众多文物资源、博物馆信息和服务整合到网络平台。[9]除了博物馆、美术馆这些线下展览场所以外,网络社交平台也在积极构建云上展览共享平台,比如一款叫作"博物官"的微信平台,上面囊括了 500 家博物馆,开放了不同时期、不同来源的画作约二十万件,除了最基础的展品展示与解读功能外,还增加了 3D 文物体验、展厅的全景浏览等交互功能。

其次,博物馆要加强与高校、科研机构的合作。博物馆"云展览"的体系建设离不开文物数字化人才的加入,因此,高校和科研机构要能充分发挥其职责,发挥培养高质量人才的作用。通过与博物馆共同设立文物数字化保护科研基地、文物数据库研究平台;设置和开展博物馆数字化课程和相关专业等途径,为国家培养和输送更多的跨学科复合型人才。这些举措都是为了更好地发展线上博物馆,最终实现"云展览"体系的良好建设。

(四) 拓展"云展览"衍生价值,创新博物馆商业模式

博物馆需改变以门票、文创商店为主要盈利的单一线下商业模式,继续挖掘线上展览的衍生价值。博物馆文创产品近年来吸引了社会各界的大量关注,文创产品的销售甚至成了一些博物馆重要的资金来源，在新冠肺炎疫情期间，线上文创产品的销售也帮助博物馆渡过难关。随着观众对产品品质的要求逐渐变高，博物馆对于文创产品的策划、研发、设计、生产、销售等一系列流程有了更高的要求。

打造文物IP赋能新文创，再用文创收益反哺博物馆历史文化的传播，从而达到经济文化的双收益是目前博物馆活化文物资源新的突破口。故宫IP是目前国内文化IP实践方面较为领先和成功的案例。故宫博物院抓住了市场中最活跃的一群消费者，即多元化的年轻消费群体，并围绕用户，研究出了“故宫文化IP＋文创＋新消费形式”的商业模式，使得营业额不断翻一番。长久以来一直以门票收入为主要盈利来源的故宫，在IP文化打造之后，于2014年首次实现了文创收益超越门票收益。同时，其文化IP的形象也随着故宫博物院与诸多品牌的合作、多元化的经营方式以及不断迭代更新的文创产品不断深入人心，逐渐成为年轻人追捧的一种文化现象。因此，在博物馆“云展览”的发展进程中，也可以借鉴这种“文化IP＋文创＋新消费形式”的商业模式，创新网店的营销模式，探索线下店铺新零售模式，实现文创产品的线上线下双赢。

四、结　语

综上，新冠疫情加速了博物馆数字化的发展进程，在后新冠肺炎疫情时期，要继续推进博物馆“云展览”的建设，推动博物馆线上文化消费形式不断创新，逐步让博物馆“云展览”成为常态化的展览模式。本研究分析新冠肺炎疫情期间国内外博物馆生存路径，特别是线上文化消费模式的转变，在此基础之上，寻找新冠肺炎疫情后期我国博物馆“云展览”发展的方向。在现阶段，博物馆“云展览”呈现展览内容丰富、覆盖面广、传播人群广泛、技术性强等特点，为博物馆带来了新的客流和收益，拓宽了博物馆展示平台，提高了传播效益。但经研究发现，博物馆“云展览”存在展览形式创新性不够、商业模式不健全、互动体验度不高的问题，未能形成系统的线上展览运作模式。因此，博物馆应该立足于自身优势，继续拓展“云展览”的新路径，通过树立法规、开放网络数据平台、利用市场化手段加强“云展览”平台建设和顶层规划，借助融媒体平台，加强新技术的应用，增强互动体验，并加强与其他博物馆的资源整合，扩大与高校及科研机构的合作，提高人才数量与质量，实现“云展览”体系的建设，同时打造文物IP不断赋能文创产品，形成新的网络营销模式，拓展“云展览”的衍生价值。以上是基于国家形势和博物馆现状提出的一些思考。接下来，随着博物馆展陈方式不断迭代更新，政府对博物馆线上展陈模式的投入管理力度不断加大，以及社会各界对博物馆关注度、参与度不断增高，博物馆“云展览”的发展态势会越来越好。

参考文献

[1] 张立凤. 新时期博物馆“云展览”的传播模式与构建路径研究[J]. 中国民族博览，2021(15)：3.

[2] 陈孝全. 博物馆云展览的分析与思考[J]. 客家文博，2021(01)：28—32.

[3] 张罗丹. 由“云展览”论历史博物馆发展趋势[D]. 南京：南京艺术学院，2021.

[4] 冯家红，张苏缘. 新冠肺炎疫情下科举博物馆运营与管理研究[J]. 文化产业研究，2020(01)：91—100.

[5] 重磅！两份权威报告解读全球新冠肺炎疫情冲击下的博物馆[EB/OL]. 弘博网. 2020-05-29.

[6] MacDonald G F, Alsford S. Conclusion: Toward the Meta-Museum[M]//The Wired Museum: Emerging Technology and Changing Paramation. Washington DC: American Association of Museums, 1997.

[7] 童芳. 数字叙事：新技术背景下的博物馆设计研究[J]. 南京艺术学院学报：美术与设计，2020(03)：165—171，210.

[8] 杨拓. 新技术视角下博物馆发展实践与趋势[J]. 中国国家博物馆馆刊，2019(11)：146—152.

[9] 耿雷，韩冰. 后新冠肺炎疫情时代数字化虚拟博物馆发展探究[J]. 大观，2021(06)：102—103.

作者简介

黄可悦，江苏常州人，南京航空航天大学金城学院助教。研究方向为环境艺术设计。

张轶，江苏南京人，南京理工大学设计艺术与传媒学院教授、硕士生导师。研究方向为设计学。

Research on the Development Path of Museum Cloud Exhibitions in the Post-epidemic Era

Huang Keyue　Zhang Yi

Abstract: By analyzing the impact of the new crown pneumonia epidemic on the offline exhibitions of museums, and exploring new opportunities for museums under the new crown pneumonia epidemic, it is found that "cloud exhibition" is a new turning point on the road of digital development of museums. In view of the development status of "cloud exhibition", combined with relevant domestic and foreign cases, this paper summarizes the advantages and existing problems of museum "cloud exhibition" in the post-epidemic era. Finally, the future development path of the museum's "cloud exhibition" is put forward: firstly, to strengthen the platform construction and top-level planning of "cloud exhibition"; secondly, to increase technical support to break through the bottleneck of interactive experience; thirdly, to expand the participation of social forces and jointly build "cloud exhibition" system; the fourth is to expand the derived value of "cloud exhibition" and innovate the operation mode of the museum.

Key words: Museum　Cloud Exhibition　Digital Virtual Space

非遗传承

乡村振兴语境下村落民俗重构与节庆品牌塑造研究*

——以婺源篁岭晒秋为例

刘爱华　韩凤娇

摘　要:近年来,乡村发展备受关注,村落民俗资源成为乡村振兴的重要符号载体和经济要素。婺源篁岭积极挖掘并重构本地独有的晒秋农俗,使篁岭晒秋成为"最美中国符号",成为其独特的文化符号和节庆品牌。当然,在旅游凝视下,其景观生产痕迹明显,而导致其问题的"症结"在于城乡巨大差异性。因此,建构旅游市场新型文化关系,推动主客体进行真正的对话,促进旅游供给侧改革,秉持"见人见物见生活"的保护理念,关注、尊重作为主体的村民,在保护村落民俗的基础上,激活其生命力,推动其创造性转化,无疑是当前我国民俗旅游发展的一个努力方向。

关键词:乡村振兴　篁岭晒秋　村落民俗　节庆品牌　景观生产

长期的城乡二元化分割格局导致的乡村衰败,成为制约国民经济高质量发展的一个不可回避的问题。为此,党和国家提出并实施乡村振兴战略,而其关键在于产业振兴。我国乡村地区民俗资源丰富,是产业发展的潜在力量,也是乡村振兴的重要符号载体和经济要素。因此,建构旅游市场新型文化关系,加强主客体对话,

*　本文写作得到婺源县乡村文化发展有限公司董事长兼总裁吴向阳、常务副总裁曹锦钟及臧万雄、曹加祥、方华彬、程林根等先生及篁岭村汪志源老师的大力帮助,在此表示衷心感谢。基金项目:国家社科基金重大委托项目"新中国 70 年社会治理研究"(批准号 18@ZH011)子课题"百村社会治理调查"(18@ZH011－0320190417),江西省文化艺术科学规划项目"城乡融合发展背景下中华传统节俗传承利用研究"(YG2018247),中国博士后科学基金第 12 批特别资助"乡村文化振兴背景下传统村落民俗传承机制创新研究"(2019T120564)。

植根乡村，依靠社区民众①，促进旅游供给侧改革，在保护村落民俗的基础上，有效挖掘其符号元素，推动其创造性转化，无疑是乡村振兴或民俗旅游发展值得探讨的路径。

一、民俗反哺：乡村振兴与村落民俗资源利用

在庆祝中国共产党成立 100 周年大会上，习近平总书记代表党和人民庄严宣告，我们实现了第一个百年奋斗目标，在中华大地上全面建成了小康社会，正在意气风发向着全面建成社会主义现代化强国的第二个百年奋斗目标迈进。[1]全面建成小康社会，只是解决了绝对贫困问题，解决相对贫困、解决城乡发展不平衡问题、推动国民经济高质量发展及建设社会主义现代化强国等仍是未来中国共产党人的长期奋斗目标。因此，解决“三农”问题，建设富裕、文明、和谐的社会主义新农村，关系着整个国民经济发展，关系着中华民族伟大复兴中国梦的实现，也是人心所向。当然，我们党一直以来都高度重视“三农”工作。在党的十九大报告中，习近平总书记已经提出了乡村振兴战略，指出要坚持农业农村优先发展，按照产业兴旺、生态宜居、乡风文明、治理有效、生活富裕的总要求，建立健全城乡融合发展体制机制和政策体系，加快推进农业农村现代化。[2]根据党的十九大精神，2018 年 1 月 2 日，2018 年中央一号文件即《中共中央国务院关于实施乡村振兴战略的意见》，对乡村振兴战略进行全面部署。2018 年 9 月，中共中央、国务院印发《乡村振兴战略规划(2018—2022 年)》，要求各地区各部门结合实际认真贯彻落实。2019 年 2 月 19 日，2019 年中央一号文件即《中共中央国务院关于坚持农业农村优先发展做好“三农”工作的若干意见》，对“三农”工作提出指导性意见。2020 年 1 月 2 日，2020 年中央一号文件即《中共中央国务院关于抓好“三农”领域重点工作确保如期实现全面小康的意见》，对“三农”工作再次作出全面部署。2021 年 1 月 4 日，2021 年中央一号文件即《中共中央国务院关于全面推进乡村振兴加快农业农村现代化的意见》，对加快农业农村现代化建设提出指导性意见。2022 年 2 月 22 日，2022 年中央一号文件即《中共中央国务院关于做好 2022 年全面推进乡村振兴重点工作的意见》，强调扎实有序做好乡村发展、乡村建设、乡村治理重点工作。

---

① 杨利慧以北京近郊高碑店村为个案，对驱动其开发非遗以实现振兴的动机、方法和行动主体进行研究，通过调研、研究发现，“社区驱动的非遗开发与乡村振兴”是更根本性的模式。参见：杨丽慧. 社区驱动的非遗开发与乡村振兴：一个北京近郊城市化乡村的发展之路[J]. 民俗研究，2020(1).

从上述文件可以看出,“三农”工作多年来都是党和国家的工作重心,而乡村振兴战略则是近年来党和国家最为重要的工作。如何推动乡村振兴?乡村振兴重心何在?其制约因素是什么?依靠谁?应该采取什么措施?这些问题很重要,也是见仁见智的问题。笔者认为,乡村振兴无疑需要振兴乡村产业,避免或解决乡村空心化问题,也是有效推进乡村振兴战略的抓手和关键。基于城乡的巨大差异性,伴随城市化、现代性而来的城市人口膨胀、交通堵塞、环境污染、生活压力巨大等问题,乡村不断被都市人想象和建构,成为栖居乡愁的诗意的居所。因此,乡村以“他者”的形象呈现,成为都市人“抗拒”现代性、建构与重塑“自我”的一个客体,而旅游则是其重要现实载体和意义符号。“现代性的阴暗面,特别是人类在现代生存条件下的异化、生活程式化、工作刻板化、都市化及随之而来的生活环境恶化、人际关系疏远化,使得旅游充满了大众对现代性无声的批判与控诉的色彩。旅游正是现代性这把寒光闪闪的‘双刃剑’下人们本能的、暂时性和周期性的逃避与解脱方式。”[3]

从产业发展的视角来看,乡村不仅仅可以成为都市人的精神“原野”,其丰富的旅游资源也成为旅游业发展的重要引擎和旅游扶贫的重要载体。我国拥有广阔的乡村,资源禀赋优越,山川溪流、奇花异树、田园牧场、农耕渔猎、楼台亭阁、古宅老巷、民俗器物、岁时节俗、庙会集市、传说故事等物质文化、非物质文化资源均具有地域独特性、差异性,能够满足游客猎奇、追新、逐异、求知等心理需求,尤其是民俗文化资源,具有生活性、活态性、传承性、差异性及参与性,凸显了人的创造性和主体地位,能极大地唤起人们对往昔生活的温暖回忆和自然眷恋,在乡村旅游中具有独特的价值和魅力。在旅游发展中,民俗文化或民俗的特性使其在乡村旅游中备受青睐,甚至可以说其已成为乡村旅游资源的灵魂和精髓,“并非是国家权力和制度的力量促进了民俗与旅游的结合,而是民俗本身的文化内涵、神秘色彩及现代化的演进等非制度性因素的影响使民俗成了旅游,尤其是乡村旅游最宝贵的无形资产之一”。[4]

在城镇化快速推进中,乡村日渐远去、消亡,但心灵中的乡愁和想象中的“原野”饱含温度,成为都市人无法躲避、拒绝的精神归途和栖居之地。而民俗文化与乡愁文化有内在的契合性和交叉性,两者“在外在表现上都呈现出‘往后看’形态,都有回归性的指向意义”。[5]在人们心中,此时的民俗文化显然不能等同于落后、封闭,而更多被视为民族根脉、文化脐带,融入了自我与祖先、起源与归宿的精神寻根之旅,从而达到文化认同、纾释心怀的心灵治疗的功效。换一句话来说,民俗文化在这里不再是被反哺的对象,而是反哺的施动者,为都市人提供了精神、心灵治疗之药方。源于此,民俗反哺的内涵仍基于民俗的生活性、差异性、参与性等特性,民俗资源被广泛而深入地挖掘、利用,促进了乡村旅游发展,成为乡村振兴的文化力量和产业实力。

在城镇化背景下,民俗文化不仅是被保护对象,同时也具有文化反哺功能,其亲近自然、展现自我、融入生活的文化属性赋予其极大的亲和力、吸引力、凝聚力和生命力,让都市人对其神往不已,成为乡村旅游的重要内容,"那些异域他族的、无时间的、与部落历史联系在一起的、口传的、仪式的、集体的、非理性的、封闭的生活方式和文化图式,使人们寤寐思服,哪怕只是借助部分象征符号,也会在浮想联翩中获得满足感。而在'猎奇''新鲜'的旅游心态的背后,则蕴含着人们对'实际参与'与体验乡土情怀的追求,构成了民俗旅游活动中更为深沉的动力"。[6]因此,融入民俗文化的乡村旅游在近年来快速发展,据权威资料统计,从 2014 至 2019 年,全国休闲农业和乡村旅游接待游客由 10.5 亿人次上升至 32 亿人次,增长了 2 倍多,而经营收入则由 3 600 亿上升至 8 500 亿,增长到 2.36 倍。

表 1　2014—2019 年全国休闲农业和乡村旅游发展数据统计表

年份	接待游客量(亿人次)	经营收入(亿)
2014	10.5	3 600
2015	22	4 400
2016	21	5 700
2017	22	6 200
2018	30	8 000
2019	32	8 500

注:2014—2019 年的六年统计数据网上有一定出入,上述数据为笔者结合国家发改委、农业农村部及新华网等权威网站公布的相关数据整合而成。

在乡村振兴语境下,在"双创"方针指引下,旅游资源尤其是民俗资源成为乡村旅游的"香馍馍",被各类旅游公司充分挖掘、利用,并结合本地实际,加以提炼整合,形成了不少独特的乡村旅游品牌,带动了当地就业市场,活跃了人们的思维,有效发挥了旅游富民增收作用。

二、肌理激活:篁岭晒秋农俗的重构

民俗文化并非天然成为旅游资源的,由于其具有内在的传统性、封闭性、自足性等特性，在时间的长河中，尤其是在现代社会转型中，不少民俗文化逐步衰微，乃至消亡。因此，对于民俗文化，需要注入时代、科技元素，融入当代民众生活世界，在传承其文化内涵的同时不断对其进行创新，丰富其表现形式，以更好顺应时代发展。“近年来随着传统社会的转型，许多旧民俗从人们的生活中淡出，出现了体现都市市民的现实生活和时代新动向的文化现象。”[7]在处理好保护与开发两者关系的基础上，乡村旅游无疑是民俗文化活态传承的一种有效形式，江西省婺源县篁岭古村即是一个样板，昔日一个“半空心化”的凋敝村落，其晒秋①农俗经过深挖、重构以后，成功打造出蜚声遐迩的“晒秋节”，使其成为篁岭一道独特景观，深受广大游客喜爱，成为一个独具地方特色的民俗节庆品牌。

篁岭，位于婺源县东北部，赣、皖、浙三省交界处，地处石耳山脚。石耳山地势险峻、风景绮丽，宛若仙境，相传昔时黄道仙、叶依仙、赵真仙均在此修真升天。明代游芳远《题石耳绝顶》诗云：“石耳山头望大荒，海门红日上扶桑。山连吴越云涛涌，水接荆扬地脉长。春树抹烟迷近远，晴虹分字入苍茫。蓬莱咫尺无由到，独立东风理鬓霜。”[8]篁岭，古称篁里，山岭多竹，如方竹、水竹、苦竹、斑竹、紫竹、观音竹等，修篁遍岭，故又称为篁岭。清道光版《婺源县志·山川》载：“此地古名篁里。篁岭，县东九十里，高百仞。其地多竹，大者径尺，故名。”“篁岭，离城八十五里，曹氏世居。”[9]篁岭为曹氏祖居地，唐末曹全晸②十八世孙曹文侃在明宣德年间从婺源上晓鳙迁至邻近的篁岭，至今已 580 多年，人口繁衍近 800 人。

篁岭村悬挂在石耳山余脉一侧，海拔 485.9 米，因处在山岭，“地无三尺平”，出于生活需要，村民充分利用空间，在眺窗上支出一排杉木③，用晒匾晾晒各种果蔬、茶叶、粮食等农作物。由于老宅镶嵌在山岭中，错落有致，晒出的各色粮茶、果蔬等色彩艳丽，如同天然调色板，在蓝色天际下构成一幅色彩丰富的晒秋风景、充满丰收景象的农村生活画卷。其素朴、丰收景象吸引了一些摄影爱好者、画家，晒秋美景常被其收入“镜”中或画中，在圈子里及社会上有一定美名。

当然，尽管篁岭有晒秋农俗这一独特资源，但在开发前村民并未发现其实际价值与意义。相反，由于地处山区，山路蜿蜒，交通极为不便。且因老宅的年久失修，

---

① 晒秋，景区开发前没有这个名词，篁岭村汪志源老师说当地俗称晒粮、晒谷粮，婺源县乡村文化发展有限公司董事长吴向阳说当地叫秋晒。

② 曹全晸(819—880)，字文宣，河南开封人，唐朝末年为天平节度使，在与黄巢农民军作战时因寡不敌众，力战而死。

③ 杉木主要在二楼眺窗支出。

颓圮严重，常缺水缺电。此外，村落还间歇性发生泥石流、滑坡等地质灾害，这些问题常常困扰村民。随着城镇化的快速发展，不少村民陆续外迁，村落逐步空心化。伴随村落空心化，不仅晒秋农俗，祭山神、跳傩舞、舞龙灯、舞板龙灯、抬阁、演地戏、踩高跷、打麻糍等民俗活动也不断走向衰微。

为激活村落活力，在江湾镇人民政府和栗木坑村委会的大力推介下，篁岭独特的地形地貌，错落有致的徽式老宅，广袤的千亩梯田，丰富的水口林资源，尤其是独特的晒秋农俗吸引了投资者。“老百姓要解决晾晒农作物的问题，这就是我们后来挖掘的晒秋的概念，老百姓晾晒农作物，在自家屋顶上搭晒台，房前屋后挂晒、晾晒农作物的这种习俗，其实早在一二十年前摄影家、画家就已经将其作为创作的素材。篁岭晾晒农作物的这种习俗，在婺源是比较独特的，既是一个农俗景观，也是一个人文景观，是可挖掘、可提炼打造的一个亮点，一个特色。”[①]在发现篁岭古村独特的晾晒农作物的农俗事象后，篁岭景区积极策划，深挖其文化内涵，加强对其进行重构：一是提炼晒秋概念。一直以来虽然有这种农俗事象，但村民对其并没有统一的称呼，其中一种说法称其为秋晒，篁岭景区经过反复推敲、研讨，最后将其改为晒秋。虽是两字顺序的调整，但其意义、内涵大为不同，调整后的概念打破了时间的局限，发展为后来四季晒秋的理念，增加了丰收的意向、唯美的想象。二是修复搬迁老宅。为突出晒秋的聚合效果，提升其吸睛指数，景区按照修旧如旧的方法修复了大批徽式老宅，使其总数量达到 150 多栋，修复后的砖雕、木雕、石雕更具徽式内蕴，纹理生动，美轮美奂。景区还创造性地采用“老建筑寄养”模式，保护利用异地搬迁而来的有特色的徽式古建 30 多栋，这一措施增加了徽式老宅密度，使其顺应山势，高低错落，层次感极强，晒秋农俗景观蔚为壮观。三是规划村落布局。篁岭景区对村落整体构造进行了重新规划、设计及命名，并对其文化进行深挖，将村落规划设计为“三桥六井(塘)九巷与天街”的架构，即“三桥”为步蟾桥、安泰桥和通福桥，“六井・塘”为五色鱼塘、方塘、尚源井、忠延井、霞披井和廉井，“九巷”为大丰巷(长 120 米)、担水巷(长 178 米)、添丁巷(长 93 米)、厅屋巷(长 140 米)、团箕巷(长 40 米)、五桂巷(长 147 米)、犁尖巷(长 157 米)、月光巷(长 169 米)和方竹巷(长 128 米)。村落架构以天街(长 388 米)为“主轴”，纵横交织，曲折延伸，通达于村庄的每家每户，使村落面貌发生“蝶变”，同时引入茶坊、酒肆、鞋号、伞店、砚庄、

---

① 访谈对象：吴向阳；访谈人：刘爱华；访谈时间：2019 年 7 月 24 日；访谈地点：篁岭天街邂逅你音乐吧。

篾铺、邮驿等传统业态，使其与晒秋景观更为协调。四是设计晾晒材料。在旅游凝视的作用下，景区对晾晒的农作物也有一定的策划设计，怎么晒、什么时候晒都有统一管理，从而使一个生活化的农俗事象演变为一个景观化的民俗展示。五是创新晒秋图案。篁岭景区委派创意设计功底深厚、实践经验丰富的曹加祥专门负责晒秋工作，加强晒工坊的管理，从事常态晒秋、创意晒秋的图案设计、景区宣传及摄影摄像等工作。六是强化景观生产。景观生产是篁岭景区的亮点和特色，除不断扩建的实体景观如鲜花小镇、花溪水街等外，文化景观也是其重要关注点，如每年启动的晒秋节仪式，形式多样，酷炫表演、村落民俗相互羼入，构建既传统又时尚的文化景观。其他如晒秋节外的年俗、婚俗、岁时节令等民俗景观生产，也是广义的篁岭晒秋的一部分，突出了篁岭晒秋的丰富内涵。

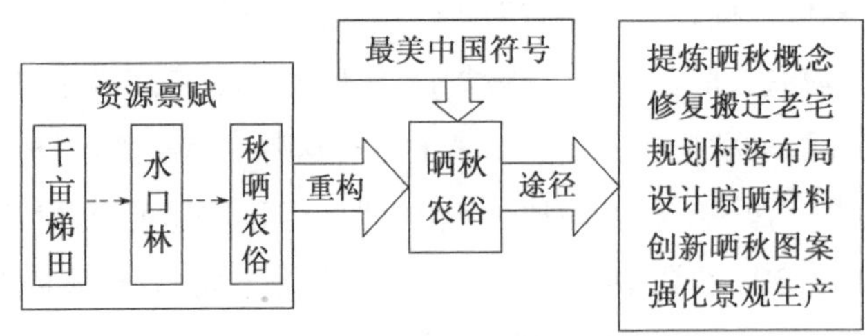

图1　晒秋农俗肌理激活图

在篁岭景区的一系列重构活动中，原本素朴无华的农俗事象就上升为一个具有明艳色彩的晒秋美景，加之近年来乡村振兴战略的推进，农民丰收节的设立，晒秋农俗的独特寓意被进一步放大，“春晒茶叶、蕨菜、水笋，夏晒茄子、南瓜、豆角，秋晒黄豆、稻谷、辣椒……一年四季延绵有序，‘晒秋节’内涵外延不断拓展，从而被成功地打造成‘最美中国符号’，成为美丽乡村的标志性符号和篁岭古村的金字名片，成为‘望得见山、看得见水、记得住乡愁’的诗意栖居之地”[10]。

篁岭古村因其晒秋这一惊艳的“大地艺术”而声名远播，成为江西省乡村旅游的金字名片，各种荣誉纷至沓来。2014 年 11 月，“篁岭晒秋”被美丽中国组委会评为“最美中国符号”。2015 年 8 月，篁岭古村被国家旅游局评为“中国乡村旅游模范村”。2017 年 8 月入选亚洲旅游“红珊瑚”奖榜单，成为全国三个“最佳旅游小镇”之一。2019 年 5 月，荣获“2019 网友最喜爱的十大古村镇”称号。2020 年 10 月，荣获“景区复兴贡献奖”。此外，篁岭古村还先后荣获“十大休闲度假旅游目的地”“全国十佳生态文明景区”“全国乡村旅游重点村”等众多荣誉。

三、实践推进："篁岭模式"①与晒秋节庆品牌塑造

篁岭景区从正式开业至今不过短短的七八年，从最初的"嘘"声一片、备受质疑到华丽转身为中国乡村旅游的超级 IP 示范村，江西省乡村旅游的一张金字名片，其"蝶变"令游客、旅游界震惊不已，"篁岭模式"也应运而生，成为中国乡村旅游的一个经典样本。"篁岭模式"是指什么，并没有一个完整的定义，但从相关文献梳理来看，其主要是指"通过房屋产权整体置换统合旅游开发经营权，通过老建筑异地搬迁复兴古村鼎盛期的风貌，通过原住民返迁兼业和就业实现就地城镇化和通过打造'篁岭晒秋'品牌构筑乡土中国符号"[11]，也就是说"篁岭模式"主要通过产权置换、土地流转、老宅异地搬迁保护等形式，推动旅游景区发展与农民再就业双向共赢发展的一种旅游产业模式。"篁岭模式"解决了土地产权问题，从而实现了景区统一规划、统一管理，而且在发展上更注重利益共同体，通过旅游扶贫的各种具体方式，增加村民收入，增强村民的获得感、幸福感，以期最终实现景村的共赢发展。据统计，至 2016 年 6 月，篁岭村民人均收入从旅游开发前的 3500 元，提升为 2.6 万元；户年均收入从 1.5 万元，提升为 10.66 万元。[11]

"篁岭模式"推动了景区的跨越式发展，使篁岭成为婺源旅游业的"黑马"，成为中国乡村旅游闪亮的"明星"，引领婺源乡村旅游业发展。篁岭景区 2014 年正式营业，接待游客人数迅速"膨胀"，面积仅 7 平方千米的景区高峰期一天最大游客量甚至达到 3 万人，在旅游旺季有时不得不发布"限客令"，营业总额也是阶梯式的快速增长。据统计，2014—2019 年，篁岭景区接待游客量由 22.69 万人次快速上升至 142 万人次，增长 6.26 倍，年均增长率为 25.17%。2014 年的营业总额为 1 958.1 万元，2019 年则升至 20 000.00 万元，增长到 10.21 倍，年均增长率为 104.28%，增长形势十分迅猛。

表 2　2014—2019 年篁岭景区接待游客量与营业总额统计表

年份	接待游客(万人次)	营业总额(万元)
2014	22.69	1 958.10
2015	41.22	5 062.81

① "篁岭模式"具体论述参见拙文。刘爱华. 旅游扶贫与贫困治理的"篁岭模式"[J]. 社会治理，2020(12).

(续表)

年份	接待游客(万人次)	营业总额(万元)
2016	78.53	9 551.74
2017	119.35	14 593.29
2018	130.00	18 000.00
2019	142.00	20 000.00

注:数据源自婺源县乡村文化发展有限公司。

现阶段,"篁岭模式"最成功的实践无疑是晒秋农俗的提炼、生产,其成功不仅突破了包括篁岭在内的婺源景区对油菜花季节游的依赖,成功地整合、协调了篁岭景区淡季、旺季的矛盾,更是成功地打造了"晒秋节"这样一个民俗节庆品牌,使其成为篁岭景区的新亮点、优质IP。当然,品牌塑造是一个综合系统工程,既包括产品设计、生产,也包括产品的宣传推介、营销策划。在产品设计、生产阶段,篁岭景区又分常态晒秋和创意晒秋,常态晒秋主要营造秋收、收获的场景,对图案没有特别要求,而创意晒秋则更多强调图案设计,突出阶段性的文化主题,追踪热点事件,以迅速扩大篁岭景区的社会影响和关注度。创意晒秋往往与产品的宣传推介、营销策划紧密结合在一起,通过热点营销、事件营销、体验营销、情感营销、知识营销等手段,将"晒秋节"品牌推出去,从而在网友、游客心中构建良好的品牌形象。

"一个产品的研发,一个品牌的推出跟时机有很大的关系。好的创意就是在最短的时间内,用最少的金钱创造有效的成功品牌。"[12]篁岭晒秋节庆品牌的成功塑造,在很大程度上,应归功于其在重要时机推出的晒秋创意图案。笔者认为,其晒秋创意图案,彰显了丰收意向,展示了乡村振兴和国家发展,表达了对祖国的无限祝福之情。根据其图案寓意,晒秋又可分为晒热点、晒吉祥、晒情怀、晒乡愁等主题。

一是晒热点。篁岭景区特别重视创意晒秋,紧紧围绕时事热点进行热点营销。2014年篁岭景区刚刚正式营业,社会认知度非常低,在当年的国庆前,篁岭晒秋大妈用朝天椒、皇菊、稻谷、白豆等,"晒"出长5.76米、宽3.84米的一面"国旗",当时发出去的新闻图片一下大"卖",从而使篁岭晒秋迅速走红。"当时网上统计点击率达到两亿七千多万,那时候国内外主要媒体包括美联社、路透社都头版头条转载,持续一周多,影响非常大……以后我们有什么活动,各主流媒体都会主动联系我们。"①

① 访谈对象:曹加祥;访谈人:刘爱华;访谈时间:2019年7月21日;访谈地点:篁岭晒工坊。

2017 年庆祝中国人民解放军建军 90 周年之际，篁岭晒秋大妈又用 300 斤谷子、190 斤朝天椒、80 斤黑豆、60 斤大米、10 斤玉米粒拼成一幅长 6 米、宽 5 米的巨型图案，图中由八一纪念碑、歼 20、坦克和辽宁号航母等造型组成，以特有的方式庆祝建军 90 周年，也成为网络热点事件。其他热点创意图案还有 2016 年重阳节的老人头像图案、2017 年迎接党的十九大召开图案、2018 年庆祝“改革开放 40 周年”图案、2019 年“中华人民共和国成立七十周年”图案、2020 年预祝实现第一个百年目标的“全面小康”图案、2021 年庆祝建党 100 周年的“建党百年”图案、七夕节的爱心图案、方志敏巨幅画像图案等主题“晒秋”图。

图 2　2020 年“全面小康”创意图案　戴琳摄

二是晒吉祥。篁岭晒秋并非仅仅局限于秋天，一年四季都可以晒，年底晒的更多是一种幸福吉祥。2016 年元旦前夕，篁岭晒秋大妈用红辣椒、黑豆、大米等农作物，拼绘出一幅巨大“红猴”晒秋图，表达对新年的祝福。此图案一推出，便在网上大热，使篁岭新年伊始迎来了旅游的开门红。2017 年元旦前夕，篁岭晒秋大妈又用辣椒、黄豆、稻谷等农作物在晒工坊下的晒台上摆出“鸡”及“2017”图案，营造出一派浓烈的新年气息。2018 年前夕，篁岭晒秋大妈又用稻谷和辣椒摆出一幅长 5.6 米、宽 4.3 米的“狗”造型，边上“绣”上“狗年大吉”四个大字，寓意 2018“旺到福到”。2021 年农历小年，篁岭晒秋大妈再用谷物辣椒拼巨幅创意福字，送“虎福”，福字主体为江西省博物馆的“商代伏鸟双尾青铜虎”。此外还会“晒”出巨型“辣子鸡”“辣子红包”等吉祥主题图案。

三是晒情怀。篁岭晒秋有时也会出现让人“惊诧”的图案设计。2017 年世界杯预选赛，晒秋大妈用大米、黄米、黑芝麻、辣椒、玉米棒和荞麦拼出一副国足 1∶0 胜韩国队的晒秋造型，造型素朴、形象，用自己独特的方式庆贺国足胜利，引来大量游客前来合影留念。其他如晒出的第二代马自达 CX－5 的拼图画、两个萌娃抬着篁岭晒秋晒匾的拼画图、用朝天椒堆出的巨大红辣椒等拼画图，“晒”出了篁岭人积极、热烈、盎然的生活情怀。

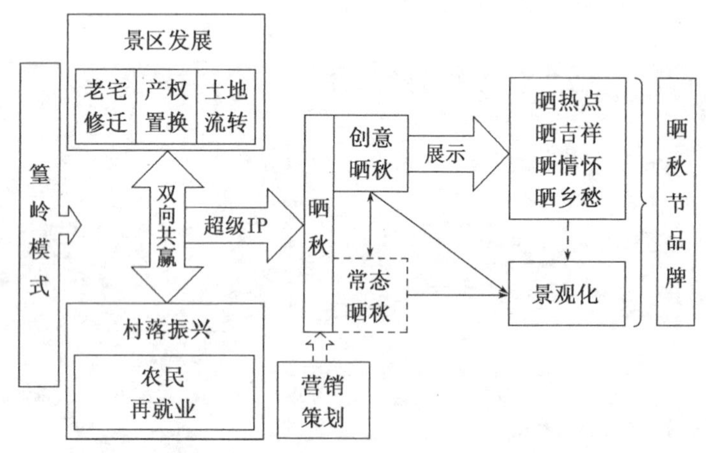

图 3　晒秋节品牌塑造图示

四是晒乡愁。可以说篁岭晒秋的爆红，除了独特的创意、成功的营销策划外，其主题就契合了都市人在城市快节奏生活中期待精神回归、心灵抚慰的时代困惑，晒出的红红的辣椒、黄黄的皇菊、青青的豆角等农作物本身就映射出浓烈的乡愁。值得一提的是 2018 年的一幅游子离乡创意图，篁岭晒秋大妈用辣椒、稻谷、黑豆三种农作物摆“晒”出来，深深地表达游子对家乡不舍乡情，同时也流露出现代人不舍的乡土情结和直抵心底的乡愁。

当然，在晒秋节庆品牌塑造中，有些事件营销看起来和晒秋没有任何关系，但实际上，也是服务于整体品牌，扩大篁岭社会知名度、美誉度，为晒秋造势，如“最美中国符号”事件、篁岭景区喊话成龙捐古建事件、篁岭景区“最美老板娘”事件等，篁岭景区借势营销，扩大了景区的社会关注度，使“晒秋”不胫而走，成为“网红”话题，“晒秋”节庆品牌影响力迅速提升。

四、城乡差异:村落民俗保护与开发的“症结”

从理论上来说,村落民俗重在保护,要保护其生态环境、文化内涵,促其可持续发展,让子孙后代能够体验到“本真性”的民俗,在保护中开发。反之,将开发放在首位,仅仅关注旅游公司的短期经济利益,则是舍本逐末,村落民俗保护的只能是精致的盆景,任游人摆拍的道具。因此,在保护的基础上开发,不能僵化理解,认为应先有保护再有开发,而应辩证地看待,根据具体实际,对症施药,可以探索以开发带动保护,以保护促进开发的合理路径,在一个弹性的范围内,考量村落民俗的整体效果,对之采取合理的措施。

但从实践上来看,因民俗生活的流变性、活态性,已经失去生命力的村落民俗如果不及时注入时代元素、生活因子,要对其进行保护那只是一句冠冕堂皇的空话。实际上,旅游开发在村落民俗保护方面仍存在较多的问题,在旅游开发中不少民俗发生变异,完全沦为消费的商品,商品化严重,“伪民俗”泛滥。“一种‘伪民俗’正在与某些地方官员的勾搭中悄悄崛起,‘民俗保护’成为一些地方或者一些人圈地圈钱的口号,把民俗‘圈’起来供奉着,外面设一个门槛,吸引大批人来游览购物,搞创收,抓门票,不过带上‘拉动经济’‘促进旅游’等诸多美丽的光环而已。”[13]也就是说,民俗旅游只是把民俗资源看成文化产品,当成赚钱的工具,招揽游客的卖点,奉行的仍是“文化搭台、经济唱戏”那一套。在旅游凝视作用下,游客与地方形成一种单向的权力表达,旅游体验成为一种预设的、模式性的程式化的浅层感受。“游客凝视往往是到旅游地之前被媒体所建构,对真实性的追寻并没有必然地让他们深入研究和理解当地人和当地的文化,结果自称前来寻找真实性的游客距离真实越来越远。”[14]尽管也有对应的地方凝视,甚至双向凝视,但在权力表征的旅游行为中,操纵、发明或制造成为主客关系的现行逻辑。在这种互动中,景区也就逐渐适应或享受这种“你想看什么我就给你看什么”“你需要什么我就提供给你什么”,旅游体验的真实性也只局限于舞台上的真实。为了制造亮点,建构独一无二的景观,追逐更多利润,景区将前台、后台严格分开,而通过不断的景观生产和符号生产,建构游客的“自我”认同和符号意义。这种景观生产不仅包括自然景观,人文景观,也包括景区管理者、当地居民。“对当代旅游业来说,任何景观都不仅仅是一种客观的、物质的实在,更是一个需要不断地被‘发明’的符号,以适应不断发展的旅游需要。”[15]就篁岭来说,篁岭晒秋节庆品牌不仅使篁岭古村得以恢复生机活力,名声远播,成为国内最受欢迎的十大旅游小镇、“最佳旅游小镇”等,也在一定程度上推动了景村共赢发展，创造了很多就业岗位，也带动了篁岭村民发展农家乐、民宿、农产品等景区衍生产业。可以说，“篁岭模式”为传统村落民俗资源保护提供了一个重要的成功案例，它主要通过市场经济杠杆，以一种古村产权收购、搬迁安置结合古民居异地搬迁保护的模式进行的传统村落及其民俗资源的保护性开发。“有效地发挥当地民俗文化的优势，把保护民俗文化和发展经济有机结合起来，用旅游来带动当地民俗资源的保护，实现文化与生产力的同步发展。”[16]这种实践某种意义上来说，无疑是成功的，不失为传统村落民俗保护与开发的一种可行路径。但客观来说，“篁岭模式”仍有突出的旅游凝视的权力表征，景观生产痕迹明显，不仅仅体现在创意晒秋，也体现在常态晒秋，晒秋已经成为迎合或引诱游客消费的一种特色景观，而且这种景观会根据需要不断生产出来，如鲜花小镇、花溪水街等自然景观，篁岭民俗集市等文化景观的制造及对晒秋大妈的包装，乃至篁岭民俗文化季活动中的婺源傩舞、婚俗等民俗活动，“萌娃闹新春”活动中的写对联、吃年夜饭等年俗体验，都是权力话语下的视觉表述、景观生产。

旅游凝视、景观生产是如何产生的？或者说导致村落民俗保护与开发的“症结”的根本原因是什么？从一般意义上来说，我们可能会归咎于消费社会、商品化，归咎于旅游供给侧问题，甚至是资本主义生产及资本逐利性，但透过一些乡村旅游目的地成功个案、乡村振兴的典范，如日本合掌村、韩国河回村等，我们可以看出，并非是旅游凝视本身的问题，根本原因还是社会发展阶段问题，是现代化进程中城乡二元化发展问题，即城乡发展的巨大差异。[17]也就是说处理好村落民俗保护与开发问题，或解决旅游凝视下商品化、伪民俗等问题，自然离不开政策规范、设计规划、科学管理，但更重要的还是要解决城乡的巨大差异，解决农村发展，促进乡村振兴。当然，从具体层面来说，解决好旅游凝视问题，通过对话，而不是凝视，因为真正的对话有助构建平等、公正、互重的关系，“主客双方从‘我—它’走向‘我—你’，从凝视走向对话，更有利于唤起东道主的文化自觉，有利于建立起主客之间新型的文化关系”。[14]

在新时代，从根本上来说，我们推动乡村振兴，需要解决城乡二元化发展问题，从阶段上来说，我们应推动旅游市场新型文化关系的建立，推动主客体进行真正的对话。同时，我们应增加优质旅游供给，加大基础设施建设，加强村落民俗保护，在保护中融入现代维度、人性维度和生活维度，秉持“见人见物见生活”的保护理念，妥善处理村落民俗保护与开发的问题，植根乡村，立足传统文化传承，关注、尊重主体的人，在弹性范围内、在保护开发之间“闪转腾挪”，把握一个“度”，激活其生命力，在保护的基础上，促进其创造性转化。

五、结 语

随着乡村旅游的迅速发展，村落民俗资源备受青睐，成为乡村振兴的符号载体和经济要素。婺源篁岭，一个“长”在山腰的古村，其生活化的晒秋农俗，在旅游凝视的作用下，旅游公司对其不断重构，推动了其景观化生产，成功打造出蜚声遐迩的“晒秋节”，使其成为篁岭一道独特景观、一个超级 IP，成功探索出“篁岭模式”。晒秋农俗的打造，除对常态晒秋打造外，更注重对创意晒秋的营销，如晒热点、晒吉祥、晒情怀、晒乡愁等惊艳设计，篁岭吸睛指数直线上升。此外，“最美中国符号”事件、篁岭景区喊话成龙捐古建事件、篁岭景区“最美老板娘”事件等借势营销手段产生的叠加效应，使晒秋节庆品牌影响力迅速提升。

篁岭晒秋推动了景村共赢发展，带动了村民致富，不失为传统村落民俗保护与开发的一种可行路径。但如何进一步发展，仍值得深入考察、审视。客观来说，篁岭发展仍存在不少民俗旅游景区普遍存在的问题，存在突出的旅游凝视的权力表征，景观生产痕迹明显，村落民俗保护与开发的“症结”并没有解决。参考其他国家乡村振兴的成功个案，我们可以看出，制约我国民俗旅游发展的关键应该是城乡二元化发展问题，旅游凝视、商品化、伪民俗等问题只是表层问题，尽管这些问题仍不可忽略，但深层次原因应归结于我国城乡二元化分割、城乡的巨大差异。因此，在国家乡村振兴战略的指引下，推动乡村发展，在平等、公正、互重的基础上推动主客体进行真正的对话，推动旅游市场新型文化关系的建立，促进旅游供给侧改革，加强村落民俗保护，在保护中融入现代维度、人性维度和生活维度，秉持“见人见物见生活”的保护理念，妥善处理村落民俗保护与开发的问题，植根乡村，关注、尊重作为主体的村民，在保护的基础上，激活其生命力，推动村落民俗的创造性转化，无疑是当前我国民俗旅游发展的一个努力方向。

参考文献

[1] 习近平. 在庆祝中国共产党成立 100 周年大会上的讲话[EB/OL]. http://www.xinhuanet.com/2021-07/01/c_1127615334.htm.,2022-09-28.

[2] 习近平. 决胜全面建成小康社会夺取新时代中国特色社会主义伟大胜利——在中国共产党第十九次全国代表大会上的报告[EB/OL]. http://www.xinhuanet.com//politics/

19cpcnc/2017-10/27/c_1121867529. htm. ,2022-09-28.

[3] 左晓斯. 现代性、后现代性与乡村旅游[J]. 广东社会科学,2005(1).

[4] 蒋满元. 基于区域扶贫开发视野的乡村旅游可持续发展问题研究[M]. 长沙:中南大学出版社,2016:295.

[5] 刘爱华. 城镇化语境下的"乡愁"安放与民俗文化保护[J]. 民俗研究,2016(6).

[6] 张士闪,等. 民俗旅游与社会发展[J]. 山东社会科学,2011(7).

[7] 徐赣丽. 民俗旅游与民族文化变迁:桂北壮瑶三村考察[M]. 北京:民族出版社,2006:151.

[8] 程必定,汪建设主编. 徽州五千村·婺源县卷[M]. 合肥:黄山书社,2004:142.

[9] [清]黄应昀,朱元理. 婺源县志[Z]. 清道光六年(1826)刻本.

[10] 刘爱华. 民俗节庆重构与乡村社会治理——以婺源篁岭"晒秋节"为例[J]. 赣南师范大学学报,2019(2).

[11] 邹勇文等. 江西婺源篁岭村的乡村旅游扶贫富民实践[EB/OL]. http://jx. people. com. cn/gb/n2/2017/0225/c186330-29768157. html. ,2022-09-28.

[12] 叶敏,张波,平宇伟. 消费者行为学·第2版[M]. 北京:北京邮电大学出版社,2016:113.

[13] 仲富兰. 民俗传播学述论[M]. 上海:上海文化出版社,2007:130.

[14] 胡海霞. 凝视,还是对话? ——对游客凝视理论的反思[J]. 旅游学刊,2010(10).

[15] 周宪. 现代性与视觉文化中的旅游凝视[J]. 天津社会科学,2008(1).

[16] 李荣启. 浅论非物质文化遗产的分类保护[J]. 广西民族研究,2006(2).

[17] 孙九霞,等. 民俗·遗产·旅游:乡村振兴的实践与思考[J]. 西北民族研究,2020(2).

作者简介

刘爱华,江西南昌人,江西师范大学非物质文化遗产研究中心主任,江西师范大学历史文化与旅游学院副教授。研究方向为民俗文化、文化品牌。

韩凤娇,河北承德人,江西师范大学历史文化与旅游学院传统文化与文化产业专业硕士研究生。研究方向为非遗经济、民俗文化产业。

Research on Reconstruction of Village Folklore and Building of Festival Brand in the Context of Rural Revitalization: A Case Study of Huangling Bask-Autumn in Wuyuan

Liu Aihua　Han Fengjiao

Abstract: In recent years, rural development has attracted much attention, and village folklore resources have become an important symbol carrier and economic element of rural revitalization. Huangling village of Wuyuan actively excavates and reconstructs the unique local custom of Bask-Autumn, making it become *the most beautiful Chinese symbol*, the unique cultural symbol and festival brand. Of course, under the tourism gaze, its landscape production traces are obvious, and the *crux* of its problems lies in the huge difference between urban and rural areas. Therefore, constructing a new cultural relationship in the tourism market, promoting the real dialogue between the subject and the object, promoting the reform of the tourism supply side, adhering to the protection concept of *seeing people*, *seeing things and seeing life*, paying attention to and respecting the villagers as the main body, on the basis of protecting the village folklore, activating its vitality and promoting its creative transformation are undoubtedly an effort direction of the development of folklore tourism in China.

Keywords: Rural Revitalization　Huangling Bask-Autumn　Village Folklore　Festival Brand　Landscape Production

符号学视域下传统体育非遗的数字化保护研究*

朱 云 曾 帆

摘　要:文化符号作为非物质文化遗产的载体,是探讨非物质文化遗产传承与保护的核心。保护与传承日渐式微的传统体育非遗,就是保护我们民族的文脉。从符号学这一理论对非遗官网与数字博物馆等数字化保护状态进行研究,发现传统体育非遗在数字化保护过程中存在忽视符号内涵、符号形式单一、符号互动连接弱等问题。为了进一步促进传统体育非遗数字化保护进程,应当从文化符号的各层面出发,弥补人才缺口、尊重各地文化、充分利用媒介力量,实现传统体育非遗的长效保护与传承。

关键词:文化符号　符号学　传统体育非遗　数字化保护

一、引　言

文化是一个国家、一个民族的灵魂。传统体育非遗是中华优秀传统文化的典型代表,是文化强国和体育强国建设的宝贵资源,也是中华民族认同感、归属感、民族意识与民族精神的重要反映,加强传统体育非遗保护与传承对于推动社会主义文化繁荣兴盛至关重要。

按照美国阐释人类学家克利福德·格尔茨的观点,文化这一宏观概念实质上是一个统属于符号学的概念,文化是由人类自己编织的意义之网,是一种探求意义的解释科学。①传统体育非遗中蕴含的文化符号是中华民族文化符号体系的重要组成部分,是各民族生活的记忆,也是民族精神的体现和维持民族生命力、寻求文

* 基金项目:教育部人文社会科学基金项目"我国大运河沿线城市传统体育非物质文化遗产保护与传承研究"(项目编号:21YJAZHI129)。

① 陈又林. 非物质文化遗产的符号化生存[J]. 重庆广播电视大学学报,2012,24(06):66—69.

化认同的重要标志。然而，由于饱受近代危机、全球化冲击和现代社会变迁等影响，我国传统体育非遗被消解了其生存土壤，文化空间不断萎缩，处于一种尴尬的境地。进入 21 世纪，数字时代来临，“互联网＋”技术同样得到了快速发展，数字技术给传统体育非遗的传承与保护创造了新的机遇。利用高速、科学的数字技术对传统体育非遗这一文化符号进行储存、记录、展示、传播，可以突破时间与空间的限制，使其以一种直观形象的方式向大众展现，有利于更好地保护这一日渐式微的文化符号，护佑我们民族的文脉。然而当前学界对传统体育非遗数字化保护的关注力度还有待提高，研究层次和深度也有待加强。纵观传统体育非遗保护的研究，主要集中于保护策略研究，以学者崔家宝(2019)为代表的学者关注我国体育非遗项目的濒危状况，并依托理论剖析原因、提出保护措施。与此同时，学者孟峰年(2020)、闫艺(2021)则以地域性的民族传统体育非遗研究为主，注重具有区域性色彩的传统体育非遗保护，提出具体的保护策略。除此之外，学者阎彬(2021)、宋娜(2021)选择从符号学中文化认同的视角出发，对传统体育非遗保护进行个案研究。学者梁平安(2017)与刘雨(2019)分别从渠道与技术层面针对个案问题提出了数字化保护的建议。由此可见，学界关于传统体育非遗数字化保护的探索并未充分挖掘传统体育非遗的符号属性，故从符号学角度探寻传统体育非遗数字化保护传承与发展的路径是个值得研究的课题。

二、传统体育非遗与文化符号的互动生成

符号互动论代表人物戈夫曼指出，身体具有双重属性。一方面，身体具有物质性，是维持社会关系和实现社会互动的载体；另一方面，身体具有社会性，承载着各种价值符号，是消费社会、审美文化和社会文化的反映。传统体育非遗作为某个区域的人民生活方式的符号，承载其集体记忆，也意味着民族的自我身份认同。从符号学的角度来看，文化记忆与文化认同的建构是符号得以生存和发展的关键。从实践的角度来看，文化记忆与文化认同对于一个民族的发展而言至关重要。如果缺失了共同的文化记忆，失去了对本民族文化符号的文化认同，那么该民族就没有了持续性发展的根基，民族群体内部成员也就对本民族失去了信心。故对传统体育非遗项目进行数字化保护，保有其文化符号并通过对符号内涵的挖掘，人们发自内心地对其认同显得尤为必要。

(一) 传统体育非遗是中国传统文化符号和代表元素

文化符号是指具有某种特殊内涵或者特殊意义的标识。根据《中华人民共和

国非物质文化遗产法》的定义，结合传统体育的历史渊源，本文认为，作为中国传统文化符号和代表的我国传统体育非遗是指在某族群内传承久远或至少百年以上的极具历史文化和科学价值的一种身体技术样式，包括传统体育、传统游艺和传统杂技三类。传统体育非遗既包括具体的体育项目，又包括一些游戏、竞技的技能和技艺，具体包含球类运动、水上运动、跑跳运动、投掷、举重、角力、杂技、棋艺、武术和导引、娱乐运动、节日活动共11类细分项目，它们共同组成了传统体育非遗独特的文化空间。传统体育非遗是民众自己创造、共享的生活方式和文化样式，熔铸了华夏先民的生活智慧，将先民对劳作的敏锐洞察、对淳朴生活的热爱以运动的形式充分表达，是对有限物质生存条件的积极克服，对人文精神的高度发扬，对人全面发展的关怀，凝聚着丰富多彩的民族风貌，代表着隽永深刻的文化内涵，是数千年来中华民族精神和情感的象征，对于增强民族向心力和认同感，丰富社会文化生活、促进民众身心健康，提升人民幸福指数等方面发挥着重要作用。

如果说文化是一种社会运转的有效装置，那么文化符号就是该装置的外在装饰，映射着该装置的本质。传统体育非遗这一文化符号也是如此，它是在漫长的历史中创造和积淀下来的传统体育文化资源，充分体现了人类共有的体育文化价值观念和审美理想。比如，我国优秀的传统体育非遗舞狮，每逢元宵佳节或集会庆典，民间都以舞狮来助兴，祈望生活吉祥如意、事事平安。而另一方面，文化符号以其自身所独有的鲜明特征区别于其他符号，并具有独特性、地域性、民族性和时代性，是其所代表的文化形态的抽象集合，将关系、特征、意蕴和内容整合到一起，甚至可以成为本国的“文化名片”，如中国的少林功夫就是中国的文化符号和代表元素之一。

（二）传统体育非遗符号建构文化记忆

关于“文化记忆”的研究，有两大流派，其中之一是提出该概念的德国哲学家扬·阿斯曼和阿莱达·阿斯曼。扬·阿斯曼认为，文化就是记忆的一种形式。文化记忆的核心就是记忆，它可以被理解为记忆及其传承、保存和延续的过程。文化记忆就是通过文化形式，如文本、仪式等，以及结构化的交流（背诵、实践、观察）而得到延续。负责辅助存储的一些工具则被称为“记忆场”，它凝聚着一个国家乃至一个群体的记忆，如仪式、风俗、图像、动作等。

根据扬·阿斯曼“文化记忆”的理论，传统体育非遗作为一种符号，随着社会环境的变化而发展，这不是静态的历史时刻的定格，而是动态的传播过程。基于此种“特殊”的传承系统，传统体育非遗有其特殊的文化记忆的机制。如武术通过重构特定的抽象符号,构建了神圣意象,使得武术非遗传承者们对武术有着一致的深厚的情感,从而使这一群体有着与常人不同的精神追求,使武术的文化记忆拥有了“神圣性”,并不断地传承下去。在传统体育非遗中,最为人所熟知的便是武术,这也与该符号的文化记忆建构的成功性有关。抽象的符号记忆在社会的变迁中依旧保持其最深刻的“神圣性”,这才使得武术能够较好地传承至今。

(三)传统体育非遗符号与文化认同相互作用

如果说文化记忆是为了给符号的“身份”进行一个“定位”,那么文化认同则是“认可定位”,并由衷地凝聚在该符号背后的精神世界中。文化认同是个体对于所属文化或文化群体的归属感,是对共同体内的成员由长期生产生活所形成的物质文化实践以及精神文化想象的认可。① 传统体育非遗蕴含的国人共同的文化记忆能够建构并保持着国人的文化认同。

德国哲学家恩斯特·卡西尔就曾指出,人是创造和使用符号的动物,人类所生活的文化世界就是由符号构成的。他认为,符号除了帮助人们认知客观世界,还负责唤起人们的情感,即将情感凝结在文化符号的意义结构之中,使得该群体内的成员对具有相同意义的文化符号抱有情感认同。文化的认同感对于一个群体和社会的发展起着重要的作用,有了认同感才会有凝聚力。在此语境下,作为文化符号的传统体育非遗正是文化认同的“象征物”,是从个体到群体的记忆扩展,能够唤醒人们心中对于历史和传统文化的认同和尊重。

文化认同又是传统体育非遗的基础。在传统体育非遗项目中,永年杨氏太极拳承载了中华文化“阴阳变化,天人合一”的深邃哲理,要中幡诠释了雄健豪气与家国情怀,象棋则体现了中国古老军事哲学与博弈论。这些著名的传统体育非遗文化符号俨然已成为国人的文化骄傲,并使国人从内心深处认同优秀的中华传统体育文化。②

三、传统体育非遗符号数字化保护的现状透视

传统体育非遗数字化保护的主要功能有记录、储存、修复、传播。记录与储存主要是通过数字化的技术手段来实现,如通过扫描、数字摄影等新型技术,将已有

---

① 白晋湘,张小林,李玉文.全球化语境下我国民族传统体育文化认同与文化适应[J].北京体育大学学报,2008,31(9):1153—1157.

② 刘雪,马知遥.非物质文化遗产和文化认同研究[J].齐鲁艺苑,2020(02):4—9.

的文字、影像资料等进行再编辑、再转化,集中整理成数字化资料进行存储。修复则是通过数字技术尽可能地还原传统体育非遗的本来面目,削弱环境的影响,如通过运用3D等裸眼技术,将传统体育非遗文化的发生情景再现,甚至是全部的原貌体现。而被数字化的文本或影像资料还可以被收集进专门的资料数据库,建立官方网站,实现最大化的传播效果,在保护传统体育非遗资源的同时弘扬民族传统体育文化。

同时,传统体育非物质文化遗产是作为承载着某些特定意义而存在的一种文化符号,它只有在动态的传承与保护之中才能持续保持其本身的文化活力。传统体育非遗资料的数字化记录与整理主要呈现形式为官方网站与数字博物馆,传播则是在抖音等新媒体平台。故本文对于传统体育非遗数字化保护现状的调查主要从这三方面入手,分别对官方网站、数字博物馆与抖音平台传统体育非遗的数字化表现进行调查。

(一) 非物质文化遗产官网中关于传统体育非遗项目建设尚未完善

此次对我国34个省级行政区的非物质文化遗产网站的建设情况在百度、360等大型搜索引擎之中进行了相关的搜索和调查,调查主要围绕以下两点:一是该省市自治区是否建设了非物质文化遗产官方网站,传统体育非遗相关内容是否容易查找;二是该省市自治区非物质文化遗产官方网站对传统体育非遗相关类目的记录是否呈现其符号本身的特色。

经调查发现,我国34个省级行政区中,有15个省级行政区尚未建设完善其非物质文化遗产官方网站,或他们的网站建设中或多或少地存在着一些问题。例如,北京市作为我国的首都,是我国的文化中心,并拥有深厚的文化底蕴,但笔者尚未搜索到其官方非物质文化遗产网站。此外,作为直辖市的重庆市和天津市,也同样未能搜索到其非物质文化遗产官方网站。相反,广西壮族自治区和内蒙古自治区虽然经济发展相较于前者欠发达,但其对于民族文化以及非物质文化遗产的保护较为重视,并建设了官方的非物质文化遗产网站。另外有些省级行政区的非物质文化遗产网站存在网站建设不稳定以及网页无法打开的情况。

(二) 数字博物馆对传统体育非遗项目的保护并未充分重视

关于数字博物馆的研究主要从百度百科博物馆计划入手。百度百科博物馆计划于2012年正式上线,如今已上线596家博物馆,收录671家博物馆,具体分布情况见下图。

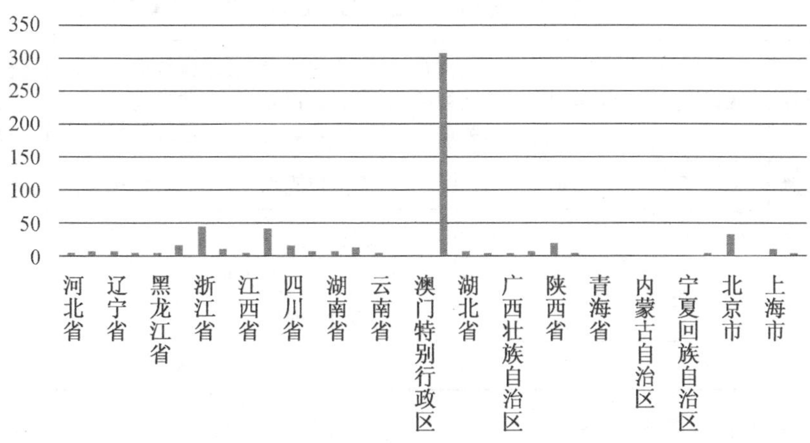

图 1　百度百科博物馆收录数字博物馆地区分布情况

根据对百度百科博物馆计划中数字博物馆的调查分析，不难发现，数字博物馆的建设虽已颇具规模，但仍有不足。首先，34 个省级行政区中，8 个省级行政区的数字博物馆尚未在百度百科博物馆计划中有收录；其次，数字化保护重点未将传统体育非遗列入其中，通过调查 34 个省级行政区，发现仅河南省上线了涉及传统体育非遗项目的数字博物馆，分别是洛阳围棋博物馆、开封市至善围棋博物馆、中原杂技博物馆，且河南省的数字博物馆数量高达 305 家，但涉及传统体育非遗项目的数字博物馆数量所占比例较小。

（三）抖音平台中传统体育非遗官方账号的运营效果不佳

传统体育非遗数字化保护工作的主要目的是赋予其新的生机与活力，其实施的手段除了官方网站的记录与存储，还有“官方＋民间”的传播。数字化技术的助力，使得官方及民间力量都可以通过微博、抖音等社交软件对传统体育非遗项目进行宣传，而检验数字化保护效果的主要指标是受众的接受程度与认知程度。对此，对抖音平台受众的反馈数据进行调查、收集，从而分析传统体育非遗项目数字化保护工作是否达到了预期效果。

此次调查是筛选抖音平台上粉丝数量在 10 万以上的官方非遗账号，最终筛选出“四川非遗”“浙江非遗”“非遗来了”（上海）、“深圳非遗”四个官方账号。调查内容及结果见表 1。

表1 抖音平台粉丝数量10万以上官方非遗账号数字化保护现状

账号名称	粉丝量	作品数量	传统体育非遗视频数量	传统体育非遗视频所属类目	传统体育非遗视频播放总量	传统体育非遗视频评论总量
深圳非遗	80.5万	406	29	传统武术	154.8万	128
浙江非遗	19.8万	119	0	无	0	0
非遗来了	161.6万	275	2	太极拳、少林功夫(河南)	6.3万	44
四川非遗	54.2万	667	55	传统武术	2 832.7万	34 255

通过调查,发现经认证的官方所建立的抖音账号,粉丝在10万以上的仅有4个。其中“深圳非遗”与“四川非遗”两个账号的视频中关于传统体育非遗视频的数量较多,而“浙江非遗”与“非遗来了”所发布的视频中几乎与传统体育非遗无关,“非遗来了”虽然发布了两则与传统体育非遗相关的视频,但与上海毫无关联,只是介绍了世界级的传统体育非遗项目。另外,“深圳非遗”与“四川非遗”虽然发布的传统体育非遗视频数量较多,但评论量与播放量相差甚大,说明观看视频的人对视频中的内容并不是十分感兴趣。

四、数字化保护中传统体育非遗符号弱化问题剖析

本文研究的重点是作为文化符号的传统体育非遗数字化保护,通过前文对各省级行政区非物质文化遗产官网、数字博物馆以及抖音账号现状的调查,我们发现各地对传统体育非遗项目的数字化保护在符号的内涵、记录形式以及符号的互动存在三方面问题,问题背后反映的则是传统体育非遗数字化保护过程中存在种种掣肘因素。

(一)缺乏专业人才,符号内涵被忽略

在建设非物质文化遗产官方网站的19个省级行政区中,有5个省级行政区的网站首页并不能轻易地寻找到传统体育非遗类目,其中河北省“杂技与竞技”专栏内容无法呈现,须从大类中自行寻找;河南省非遗项目名录内未收录传统体育非遗项目;湖北省则是仅将名录列举出来,并无相关介绍。官方对数字博物馆的建设同样是忽略传统体育非遗项目的留存。

传统体育非遗项目在数字时代的符号化生存,首先便是通过文字符号的形式将其记录下来,通过数字化的记录与整理,让受众了解该符号的存在。但作为各地

文旅厅负责保护传统体育非遗项目的官方网站，建设得却不够完善，在对传统体育非遗这一符号的记录与整理方面还存在疏漏。各省级行政区对于非物质文化遗产的数字化记录与整理的重点还是放在传统技艺与民俗之上，传统体育非遗往往被忽视。各省级行政区建设的数字博物馆主要呈现的是瓷器、玉器等有物质载体的文物，对于传统体育非遗这种以动态形式留存的非物质文化遗产鲜有记录，自然也没有揭示出传统体育非遗这一符号所蕴含的深厚内涵。仅河南省建设了围棋与杂技的博物馆，然而其中仅呈现了这两类符号的载体，并未有过多介绍。

符号内涵被忽略的原因是多种多样的，但其中最主要的便是专业人才的缺乏。传统体育非遗的相关人才资源主要包括专业技术人才、岗位就业人员、项目传承人等。虽然我国不少地方已经开展对包括传统体育非遗在内的非物质文化遗产采用数字化的传承与保护措施，并且建立了相关的非物质文化遗产数据库与数字博物馆，但现实状况是许多地区收集、整理资料进行数字化转化的能力以及相关专业技术能力有限，工作人员技术短板也并非一朝一夕便能够解决，这些都严重影响了传统体育非遗资源的采集与数据的整理，久而久之一些项目的信息便逐渐丢失。此外，资金上的欠缺导致相关设备的缺乏，也阻碍了相关工作人员对于传统体育非遗资源的开发与利用，仅仅依靠图片、文字等并不能充分展示其符号的内涵与特色。①

（二）套用模板保护，符号形式单一

目前我国对于传统体育非遗的传承与保护基本采取静态的形式，民间搜集整理到的资料经过文字整理成册储存在博物馆，在日常生活之中难以接触到，造成仅仅将资料保护了起来，却使其不再具备流传的价值。② 上述调查发现，无论是何种类型的传统体育非遗项目，各网站的数字化记录形式基本上都是图片＋文字或纯文字，对其进行一些简单的介绍，难以吸引受众。官方抖音账号传播形式与内容均存在标签化的现象，主要宣传非遗中的传统戏剧、曲艺以及传统技艺等类别，其中很少或从未涉及传统体育类非遗，如抖音号“四川非遗”，拥有 54.2 万粉丝和 667 个作品，大多数作品与地方特色更浓郁的“蜀绣”和“川剧”等相关，仅有 55 个作品讲述的内容是与传统体育非遗（主要为武术）相关。

---

① 唐杰晓，曹烨君．论安徽古村落非物质文化遗产“数字化”保护与开发[J]．合肥师范学院学报，2020，38(04)：14—17.

② 付佳怡，王美娅，鲁炜中．“非遗”视域下民间文学的传承与保护路径思考[J]．戏剧之家，2020(19)：199—200.

这样的数字化保护手段对传统体育非遗项目还原程度低，套用固定的模板对传统体育非遗这一文化符号进行记录、存储、宣传，符号呈现的形式单一，没有突出表现不同种类传统体育非遗符号的独特性。这也会造成受众下意识地将传统体育非遗与武术画等号，在一定程度上丧失对其他传统体育非遗项目的兴趣。

造成上述问题的主要原因还是对传统体育非遗符号独特性的忽略。我国传统体育非遗有着民族性、地域性以及多样性等鲜明特点，不同地区的经济发展状况、思想认知程度以及政策制度完善情况存在差距，这导致各地对于传统体育非遗的保护、传承以及利用程度存在明显的差距，而当前多地采用的数字化模式与技术之间套用类似的模式，难以凸显其地域特色以及文化特点。

（三）传播面窄，传播者与受众之间的符号互动连接弱

除了对传统体育非遗项目的忽视，在宣传传统体育非遗项目的抖音账号中还存在互动少、传播者与受众情感连接弱的问题。四个抖音官方账号中，仅“深圳非遗”和“四川非遗”两个账号对传统体育非遗中的传统武术进行了介绍。“深圳非遗”宣传的重点是其相关节目的预告以及深圳市的传统武术种类，“四川非遗”则基本是围绕峨眉派和青城派武术的相关视频，其中大多数是属于抖音个人账号“峨眉派凌云”的相关视频。“深圳非遗”和“四川非遗”两个账号都存在播放量高、评论量少、互动性弱的问题，意味着短视频的完播率可能不高，或受众不愿对视频进行评价。传播者和受众之间良性的互动应该是传播者所制作的视频能够让受众有话可说，从而产生互动。互动仪式链理论研究表明，互动过程中的相互关注和情感连带的结合能形成代表群体的符号并给予参与者情感能量。但由于短视频的传受双方互动少，所以受众无法从视频中获取对符号的认知与情感能量，只能停留于表面，从而也无法唤起集体记忆。

传统体育非遗的数字化保护不仅要求我们要采取抢救性的措施，而且还要与互联网相对接，进行有效传播。只有通过新媒体技术的传播，打破时空和地域的限制，才能让世界各地的人们都能够感受到传统体育非遗的独特魅力。虽然当下一些官方账号能够利用短视频等新兴的渠道来传播非遗传统体育，但并未足够重视媒介力量，仅象征性地创建账号、发布视频，从而导致受众无法对其传播的传统体育非遗符号感兴趣。受众丧失了对符号的兴趣，符号之间的互动与情感连接自然会衰弱。

五、传统体育非遗符号数字化保护的进路与策略

传统体育非遗的数字化保护，需要保留好符号内涵、打造新的符号形式，同时勾连起人们的情感认同，让受众与传统体育非遗符号形成良性互动，也可以借鉴李子柒、凌云等成功传播非遗文化的案例，让各式各样的传统体育非遗项目在数字化时代得以更好保护传承。

（一）注重专业人才建设，保留符号原有内涵

作为传统体育非遗数字化保护的主力，注重相关专业人才的建设是解决问题的关键。技术人才的建设主要从培养与引进两方面来建设。技术人才的培养主要依靠高校，高校主动开设相关课程与专业，在传授学生技术的同时普及传统体育非遗相关知识，并与体育实践相结合，让技术人才在接受培养的过程中最大限度地完善对于传统体育非遗符号内涵的认知。技术人才的引进则需要官方在招聘相关工作人员时，侧重应聘人员对传统体育非遗相关工作是否有所认知，在相关保护工作上是否进行一定程度的思考，并在此基础之上进行专业水平的测试。同时需要一大批具备媒介素养的新媒体从业人才，在客观记录传统体育非遗本真样态的基础上，加以深入挖掘、真实呈现传统体育非遗背后所隐含的文化内涵，传播传统体育非遗知识，传播中国声音，讲好中国传统体育非遗故事。

（二）尊重各地文化，创新符号记录形式

随着人工智能的广泛应用，传统体育非遗项目可以利用人工智能等技术对其进行个性化的展陈、故事编排与讲述。数字化故事编排与讲述技术需要通过人工智能技术来完成，人工智能可以创造出包括虚拟音乐中心、虚拟戏剧中心在内的虚拟环境。这种虚拟环境内容丰富，能进行音乐播放、诗歌朗诵、故事讲述、体育竞赛演绎等表演，讲述故事时能对故事情节进行编排演绎，使得受众参与到传统体育非遗故事的创作中去。

此外，还可以通过语音的讲解，辅之以图片、音视频、动画等内容进行数字化的编排，展现出传统体育非遗的文化空间、发展脉络、传播现状以及传承人状况等信息。在讲述中可以采用第一人称视角（传承人）去叙说传统体育非遗故事，也可以采用他人视角（传承人之外的参与者等）阐述对传统体育非遗的所闻所见以及所想，还可以采用二者结合的视角，交叉互动式的叙事。同时也要注意叙事的真实性，要以人的所见所感为主线，讲述一些具有感染力，能够使人身临其境的引起受众共鸣的传统体育非遗故事。

(三) 利用新兴媒介,增强传统体育非遗符号与受众的互动

当下,我们一方面在不惜资金和人力抢救与保存非物质文化遗产,项目和工程量巨大,而另一方面却在宣传效果这个层面影响甚微。处于新媒体时代,信息通过移动终端互联共通,利用新媒体技术对非遗进行展示、宣传、再创作成为可能。构建传统体育非遗传播矩阵、拓宽传统体育非遗传播渠道、打造传统体育非遗文化品牌,充分重视并利用抖音等一批新兴媒介平台,精心制作受众喜闻乐见的视频,则在一定程度上可以扩大传统体育非遗的传播力与影响力,推动智慧文化建设和资源的社会共享。

符号互动论研究表明,特定文化客体的受众群体之于文化客体的作用往往依从于客体对它的意义赋能,文化客体的内涵源自不同受众群体的真实互动;社会互动也是不同社会群体的相互评价与符号互通,个体通过他人的评价形成自我认知及行动取向,即通过他人的评价和监控扮演特定的社会角色,采取相应的行动并自发地赋予自我行为之情境意义。互联网的发展改变着我们的生活方式和娱乐方式以及工作方式。如今一部智能手机基本可以满足人们的生活、购物、观看影视剧等需求。传统体育非遗的数字化保护和传承也可以利用现代互联网技术和云技术,开发出移动客户端小程序,以此来增强传统体育非遗项目与受众的互动。在利用云技术对传统体育非遗资源进行数字化整理和存储之后,与当地的传统体育非遗特色资源相结合,将传统体育非遗的相关历史知识、文化渊源、特色表演通过小程序呈现出来,方便社会大众获取知识、观看表演、进行学习,引导受众积极参与到传统体育非遗保护与传承的互动之中。

结　语

传统体育非遗是我国传统文化中别具特色的重要组成部分,承载着中华民族的共同行为及心理特征,其在文化的多元互动过程中构成了具有鲜明的本土特征的符号系统,具有鲜明的族群性、在地性、整体性与活态性。作为时间的馈赠,传统体育非遗是时代性人文精神的体现,对于其在当下的数字化保护,不仅要注重形式上的记录与保存,更要挖掘符号的内涵,从传统体育非遗内部蕴含的文化入手,加强网站与数字博物馆的建设,为民众了解传统体育非遗提供渠道,同时借助新媒体平台,创建既具有权威话语、又贴近民众的平台账号,通过全社会的文化互动和参与来稳定传统体育非遗数字化保护的社会文化根基。

参考文献

[1] 崔乐泉,林春.基于"文化自信"论中华传统体育文化的传承与发展[J].北京体育大学学报,2018,41(08):1—8,16.

[2] 池建.历史交汇期的体育强国梦——基于党的十九大精神发展中国特色社会主义体育强国之路[J].北京体育大学学报,2018,41(01):1—8.

[3] 柯林斯.互动仪式链[M].林聚任,王鹏,宋丽君,译.北京:商务印书馆,2009:250-286.

[4] 阎彬,王立峰.文化认同视域下传统武术非遗的基础特质与发展路径[J].体育文化导刊,2021(05):7—13.

[5] 崔乐泉,郭荣娟.冲突与融合:中国传统武术的近代化转型[J].体育学研究,2019,2(02):15—22.

[6] 刘雨,李欣.少数民族体育非物质文化遗产的数字化保护研究[J].西安体育学院学报,2019,36(04):469—473.

[7] 杨红.非物质文化遗产从传承到传播[M].北京:清华大学出版社,2019:185-195.

[8] 姜娟,陈小蓉.体育非物质文化遗产数字化生存研究[J].体育文化导刊,2016(07):202—206.

[9] 乔凤杰.符号视角的诠释:运动,与文化何干[J].体育文化导刊,2016(06):192—197.

[10] 刘晖.自我、体育与社会:论符号互动理论在体育研究中的应用[J].武汉体育学院学报,2011,45(03):14—18.

[11] 黄美蓉,吉振峰,房纹萱.权力、文化、消费与认同——近20年国外体育符号研究述评[J].上海体育学院学报,2021,45(03):72—84.

[12] 项江涛.论非物质文化遗产保护和开发中的"媒介参与"[J].思想战线,2012,38(04):108—111.

[13] 涂传飞.对民俗体育文化意义的解释——来自克利福德·格尔茨的阐释人类学流派的启示[J].北京体育大学学报,2010,33(11):8—11.

[14] 阿斯曼.回忆空间:文化记忆的形式和变迁[M].潘璐,译.北京:北京大学出版社,2016:142-149.

[15] 朱云,张婧.生生不息代代相承:江苏传统体育、游艺与杂技类非物质文化遗产篇[M].南京:江苏人民出版社,2020:18-23.

[16] The Semiotics of Tacit Knowledge Sharing: A Study from the Perspective of Symbolic Interactionism[J]. Cadernos EBAPE. BR, 2019, 17(3).

[17] Jacqueline Low. Symbolic Interactionism in Canada: Shared Meaning and the

Perpetuation of Ideas[J]. Symbolic Interaction, 2019, 42(3): 468-481.

作者简介

朱云,江苏扬州人,教授,南京财经大学江苏传媒产业研究院副院长,中国特色社会主义文化产业理论研究中心主任,硕士生导师。研究方向为文化产业、体育文化。

曾帆,河北石家庄人,南京财经大学硕士研究生。研究方向为文化产业。

Digital Protection of Traditional Sports Intangible Cultural Heritage from the Perspective of Semiotics

Zhu Yun Zeng Fan

Abstract: As the carrier of intangible cultural heritage, cultural symbols are the core of discussing the inheritance and protection of intangible cultural heritage. To protect and inherit the declining traditional sports intangible heritage is to protect our national culture. Based on the theory of semiotics, this paper studies the digital protection status of traditional sports intangible cultural heritage official website and digital museum, and finds that there are some problems in the digital protection process of traditional sports intangible cultural heritage, such as ignoring symbol connotation, single symbol form and weak symbol interaction link. In order to further promote the digital protection process of traditional sports intangible cultural heritage, we should start from all levels of cultural symbols, make up the talent gap, respect local culture, and make full use of the power of media to realize the long-term digital protection of traditional sports intangible cultural heritage.

Key words: Cultural Symbol Semiotics Intangible Heritage of Traditional Sports Digital Protection

城市更新视角下中华老字号的振兴之路研究

——以“青岛啤酒”为例*

唐月民　王轶群

摘　要：中华老字号的振兴意义重大。振兴中华老字号不仅是行业振兴的问题，更是和文化自信的张扬有关，城市更新理论为我们提供了一个很好的观察视角。从城市更新的角度去思考中华老字号振兴，中华老字号振兴需要围绕“城市更新”这个核心，从“城市记忆、城市情怀、城市节事”三个方面着手，在文化遗产利用、品牌塑造、城市文化影响力方面发挥其独特的优势。作为中华老字号的“青岛啤酒”，通过建设“青岛啤酒博物馆”、塑造“生活的味道”的品牌、积极参与“青岛国际啤酒节”收获了良好的社会效益和经济效益，给处于困境中的中华老字号提供了“参考”价值。然而，中华老字号的振兴任重而道远，其振兴之路需要多种探索。

关键词：城市更新　中华老字号　“青岛啤酒”　城市记忆　城市节事

一、引　言

中华老字号是城市历史的主要见证者之一，与一座城市的发展息息相关，承载着人们的记忆与情怀。然而，作为文化和经济属性共有的中华老字号面临着“惨淡经营”及“消失”的困局。据相关统计，现存的中华老字号中，蓬勃发展的只占10%，40%仅仅能维持盈亏平衡，高达50%的中华老字号处在持续亏损的状态。[①]《“振兴老字号工程”工作方案》指出，中华老字号“是我国商业文明的光辉成果，是

*　基金项目：本文受研究阐释党的十九届四中全会精神国家社科基金重点项目《健全现代文化产业体系和市场体系研究》(20AZD065)资助。

①　高江虹，马静. 1128家中华老字号，10%势头良好，40%盈亏平衡，50%都是惨淡经营[EB/OL]. https://www.sohu.com/a/334734457_100245187，2019-08-19.

中华民族传统文化的瑰宝”[①]。可见，振兴中华老字号不仅是行业振兴的问题，更是和文化自信的张扬有关。由此，中华老字号的振兴之路就必须纳入更宏大的视野中审视。中华老字号是城市有机体的组成部分，而城市的发展遵循着其特有的逻辑处于不断更新中。因此，城市更新（Urban Regeneration）理论为我们思考中华老字号的振兴之路提供了一个很好的视角。

城市更新理论来自对城市更新实践的思考。20 世纪 80 年代末，西方国家逐步开始进行文化导向的城市更新的实践，相关的学术研究也开始进行，包括城市建筑美感再现、文化设施修建、城市节庆等，其目的在于提升城市的文化气息，增加城市的文化吸引力，但由于实践层面的“嘈杂”，故对其理论化的概括总结充满挑战。[②] 进入 21 世纪后，我国也进入文化导向的城市更新阶段。周延伟（2018）通过对过去三十年中国城市高速的、推土机式的建设所造成的“千城一面”的结果的讨论，从文化导向型城市更新角度新给出了具体的解决办法。[③] 此外，还有学者以案例分析的方式对文化导向的城市更新进行了研究，如任子奇（2019）的《文化导向下以文化创意产业推动的城市更新——以深圳市大芬油画村城市更新研究为例》[④]等。从世界各国的实践经验与学术研究来看，城市更新的发展基本上由最初的战后重建到多方面的综合整治，如今世界各大城市都在逐渐走上以城市文化为核心的更新之路上。2011 年随着我国城镇化率达到 50%，房地产就已不再作为刺激经济的主要手段，也就代表着房地产导向的城市更新开始衰退。因此城市更新必然发展到以人为本、重视内涵发展、提升城市品质等的综合层面，以文化导向的城市更新模式强调以文化作为城市更新的推动力与目标，重塑城市的文化内涵，提升城市的文化吸引力。中华老字号的文化特质与文化经济活力恰恰契合了以文化导向的城市更新方向，这将是中华老字号振兴之路的重大机遇。

作为城市文化名片，“青岛啤酒”具有非常高的知名度与辨识度，已经融入青岛这座城市的文脉之中。青岛啤酒股份有限公司（本文简称“青岛啤酒”）前身是

---

① 商务部.“振兴老字号工程”工作方案[Z]. 2006-04-10.

② 黄晴，王佃利. 城市更新的文化导向：理论内涵、实践模式及其经验启示[J]. 城市发展研究，2018，25（10）：68—74.

③ 周延伟. 被展示的文化：关于文化导向型城市更新中特色塑造策略的思考[J]. 装饰，2018（11）：108—111.

④ 任子奇. 文化导向下以文化创意产业推动的城市更新——以深圳市大芬油画村城市更新研究为例[C]//中国城市规划学会. 活力城乡美好人居——2019 中国城市规划年会论文集（02 城市更新）. 北京：中国建筑工业出版社，2019.

1903年由英、德两国商人合资开办的日耳曼啤酒青岛股份公司，是我国最早的啤酒生产厂之一，2006年被评为第一批中华老字号，现已成为国内啤酒类的龙头企业，在海外也有一定影响。在当前中华老字号普遍不景气的背景下，"青岛啤酒"具有典型意义。从"青岛啤酒"的成长历程看，它从建厂之初就比较重视"啤酒"和"文化"的结合，自觉或不自觉地融入青岛城市的发展进程中，暗合了以文化为导向的城市更新之路，从某种程度上讲，这也是作为中华老字号的"青岛啤酒"成功的原因之一。基于这一前提，本文将以"青岛啤酒"为例，从城市更新导向的角度去分析"青岛啤酒"，希望能为走在振兴之路上的中华老字号发展提供一个有益的观察视角。

二、中华老字号振兴之路的分析框架建构

从城市更新的角度去思考中华老字号振兴，实际上是要找到中华老字号与城市更新的良性互动机制，建构起一个可行的分析框架，从而理解在以文化为导向的城市更新大潮中中华老字号如何在其中找准自己的发展定位，与城市发展的脉搏具有相同的跳动频率，同呼吸、共命运，找出一条可持续发展之路。也就是说，中华老字号的振兴要考虑其在城市更新中应起到怎样的作用，即在以文化为导向的城市更新中，如何以"文化"为媒，助力城市更新，提升城市的文化竞争力。循着这条思路，中华老字号振兴需要围绕"城市更新"这个核心进行。在现有的以文化为导向的城市更新实践中，比较常见的是文化遗产的利用、城市归属感的塑造、城市文化活动的推介等。结合中华老字号的特性，我们发现中华老字号完全可以参与到这些城市更新的实践活动中去。很显然，中华老字号本身就是丰富的文化遗产，对它的利用可以说是为城市留下一份"文化记忆"。另外，城市的归属感和人对城市的"情怀"有关，中华老字号独具的品牌魅力是在悠长岁月中积淀而成的，通过品牌的持续塑造，可以增加城市居民对城市的认可度与依赖度。此外，城市文化活动推介的有效载体多是大型的节庆活动，中华老字号可以深度参与这些"城市节事"，扩大自己的文化影响力。为此，本文构建了"城市记忆""城市情怀""城市节事"的分析框架，去探讨中华老字号在文化遗产利用、品牌塑造、文化推介方面的复兴可能。

（一）留下"城市记忆"："中华老字号"文化遗产的再利用

以文化为导向的城市更新是把城市看作一个文化有机体，通过激活城市的文化因子，使城市焕发生机，历久而弥新，健康有序地发展。中华老字号的"老"就是城市岁月的留痕，保存了城市的记忆，孕育着城市更新的文化基因。在漫漫岁月

中，中华老字号留下了众多的文化遗产，这些文化遗产有着物质的呈现，也有着非物质的呈现，珍藏着城市的某一段历史。城市从过去中走来，又向未来而去，处于过去未来之间连接点的文化遗产有着不可替代的作用，通过对其再利用，活化其文化价值，是现代城市更新中通行的做法。因此，为城市留下"文化记忆"是中华老字号走上振兴之路的前提。

对于城市来说，中华老字号的存在是对文字性历史记载的最好印证。"中华老字号"称号认定规则中要求，企业和品牌的建立时间必须在 1956 年之前，而实际上部分中华老字号已经成立了几百年，是历史文化的"活化石"。伴随着社会变迁，中华老字号有可能保留了诸多时代印记，这些印记使其文化内涵变得更加丰富且更有文化意蕴，文化的"坚韧性"铸就了中华老字号振兴的基石。中华老字号的文化遗产大致有文物、技术和人物这三种，一个中华老字号可能以其中的一项或多项为重点。

中华老字号在长时间的经营过程中，总会发生一些重要的历史事件，留下一些有意义的物件，可能是一块开业时的匾额，可能是生产用的一个小工具，也可能是一栋房子。这种文物是文化和精神的传承，是历史的记录与见证。作为一种文化象征，中华老字号有必要将其妥善保管，并加以有效利用。对于中华老字号来说，生产技术可以成为其核心卖点，有些生产技术或生产技艺已被列入国家级非物质文化遗产名录。独特的生产技术代表着中华老字号特有的"老味道"，在城市记忆中占有"一席之地"，是其重要的文化遗产。"人物"作为中华老字号的一种文化遗产，并不是一般意义上的人才资源，侧重的不是人物的智力和经营能力，而是其身上所代表的文化精神。"人物"可以是中华老字号的创始人或是主要的改革者，"他"不仅仅是一个人，而是某种传统文化的代表者，或者是承担某类"文化家园"的"守望者"们。

（二）维系"城市情怀"："中华老字号"品牌魅力的再造

城市的核心是"人"，文化的核心亦是"人"。一座城市能否不断更新，充满生机，决定权掌握在生活在城市中的"人"是否对城市文化有"认同感"。一座城市能够被人们接受、认同，并产生"归属感"，取决于多种因素，"情怀"必定在其中扮演关键"角色"。对于人们来说，"情怀"具有"超稳定性"特征，且散发着"强持续性"色彩。因而，"情怀"需要维系，它既需要岁月的"积淀"，也需要"情感"的"黏附"。中华老字号因其独到的"老记忆""老味道"的先天文化优势恰恰可以满足人们的"城市情怀"诉求，有着不可或缺的地位与作用。对于中华老字号来说，"品牌"是其维系“城市情怀”的核心要素，它的魅力需要在新时代根据新的时代要求再塑。

多数中华老字号的建立时间比较久远，产生于交通和信息流通不发达的时代。在这种社会环境下，人们的活动范围有相当大的局限性，对于商家而言，中华老字号接收到的外界信息相对单一，并且服务对象也有较强的区域性特征。可以说，在几十年、几百年的经营过程中，城市的地域性特征已经渗入中华老字号的品牌文化中。提及某一个中华老字号，人们总会在脑海中浮现出某个或多个特点，这些“标签”印象决定了中华老字号在消费者心中的“口碑”，也决定中华老字号在市场中的生存境遇。面对变动不居的时代变化，中华老字号可以“成”也在“老”，“败”也在“老”。这是因为中华老字号的“老”是一把“双刃剑”，“老”品牌可以是“质量”“信誉”的保证，也可以是“落后”“抱残守缺”“不合时宜”的“代名词”。因此，维系“城市情怀”对中华老字号而言并不是一个轻松的任务，“品牌”魅力需要根据社会环境的变化不断再造，这里既有对“老”的坚持，也有对“新”的传承，即“城市情怀”的可持续性延续。

（三）参与“城市节事”：“中华老字号”文化影响力的再现

城市更新是一个复杂的系统工程，以文化为导向的城市更新更是囊括政治、经济、文化、社会、生态等诸多内容，具有综合性特征。当今社会，文化竞争力不但在国与国之间的竞争中是一个重要指标，在城市之间的竞争力因素构成中也是一个核心的构成要素。在各国城市更新的实践中，节事活动无论在大城市还是中小城市中都被广泛使用，有的还产生了世界性的影响力，带动了城市的转型与可持续发展，为城市注入文化与经济活力，如电影节对法国戛纳的作用。城市的节事活动带有鲜明的城市文化特色，可以产生经济与文化等多种影响。作为具有“城市记忆”与“城市情怀”作用的中华老字号理应积极参与城市节事活动，并借城市节事的“东风”，“再现”老字号的文化影响力，获取社会效益与经济效益的统一。

对于在城市更新中的中华老字号而言，结合城市节事活动，是其振兴的有效手段。中华老字号具有城市文化的属性，“在地性”是其突出的特征，这在以文化为导向的城市更新中是其生存的根本。这一点必须引起足够的重视，因为这牵扯到中华老字号的“文化”内涵挖掘与“城市文化”内核的“一致性”问题。在重视这一问题存在的同时，也应看到中华老字号的“开放性”要求。现代城市具有包容性与开放性特征，而中华老字号的“文化”内涵天然自带“传统”色彩，这在很大程度上容易使中华老字号形成一定的“保守”性特征，这份“保守”特征如果处置不当，极易成为中华老字号振兴的“阻碍”力量。因此，要把中华老字号拉入“现代化”的大潮，在坚守

"传统文化"底色的同时,不忘它的新时代使命,在"包容与开放"中拥抱新时代。

中华老字号在参与城市节事活动时应持有积极态度。城市节事活动可以提升城市文化影响力,中华老字号如能利用好城市节事活动提供的"文化空间",就可以在"文化空间"中展示"空间的文化"。只有在"文化"的展示中,中华老字号才能击中消费者的"情怀"神经,帮助其完成一次次"消费"体验,并形成深度认可与心理依附。文化影响力具有强辐射性,中华老字号既需要通过城市节事活动,吸引消费者把目光投向"老字号",也需要利用城市节事活动,拓展"新"生存空间。

三、观察与思考:以"青岛啤酒"为分析对象

作为具有百年之久的"青岛啤酒",无论从社会效益还是经济效益去评价,都可圈可点。"青岛啤酒"自诞生之日起,就打上了"青岛"这座城市的烙印,如今更是给青岛这座滨海之城带来了荣耀。因而,作为中华老字号的"青岛啤酒"不仅是一个成功的企业,更是一张海内外知名的"文化名片"。在中国的城市更新浪潮中,"青岛啤酒"走出了中华老字号振兴的一条探索之路。因此,以"青岛啤酒"为分析对象,从城市更新的视角对其进行观察和思考就有着理论和现实的双重意义。

(一) 青岛啤酒博物馆:"城市记忆"的"文化场域"

"城市记忆"的最佳场所无疑首推城市博物馆。"青岛啤酒"作为生产型企业,有着扩大再生产的成长诉求,显然旧有的厂房等基础设施与生产设备不能满足这一点。因而,"青岛啤酒"也有着老厂房的存留问题讨论,"青岛啤酒"曾计划在1995年之前将其拆除,改建为现代化的高楼大厦。① 幸运的是,"青岛啤酒"最终选择了将老厂房等文化遗产保存下来,并将其再利用,建成青岛啤酒博物馆这一国内唯一的一座啤酒博物馆,美名远播,在城市更新的实践中留下赫赫"名声"。青岛啤酒博物馆2001年建成,2020年12月成为第四批国家一级博物馆。如此,青岛啤酒博物馆就超越了企业博物馆的特殊属性,而具有了"城市博物馆"的一般文化属性,成为青岛"城市记忆"的"文化场域"。

经过一百多年的岁月洗礼,"青岛啤酒"留下了丰富的文化遗产,这些文化遗产被"青岛啤酒"精心地再利用,在青岛啤酒博物馆中得到了集中展示。在青岛啤酒博物馆中可以看到青岛"德占"时期建厂使用的西门子电机、城市几次易主导致多次变换的包装、解放时与城市同步交接的接管令、青岛上合峰会的纪念物等。另

① 青岛啤酒厂. 青岛啤酒厂志[M]. 青岛:青岛出版社,1993:1.

外，在城市与企业的各个重大节点上，“青岛啤酒”都存留了相关的物品，并加以妥善保管，建厂时的西门子电机至今仍能够运转。从时间上来看，这些有特殊意义的物品并不是为了建立博物馆而有计划的存留，而是提前就被保护了起来。由此可见，“青岛啤酒”对待文化遗产的态度是认真而又谨慎的。正是如此，“青岛啤酒”的文化根基才得以保留，“青岛啤酒”文化才有了依归。

“青岛啤酒”独特的酿造技法属于“非物质文化遗产”，是“青岛啤酒”曾在国内啤酒行业领先的重要历史记忆所在。1964 年，轻工业部提出“啤酒行业学青岛”的口号，《青岛啤酒操作法》后来更是升格为中国啤酒第一部行业标准，直接促动了一个啤酒大国的崭新崛起。[①]《青岛啤酒操作法》现如今已成了珍藏在青岛啤酒博物馆的一份记忆。此书不仅在青岛啤酒博物馆内留有实物，“青岛啤酒”更是将其每一页扫描成为电子版，在触摸屏上供游客翻阅，仿佛使游客穿越到旧时岁月，倾听历史的记忆回响。除了文献体验之外，游客现场品尝新酿啤酒更能勾起“城市记忆”。2017 年 7 月 22 日，TSINGTAO1903 餐吧在青岛啤酒博物馆内重装开业。[②]作为“青岛啤酒”直营的旗舰店，青岛啤酒博物馆 1903 餐吧不论何时都能收获源源不断的客流。

近年来，各大品牌纷纷联名推出跨界产品，“青岛啤酒”也没有错过这一浪潮。在青岛啤酒博物馆推出系列文创产品，使博物馆具有了“时尚”气息，拓展了“城市记忆”的未来指向功能。如 2020 年国庆期间，“青岛啤酒”与“泰迪珍藏”携手在青岛啤酒博物馆推出“醉熊出没，请注意!”联名文创展，文创产品包括冰箱贴、钥匙链、保温杯、服饰、毛绒玩具等，还在醉醉熊“玩啤”护照中印有手绘版博物馆必玩线路，既有指示功能，又有特别的收藏意义。

（二）“生活的味道”：“城市情怀”的品牌“密码”

“啤酒文化”是青岛特色文化标识之一。啤酒在青岛的受追捧度是中国其他城市无法望其项背的，其背后的原因当和“青岛啤酒”的品牌培育密不可分。任何成功的品牌都有其核心价值，想要理解啤酒在青岛风靡的“密码”，“情怀”是解释“青岛啤酒”的有力工具之一。“喝啤酒”已成为青岛市民一种司空见惯的生活方式，在这一生活方式的形成过程中，具有百年历史的“青岛啤酒”功不可没。正是“青岛啤

---

① 根据青岛啤酒博物馆解说材料整理。

② 素素探店. 青岛美食圈 2017 年重磅新闻：啤酒餐吧必体验推荐第一名[EB/OL]. https://www.sohu.com/a/160922600_594346，2017-07-30.

酒”人不懈地努力,“喝啤酒”行为才具有“城市情怀”的“味道”。可以说,“生活的味道”才是“青岛啤酒”品牌的核心价值。在青岛市民持续的“喝啤酒”行为中,“情怀”悄然滋生。

20 世纪 70 年代,青岛市民只有在国庆和春节才能凭副食品证购买到供应每户的 5 瓶瓶装青岛啤酒,但散装啤酒消费则不受限制。① 因此,当时的青岛市面上就流行着用大碗和罐头瓶喝啤酒的潮流。之后的时间里,逐渐衍生出了用塑料袋装啤酒的售卖方法,这个习惯流传至今,每到夏天,用塑料袋装散装啤酒是每个青岛家庭最经常的购买方式,袋装啤酒和散装扎啤同是外地游客在青岛街头巷尾直接可以感受到的最生动的青岛风俗文化。

青岛本地的饮酒方式具有鲜明的城市个性,青岛居民区随处可见的啤酒屋正成为青岛特色风景线。啤酒屋的发展历经三个阶段:第一阶段的啤酒屋只提供啤酒,形成了老青岛的一种独具特色的交友场所;第二阶段的啤酒屋,顾客可以自带海鲜,形成了青岛人记忆中最深刻的家乡味道;第三阶段的啤酒屋就更接近普遍意义上的路边小馆。如今在青岛城市的各个角落仍然可以找到这三个阶段的啤酒屋,它们不但无声地记录着变动的城市历史,而且也在推杯换盏中,培育了青岛市民的“城市情怀”,也让“喝啤酒”成为青岛的“文化现象”。

啤酒的包装是在品尝啤酒之前就给购买者的第一印象,在品牌塑造中具有一定作用。“青岛啤酒”始终把啤酒包装看作青岛啤酒文化的重要组成部分,它既与历史本身密切相关,又呈现了个性化的面貌。在青岛啤酒厂不断易主的过程里,青岛啤酒的包装也在展示着不同文化元素。1958 年,“回澜阁”酒标正式确定下来②,向世界各地证明着青岛啤酒的原产地;2014 年春节前夕,“青岛啤酒”推出了“鸿运当头”啤酒,瓶身样式和名称非常符合中国的春节文化;2016 年青岛啤酒成了“魔兽世界”游戏开发公司唯一指定的中国区啤酒,《魔兽世界》电影上映时期,“青岛啤酒”推出了“魔兽”电影纪念版包装③;2017 年“青岛啤酒”与电视剧《深夜食堂》联合推出了限量版包装——“深夜罐”,又邀请明星黄晓明、作家安东尼、二更 CEO 李明、华文广告教父莫康孙等多位各领域的 KOL 在罐身上进行创作并写下

① 根据青岛啤酒博物馆解说材料整理。

② 根据青岛啤酒博物馆解说材料整理。

③ 快刀. 青岛啤酒:暴雪唯一指定的中国区啤酒[EB/OL]. https://www.dianyingjie.com/2016/0628/10253.shtml,2016-06-28.

自己的故事，推出每个人的专属罐[①]；2018 年俄罗斯世界杯期间，“青岛啤酒”将参赛球队国家的国旗样式融入罐体的设计中，加上每种语言的“加油”，推出了 2018 世界杯限量定制罐[②]。除以上之外，“青岛啤酒”还推出过“梵高罐”“战狼Ⅱ罐”“三星高照罐”等，为啤酒赋予了更多的文化元素。

在青岛，流传着这么一句俗语：青岛有两种泡沫——一种是大海的泡沫，另一种就是青岛啤酒的泡沫。“青岛啤酒”将这种感受以文字、图片、视频等形式进行宣传，比如在经典 1903 广告片中就出现了啤酒瓶落入水中激起浪花的镜头。通过将产品和城市地域文化的连接，青岛市民对“青岛啤酒”产生了深厚的“情感”，并升华至“城市情怀”，这大概才是“青岛啤酒”品牌长盛不衰的真正“秘密”。

（三）青岛国际啤酒节：“文化影响力”的“窗口”

一个城市的吸引力和其文化影响力直接有关。在现代社会，“平台”在文化影响力中的作用愈来愈凸显，而“城市节事”活动就是这样一个重要的“平台”。通过“城市节事”的“窗口”，一个城市的“热情”会被充分点燃，城市文化特质尽情“展现”，一个成功的节事活动甚至会吸引“全球”的目光，产生巨大的“轰动效应”，增强城市的“文化自信”。中华老字号大多“养在深闺人未识”，无人问津，只在“小众”范围内有一定影响，这成为中华老字号振兴的制约因素之一。因而，中华老字号为适应现代社会对其的要求，应主动顺应时代潮流，站在城市更新的高度，力争成为城市文化有机体的活力要素之一，才有可能走出一条振兴之路。对中华老字号来说，利用“城市节事”活动去展现和推销自己是一个不错的选择。“青岛国际啤酒节”是一个具有国际文化影响力的节庆盛会，“青岛啤酒”深度参与其中，扮演着重要角色，借助“青岛国际啤酒节”的影响力，“青岛啤酒”也走向了世界。

青岛国际啤酒节创始于 1991 年，现为世界规模最大的啤酒盛会，为世界各地的游客提供餐饮、演艺和互动等多方面的娱乐服务。2016 年主会场迁至了西海岸新区金沙滩啤酒城，这也是全球最大的啤酒主题乐园。[③] 青岛国际啤酒节由国家有关部委和青岛市人民政府组建专门的机构主办，在该节创办之初，“青岛啤酒”是青岛国际啤酒节创办的主要推动者之一。自青岛国际啤酒节创办至今，“青岛啤

---

① LOGO大师.青岛啤酒的“深夜食堂版”让你有酒有故事[EB/OL]. https://www.sohu.com/a/191322952_183589,2017-09-11.

② 根据青岛啤酒博物馆解说材料整理。

③ 吴爽.青岛国际啤酒节发展如何实现高原到高峰[EB/OL]. https://baijiahao.baidu.com/s?id=1642372686041968244&wfr=spider&for=pc,2019-08-20.

酒”是每一届啤酒节最为亮眼的“明星”，是市场的“宠儿”，更是青岛啤酒文化的代言人，在人们的心中，“青岛啤酒”和啤酒节是密不可分的。

青岛国际啤酒节提升了青岛城市品质，扩大了青岛城市影响力，对青岛的城市更新起到了正向作用。通过不断给中华老字号的“老”文化注入“新”内涵，是中华老字号振兴的必由之路。显然，积极参与城市节事活动被证实是一条可行的道路。“包容”与“开放”精神是对现代城市文化的要求，也理应成为中华老字号的努力方向。“青岛啤酒”除了积极参与青岛国际啤酒节外，在其他城市节事活动中也进行了主动尝试。2018 年起“国潮”一词开始频繁出现在人们的视野里。作为本身就见证了百年历史，自带传统审美元素的“青岛啤酒”，迅速推出了“百年国潮”的概念。2019 年 2 月，“青岛啤酒”携手潮牌 NPC，以“百年国潮”为主题，登上纽约时装周。[①] 同年 3 月，“青岛啤酒”在上海百乐门举行了一场复古潮品发布会。[②] “百年国潮”的概念增加了“青岛啤酒”的国际化、时尚化、年轻化色彩，也让“青岛啤酒”有了啤酒之外的文化魅力。

四、结　语

中华老字号的振兴意义重大，然而它是一个现实难题，对它的思考应跳出企业思维的“藩篱”，将之置入城市更新的视野。中华老字号具有“文化”底蕴，其产品也可以通过挖掘“文化价值”而重新获得经济活力，这符合以文化为导向的城市更新趋势。因而，中华老字号可以给城市更新注入新鲜活力，城市也可以因中华老字号的振兴提升文化吸引力。从城市更新的视角去观察和思考“青岛啤酒”，“青岛啤酒”就有了“样本”色彩。然而，中华老字号的振兴任重而道远，其振兴之路需要多种探索，城市更新只是提供了一个视角，它的实践却充满变数，“青岛啤酒”对处于困境中的中华老字号只具“参考”价值，而不能作为“成功”经验简单“复制”或“模仿”。

对于中华老字号的振兴而言，每一个具体的“中华老字号”要充分认识到“复兴”的“艰难”性。毕竟，“中华老字号”产生于传统社会，它的商业逻辑是适应“旧”的生产力与生产关系。在当代社会，它的商业逻辑需要重新调整与建构，这本身需

① 于丽. 玩转国潮新时尚，青岛啤酒有主张[J]. 青岛画报，2020(07)：72—75.

② 中国新闻网. 经典传承潮流新生青岛啤酒经典 1903 复古装潮品发布[EB/OL]. https://baijiahao.baidu.com/s?id=1628676418259149767&wfr=spider&for=pc，2019-03-22.

要岁月的“检验”。中华老字号需要融入现代城市更新的文化经济逻辑中，这本身是极具挑战的事情。“文化”和“经济”的有效结合，与技术的进步有着紧密的关系。但对于有着悠久历史传统的中华老字号来说，核心的价值当属它的“文化价值”，“技术”因素需要被“警惕”。稍不留神，“技术”过多“干预”中华老字号的生产与经营，虽然可能会带来“暂时”或“长期”的经济收益，但对以“文化”复兴为重任的中华老字号的伤害性可能是永久的，会产生不可挽回的遗憾。中华老字号的复兴，当然要考虑其商业利益，甚至要给予高度重视，但这一切应以不损害或不透支其“文化信用”为前提。近年来，一些中华老字号的“口碑”持续下滑或被“诟病”就与其追逐“商业优先”有关。

尽管中华老字号的振兴之路充满挑战，但应欣喜地看到，以文化为导向的城市更新趋势也为中华老字号的发展提供了广阔的舞台与无限的繁荣可能。人们已经深刻认识到作为传统文化载体的中华老字号在城市更新中的重要地位与作用。城市中的人们需要中华老字号唤起心中的“记忆”，与过去建立连接，通过对其产品的持续消费，以“品牌”为媒介，感受城市的“温度”，使城市成为一座“情怀”的“港湾”。文化日益成为现代城市的“核心竞争力”，有影响力的节事活动被认为是城市文化展示的“窗口”。无论城市居民还是外地游客，都不希望中华老字号“缺席”。因此，中华老字号的振兴之路并非“遥不可及”，而是可以用“梦想”照亮“现实”的“天空”。

作者简介

唐月民，山东德州人，山东艺术学院艺术管理学院硕士生导师。研究方向为文化产业、艺术管理。

王轶群，吉林省吉林市人，山东艺术学院艺术管理学院2018级硕士生。研究方向为文化产业管理。

Research on the Way of Revitalizing China Time-honored Brands from the Perspective of Urban Regeneration

—Take "QingDao Beer" as an example

Tang Yuemin　Wang Yiqun

Abstract: The revitalization of China Time-honored Brands is of great significance. The revitalization of China Time-honored Brands is not only an issue of industry revitalization, but also related to the publicity of cultural confidence. The theory of urban regeneration provides a good perspective for us to observe. To think about the revitalization of China Time-honored Brands from the perspective of urban regeneration, the revitalization of China Time-honored Brands needs to focus on the core of "urban regeneration" and start from three aspects of "urban memory, urban feelings and city festival and special event", and give full play to its unique advantages in the utilization of cultural heritage, brand building and urban cultural influence. As a China Time-honored Brand, Tsingtao Brewery Co. ,Ltd has gained good social and economic benefits through constructing "Qingdao Beer Museum", shaping the brand of "taste of life" and actively participating in "Qingdao International Beer Festival", which provides "reference" value for the China Time-honored Brands in difficulties. However, there is a long way to go for the revitalization of China Time-honored Brands.

Key words: Urban Regeneration　China Time-honored Brands　Tsingtao Brewery Co. ,Ltd　Urban Memory　City Festival and Special Event

乡村振兴战略背景下中华优秀乡土文化传承与创新的三重向度*

张家维　刘　博

摘　要:乡土文化是乡村文化振兴之魂,也是实现乡村振兴目标的原动力和重要途径。随着我国进入新的历史发展阶段,实现中华优秀乡土文化的创造性转化、创新性发展已然成为当前的迫切要求和主要方向。在逻辑向度上,深入揭示优秀乡土文化赋能乡村振兴、乡村振兴激活优秀乡土文化两者间的契合点和耦合性,以实现思想引领和智力支持的"导航仪"功能。在动力向度上,分别从政府、消费者、企业三大主体视角发掘政策、市场、科技等外源动力,以转化实现优秀乡土文化传承创新的"助推器"动能。在实践向度上,破解我国乡土文化传承创新过程中的主流价值式微、文化氛围淡薄、代际传承断层等内生动力不足的难题,以充分释放优秀乡土文化可持续发展的"内燃机"效能。

关键词:乡村振兴　乡土文化　传承与创新

一、引　言

乡村振兴是以习近平同志为核心的党中央深刻把握现代化建设规律和城乡关系变化特征,顺应亿万农民对美好生活期待而作出的重大战略部署,是习近平新时代中国特色社会主义思想的重要组成部分。它不仅包括物质上的脱贫致富、生活基础设施和社会福利的改善与提升,更涉及乡村内在凝聚力、创造力的壮大和提升。若要留住乡愁、振兴乡村,则必须留住我们民族文化的根,在发展中保留我们民族本身的特质,使传统与现代交融互补。正如习近平总书记强调:"优秀传统文化是一个国家、一个民族传承和发展的根本,如果丢掉了,就割断了精神命脉。"[1]

---

* 本文系国家社会科学基金项目"马克思主义空间理论视域中'一带一路'倡议发展研究"(19BKS130)的阶段性研究成果。

新形势下,实现优秀乡土文化的创造性转化与创新性发展既有利于增进乡村主体历史记忆、文化认同和情感归属,也有利于实现乡村文明再生产和乡村全面振兴。但随着中国城市化进程和市场经济发展的深入推进,优秀乡土文化的传承创新发展需要进一步梳理并探索如何深入揭示乡村振兴战略与优秀乡土文化传承创新之间的内在耦合性和互动性,如何找准实现优秀乡土文化传承创新发展的着力点和对策,如何对优秀乡土文化的当代价值和未来价值进行再认识。解决好这些问题,是实现优秀乡土文化现代转型最为迫切的历史任务和重要工作。

二、相关文献回顾

自党的十九大报告首次提出实施乡村振兴战略以来,国内学界围绕推动实现中华优秀乡土文化的传承与创新发展,倾注了探索助力乡村振兴新思路、新路径的极大研究热情。既有研究成果主要沿着以下三条线索展开:一是研究新形势、新背景对优秀乡土文化传承创新的影响及其应对。例如,方坤等(2020)认为乡村振兴战略为乡村传统文化的传承创新提供了契机,传统文化的传承创新要遵循相关基本理念和实践发展规律。[2]李庆华等(2021)从全面实施乡村振兴战略视域下,分析地域性优秀乡土文化历史传承和现代创新面临的问题和路径选择。[3]二是从特定民族区域、具体行业领域角度研究优秀乡土文化传承创新的问题与对策。例如,彭晓烈等(2018)对乡村振兴战略视域下传统文化的传承与创新进行解读,提出少数民族建筑文化的传承与创新策略。[4]范波(2020)结合贵州民族地区乡村文化的现状和问题,从基本思路、实施路径、有效切入三个方面将乡村文化的保护、传承、创新与现代文化有机融合。[5]张帆等(2021)从乡村音乐的传承创新这一具体文化领域进行探究,强调深入挖掘乡村音乐特有文化资源,并在发展过程中融入新时代内容的重要意义。[6]杨裔等(2021)认为文旅融合推动乡村文化振兴在内在逻辑和价值意蕴上具有一致性,实现优秀乡土文化的传承创新是探索乡村高质量发展之路。[7]三是从乡村文化资源、乡村文化主体角度分析优秀乡土文化传承创新的构建机制和推进路径。例如,徐丽葵(2019)从乡村文化资源传承创新的理论意涵、历史规律、实践机制三个维度梳理、重塑、整合乡村文化资源中蕴含的文化脉络与功能,使之在新的现实境遇下发挥出应有的多重价值。[8]熊艳(2021)认为应从新时代农村传统文化资源传承创新发展人才支撑面临的困境出发,构建相应的人才支撑方略,推动农村传统文化资源的存续与发展。[9]顾玉军(2019)从乡村文化主体的视角探析新时代背景下乡村教师角色的多样化使他们具有传承乡村文化的可行性和必要性,要探索出一条乡村教师助力乡村文化传承的有效路径。[10]

总体而言,近年来学界关于乡村振兴战略背景下中华优秀乡土文化的传承创新发展研究已经取得初步进展和成果,但其主要集中在探究中华优秀乡土文化传承创新面临的现实困境和对策建议等一般意义上的讨论,缺乏系统性的理论分析。本文试图从理论逻辑、外源动力、内生发展实践三重向度对乡村振兴战略背景下中华优秀乡土文化的传承创新发展进行系统深入剖析,即在逻辑层面上深入揭示二者间的内在耦合性和互动性;在动力层面上整合并转化政策、市场、科技等外源动力效能;在实践层面上破解中华优秀乡土文化传承创新的内生动能阻碍,推动实现外源动力与内生动能的有效联结,持续激发中华优秀乡土文化传承创新发展活力。

三、乡村振兴战略与优秀乡土文化传承创新发展的逻辑向度

乡村振兴战略是对以往乡村发展思路的反思与超越,使得沉淀在乡土社会的传统文化有了复兴再造的生机。从发展目标上看,乡村振兴战略要在"保留"乡村固有特色和独立性的基础上,系统全面地统筹城乡一体化发展,逐步缩小城乡发展差距。因此,实现优秀乡土文化的传承创新发展将为推动乡村振兴注入持久的内生性和系统性动力。深入揭示两者间的契合点和耦合性,可在理论上阐释清楚优秀乡土文化在乡村振兴战略进程中的历史方位及其重要影响,同时也为乡土文化的传承创新发展找准实践发力点和关节点。

(一)乡村振兴与优秀乡土文化传承创新的深层互动性

乡土文化,首先由"乡"和"土"两部分构成。"乡"是乡土文化构成的空间范畴,是乡土文化丰富性与多样性的行政性隔离体。"土"则是乡土文化构成的核心元素,也是乡土文化形成的基点。[11]乡土文化是中国乡村社会在几千年的历史发展进程中所形成并反映人们生产生活方式与观念体系的总称。党的十九大报告将乡村振兴战略上升为国家发展战略,提出"要加快推进农业农村现代化",而深入挖掘、继承、创新优秀乡土文化对全面提升乡村社会文明程度,加快推进乡村文化现代化则具有宝贵价值和独特作用。二者的深层互动性体现在:一方面,优秀乡土文化的传承创新是乡村振兴战略的重要实施路径。乡村振兴不仅仅要在产业、组织上实现振兴,还要保护和传承富有乡土特色、地方民族特色的乡土文化,实现乡土文化资源的创造性转化和创新性发展。其中乡村文化资源与旅游经济结合形成的乡村特色旅游,大大丰富和拓展了文化空间的经济效应,成为村民创收红利的经济增长点。但乡村振兴战略作为宏观性、全局性、系统性的发展战略,不仅要富了村

民的“口袋”,更要富了“脑袋”,唤醒村民的主体意识。只有对乡土文化的当代价值和未来价值产生足够的认知与重视,才能充分激发年轻人的积极主动性,让他们在乡土文化的智慧积累中获得自我生长的力量,参与到乡村振兴的发展洪流中来。

另一方面,乡村振兴战略的实施为优秀乡土文化的传承创新提供良好条件和机遇。沉淀在乡土社会中的农耕文化,散落于各乡村的生产生活实践中,代表着中华民族独特的精神标识。乡村振兴战略为乡土文化的创新升级提供动力,使之不仅可以满足村民的文化需要,更能展现出传统文化在当代的魅力,成为我国文化自信的优质载体。[12]在追求农业农村现代化目标的进程中,越来越多的人意识到,乡土文化的传承发展不再是少数人的工作,更是大众的共同职责和历史使命,乡土文化逐渐成为个体精神皈依的着力点,这也正是乡村振兴战略的重要文化价值所在。

(二)乡村振兴与优秀乡土文化传承创新的内在统一性

本质上而言,乡村振兴战略的核心目标和乡村文化的传承创新、乡村文化产业的发展是一致的,最终是共同促进社会主义新农村建设发展,为实现民族伟大复兴奠定坚实基础。一方面,乡村振兴,既要塑型,也要铸魂,要求必须坚持物质文明和精神文明“两手抓、两手都要硬”。由于工业化进程加快以及市场经济的快速发展,传统乡土社会结构受到巨大冲击。乡村振兴战略立足乡村本位,通过“乡风文明是保障”战略目标的政策引导,为优秀乡土文化的传承创新提供了基本动力和方向,强调对乡土文化资源的保护与挖掘,强化传统文化根基,增强中华文化自信,促进人的精神风貌和素质提升,这正是乡村振兴与文化传承创新的共同目标和灵魂。[2]

另一方面,文化是社会进步的动力之源,优秀乡土文化的传承创新是实现农业农村现代化的重要支撑。进一步推动乡土特色文化与农村经济的结合,有利于营造宽松文明、充满活力的经济发展环境,增强对各种生产要素的吸引力,为新时代背景下乡村社会的综合发展注入鲜活动力。同时也能够激发乡村主体内生动力,培育其与时俱进的文化发展观念,为加快推进农业农村现代化提供强大精神力量。可以说,乡村振兴战略和乡土文化传承创新工作的实质正是要实现社会主义新农村建设与现代乡村文明的有机统一。

(三)乡村振兴与优秀乡土文化传承创新的时代契合性

党的十八大以来,以习近平同志为核心的党中央将“中华优秀传统文化创造性转化、创新性发展”摆在突出位置,明确要求使中华民族最基本的文化基因与当代文化相适应、与现代社会相协调,不断汇聚实现中华民族伟大复兴的精神力量。这就要求在新形势下,一方面要对优秀乡土文化中具有时代价值的文化要素进行传承和创新，另一方面也要结合时代发展要求，将乡村文化建设与现代文化相结合，赋予乡村文化新的时代内涵。实现乡村振兴，需要以五大振兴为抓手，统筹谋划，科学推进，其中一个主要目标就是激活乡土文化的时代价值。面对强势的“现代”，只有通过对时代发展脉搏的准确把握，按时代要求对乡村文化进行取舍、优化创新，才能够增强乡村文化的时代活力。

然而在乡村振兴战略的实施过程中，时代正在向乡土文化提出多重挑战，例如，如何实现乡土文化资源与旅游产业的融合发展，如何实现乡土文化的传承保护与现代科技的融合等，解决好这些问题，同时也是时代赋予乡土文化实现现代化转型的历史使命。总之，随着乡村振兴战略的不断落实，优秀乡土文化的传承和创新必须遵循乡村自身发展规律，在保留既有乡村文化精髓和内核的基础上，顺应时代发展需求，使乡土文化散发全新的活力，重塑和再造新时代乡村社会的价值秩序与理想情怀，进一步推动乡村振兴。而最终实现农业农村的现代化发展，也恰是两者共有的时代默契和前进目标。

四、实现乡村振兴背景下优秀乡土文化传承创新的动力向度

乡村振兴离不开文化的引领，实现乡土文化的传承创新发展也是乡村振兴的题中之义。当前，优秀乡土文化的传承和创新面临外源动力式微的问题，尤其是随着现代化转型逐渐打破了传统乡土文化与乡土生存结构所形成的复合有机体，使得乡土文化精神内核受到前所未有的冲击。实现乡土文化传承创新是一个长期复杂的动态过程，其主要的外源动力因素有以下几个：一是政策制度层面的保障效能，二是市场需求层面的牵引效能，三是科技创新层面的支撑效能。

（一）政策支持：强化优秀乡土文化传承创新的拉力

党的十八大以来，国家对于“三农”问题倍加关注，关于乡村文化建设的要求和部署更加全面而具体，对乡土文化价值的认识也更加系统。自 2012 年到 2021 年“中央一号文件”都对乡村文化建设提出了周全的顶层设计和具体的指导规划，也都涉及乡村优秀传统文化保护和传承的内容，包括优秀农耕文化遗产保护、优良家风、文明乡风等，将其通通纳入保护与传承工程，强化乡村记忆。[14] 2021 年 2 月，“中央一号文件”《中共中央国务院关于全面推进乡村振兴加快农业农村现代化的意见》正式对外发布，意见强调：“要加强新时代农村精神文明建设，深入挖掘、继承创新优秀传统乡土文化，把保护传承和开发利用结合起来，赋予中华农耕文明新的时代内涵。”[15]可见，一号文件仍持续聚焦农业农村现代化主题，乡村文化政策呈

现出内容持续深化的趋势。

此外，随着国家发展战略的调整变化，乡村文化政策的关注与转向也在随之作出相应调适。依据中央一号文件要求，中共中央、国务院专门印发实施《乡村振兴战略计划(2018—2022 年)》作为阶段性安排和部署，其中第七篇对繁荣发展乡村文化进行了详细规划，重点包括加强实施农耕文化传承保护、盘活乡土特色文化资源，大力发展乡村特色文化产业等内容。优秀乡土文化作为乡村最丰富、最独特的资源亟待盘活与转化。随着与乡村文化建设相关的文件密集出台，国家从产业融合、设计下乡、旅游发展等多个角度对社会各群体力量加以整合，鼓励社会大众参与挖掘乡村发展潜力，从而进一步提升乡土文化景观资源质量，推动传承发展的重点领域、重点工作相互衔接、形成合力，不断赋予优秀乡土文化新的时代内涵和现代表达方式。

(二) 市场需求:增进优秀乡土文化传承创新的推力

文化振兴是乡村振兴的灵魂，中国具有源远流长的农耕文明和厚重的乡土底色，国人寻根溯源和乡村情结历久弥深，这为乡村振兴战略的实施积淀了深厚的文化土壤。在深入挖掘乡村特色文化符号的基础上，通过盘活特色文化资源，大力发展乡村特色文化产业，则有利于促进文化资源与现代消费需求有效对接，实现文化、旅游与其他产业深度融合发展。同时，随着人们从浅层次、片面化感官冲击的旅游实践中获得的边际效益越来越低，转而追求集休闲娱乐和文化体验于一体的文化旅游正成为新的潮流，乡土文化蕴含无穷的文化生长空间和市场拓展空间。[16]以新兴市场需求促进乡村文化内涵、形式的创新性转化，也使得市场经济条件下的乡土文化传承发展更具适应性和生命力。

习近平指出:“文化资源是经济社会发展的重要资源。文化的力量最终可以转化为物质的力量，文化的软实力最终可以转化为经济的硬实力。”[17]目前我国已进入经济高质量发展阶段，依托乡村文化资源优势推动乡村文旅融合发展的新业态，为乡村文化的传承创新带来了强大的驱动力，也成为乡土文化传承的有效方式。通过把乡村传统农耕文化、民俗文化与乡村旅游活动进行有机融合，打造乡村文化创意的主要阵地，激发游客的出游热情，进而塑造出适应新的社会关系和经济发展趋势的乡村新文化。此外，伴随着现代化进程和市场经济的加速，乡土人口的流动和生活方式逐渐城市化，这在一定程度上形成了经济追求与情感追求的割裂，工具理性和价值理性的冲突以及现代文明对人本的忽视。因此，在对现代化危机的反思中，优秀乡土文化的原生态活力所具有的情感魅力逐渐呈现，这不仅有效迎合了市场文化体验诉求，还满足了游客“回归乡村”的文化体验需求，让优秀乡土文化焕发出昔日荣光。

（三）科技创新：用好优秀乡土文化传承创新的助力

习近平强调：“科技是国家强盛之基，创新是民族进步之魂。自古以来，科学技术就以一种不可逆转、不可抗拒的力量推动着人类社会向前发展。”[18]新时代背景下，以人工智能、5G互联网、云计算、大数据技术为表征的科技革命，正在迅速改变着人类现有生产生活和思维方式。以现代科技时尚赋能乡土文化的传承创新发展，既有利于民间传统技艺复兴，重现乡土文化风情原貌，又有利于乡土文化资源在数字技术空间中兼容并存和融合发展，实现创造性转化。一方面，就现代科技促进乡土文化内容演绎重构的深度而言，数字化采集、存档和展示使得乡土风情、传统习俗等非物质文化遗产延续和传承下来。同时，现代信息科技也在不断赋予优秀乡土文化新的表达形式，实现现代科技和时尚审美的有效重构。新媒体及时有效的宣传使乡村现代化的步伐逐渐加快，乡土文化的独立性和主体性在现代化的潮流中显现出独特价值。另一方面，在倾力表现乡土文化新时代内涵的同时，结合本地区的地域特征，挖掘独特的乡村文化资源，利用企业人工智能数字技术在图像处理、情景模拟、全景扫描等领域的优势，建立起乡村优秀传统文化云储存空间和数据库，推动优秀乡土文化的传承与保护，着力打造地方乡村记忆特有品牌，为乡村振兴注入更多文化动能。通过企业互联网数据和区块链技术，分析大众文化信息浏览数据并提供个性化的推荐，为诠释文化注入新的动力。此外，互联网突破了文化传承在实践、空间、语言上的障碍，将乡土文化传播的内容更加立体化、可视化，从而推动优秀乡土文化的活态传承。总之，现代化进程虽在一定程度上使得优秀乡土文化的传承保护面临诸多挑战，但借助现代信息技术的力量，乡土文化正在实现自身的革新和发展。

五、乡村振兴战略背景下优秀乡土文化传承创新的实践向度

习近平总书记在中央农村工作会议上指出：“农村是我国传统文明的发源地，乡土文化的根不能断，农村不能成为荒芜的农村、留守的农村、记忆中的故园。”[19]这意味着农村问题不仅仅是社会经济发展的问题，更是文化传承的现实问题。但乡土文化的传承创新仅仅依靠外源动力是不够的，必须加强内外部资源的整合，推动内生动力与外源动力的有效联结，坚持以问题为导向破解内生动能释放困局，更加自觉主动地推动优秀乡土文化同当代社会相适应、同现代化进程相协调。

（一）坚守意识形态阵地，筑牢优秀乡土文化根基和文脉

习近平总书记在中央农村工作会议上强调："要加强社会主义精神文明建设，加强农村思想道德建设，弘扬和践行社会主义核心价值观，普及科学知识，推进农村移风易俗，推动形成文明乡风、良好家风、淳朴民风。"[21] 乡土文化中蕴含了一套优秀的价值取向和生活方式，通过重新发掘整理中国优秀乡土文化中"自强不息"的奋斗理念和"近人远神"的人文精神，立足乡村社会与文化传统，建构乡村价值共识，推动社会主义先进文化抢占农村阵地，进而就能逐渐改变乡村社会涣散、一盘散沙的局面，凝聚起乡村振兴主体的精神力量。同时，积极引导宗教与社会主义社会相适应，坚持以社会主义核心价值观为引领，用中华优秀传统文化浸润宗教，增强乡民对本土文化的认同感，充分调动乡民建设美丽乡村的积极性、主动性和创造性。

（二）突破传统思维定式，树立优秀乡土文化自信和自觉

改革开放以来，随着农村生产生活方式和农民文化追求的改变，乡土文化逐渐从现代社会生活中失去生存载体，生存空间深受城市文化和现代文化的双重挤压。一方面，城市工业化体系将大量农村剩余劳动人口吸纳过去，造成人与乡村自然场域的分离，乡土文化的内生动力遭到破坏。另一方面，乡村经济的飞速化、农业生产的市场化和人居环境的一体化进程使得乡民的逻辑思维和行为态势深受影响。许多人不再依赖传统农产技艺为生，而是选择外出务工或定居城市，比较认同城市生活方式，逐渐形成"城市就是先进，乡村就是落后"的思维定式，乡村社会原有的价值体系崩塌，利益至上的文化价值理念很快占据其思想的主导地位，进而导致乡土文化氛围日渐淡薄，乡村文化自信的根基严重动摇。

为此，习近平总书记指出："农耕文化是我国农业的宝贵财富，是中华文化的重要组成部分，不仅不能丢，而且要不断发扬光大。"[22] 乡村文化是中华优秀传统文化的重要组成部分，是农民的精神家园和心灵寓所，也是增强文化自信心和自豪感的重要资源。尽管现代化是乡村社会发展的主要目标，但这并不意味着乡村社会的终结。城市和乡村应当是中国社会发展进程中互促互补的驱动力量，而实现城乡融合发展也正是乡土文化传承创新的基本前提。现阶段保护和发展具有民族特色的地方优秀传统文化，需要深入挖掘农耕文明的精神价值并结合时代要求继承创新，增强优秀乡土文化的吸引力和感染力，促使乡民在实践中达到对乡土文化精华的再认同。此外，乡村经济的发展也是夯实乡土文化自信的物质基础和重要保障。要充分发掘乡村文化的经济价值，实现乡村文化的产业化和效益化，不断提高

乡民生活水平和收入水平，重塑其对乡村的全面认识，使乡村文化的传承发展不再是一种被动的行为。

（三）搭建人才服务平台，增强文化传承创新动力和活力

乡土文化是以代际传承为主要传承方式的传统文化，是乡民们以口口相传的方式传承下来的。新型城镇化背景下，乡村人力资源纷纷涌入城市，多数农村地区都呈现出人口净流出的"空心化"态势。多元交织的经济利益格局对农民的价值理念和人文信仰产生了极大影响，青年农民更向往和渴望都市娱乐文化，对乡村的感情渐趋弱化，其中进城所获得的高额劳务报酬和广阔的发展空间是这些乡村青壮年人力转移的主要缘由。乡村中许多以家族内部"单线传承"模式的非物质文化遗产现已出现断层，民俗文化仅保留在老一代传承人的记忆里。此外，农村教育、医疗和人文环境融入等因素，也严重削弱了外来文化专业人才的创造性和积极性。在乡土文化的实践主体和实践场域双重缺失的背景下，代际传承显得愈发困难和举步维艰，乡土文化的话语体系也在面临着边缘化危机。

乡村振兴，人才是关键。为此，习近平总书记强调："要培育挖掘乡土文化人才，开展文化结对帮扶，制定政策引导企业家、文化工作者、科普工作者、退休人员、文化志愿者等投身乡村文化建设，形成一股新的农村文化建设力量。"[23]积极推动乡村人才回归，促进城乡文化人才共享，需要乡土文化不仅能"留得住"人才，还要能"引得来"人才。一是要吸引外出人员报效桑梓，鼓励他们发挥各自优势，利用新的传播媒介推介家乡，通过积累的物质财富和人脉资源、技术理念助力乡村文化建设。二是要畅通各类人才下乡渠道，支持大学生、企业家、文化工作者、退休人员等投身乡村文化建设，形成城乡、区域、校地之间人才合作交流机制，从而克服传统上人才单向流动的弊端。三是要通过城乡融合发展缩小城乡收入差距，逐步实现公共服务均等化，增强乡村对流出人才的吸引力，提升其参与乡村文化建设的热情。四是要创新乡土文化传承方式，加强乡村非物质文化遗产传承人队伍建设，开展形式多样的乡土文化培训。总之，优秀乡土文化的传承创新需要多方力量协同配合，只有充分发挥蕴藏于乡村社会中的文化创造活力，最终才能形成人尽其才、才尽其用的生动局面。

（四）健全优化体制机制，夯实文化传承创新基础和责任

乡村文明诞生于我国农业社会的长期实践中，形成了丰富的物质文明资源和非物质文明资源，具有创造经济和生态等效益，满足人民日益增长的美好生活需要的客观性生产价值。[24]但随着现代化工业文明的发展进步，传统生产方式在现代

化转型中势必会导致乡土文化的式微，且村庄作为乡土文化的活态载体也在急剧消失，如何健全优化体制机制为乡村文化遗产保护探寻一条可持续发展之路，正成为实现优秀乡土文化传承创新的紧迫任务。

为此，习近平总书记特别指出："要让有形的乡村文化留得住，充分挖掘具有农耕特质、民族特色、地域特点的物质文化遗产，加大对古镇、古村落、古建筑、民族村寨、文物古迹、农业遗迹的保护力度，要把保护传承和开发利用有机结合起来。"[25]一是要健全完善乡土文化保护长效机制。主管部门和乡村基层政府要加强对当地自然生态和实物景观保护，高度重视乡村文化资源普查和调研工作，制定出科学、系统、差异化的规划保护措施。二是要组建相关专家调研团队，成立专题小组，开展对物质和非物质文化遗产的抢救性工作，建立完善的档案和数据库，助力乡村文化资源的整体性保存、修复和利用。三是要充分评估分析资源保护和开发程度，正确处理两者间的关系。坚决制止对乡村文化资源纯盈利性质的开发，防止大拆大建，保护文化地标。四是要完善文化传承队伍培养机制，为乡土文化的保护与发展创造人才条件。同时，乡村文化资源的传承创新也离不开更加隐性的、实质性的主体内在机制，要充分保障乡民的文化参与权、文化表达权，增强其保护文化遗产的自觉意识。

（五）重组农村资源市场，拓展文化传承创新空间和领域

乡村文化资源过于追求现代性和资本化，不仅会对文化载体自身造成伤害，导致乡土文化急剧萎缩和没落，也会破坏乡民的居住环境和生活节奏。为此，习近平总书记在云南考察调研时强调："新农村建设一定要走符合农村实际的路子，遵循乡村自身发展规律，充分体现农村特点，注意乡土味道，保留乡村风貌，留得住青山绿水，记得住乡愁。"[26]一是要加强文化资源市场的有效监管和规划，重新建立起专业化的乡土文化市场管理部门，建立负面清单，提高市场准入门槛，保证优秀乡土文化科学合理规范的开发利用。二是要在秉持"根在乡土、本在农业、魂在文化"的原则，保留乡村原有生态空间的基础上，通过产业融合创新推动乡村特色文化产业发展，进而拓展乡土文化的现代化转型空间和领域。三是要深入挖掘优秀乡土文化资源，进一步提升乡土文化的鲜活性。过度的商业包装只会让乡土文化"变味"，失去其聚人心、化民风的作用。因此，要彻底扭转过去"文化搭台、经济唱戏"的发展理念，转化乡土文化适存，整合乡土文化资源，实现对乡村文化资源中历史价值和文化价值的再认识。

乡村振兴战略是一项历史性、系统性工程，推动优秀乡土文化的传承创新发展

是实现乡村振兴的有效途径和应有之义。新的时代境遇下，乡土文化不仅要学会与现代化“交锋”，更要学会在生存环境、存在方式、表现形式等方面与现代化“交融”，主动适应乡村振兴的需要。对此，这就要求我们要把优秀乡土文化的价值特质与乡村振兴战略的时代特征从内在逻辑上阐释清楚，以创造性转化与创新性发展的方式重塑乡土文化的内聚功能，依靠外源动力和内生动力的双重驱动让蕴藏在群众中的文化创造力充分释放，使其能够顺应新时代的发展要求，不断满足人民群众对美好生活的需要。

参考文献

[1] 习近平. 习近平谈治国理政：第二卷[M]. 北京：外文出版社，2017：313.

[2] 方坤，梁宽. 乡村振兴背景下传统文化传承创新的整体趋势分析[J]. 广西民族大学学报：哲学社会科学版，2020，42(05)：43—51.

[3] 李庆华，张博. 全面推进乡村振兴视阈下优秀乡土文化的传承与创新[J]. 学习与探索，2021(09)：76—81.

[4] 彭晓烈，高鑫. 乡村振兴视角下少数民族特色村寨建筑文化的传承与创新[J]. 中南民族大学学报：人文社会科学版，2018，38(03)：60—64.

[5] 范波. 贵州民族地区乡村文化振兴对策研究[J]. 贵州民族研究，2020，41(08)：76—81.

[6] 张帆，张欣. 乡村振兴背景下乡村音乐的文化传承与创新发展研究[J]. 农业经济问题，2021(08)：145.

[7] 杨裔，范周. 文旅融合推动乡村文化振兴的作用机理和实施路径[J]. 出版广角，2021(19)：37—40.

[8] 徐丽葵. 乡村文化资源传承创新的三重向度——以乡村振兴战略为背景[J]. 广西社会科学，2019(12)：152—156.

[9] 熊艳. 新时代农村传统文化资源传承创新发展的人才支撑方略[J]. 郑州大学学报：哲学社会科学版，2021，54(04)：36—40.

[10] 顾玉军. 乡村振兴中乡村教师助力乡村文化传承路径探析[J]. 教育理论与实践，2019，39(13)：47—50.

[11] 焦振文. 评剧与乡土市井文化[M]. 南京：江苏人民出版社，2020：12.

[12] 曹立，石以涛. 乡村文化振兴内涵及其价值探析[J]. 南京农业大学学报：社会科学版，2021，21(06)：111—118.

[13] 国务院研究室编写组. 十三届全国人大一次会议《政府工作报告》辅导读本[M]. 北京：人民出版社，2018：295.

[14] 刘彦武. 乡村文化振兴的顶层设计:政策演变及展望——基于“中央一号文件”的研究[J]. 科学社会主义,2018(03):123—128.

[15] 中共中央国务院关于全面推进乡村振兴加快农业农村现代化的意见[N]. 人民日报,2021-02-22(001).

[16] 陈建. 契合中的差距:乡村振兴中的文旅融合政策论析[J]. 长白学刊,2021(03):72—79.

[17] 习近平. 干在实处走在前列——推进浙江新发展的思考与实践[M]. 北京:中共中央党校出版社,2006:294.

[18] 中共中央文献研究室编. 习近平关于科技创新论述摘编[M]. 北京:中央文献出版社,2016:27.

[19] 中共中央文献研究室编. 十八大以来重要文献选编[M]. 北京:中央文献出版社,2014:682.

[20] 马克思恩格斯文集(第 9 卷)[M]. 北京:人民出版社,2009:333.

[21] 习近平. 在中央农村工作会议上的重要讲话[N]. 人民日报,2020-12-30(001).

[22] 中共中央文献研究室编. 十八大以来重要文献选编[M]. 北京:中央文献出版社,2014:678.

[23] 习近平. 论坚持全面深化改革[M]. 北京:中央文献出版社,2018:405—406.

[24] 金筱萍,陈珉希. 乡村振兴视域下乡村文明的价值发现与重构[J]. 农村经济,2018(07):9—15.

[25] 习近平. 论坚持全面深化改革[M]. 北京:中央文献出版社,2018:406—407.

[26] 习近平. 在云南考察工作时的讲话[N]. 人民日报,2015-01-22(001).

作者简介

张家维,江苏徐州人,南京师范大学马克思主义学院博士研究生。研究方向为马克思主义中国化。

刘博,河南商丘人,南京师范大学马克思主义学院硕士生。研究方向为中国近现代史基本问题研究。

Three Dimensions of Inheritance and Innovation of Chinese Excellent Local Culture under the Background of Rural Revitalization Strategy

Zhang Jiawei　Liu Bo

Abstract: Local culture is not only the soul of rural cultural revitalization, but also the driving force and important way to achieve the goal of Rural Revitalization. As China enters a new stage of historical development, it has become an urgent requirement and main direction to realize the creative transformation and innovative development of Chinese excellent local culture. In the logical dimension, it deeply reveals the coincidence and coupling between excellent local culture enabling Rural Revitalization and Rural Revitalization activating excellent local culture, so as to realize the "Navigator" function of ideological guidance and intellectual support. From the perspective of government, consumers and enterprises, we explore the external power of policy, market and science and technology, so as to transform the effectiveness of "booster" for the inheritance and innovation of excellent local culture. In terms of practice, solve the problems of insufficient endogenous power in the process of inheritance and innovation of China's local culture, such as the decline of mainstream value, weak cultural atmosphere and intergenerational inheritance fault, so as to fully release the "internal combustion engine" kinetic energy of the sustainable development of excellent local culture.

Key words: Rural Revitalization　Local Culture　Inheritance and Innovation

文化旅游

文旅融合背景下江苏文化旅游消费创新路径研究*

王菡薇　周林意

摘要:文化旅游消费是新时代重要的经济增长点,如何制定政策推动文化旅游消费是政府部门关注的重点,但是少有学者从消费政策的角度来研究文化旅游。本文以江苏为例,在对江苏文化旅游消费取得的成就进行分析的基础上,进一步分析江苏文化旅游消费存在的问题,并提出促进文化旅游消费的政策建议,包括推动文旅融合的速度和品质,提高居民可支配收入,完善节假日制度,提高文化旅游政策的协调性,推动江苏数字文化旅游产业发展,推动长三角文化旅游消费一体化发展。

关键词:文旅融合　文化旅游消费　创新路径

文化旅游产业是典型的消费驱动型产业。为了推动文化旅游产业的发展,2020年文化和旅游部联合发改委与财政部颁发了《关于开展文化和旅游消费试点示范工作的通知》,探索推动文化与旅游消费发展的长效机制。虽然文旅融合的发展思路早在20世纪90年代就已经提出,但文化旅游融合的试点与示范城市在促进文化旅游消费问题上也仍处在经验摸索阶段。如何因地制宜提出促进文化旅游消费政策,促进文旅消费协同效应加速释放有待研究。

在已有的文献研究中,文化消费与旅游消费是两个独立的概念,相关研究将文化与旅游消费作为两个不同的变量纳入研究中。①一方面,从文化消费的角度探讨文化消费对旅游消费发展的影响,发现文化消费对旅游消费有明显的促进作用。

---

* 本文系国家社科基金艺术学重大项目“中国美术史学史研究”(19ZD19)、江苏创意文化基地研究项目阶段成果。

① 王晓静.人文城市建设视域下的文化和旅游消费[J].江西社会科学,2021,41(09):246—253.

如侯新烁和刘萍(2022)基于 2008—2019 年我国地级市层面的数据,采用 DID 的方法实证研究了文化消费对旅游经济的影响,发现文化消费能显著地促进旅游经济的发展。[①] 王冉(2022)采用家庭追踪调查数据,采用 Tobit 模型从家庭层面实证研究了家庭文化消费对旅游消费的影响,发现家庭文化消费对家庭旅游消费有明显的促进作用。[②] 另一方面,探讨旅游中的文化消费问题。旅游本质上也是一种文化消费[③],因此旅游项目规划要充分考虑消费文化的规律[④],促进文化类旅游项目向旅游消费转型[⑤],防止文化旅游消费中的文化畸变[⑥]。

此外,文化旅游融合方面的研究成果比较丰硕,但是相关研究并未涉及文化旅游消费问题。如廖青虎等(2021)对我国城市文化旅游融合政策的相关演变路径进行了分析,指出城市文化旅游融合政策分为概念提出、初步引导、快速推进与品牌化、项目化和集聚化发展四个阶段。[⑦] 周建新和王青(2021)对粤港澳大湾区文化旅游融合的必要性、融合的基础条件、融合的路径等进行了分析,提出要全方位培养文化旅游人才,宽领域推动文化旅游新业态的优化路径。[⑧]

鉴于文化旅游消费领域研究的不足,本文在文化和旅游融合大背景下,通过对江苏文化旅游消费基本状况进行分析,从供给侧和需求侧角度,指出江苏文化旅游消费政策存在的问题,并提出具体的文化旅游消费促进政策优化路径。

---

① 侯新烁,刘萍. 文化消费试点政策能否推动地区旅游经济增长[J/OL]. 消费经济. [2022-06-27]. http://kns.cnki.net/kcms/detail/43.1022.F.20220623.1205.004.html.

② 王冉. 家庭文化资本、文化消费与居民旅游消费[J]. 统计与决策,2022,38(06):90—94.

③ 杨丹. 民间艺术的旅游资源化——以文化消费为视角[J]. 社会科学家,2018(09):106—110.

④ 王兴中,吴茜,吴菁等. 基于后现代旅游消费文化理念下规划项目市场门槛探讨——以景区旅游项目为例[J]. 人文地理,2010,25(06):93—97.

⑤ 吴兴帜. 文化遗产旅游消费的逻辑与转型[J]. 西南民族大学学报:人文社科版,2019,40(08):27—32.

⑥ 田里,彭芸. 旅游消费的文化畸变与矫治[J]. 中国人口·资源与环境,2018,28(S1):217—220.

⑦ 廖青虎,郑旭,孙钰等. 我国城市文化旅游融合政策的演化逻辑与未来走向[J]. 城市发展研究,2021,v.28;No.238(05):7—11.

⑧ 周建新,王青. 粤港澳大湾区文化旅游融合:现实需要、发展基础和优化路径[J]. 福建论坛:人文社会科学版,2021,No.349(06):36—45.

一、江苏文化旅游消费现状

(一) 文化消费试点工作有序推进,成效明显

"十三五"期间,南京为刺激文化消费,在供给端与需求端同时发力。在供给端方面,挖掘文旅资源,推进文旅融合高质量发展,成功培育出南京秦淮灯会、南京国际梅花节、南京国际度假休闲等重大节事会展品牌。推进大运河文化带南京段规划建设,梳理实施 71 个项目,设立市大运河文旅基金,不断推进公共文化服务体系建设,加大文物保护力度的同时推进文物合理利用,惠及人民群众。

在需求端方面,出台一系列文化消费惠民政策,让文化消费激励措施变成了实实在在的低价折扣,降低了文化消费的门槛,让广大城乡居民普遍受益。2017 年,南京演出市场票房同比增长 38.7%,2018 年同比增长 42%,2019 年同比增长 34.6%,共 69.9 万用户通过平台获得政府惠民福利。①

(二) 文化旅游消费支出稳步增长,消费占比呈下降趋势

2014—2019 年,江苏人均教育文化娱乐消费支出稳步增长(见图 1),从 2014 年 2 238 元增加到 2019 年的 2 946 元,增幅达到 31.64%。分城乡居民消费来看,城镇居民人均教育文化娱乐消费支出从 2014 年的 2 839 元增加到 2019 年的 3 606

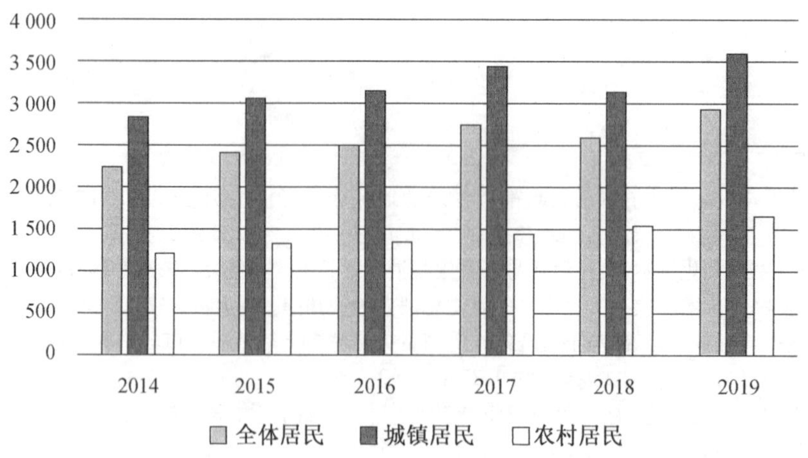

图 1　江苏居民人均教育文化娱乐服务消费支出

数据来源:2015—2020 年江苏统计年鉴,单位为元

---

① 刘通. 文旅消费有补贴,助力文化市场繁荣[EB/OL]. 新华报业网,http://www.njdaily.cn/2020/1125/1872625.shtml? from=timeline&isappinstalled=0.,2022-11-03.

元，增幅为 27.02%；农村居民人均教育文化娱乐消费支出从 2014 年的 1 215 元增加到 2019 年的 1 668 元，增幅为 37.28%。

但是，从消费结构来看，江苏教育文化娱乐服务消费占比呈下降趋势，从 2014 年的 11.68%下降到 2019 年的 11.03%，教育文化娱乐消费在人均生活消费支出中占比呈下降趋势。

表 1 江苏教育文化娱乐服务消费支出占比

年份	2014	2015	2016	2017	2018	2019
教育文化娱乐服务消费占比	11.68%	11.79%	11.36%	11.71%	10.33%	11.03%

(三) 文化旅游消费有序复苏，红色旅游消费成为消费新热点

新冠疫情给文旅产业的发展带来了巨大的冲击，随着江苏文化旅游产业发展的复苏，文旅消费也逐渐复苏。据江苏智慧文旅平台数据测算，2021 年“五一”假日期间，江苏全省接待游客总量达 3 537.57 万人次，实现旅游总收入 301.13 亿元。① 其中南京共接待游客 527.82 万人次，实现旅游收入 50.50 亿元，较 2020 年增长 141.9%，较 2019 年增长 15.26%。②

江苏红色旅游资源丰富，文化旅游产业的复苏也推动了江苏红色旅游的发展。2021 年“五一”期间约有 30 万游客前往“中共代表团梅园新村纪念馆——八路军驻京办事处纪念馆”等 10 条红色精品线路，其中雨花台烈士陵园景区更是以 14 万人次的接待量高居全省红色经典景区前列。③ 红色旅游消费成为旅游消费新热点。

(四) 数字文化旅游消费成为新消费模式

新冠疫情使得数字文化旅游产业得到了巨大的发展，涌现出江苏省数字文化馆云平台、南京文化消费智能综合服务平台、中华恐龙园恐龙基因研究中心智慧体

---

① 江苏省文化和旅游厅. 文旅市场全面复苏，“五一”假期江苏旅游总收入超 300 亿元[EB/OL]. 文旅中国，2021-05-06，https://baijiahao.baidu.com/s? id=1699001412033609306&wfr=spider&for=pc.，2022-11-03.

② 南京市政府办公厅. 南京“五一”期间共接待游客 527.82 万人次[EB/OL]. 江苏省人民政府，2021-05-06，http://www.jiangsu.gov.cn/art/2021/5/6/art_34166_9784739.html.

③ 贾淘文. 江苏红色旅游凭实力“圈粉”[EB/OL]. 消费日报网，2021-05-13，https://baijiahao.baidu.com/s? id=1699633847042423424&wfr=spider&for=pc.，2022-11-03.

验项目等 15 个数字文化和智慧旅游示范项目，恐龙园集团智慧旅游综合提升平台、南京美丽乡村大数据服务平台、“文化淮安”公共数字文化综合服务平台等 15 个数字文化和智慧旅游优秀项目。

为进一步推动数字文化旅游消费的增长，江苏顺应新时代数字化发展的大趋势，深入实施科技创新驱动战略，加大数字文化旅游基础设施建设，打造江苏智慧文化旅游平台。以江苏公共文化云平台为例，江苏公共文化云平台动态汇聚全省文化馆、站的活动(场馆)、视听、展览、网络直播、艺术培训等资源，实现数据互通互享。截至 2021 年 10 月底，共有 900 余家文化馆(站)、社会机构入驻江苏公共文化云平台，总用户数突破 120 万，线上累计服务人次超 1.8 亿，发布在线活动 4.8 万场，活动服务人次超 400 万。①

二、文化旅游融合背景下江苏文化旅游消费存在的问题

(一) 丰富的历史文化资源对文化旅游业的发展没有形成强有力的带动作用

江苏历史文化旅游资源相当丰富，文化底蕴深厚，几千年形成的金陵文化、吴文化、淮扬文化、楚汉文化源远流长，深深植根于这块土地上，繁衍生息，留下了许多弥足珍贵的历史文化遗产。比较典型的项目有苏州评弹、扬州清曲、苏北大鼓、建湖杂技、宜兴紫砂陶制作技艺等。同时江苏拥有很多的历史文化脉系，产生了诸多历史名人、名著、名作，遗存了许多的名城、名园、名馆，发生过众多重大历史事件。

尽管历史文化旅游资源丰富，但是对江苏旅游业发展并没有形成强有力的带动作用。统计数据显示，2019 年江苏接待国内旅游者人数为 87 611.7 万人次，同比增长 7.6%，接待海外旅游者人数 3 994 629 人次，同比增长 −0.35%；纵向来看，2015—2019 年，江苏旅游人数与旅游收入增速一直保持在 15%以内，且国内旅游收入与国外旅游收入均呈现出放缓的趋势。丰富的文化资源以及近年来大力推进的文旅融合发展措施，并没有形成良好的文旅经济效益。

(二) 可支配收入和休假制度因素阻碍了居民文化旅游消费潜力的释放

居民收入是文化旅游消费潜力释放最主要的因素。然而，2015—2019 年，江苏居民人均可支配收入增幅呈下降趋势，从 2015 年的 8.71%下降到 2019 年的

① 扬扬，晓乙. 从评估定级看高质量发展，江苏一级文化馆比例全国第一[EB/OL]. 腾讯网，2021-12-01，https://new.qq.com/rain/a/20211201A08WHP00.，2022-11-03.

8.67%,下降了0.04个百分点。随着居民收入增速的下降,对未来的不确定预期也会增加,增加储蓄并减少消费成为一种最直接的选择。① 2015—2019年,江苏住户存款增长率从10.89%增加到13.77%,远远高于居民可支配收入增幅。

一些地区节假日制度并未严格落实,一定程度上限制了文化旅游消费的释放。据泰州市职工带薪休假制度落实情况调查,仅两成被访者近三年享受过带薪休假,七成被访者尚未享受过带薪休假。同时,企业对于带薪休假处理措施较为草率,近七成单位没有对未休假职工给予经济补偿,一些企业职工表示,企业采取的是计件工资模式,所谓带薪休假实质上是空谈,职工休假不扣工资,但也不发放三倍工资。② 休假制度的落实任重而道远。

(三)文化旅游政策不协调制约了江苏文化旅游消费

江苏文化旅游政策的不协调主要表现为文化旅游政策供需矛盾。③ 一是文化旅游新兴业态发展的迫切性与政策供给的滞后性之间的矛盾制约了江苏文化旅游消费的发展。进入新时代,研学知识游、红色教育游等文化旅游已经发展成为新业态。然而,针对文化旅游新业态,管理部门收集供需双方的信息、论证文化旅游政策需求、制定出台文化旅游政策需要一定的时间,这导致文化旅游新兴业态政策供给的滞后。二是文化旅游行业的系统性与政策供给的分散性之间存在着一定的矛盾。文化旅游政策制定内容包括文化旅游交通、文化旅游安全、文化旅游市场监管、文化旅游规划、文化旅游食品安全等具有一定的系统性,涉及的部门包括文化旅游部门、市场监管部门、交通管理部门、应急管理部门、卫生健康委等,政策制定需要跨部门沟通协商,管理上的冲突导致文化旅游开发发展受到一定限制。如南京总统府作为南京重要的文化旅游景区,"五一"小长假做出了门票降价政策,从每人40元下调到35元,降价的幅度超过了12%,导致客流量大幅增加,超过负荷,而交通管理等部门并未针对此政策制定出相对应的交通纾解策略,景区应对大客流工作也做得不充分,加重了游客游玩的负担,游客很难从政策中获益。

---

① 张锐.需求侧改革的关键是增强居民消费能力[EB/OL].中国财经报,2020-12-22,http://www.cfen.com.cn/dzb/dzb/page_7/202012/t20201222_3636261.html.,2022-11-03.

② 泰州市政府办公室.泰州市职工带薪休假制度落实情况调查报告[EB/OL],江苏省人民政府,2020-02-24,http://www.jiangsu.gov.cn/art/2020/2/24/art_48883_8983169.html.,2022-11-03.

③ 张辉,成英文.中国旅游政策供需矛盾及未来重点领域[J].旅游学刊,2015,30(07):6—7.

(四) 数字文旅消费活力有待进一步激活

江苏虽然数字文旅发展走在全国前列，但是仍存在对数字文旅认识不足，数字文旅内容缺乏创新，游客体验感有待提升等问题。发展数字文旅消费的重点在于利用数字技术实现与文化旅游产业的深度融合，在此过程中，数字技术只是技术手段，并非数字文旅的全部内容。但是在数字文旅发展过程中，大多数地方只是将数字技术与文化旅游简单叠加，并没有形成数字文化旅游的深度融合。数字文旅内容是串联人与人价值认同关系、社交关系与商业消费的重心。然而，在数字文化旅游开发过程中，普遍存在着数字文化旅游产品核心 IP 缺乏，具有引领效应的数字文旅品牌尚未形成，动态体验和情感体验也较为匮乏。

(五) 区域文化旅游消费一体化发展有待进一步提高

目前长三角地区文化旅游产业一体化发展面临一定的挑战。一是顶层设计欠缺。“十三五”期间，长三角一市三省均制定了文化发展规划，但是，在长三角一体化背景下，文化旅游产业缺乏整体布局和规划，也无统一发展的协调机制。二是合作机制不健全。文化旅游层面并没有形成长期有效的合作机制，区域统一的文化旅游产业市场也仍未建立，文化旅游社会组织发育不均衡。据《中国文化及文化产业统计年鉴》(2018)数据，2017 年，上海、江苏、浙江和安徽一市三省拥有文化社会组织的数量分别为 1 153、7 173、4 170 和 2 185 家，上海、江苏、浙江和安徽每万人拥有文化社会组织数量分别为 0.48、0.89、0.73、0.35 家。江苏文化社会组织发育水平最高，浙江其次，而安徽与其他三个地区之间存在较大差距。文化社会组织培育的区域差异必然导致文化产业一体化发展社会组织参与的区域差异，各地区文化产业社会参与水平参差不齐，难以形成合力。在文化社会组织中，基金类社会组织所占比重较小。文化旅游消费并没有形成以中心城市连点成线、汇聚成面的局面。虽然长三角地区文化旅游消费已经取得了一定的发展，但是发展中心仍局限在长三角地区的中心城市，并没有形成中心城市连点成线、汇聚成面的局面，以上海、杭州、苏州、南京等为中心的城市文化旅游消费支点效应并没有凸显。

三、文化旅游消费促进政策的有效路径选择

(一) 进一步推动文旅融合的速度和品质

加强文化旅游与经济圈、交通规划的衔接，打造精品路线、特色路线，力争把每一个文化旅游项目均做成精品工程。重视科技在文化旅游融合中的作用。随着人工智能等新兴技术的发展，新兴技术在文化旅游领域的应用备受关注。一方面新

兴技术能有效提升文化旅游产业内容翻新速度，提升文化旅游内容品质，另一方面，新兴技术有助于打造新兴文化旅游业态，创新文化旅游经营模式。

（二）进一步完善节假日制度

一是要有效落实带薪休假制度，提高广大员工对带薪休假制度的认识，增强企业社会责任感，增加企业违法成本，加强带薪年休假相关纠纷的调解仲裁工作，完善休假机制，把带薪年休假制度落实到位。二是对有条件的单位，试点实行错峰休假的方式。错峰休假的目的是形成错峰旅游，避免因为假期集中旅游而带来的景区拥堵、旅游基础设施操作承载负荷，降低游客的体验感与安全感，降低文化旅游消费。

（三）进一步提高文化旅游政策的协调性

坚持以人民为中心，通过各项优惠政策等，进一步激发文化消费的活力。当然要尽量规避优惠政策可能带来的负面效应，如增加文化旅游负荷，降低文化旅游体验感，降低政策效用。进一步完善文化旅游发展政策措施。针对研学知识文化旅游、红色文化旅游等文化旅游新业态，尽快研究制定规范发展意见，避免文化旅游新业态方面出现"政策真空"，促进文化旅游新业态高质量发展。

（四）进一步完善文化旅游政策冲突的治理能力

一方面，加强政策主体能力建设。重点加强政策主体的学习能力、统筹协调能力、收集处理信息能力、人际协调能力、精确的判断能力和问题识别能力等，并在实践中不断提高政策主体的协作意识和能力。另一方面，完善文化旅游消费政策决策的过程机制，建立促进文化旅游消费政策的部门联席会议制度，对涉及多个部门的事项在联席会议中共同商定，协调处理，防止部门间冲突。建立政策监督反馈机制，对已出台的文化旅游消费政策及时反馈，保证冲突的政策及时反映到政策制定部门，及时发现问题，并采取补救措施。

（五）进一步推动江苏数字文化旅游产业发展

进一步推动人工智能等新兴技术在文化旅游产业中的应用，加强政产学研合作，开展智能场景的研发与应用，打造文化旅游特色的数字新业态。坚持深度融合，激发文旅新动能。一方面，推动"电竞＋文旅"融合发展。另一方面，充分利用新媒体，发挥新媒体的带动作用。通过图片、短视频的发布起到分享传播的作用，通过多媒体融合传播引流，让文旅发展和景区宣传下沉到全球的每一个角落。

（六）进一步推动长三角文化旅游消费一体化发展

破除行政藩篱，在现有的基础上加快文化旅游产业一体化发展的步伐。长三角地区文化旅游部门按照优势互补、共建共享、统一开放的原则，推动长三角地区一市三省文化旅游产业实现同城谋划、系统性建设、协同发展，使文化旅游产业发展成为“一盘棋”。要打破行业和区域壁垒，促进文化产业市场一体化。以长三角一体化为契机，以长三角地区实体经济为基础，以各城市文化旅游特色为背景，以文化旅游产业价值链与空间价值链为纽带，整合长三角地区的文化旅游市场，带动长三角地区文化旅游产业各生产要素有序地、无障碍地流动，推动长三角地区文化旅游产业体系向纵深发展。充分发挥社会组织的力量，加速形成文化旅游产业一体化的大格局。通过建立专项支持长三角地区文化旅游类社会组织发展的专项财政资金，扶持文化旅游社会组织发展；唤起企业的社会责任意识，促使更多的企业捐助社会组织。开展文化旅游类社会组织互认工作，免去跨市、跨省重新认定、注册的行政程序。加强文化旅游社会组织间的沟通交流，推动资源共享，实现优势互补，协同开展活动，增强工作效益。

作者简介

王菡薇，天津宁河人，同济大学人文学院教授。研究方向为艺术史与艺术社会学。

周林意，湖南邵阳人，上海交通大学国际与公共事务学院博士后。研究方向为文化产业管理、风险治理。

Research of Innovative Ways for Jiangsu Culture-oriented Tourism Consumption Promotion Under Culture and Tourism Integration Background

Wang Hanwei Zhou Linyi

Abstract: As a newly emerged economic growth point, the culture-oriented tourism consumption has become a major focus of governmental departments as to how to formulate policies for its promotion, yet few scholars of this field conduct any studies on culture-oriented tourism from perspective of consumption policies. Taking Jiangsu province as an example, and on the analytical basis of the existing achievements of Jiangsu culture-oriented tourism consumption, an in-depth analysis of the existing problems in Jiangsu culture-oriented tourism consumption was carried out, and suggestions on policies that aim to promote culture-oriented tourism consumption were given, including improving the rate and quality of culture and tourism integration, increasing the disposable personal income of citizens, perfecting the vacation and holiday system, enhancing the coordination degree of culture-oriented tourism policies, promoting the high-quality development of Jiangsu digital culture-oriented tourism industry and the integrated development of culture-oriented tourism consumption in the Yangtze River Delta.

Key words: Culture and Tourism Integration Culture-oriented Tourism Consumption Innovation Path

工业与文旅融合的基本状况、困境与破解路径
——以重庆市涪陵区为例*

王志标

摘　要:工业与文旅融合发展成为一种新型多业态融合发展模式,对其进行研究具有较大应用价值。本文对文旅融合的概念、工业与文旅融合的概念进行了探讨和界定,考察涪陵工业与文旅融合,提出工业与文旅融合的困境:工业资源碎片化分布、震撼力不足、转化方向欠清晰;根据这些困境提出了涪陵工业与文旅融合发展的路径:凝聚工业与文旅融合发展方向、创新工业与文旅融合的内容、丰富工业与文旅融合的手段、拓展工业与文旅融合的空间。

关键词:文化旅游融合　工业资源　特色小镇　工业企业

一、引　言

近年来随着文化部与国家旅游局的整合,文旅融合日益成为文化资源和旅游资源的转化方向,也为文化资源和旅游资源的转化提供了更多样化的选择,自然化解了对于文化旅游或自然旅游的单向度偏好,增强了旅游的适应面。在很多地区,随着工业更新或工业化转型升级,遗留了大量工业资源。如何使这些工业资源在较大程度上继续发挥作用成为不少城市考虑的一个重要问题,由此引申出工业与文旅融合的主题。随着 798 艺术区、上海四行仓库的成功营造,工业与文旅融合发展的探索在全国层面逐渐铺展。

---

* 基金项目:教育部人文社会科学重点研究基地重大项目“长江上游地区典型民族文化与旅游产业融合发展研究”(18JJD790017),重庆市自然科学基金面上项目“重庆传统节庆经济价值与文化价值评估”(cstc2019jcyj-msxmX0682)。

工业与文旅融合的基体是工业资源，方向是由工业向着与文旅融合的路径转换。在这个转换过程中，涉及文化和旅游在工业资源上的嫁接、移植与再生。其过程与文化资源的开发具有异曲同工之妙。文化资源开发可以进行有形或无形转化[1]，工业资源同样既有物态的存在，又有非物质的存在，也需要相应考虑有形或无形转化。为了避免像文化资源过度商业化所带来的资源化陷阱一样[2]，开发工业资源时也需要避免陷入资源化陷阱。工业向着与文旅融合的方向发展需要考虑资源整合、技术融合、功能融合和界域融合[3]，基于工业资源、文化资源和旅游资源的深度共享不断开拓融合产业边界[4]。

涪陵是重庆市工业强区，自先秦时代至今留下了诸多工业资源。随着工业不断转型升级，这些工业资源的存续去留一度引起较大的争论，在争论中工业与文旅融合发展逐渐成为工业资源价值实现的主要载体方式，并涌现出 816 军工小镇、美心红酒小镇等实践主体。因此，以涪陵为例讨论工业与文旅融合的概念，分析工业与文旅融合的困境，进而提出破解工业与文旅融合困境的实现路径。

二、工业与文旅融合的概念界定

在中国，最早在讨论文化资源开发时涉及文旅融合的概念。黄莉萍与付蓉(2004)较早进行了这方面的研究，她们关注的是如何将湖湘文化融入湖南省旅游商品的开发之中[5]。刘建华等的研究则讨论了民族文化与旅游地质资源的融合，提出了将旅游地质资源与少数民族文化相融合的理念[6]。苏林忠正式提出了“文化与旅游的融合”概念，讨论了文化和旅游之间的关系，认为文化是旅游的灵魂，旅游活动是文化活动的一部分[7]。西方缺少这样的研究视角，在他们的研究中出现过“旅游文化”和“文化旅游”这样两个有相关度的术语，前者讨论的是由旅游所产生的文化，后者讨论的是旅游的一种子类型——文化旅游，因此它们不同于文旅融合。而且，在有关这样的论文中，西方学者关注的是旅游的可持续性，希望通过植入文化实现旅游可持续性目标。

基于以上讨论可知，关于文旅融合的概念涉及三个问题：第一，文化和旅游融合的方向，即是由文化向旅游融合还是由旅游向文化融合；第二，文化和旅游融合的内容，即在哪些方面进行融合；第三，文化和旅游融合的层次，即两者融合到什么样的水平。就第一个问题而言，在现实中存在两个方向的融入，学术界的研究则多从某一个方向切入，但是在文化部与国家旅游局“融合”后，关于文化和旅游的双向融合研究开始猛增，成为目前文旅融合的主要研究方向。第二个问题是由第一个问题引申出的问题。文化和旅游融合的内容取决于文化和旅游融合的方向。如果将文化融入旅游之中，那么就要考虑可以将哪些文化纳入旅游之中，如何将这些文化纳入旅游之中；如果考虑的是把文化转化为旅游，那么就要考虑转化的途径。这两种不同的方向在较高的融合度水平上可能达到殊途同归的效果，所不同者在于过程，也就是说，是以文化为主导进行融合还是以旅游为主导进行融合，显然，这取决于该地区的优势是什么，以及其所处的发展阶段。第三个问题又是在第二个问题的基础上引申出来的。文化和旅游能够融合的层次与融合内容是密切相关的。两者能够融合到什么样的水平。有的融合是文化嫁给旅游，有的融合是旅游嫁给文化，而有的是交融在一起。

因此，可以认为，文旅融合就是文化和旅游通过一定的方式实现与对方的接入，或者向对方进行转化，或者融入对方之中。这里的“文”是指“文化”[①]，可以产业化，可以刚开发，也可以仅仅存在于历史之中；“旅”是指“旅游”，包括旅游景区、旅游景点、旅游开发、旅游规划、旅行社、旅游商品、旅游食品、旅游活动等旅游相关事物。

如果说文旅融合是在两种要素、两种介质之间进行融合，那么工业与文旅融合就是在三种要素、三种介质之间进行融合。文旅之间的融合相对容易，毕竟，从古至今，文化与旅游都是相伴而生的。现代工业出现较晚，出现后就是与文化、旅游不沾边的，从管理体制来看也是如此。但是，20 世纪末，随着英国等国家制造业衰落，这些国家工业遗产不断增多，如何盘活工业遗产，使其重新焕发活力，就成为这些工业化国家不得不思考的事情。于是，文化创意产业应运而生。在此，不去追究文化创意产业的概念起源及其产业范围，仅就文化创意产业的内容进行探讨。文化创意产业范围较广，有一类形成较晚的产业是对英国、澳大利亚等工业化国家旧建筑的改造和再利用。他们把这些旧建筑改造成艺术家的乐园，从而催生了许多 LOFT 创意产业园。后来，这样一种模式经过推广在全球不少国家流行开来。中国北京的 798 艺术区、上海四行仓库、郑州良库等都是此类模式。这种模式也是工

---

① 关于文化的含义存在广义与狭义之分。此处的文化与王志标（2014）在《文化的经济学释义》（《兰州学刊》2014 年第 9 期）所讨论的一致，即认为文化包含能够产业化的文化，无法实现产业化但能产生经济效益的文化，不能直接产生经济效益却间接地对经济产生影响的文化。在这样的界定下，文化并非是包罗万象、虚无缥缈的，而是可以完全捕捉到的，从而使文化不再成为文化地理学中所认为的与自然相对之物，而是缩小到一个与经济发生密切关联的范围之内。

业与文旅融合的最初形态。通过对原有工业建筑空间的改造和重新布置，一些工业遗产成功被改造为艺术区、创意产业园、艺术公社等，从而以一种崭新的面貌出现。在有了知名度后，它们会吸引不少人去参观，这样就完成了工业与文旅融合发展。

当然，工业与文旅融合不应该只有这么一种模式，在理论上应该有更多的可实践模式。近几年，也确实产生了新的模式——工业文化遗产发展模式。这种模式直接将工业文化遗产转变为旅游目的地，从而实现了工业与文旅融合。所以，工业与文旅融合可能等于“工业＋文旅”，也可能等于“工业文化＋旅游”，或者等于“工业＋文化＋旅游”。基于对此的理解，与文旅融合相比，工业与文旅融合中参与融合的元素更多，因此，经过排列组合工业与文旅融合也必然衍生出更多的可能性。

虽然对于工业与文旅融合的实践及其可能模式进行了梳理，但是要明确定义工业与文旅融合仍然不太容易。这里的“工业”并不一定是“工业遗产”，当然也不确指“工业建筑”，所以，事实上，只有取一个“工业”概念的最小公倍数才能满足定义的需要。对于“文旅融合”，则可按前述概念进行解读。为了使这一概念具有可操作性，需要从简单性出发，将工业与文旅融合界定为工业通过要素转型、转化、接入实现与文化和旅游的融合。在前面已界定文旅融合的基础上，重要的是理解工业如何实现与文旅融合，所以，在此明确了途径是要素的转型、转化或接入。对于工业而言，其要素较之服务业或农业为齐全，而实现其功能拓展或产业融合就必须从要素方面入手并加以改变。

三、涪陵工业与文旅融合的基本状况

涪陵工业与文旅融合起步较晚。目前，已经实践的工业与文旅融合发展典型案例如表 1 所示。已经成功运行的有 816 军工小镇、美心红酒小镇、重庆涪陵医药工业园、中国石化江汉油田页岩气公司。816 军工小镇的融合类型是军工遗址、三线文化与旅游融合发展，融合业态包括参观核军工洞、体验三线文化等；美心红酒小镇的融合类型是由工业企业向农旅融合、文旅融合拓展，融合业态包括复制的洋人街游乐项目等；重庆涪陵医药工业园的融合类型是医药工业、传统医药知识与旅游融合发展，融合业态包括参观药物生产线、药物种植基地等；中国石化江汉油田页岩气公司的融合类型是能源工业、勘探开采知识与旅游融合发展，融合业态包括智慧课堂、参观生产调控中心、采气工作中心、钻井施工平台等。此外，涪陵榨菜集团、渝东南农业科学院、涪陵区国家现代农业产业园联手构建了“科工农文旅”一体化高质量发展模式，以参观榨菜历史陈列馆、乌江榨菜智能化生产车间、榨菜种植基地，以及榨菜制作体验为业态内容；川东船舶重工是“美维凯悦”等豪华游轮的制造商，开展了以参观生产线，讲解川东造船史、船舶制造知识为核心内容的研学游活动；中化重庆涪陵化工有限公司整体搬迁到白涛化工园区，对拆迁后原址与文旅融合的开发也在讨论之中，但尚需一个生态修复过程；原重庆市涪陵丝绸(集团)公司、四川省涪陵区火柴厂等工业企业的档案和负责人口述史中包含了一些可以汲取的工业制度、工业精神、典型事迹，这些工业资源可以进一步得到转化，但是由于原有企业及遗址均已不存在，需要考虑转化途径。

表 1　涪陵工业与文旅融合典型案例

融合案例	融合类型	融合业态
816 军工小镇	军工遗址、三线文化与旅游融合发展	参观核军工洞、体验三线文化、自然休闲旅游、亲子主题乐园体验、原生态田园集市体验、文创艺术体验、星光民宿、星光书院
美心红酒小镇	由工业企业向农旅融合、文旅融合拓展，带动蔺市古镇旅游发展	复制洋人街游乐项目、美心酒店、婚庆、餐饮、农业集市、乡村乌托邦民宿
重庆涪陵医药工业园	医药工业、传统医药知识与旅游融合发展	参观医药生产线、药物种植基地、风景区
中国石化江汉油田页岩气公司	能源工业、勘探开采知识与旅游融合发展	智慧课堂，参观生产调控中心、采气工作中心、钻井施工平台

资料来源:作者整理

较有知名度的是 816 工程的开发。816 工程规模宏伟，体量巨大，保存完整，是三线建设代表性遗产，入选首批“中国工业遗产保护名录”。自开发工业遗产旅游之后，已成为涪陵旅游的一张名片。

816 工程之所以能够成为涪陵工业与文旅融合的代表，有如下三个原因：第一，816 工程是三线建设重大项目。1966 年 1 月 13 日，中央专门委员会做出厂址选择的决定；4 月 1 日，二机部设计部汇报了工程方案；6 月，中央同意二机部将第二个军用原子反应堆建在四川省涪陵县白涛镇；8 月，开始规划设计及勘察工作；1967 年年初，二机部批复原则同意规划，由工程兵负责打洞任务。但是，由于工期无法满足战略要求，1968 年改在四川广元建设 821 工程，并在 1974 年正式投产。[8]816 工程也就失去了其存在意义。国务院于 1982 年 6 月批文“暂停建设，进行论证”；1984 年 6 月 816 工程正式停建。[9]三线建设本身代表了一个历史时期，有许多亲历者，这些人及其后代对三线建设有着深厚感情。因此，816 工程转向旅游开发有着潜在吸引力。第二，816 工程建筑宏伟，保存完整。国家先后投入 7.4 亿元资金、6 万多名建设者，在停工后于 2002 年解密。洞体工程可以预防 100 万吨氢弹空中爆炸冲击和 1000 磅炸弹直接命中攻击，甚至能够抵御 8 级地震的破坏；洞内走道非常宽敞，可容卡车通过；进洞深 400 米左右，顶部覆盖层厚 200 米，核心部位厂房的覆盖层厚度均在 150 米以上；整座大山被挖空，最大洞厅共 9 层，高 79.6 米，总长 21 公里；出入口有大小 19 个洞口，分为人员出入口、汽车通行洞、排风洞、排水沟、仓库等；洞内通风良好，一年四季处于恒温状态；整个主体工程已完成 85%，安装工程已完成 60%左右。[10]第三，816 工程的建设留下了许多创业故事。当时许多来自清华、北大、复旦等名牌大学的大学生都参与了 816 工程建设[9]；有 100 多位工程兵为工程的完工献出了宝贵的生命，平均年龄仅 21 岁[10]。而在 816 工程停工后，816 厂军转民，于是，又有了第二次和第三次艰辛创业的动人故事。所以，将 816 工程与文旅融合发展是有真实故事作为基础的。

816 工程于 2010 年正式接待游客，2015 年整修，2016 年 9 月 25 日再次开放。内部景点包括原子弹沙盘、9 号引水洞、反应堆锅底、中央控制室、严密系统插销盘、反应堆大厅、废水处理区、高射炮、8342 部队老兵物品、排气烟囱等[11]。2018 年开始在 816 工程基础上打造 816 小镇，希望使其成为一个文旅文创范本和乡村振兴实践基地。2019 年 12 月 18 日，816 小镇开园，并试营业。816 小镇以合理利用堆工机械加工厂现存建筑和设备为基石，在保留和尊重原有生态环境的基础上让老建筑焕发活力，传承原有独特历史文脉，将三线建设军工文化与适应时代发展的文旅文创、乡村振兴有机结合，充分调动当地居民和周边乡民的参与性，打造集军工文化体验、文旅文创、乡村振兴和自然生态体验于一体的文创综合体，旨在成为三线文化的传承地，乡村振兴的能量场，艺术家的乌托邦，文创人的栖息地[12]。据统计，2016 年“十一”黄金周期间，816 工程日接待游客 3 000 余人次[13]；2019 年“五一”期间，816 工程累计接待游客约 5 万人次[14]。

除了 816 工程及由此拓展的 816 军工小镇之外，美心红酒小镇的发展也值得关注。美心红酒小镇复制于重庆洋人街，由重庆美心集团建设，而美心集团以门业研发制造为主导产业，覆盖旅游、地产、汽车摩托车配件、国际贸易、精密制造、养老等产业。美心红酒小镇位于涪陵区蔺市镇，是一个以欧式风格建筑与红酒文化为特色的旅游度假区，拥有鸡公山游乐园、美心水上乐园、香溪廊桥、西普陀寺庙、美心 KTV、美心酒店、乡村乌托邦民宿等特色景点，为游客提供旅游观光、惊险游乐、特色美食、宗教朝拜等服务产品[15]。2021 年，该景区对游乐设施进行升级，增设了滚筒步行球、碰碰船等各类亲水项目，还有小摆锤、蹦床公园、5D 影院、地网碰碰车、果虫滑车、海洋大冒险等 20 多个游乐项目，并开放了位于石渝高速旁边免费的“跨界猪”乐园，有萌萌哒的飞猪打卡点、多人秋千、滑梯等，从而在国庆 7 天假日接待游客约 30 万人次[16]。

综合以上情况可以认为，涪陵工业与文旅融合的基本特点是：第一，具有建设主体和承载载体，建设主体多为企业，承载载体以特色小镇为主、以企业为辅；第二，工业与文旅融合的结合点是工业遗址、工业文化、工业生产、工业产品，拓展方向是参观、休闲娱乐、参与性体验、民宿；第三，工业与文旅融合具有较好经济效益和社会效益，经济效益较明显的是 816 军工小镇、美心红酒小镇，社会效益比较明显的是重庆涪陵医药工业园、中国石化江汉油田页岩气公司开展的工业旅游，以及涪陵榨菜集团、川东船舶重工等组织的研学游。

四、涪陵工业与文旅融合的困境分析

虽然 816 工程的开发及其取得的显著成绩为涪陵工业与文旅融合发展提供了一个示范性模板，但是沿着这个发展路线能否启动其他的工业与文旅融合发展仍然面临着一些考验。涪陵工业与文旅融合的困境表现为如下三个方面。

第一，多数工业资源呈现碎片化分布。除了 816 军工小镇和正在拆迁的中化重庆涪陵化工有限公司，其他企业经过破产、收购、重组、转产等并没有留下多少物质性的工业资源，其原址多已改为其他用途或者在持续生产，那么在原址基础上进行工业与文旅融合的开发就不具有现实性。而且，经过长时间变迁后，关于原企业的机器设备等多已不存，或者散落在一些地方，搜集这些实物必然耗时耗力耗资金。所以，在涪陵除了少数工业资源以外，其他工业资源呈现碎片化分布，要想将其以单个的方式进行活化面临很大困难。

第二，多数工业资源的震撼力不足。816 工程是一项震撼世界的工程，拥有世界第一人工洞体，大部分工程都已完工；是与三线建设的时代背景紧密联系在一起的；是核工程，本身就透着神秘性，且在停工多年后才解密。而其他工业企业所遗留的工业资源是难以与 816 工程比肩的。例如，中化重庆涪陵化工有限公司是化工企业，虽然规模也很大，且有创业故事，但是化工对于人没有神秘性，考虑到化工产业的污染，关注化工的人也较少。所以，在开发的时候如果只是单纯还原化工企业的场景及其故事，是难以达成其与文旅融合发展的目标的。对于其他工业资源，情况也类似。

第三，不同工业资源的转化方向欠清晰。如果要对工业资源进行转化，还要考虑不同工业资源的转化方向。也就是说，要把它们改造或塑造成什么样子，走怎样的融合发展路径。如果说 816 军工小镇的开发代表了一种模式或路径，那么将这种模式简单复制到其他工业资源能否取得成功？其结果是难有肯定性答案的。由于工业资源在行业、规模、体量、吸引力及资源存量方面存在较大的差异，所以在开发时必然要针对工业资源状况采取因应策略，如果简单复制 816 军工小镇的模式，要么会走进死胡同，要么会在涪陵区域内造成激烈的同质化竞争。即便要进行转化，也不能实现所有工业资源的转化，必然要考虑其转化的难度以及工业资源的代表性。

五、涪陵工业与文旅融合的破解路径

(一) 凝聚工业与文旅融合发展方向

由于涪陵原有工业企业较多，在较多行业都有分布，不同行业对于人们的吸引力不同，所以在工业与文旅融合发展方面有必要对方向做较为审慎的考虑。这种考虑既要立足于工业资源保存的完整性、丰富性、充实性，也要考虑开发后的市场。总的来说，需要满足差异化、地方性和时代感。一是要与已开发的 816 军工小镇等形成差异化。要考虑到消费者的旅游偏好，不同融合载体应建构起各具特色、内容互补、分工明确的工业与文旅融合产业链体系，推动旅游消费分异和分层，以此不断拓展工业与文旅融合的消费市场。二是要凸显地方性。要在工业与文旅融合载体中充分运用重庆元素、涪陵元素，提升游客的地方性满意度，使游客获得旅游的异质性感受；加强社区居民在融合载体中的参与度，支持他们参与旅游决策和日常管理[17]，为游客提供在地身份叙事场景。三是要有时代感。工业与文旅融合发展应考虑当前人们的审美偏好、审美特征，充分利用新兴的 AR、VR、MR、元宇宙等技术展示更具有吸引力的融合产品，讲好“中国之治”“中国模式”“中国经验”的故事。

(二) 创新工业与文旅融合的内容

除了美心红酒小镇之外，816 军工小镇等的运营模式主要是参观，这种模式是比较单一的，适合于工业与文旅融合早期的开发与运营。工业文化体验、文化创意产品、乡村振兴、自然生态体验甚至沉浸式体验等的广泛引入应是未来涪陵工业与文旅融合发展的目标。在这个目标之下，如何展开内容布局并具有可实现性仍然需要得到较多的理性思考和实践操作。对于尚未开发的工业资源而言，需探索的空间更大。从填充内容角度考虑，可以从如下三个方面入手。第一，动静结合。工业与文旅融合发展既要通过各种方式展示工业资源，以使游客理解工业文明及其创造过程，又要增加体验性、参与性环节，使游客能够乐在其中。第二，长短结合。对于一个旅游目的地也好，艺术空间也好，或者文化综合体也好，都需要考虑短期与长期的发展。在短期以什么作为主打方向，并吸引游客或者消费者；在长期有什么规划或者可拓展的空间，以便能够不断丰富内容，不断增强对于游客的吸引力。第三，物事结合。"物"指老建筑、老设备、老物件，它们代表了一个时代，通过展示它们能够让曾经的参与者怀旧，让新时代的年轻人铭记前人的丰功伟绩。"事"即"事件"，可以是节庆活动、集市活动、招商活动，也可以是学习活动、教育活动，可以通过营造"事件"来延伸"物"的价值。"物""事"结合可促使工业与文旅融合内容推陈出新，充分发挥工业资源的经济价值与文化价值。

（三）丰富工业与文旅融合的手段

现在在涪陵能够看到的工业与文旅融合的经验主要还是在地实现的，即在工业遗产原址通过改造空间或改换用途实现工业与文旅融合发展。但是，对于不具有建筑或者不具备在原址基础上开发的工业资源，就难以套用这种模式，需要进一步丰富工业与文旅融合的手段。一是采取"花式组合套装"的模式。也就是将不同属性的工业资源进行花式组合，然后形成一种融合体。例如，工业博物馆就是这样一种开发模式。也确实有人提出这样的建设思路，即修建涪陵工业博物馆。① 二是采取衍生模式。也就是说，将涪陵工业资源与地域文化、其他非工业的旅游目的地进行融合，从而衍生出由工业资源转化的文化产品或工业文化旅游目的地。三是采取嫁接模式。洋人街从重庆南岸区弹子石嫁接到涪陵美心红酒小镇，这种思路可以得到进一步拓展。可以将全国乃至全世界相对有趣、有吸引力的文化景观、休闲娱乐方式嫁接到涪陵工业与文旅融合载体上；或者采取反向操作，将涪陵获得成功或部分成功的融合模式再嫁接到其他融合载体上，但要在内容上差异化。

（四）拓展工业与文旅融合的空间

在摆脱了工业与文旅融合的原址束缚之后，就可以在较大范围、较大程度上拓

---

① 参考涪陵区规划自然资源局对于黎治国和梅琼两位政协委员提案的答复，http://www.fuling.gov.cn/cn/Yta/yta_view.asp? lmdm=011008009&id=1521，2022-11-01。

展工业与文旅融合的空间。一是拓展工业与文旅融合的物理空间。物理空间就是工业资源本身所占据的空间，可大可小。大的就像工业建筑遗产、遗迹；小的就像某个工业加工工具、某个工业证书。这种空间是无法变更的，甚至是无法移动的。二是拓展工业与文旅融合的转化空间。由于物理空间的局限性，在将工业与文旅融合发展时还要考虑其转化空间。由 816 工程到 816 军工小镇实际上就体现了某种形式的转化，就是将 816 工程这一拥有较高知名度的工业遗产价值在空间上进行拓展，使其覆盖没有知名度、价值也不大的堆工机械加工厂。当然，这种转化空间从性质上讲仍是物理上的，是基于物理空间的拓展。但是，转化空间实际上是可以摆脱物理空间局限的。例如，在中国四大名著中，日本、越南、韩国、美国等都拍摄有《西游记》，日本、韩国都拍摄有《水浒传》，美国也酝酿拍摄《水浒传》。三是拓展工业与文旅融合的辐射空间。辐射空间则指向了工业与文旅融合的市场，包括了其现有的市场和潜在的市场。辐射空间是比转化空间更大的空间，也是有可能实现工业资源价值的空间。对于工业与文旅融合而言，物理空间是基本空间，而转化空间和辐射空间则是其拓展空间。

六、结　论

本文以重庆市涪陵区为例探讨了工业与文旅融合的概念、涪陵工业与文旅融合发展的基本状况、涪陵工业与文旅融合发展的困境，在此基础上提出了实现涪陵工业与文旅融合发展的路径。工业与文旅融合的理念重在实现工业向文旅产业的拓展，从而为工业资源找出再生方向和空间。国内不少工业资源枯竭区都在这个方面持续进行探索，从而获得了一些成功经验，打造出了一些可复制和应用的模式。涪陵作为一座位于长江和乌江两江交汇的工业城市，在探索工业向文旅转化方面也已经历了近 10 年的努力，当前取得的有影响力的案例是 816 军工小镇和美心红酒小镇，它们在资源转化、业态拓展、产品多元、人气提升方面都可圈可点，基本做到了旅游常态化，以旅游带动了工业资源和文化资源的共振。尽管如此，应该看到，涪陵工业与文旅融合发展的困境仍然存在，即工业资源碎片化、震撼力不足和转化方向欠清晰。有鉴于此，提出了凝聚工业与文旅融合发展方向、填充工业与文旅融合的内容、丰富工业与文旅融合的手段、拓展工业与文旅融合的空间的破解路径。

对于涪陵工业与文旅融合发展的探索旨在总结工业与文旅融合发展的经验，并为其他地区工业与文旅融合发展提供思路。随着碳排放和碳中和等目标的逐渐实现,产业转型和提档升级加速,工业遗址、工业遗产、工业资源的数量仍在不断增加,工业与文旅融合发展为这些遗址、遗产和资源提供了产业再造可能。因此,这种融合发展模式将成为许多资源枯竭型城市、因工业落后被淘汰的城市实现转型发展的方向借鉴。在这个领域理论层面的探讨仍很不充分,现实中存在的一些模式因为过度复制和同质化也在一定程度上失去勃勃生气。因此,未来各地工业与文旅融合发展必然应因地制宜、因时制宜。

参考文献

[1] 王志标.传统文化资源产业化的路径分析[J].河南大学学报:社会科学版,2012,52(2):26—34.

[2] 王志标,黄大勇.民族文化资源化陷阱的表现、症结及应对策略——以大研古城和喜洲古镇为例[J].云南民族大学学报:哲学社会科学版,2019,36(5):9—36.

[3] 熊正贤.文旅融合的特征分析与实践路径研究——以重庆涪陵为例[J].长江师范学院学报,2017,33(6):38—45,141.

[4] 刘安全,黄大勇.文旅融合发展中的资源共享与产业边界[J].长江师范学院学报,2019,35(6):40—47,126.

[5] 黄莉萍,付蓉.论湖南省旅游商品与湖湘文化的融合开发[J].企业技术开发,2004(9):38—39,42.

[6] 刘建华,李波,林小平.云南省乡村生态旅游发展新趋势——民族文化与旅游地质资源的融合[J].云南地理环境研究,2007(1):112—117.

[7] 苏林忠.论文化与旅游的融合——再论河南文化旅游发展战略[J].决策探索(上半月),2007(7):26—27.

[8] 余汝信.涪陵 816 地下核工程的来龙去脉[EB/OL].(2020-01-05)[2021-12-16]. http://blog.sina.com.cn/s/blog_16673d5fc0102yqdl.html.

[9] 冯川勇,郑志宏,田军,等.建峰集团创业历程回顾[G]//中国人民政治协商会议重庆市涪陵区委员会.脊梁:涪陵工业发展回顾.重庆:重庆市鹏程印务有限公司,2018:720—722.

[10] 曾是绝密级 816 地下核工程:可抵御氢弹轰击[EB/OL]. https://house.ifeng.com/pic/2018_10_10-38899917_0.shtml#p=1.

[11] 外国人禁止入内:中国地图上消失了 20 年的地方——816 地下核工程[EB/OL].(2017-09-30)[2021-12-16]. https://baijiahao.baidu.com/s?id=1579944300440036452&wfr=spider&for=pc.

[12] 大喜事!涪陵 816 小镇亮相开园,进入试营业阶段!赶紧去耍[EB/OL].(2019-

12 - 20)[2021 - 12 - 16]. https://baijiahao. baidu. com/s? id=1653443975017175086&wfr=spider&for=pc.

[13] 涪陵 816 地下核工程景区火爆日游客量突破 3000 人次[EB/OL]. (2016 - 10 - 04)[2021 - 12 - 16]. https://v. qq. com/x/page/r03335k4167. html.

[14] 火！"五一"涪陵接待游客 116 万余人次，实现旅游收入超 8 亿元[EB/OL]. (2019 - 05 - 06)[2021 - 12 - 16]. https://www. sohu. com/a/312038706_120047088.

[15] 涪陵美心红酒小镇研学考察活动[EB/OL]. (2019 - 03 - 07)[2021 - 12 - 16]. https://www. sohu. com/a/299651326_120108558.

[16] 国庆近郊游走俏美心红酒小镇迎客 30 万人次[EB/OL]. (2021 - 10 - 07)[2021 - 12 - 16]. http://cq. people. com. cn/n2/2021/1007/c365411 - 34945365. html.

[17] 余庆，殷红梅，王晓丹. 旅游发展背景下民族村寨原住民地方性感知差异研究——以雷公山典型苗寨为例[J]. 长江师范学院学报，2021，37(6)：1—14.

作者简介

王志标，河南汝州人，长江师范学院中华民族共同体研究院教授。研究方向为文化经济学、旅游经济学。

Concept, Dilemmas and Roads of Integration among Industry, Culture and Tourism —Take Fuling District in Chongqing City as an Example

Wang Zhibiao

Abstract: Integration development among industry, culture and tourism has become a new development mode of integration development with multiple types of industry, so it has significant applicable vale to study it. We first discuss and define the concept of integration between culture and tourism, and that of integration among industry, culture and tourism. Then we analyze dilemmas on integration of industry, culture and tourism based on the investigation on the integration of industry, culture and tourism in Fuling. The dilemmas are attributable to the fragmented distribution, not sufficient shocking and less clear transformation direction of industrial cultural resources. At last, we put forward the path of intergration of fuling industry and cultural tourism, i. e. agglomerating the integration development direction of industry, culture and tourism, innovating the integration content of them, enriching the integration means of them, and expanding the integration space of them.

Key words: Industry Integration between Culture and Tourism Industrial Resource Characteristic Town Industrial Enterprise

文化资源产业化开发作用机制与路径研究*

张佑林　陈朝霞

摘　要:历史悠久、丰富多彩的文化资源是文化产业发展的动力源泉与基础，对文化资源的价值挖掘是现代文化产业发展的前提，文化资源的产业化开发，就是以文化资源开发为基础，以现代科技创新为手段，以文化创意为灵魂，以文化保护为核心，以文化产业园区为载体，以市场需求为导向，以文化品牌塑造为模式选择，以体制创新为动力，以政策配套为保障，充分兑现文化资源历史文化价值，将其转化为文化产品，实现社会效益和经济效益，最终达成文化传承、创新与发展目标的过程。

关键词:文化资源　产业化开发　文化产业　路径与机制

一、引　言

文化资源是千百年来人类智慧与知识的结晶，具有很高的文化价值与经济价值。但是，文化资源在没有开发之前，只是具有历史文化价值和潜在的经济价值。而要使宝贵的文化资源服务于经济社会发展，唯一的手段就是通过文化资源的产业化开发，将文化资源转化为文化产品，以满足人们不同的精神消费需要。总体上看，国际国内凡是成功的文化产业发展模式，大都是在对文化资源深入挖掘的基础上发展起来的，所以说，文化资源产业化开发是历史文化资源价值兑现的重要途径。

文化资源的产业化开发，涉及的因素、内容很多，主要包括文化资源产业化开发的动力结构、影响因素、基本手段、作用路径、协作关系、政策配套等诸多问题，如何将这些相关要素融合成一个有机的整体形成合力，以推动文化产业的发展，涉及文化资源产业化开发的运行机制和路径选择问题，这是推动文化资源产业化开发

---

*　基金项目:国家社会科学基金一般项目“文化资源产业化开发路径与机制研究”(14BJY007)的核心研究成果。

所要解决的核心问题。因此，从学理上厘清文化资源产业化开发的路径与作用机理，探讨文化资源产业化开发的基本规律，决定着文化资源产业化开发工作能否顺利展开，进而决定着一个国家文化软实力的提升与文化产业的可持续发展，因而具有十分重要的理论与现实意义。

二、相关文献回顾

对于文化资源开发、文化资源开发案例分析、文化资源与文化产业发展关系的研究，目前国内外研究成果颇为丰富：对于文化资源产业化开发问题，西尔布伯格(1995)认为通过对不同文化资源和产品进行合作和包装，以提高文化产品市场占有率。Claude Moulin 和 Priscilla Boniface(2001)针对西欧丰富的文化资源，提出设立遗产旅游线路以推动文化产业发展的建议。哈立德·哈格拉(2010)指出任何一个地区要想将文化资源转化成文化产业，必须进行整体规划，平衡各个方面的发展，实现可持续发展的目标。蒋礼荣(2005)指出，在旅游业高速发展的背景下，旅游目的地只有不断挖掘自然文化资源，提升本地区的文化品位，凸显文化特色，才能将区域文化资源转化成经济优势。张胜冰(2008)把文化资源转化为文化产业的方式划分为资本途径、市场途径、资源整合途径以及产业链途径。刘永梅(2010)提出文化资源产业化需要拥有自身品牌，不断进行文化创新。此外，刘新田(2008)、杨华(2009)、任志明、黄淑敏、严荔(2010)分别以西部文化资源、河南文化资源、甘肃文化资源、四川文化资源产业化为研究对象，对文化资源产业化开发问题从不同视角展开的案例分析，说明文化资源的产业化开发是推动区域文化产业与区域经济转型发展的重要手段。

上述国内外文献从不同的视角、运用不同的研究方法围绕文化资源开发、文化资源开发路径选择、文化资源开发案例等方面进行了有益的探索，形成了一批具有重要理论价值和实践意义的研究成果，但是围绕着文化资源产业化开发的作用机理与路径展开系统理论研究的成果较少，缺乏深入系统的研究，由此导致文化资源产业化开发学科的研究框架难以确立。鉴于此，本文试图以前人研究为起点，将文化资源开发问题纳入文化经济学分析框架，重点研究文化资源产业化的作用机制与路径选择问题，在此基础上尝试构建一个新的文化资源开发理论研究框架。

三、文化资源产业化开发作用机制的理论框架构思

文化资源的产业化开发是一个复杂的系统工程，涉及的内容和影响因素很多，

主要包括文化资源产业化开发的前提条件、动力构成、基本手段、发展方向、产业载体、路径选择、制约因素、体制创新、市场化运作、政策配套等诸多方面的问题。如何将这些要素融合成一个有机的整体形成合力，以推动文化资源产业化的进程，即文化资源产业化运行机制问题，是文化资源产业化开发理论研究所要解决的核心问题。

研究文化资源产业化开发运行机制问题，就是要从理论上厘清文化资源产业化开发的基本原理，构建一套结构完善、功能齐全、内外协调、有利于促进文化资源产业化开发的完整系统，这些问题的解决关系到文化资源产业化开发的成败与效率高低。

文化资源从时间维度上可以划分为历史文化资源和现代文化资源两大类，文化资源的产业化开发就是围绕以上这些不同形态的文化资源展开的，文化资源产业化开发的过程，就是文化资源的价值兑现过程。一般来说，文化资源的产业化开发过程主要包括两个环节：文化资源向文化产品转化，以及文化产品的市场化运作过程。文化资源的产业化开发，就是以文化资源为基础，以现代科技创新为手段，以文化创意为灵魂，以文化保护为核心，以文化产业园区为载体，以市场需求为导向，以文化品牌塑造为模式选择，以体制创新为动力，以政策配套为保障，最终达成文化传承、创新与发展目标，不断推动文化产业可持续发展。

文化资源产业化开发的作用机制与路径选择可用图 1 来表示：

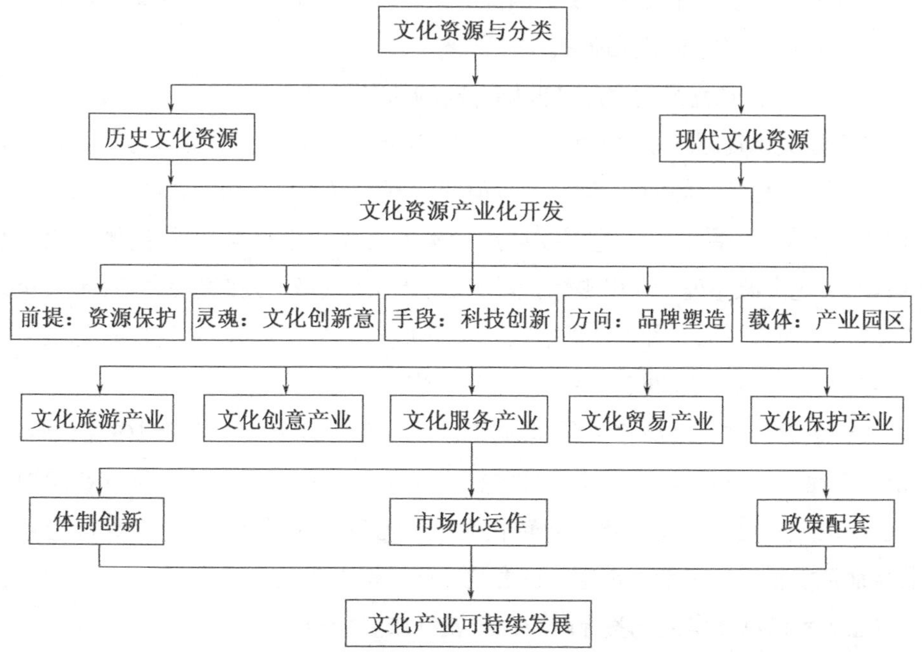

图 1　文化资源产业化开发的作用机制与路径图

具体来看，文化资源产业化开发的作用机制问题，可以概括为以下六个方面的内容。

（一）资源保护是文化资源产业化开发的前提

文化产业的发展离不开对文化资源的深入挖掘与利用，是文化资源的价值兑现过程。离开了文化资源载体，文化产业就会失去发展的动力与源泉，就会成为无源之水、无本之木，文化产业的发展就会成为空中楼阁，失去发展的基础与动力。但是，作为人类社会发展形成的物质财富与精神财富，文化资源和其他自然资源一样，具有容易消失的特性，只有在加强保护的基础上，才能实现文化资源产业化开发的可持续发展。发展文化产业，需要正确处理有效保护和合理利用文化资源的关系，在对文化资源进行传承、创新与发展的基础上，全面推进文化产业的发展。

中华民族数千年的历史为我们留下了丰厚的文化资源，这些文化资源不仅是文化认同和文化自信的源泉，也是文化创新的前提和文化产业发展的基础。不容忽视的是，一些地方和个人对文化产业发展与文化资源保护的关系认识不够，存在两种认识误区：一种认为文化资源保护与追求经济效益是矛盾的，片面强调政府的保护资金投入，忽视甚至不考虑经济效益，导致文化资源保护处于政府单一投入的境地，难以实现可持续发展；一种认为经济发展大于一切，片面强调经济效益，忽视文化资源保护甚至破坏文化资源。因此，首先要从根本上树立资源保护是文化资源产业化开发的前提的坚强理念。

（二）文化创意是文化资源产业化开发的动力源泉

创意是文化资源产业化开发的灵魂，也是推动文化产业发展的动力源泉。创意来源于对文化资源的内涵、理念和价值的深刻了解和深入研究，好的创意并不是人们凭空想象，唾手可得的，它需要创意者深入研究文化资源本质，挖掘文化核心价值，对文化资源与理念加以提炼，运用人们丰富的想象力和解读力，面向大众文化需求市场而进行的一种创新性活动。不同形式的文化资源，尤其是非物质文化遗产，是文化创意形成的核心要素与灵感来源。

文化创意与文化资源相结合，形成丰富而有特色的文化产品表现内容和形式，才能够满足消费需求，增强文化产品的核心竞争力。在知识经济竞争日益激烈的今天，好的创意可以推动文化资源转化为令人心动的文化产品，让人觉得与众不同，从而激发消费者消费的欲望。创意是文化产品开发的灵魂。

（三）科技创新是文化资源产业化开发的重要手段

文化资源作为一种潜在的经济资源，必须借助现代高新技术手段，才能转化成深受大众喜爱的文化产品。科技创新是促进文化资源产业化，兑现历史文化价值、发展文化产业、提升文化产品质量、打造文化产品品牌的重要手段。

文化产品作为一种满足人们精神文化需要的产品，是一种知识密集型、技术密集型的产品。随着进入信息社会时代，人们可以大量利用现代信息网络技术、通信技术、数字技术、人工智能技术、自动化技术等，组合与串联文化资源的文字、符号、图像、声音和影像，创新文化产品，打造形式多样的文化产业链，推进文化产业发展。目前，科技创新在与电影产业、游戏产业、动漫产业、手游产业、文化旅游产业以及文化服务产业的结合中，发挥越来越重要的作用。从动态的视角来看，科学技术的每一次进步，都会从不同程度上推动新的文化产品的出现与进步，成为促进文化资源产业化开发的主要驱动力。

在文化资源产业化过程中，高科技是推进文化产业进步的必备手段，在某种程度上，你甚至根本分不清楚某一种产品到底是文化产品、还是高科技产品，文化产品与高科技产品越来越呈现出一种融合发展、共同促进的趋势。

(四) 品牌塑造是文化资源产业化的发展方向

随着人们收入水平的提高、越来越开始追求高档化、品质化、个性化的精神产品，这就要求我们在文化资源产业化的过程中，要多出精品，出好产品，而打造高品质的文化品牌，便成了满足人们高端文化产品需求的重要手段，也成了文化资源产业化开发的主要发展方向。

当今世界，独具特色的文化品牌才能够形成竞争优势，所谓民族的才是世界的。在经济全球化态势下，以民族文化品牌扩大世界文化市场的占有份额，在对外文化贸易中实现民族文化全球化，是文化强国推进文化产业发展的基本路径。从目前文化产业发展的成功案例来看，包括迪士尼乐园、深圳的民俗文化村、张艺谋的“印象”产品系列等，无一不是通过走品牌路线而获得成功的典范。

文化产业的发展要立足于丰富的文化资源，以文化资源挖掘为动力，打造独具特色的文化产业发展品牌，这是提高文化软实力，提高文化产品核心竞争力的主要手段；在发展文化品牌的过程中，要突出文化的民族性要素，同时与世界接轨，满足各民族的审美偏向和认知心理等，以深厚的文化底蕴打动其他国家文化消费者的心理。充分挖掘历史文化资源优势，合理布局文化产业，打造具有竞争力的文化产业链，塑造特色鲜明的文化品牌，是推动文化资源产业化开发的必由之路。

(五) 产业园区是文化资源产业化的重要载体

一定地域的人群和历史文化传统决定了该地区文化所具有的特殊禀赋，文化产业发展赖以生存的资源是独具特色的历史文化资源，文化产业的发展必须与地域文化相结合。而通过打造文化产业园区，将本地独具特色的文化资源打造成系统的文化产业链，是推动文化资源产业化开发的重要载体。

文化产业园区是对一定区域内文化资源禀赋的整合，在对独具特色的区域文化资源开发和利用的基础上，打造出具有地域特色的文化产业聚集区，形成品牌效应，推动文化产业的发展。通过政府统一安排，将文化资源开发融入区域经济或城市发展当中，以“增长点”或“飞地”的方式，推进文化产业的发展，在短期内打造成文化产业发展品牌，是推动文化资源产业化开发的基本模式。

文化产业园区作为文化资源产业化开发与服务平台，是实现文化资源产业化发展、规模化开发的重要平台。文化产业园区作为文化产业的服务平台，可以满足文化产业的集约化发展要求，广泛地吸引人才、资本、技术等文化要素，在空间上实现文化资源整合，在一定地理空间和区域内实现文化产业的集聚发展。文化产业园区的设计，应该立足于特色文化资源开发，延伸文化产业链价值，充分拓展文化产业体系，不断提升产品质量，形成品牌效应，以提升市场核心竞争力。因此，以文化主题公园为平台，将众多的物质与非物质文化遗产集合融入其中，是推动文化资源产业化开发的基本途径。

（六）体制创新与政策协调是文化资源产业化开发的重要保障

文化资源作为一个民族宝贵的物质与精神财富，是一个国家软实力和核心竞争力的体现，由此导致大多数国家和政府相关部门出于保护的需要，在不同程度上对文化资源以及文化产业实行管制，使得文化资源的产业化开发过程受到来自管理体制与政策等各方面的限制与发展制约。如何通过文化体制改革，推动文化资源产业化开发，是目前迫切需要解决的一项主要任务。首先，文化资源产业化开发要走市场化运作发展之路。以市场需求为发展导向，准确把握文化市场运营规律，是推动文化资源产业化开发的重要保障。市场化运作形成的文化资源所有权明晰、文化投资多元化、经营方式多元化、市场多元化等，对于形成较为完善的文化资源产业化开发体系十分重要。其次，体制创新是文化资源产业化开发的外部环境。文化资源作为一种宝贵的社会资源，在其产业化开发过程中，涉及文化资源的所有权、使用权和经营权等一系列问题，上自政府，下到企业、个人都牵涉其中，这就需要通过全面文化体制改革，简政放权，理顺彼此之间的关系，扫除发展障碍，为文化资源的产业化开发创造一个良好的外部环境。再次，政策配套是文化资源产业化的重要保障。文化资源产业化的发展离不开文化发展政策的保驾护航，需要政府从宏观层面搞好顶层设计、完善文化产业发展立法；同时要针对文化资源产业化开发的不同领域与水平，制定相关文化产业扶持政策、法律法规，为文化资源的产业化开发企业提供宽松的发展环境，形成一个公平有序、公正公开的文化资源与文化产品交易市场。

文化资源是文化创意的源泉，是文化产业形成的基础；文化产业则是文化资源产业化开发的结果。把握和厘清二者的内涵与关系，将有助于我们更好地理解文化资源产业化过程。

四、文化资源产业化开发的路径选择

文化资源与文化产业的融合发展路径，是文化资源产业化开发的关键环节。不同类型的文化资源，与文化产业结合的方式是不一样的，有的是直接结合较多，如文化资源直接发展成为文化产品；有的是间接结合，如文化资源成为文化创意的源泉与动力来源。但不管通过何种途径，都离不开对文化资源的深入挖掘，都是文化资源的价值兑现，都是在对文化资源充分利用的基础上打造出各具区域特色的不同的文化产业发展模式。

文化资源是文化产业发展的出发点，文化资源的类型不同，决定了文化资源产业化开发的方向不同。按照文化资源与文化产业的结合方式与手段，可将文化资源产业化开发模式归纳为五大基本路径。

(一) 文化资源开发与旅游休闲相融合，形成文化旅游产业

从总体上看，现代旅游包括生态旅游与文化旅游两大发展方向，生态旅游以观光为主，文化旅游则以体验为主。相较于单纯的观光旅游，文化旅游是一种特殊的旅游形态，旨在让游客通过体验式接触旅游地的文化内涵，从而获得精神愉悦和文化渗透。文化是人在自己的脑中形成的意识形态，不同于自然景观的“横看成岭侧成峰”“一千个读者心中有一千个哈姆雷特”带来的多样性，是具有近乎无限的开发潜力的。无论是人文景观抑或自然景观，文化的烙印都会起到提升旅游体验的作用。

文化旅游建立在对文化资源价值的深入挖掘基础之上。通过深入挖掘具有地域特色的历史、人文、文化、风俗、老街、古建筑等各种历史文化资源，通过文化创意的手段，将各种文化元素融合到现代旅游产业，打造各具特色的文化旅游产品，创造文化差异来吸引游客，满足不同类型游客的文化体验消费需求，为游客提供文化和精神层面享受，最终形成各具特色的文化旅游产业体系，是文化资源产业化开发

的主要路径之一。

要深度挖掘旅游产品的文化内涵，走差异化发展之路；制定文化旅游资源保护规划，以敬畏之心保护历史留下的珍稀人文景观；完善景区配套设施，打造文化旅游产业链，形成各具特色的文化旅游发展模式。

(二) 文化资源开发与现代高科技手段相结合，形成文化创意产业

文化创意产业是建立在对文化资源深入挖掘和高科技手段充分利用的基础上。一方面文化创意产业的内核是文化创意，而文化创意建立在对文化资源深入挖掘的基础上，没有文化资源，文化创意就成了无源之水、无本之木。另一方面文化创意离不开高科技手段，现代文化创意产业如动漫、游戏、电影、主题公园都是高科技的产物，没有现代科技，这些高端文化创意产业都是很难发展起来的。

文化创意产业是在对文化资源深入挖掘的基础上，依靠人的天赋、智慧与技能，结合高科技手段，生产出的一种具有高附加值、深受消费者喜爱的一种文化娱乐产品。将传统文化产业与现代高科技相结合，创造出高附加值的文化创意产品，一方面可以使得传统优秀文化资源借助高科技手段呈现出新的表现形式，得到更好的传播；另一方面现代科技创新的成果，也可以通过文化创意产业的载体，将其使用价值应用落到实处，不再是空中楼阁。

文化创意产业是以文化资源为内生动力源泉，以现代科技为纽带，将文化和创意有机结合起来，形成的一种以创意产品为内容的新的文化产业业态。将文化资源与现代高科技手段相结合，大力发展文化创意产业，是促进文化资源产业化开发的新形式。

(三) 文化资源开发与消费需求相融合，形成文化服务产业

文化服务产业是指以文化传承与发展为宗旨，以历史文化资源的挖掘和现代文化资源的创新为动力，以满足人们物质或精神需求为目的的文化生产与文化服务活动。文化服务业并不是一个单一产业，而是由文化产业和服务产业交织融汇而成的复合型产业，它兼具两者的特性：作为文化产业，它以文化创意为灵魂，具有文化产业的娱乐性和知识性特征；而作为服务业，它更强调与人的衣食住行、生活追求等基本需求的关系，如特色餐饮服务、文化主题酒店、表演服务等，同时也可以给人们带来直接的文化体验，如摄影、绘画展览、博物馆服务等。

文化服务产业的发展，从本质上来说，是一个通过开发文化资源，形成文化服务产品来满足人们文化需求的过程。文化资源是文化服务产业的必要条件，文化资源可以说是文化服务业最为本质的核心要素。文化服务产业的发展，建立在对

历史文化资源深入挖掘的基础上，结合现代人的审美与体验需求，挖掘出其不同的文化价值与经济价值，并且与不同的文化创意手段相结合，也造就了文化服务业的核心竞争力——文化体验魅力，从而变成了深受大家欢迎的文化服务产品。要发展好文化服务业，就必须紧紧围绕文化资源来开发文化服务产品，不断释放出文化资源的内在价值，使其成为文化服务业发展的动力源泉。

（四）文化资源开发与文化走出去相融合，形成文化贸易产业

文化贸易是国家间文化产品的进出口，文化贸易隶属于现代服务贸易，是国际贸易的重要组成部分。当今世界，文化贸易的发展不仅仅受到自然资源、地理、资本、劳动力等因素的影响，还受到文化因素的影响。当两国的价值观、信仰、社会制度等差异较大时，两国之间的文化贸易数额将受到"文化折扣"的影响，使得两国生产的文化产品与文化服务吸引力大大降低。文化差异越小的国家，文化贸易数额越多，产业内贸易越频繁。

文化贸易是在对文化资源价值深入挖掘的基础上发展起来的。文化贸易产业作为现代服务贸易的一个重要组成部分，其最大的特点在于，文化资源及文化理念在整个交换过程中扮演着特殊作用。文化产品作为一种特殊的商品，不仅具有经济价值，同时具有社会价值，具有传播文化的功能，对文化产品的进口国人们的思想意识、价值观念、行为方式等都会产生潜移默化的影响。文化贸易是在对文化资源不断深入挖掘过程中发展壮大的，文化贸易对文化资源的挖掘，主要体现在两个方面，一是将文化资源直接转为文化贸易产品，例如我国的一些民间手工艺产品，深受国际文化人士的喜爱，可以将带有中国特色的手工艺产品直接进行出口，推动中国总体文化贸易的进步。二是通过文化创意的形式对文化资源进行加工，生产出新的产品，满足大家的精神消费需求，从而推动文化产品的出口，提升本国文化产品的出口竞争力与影响力，最终促进文化贸易的可持续发展。

（五）文化资源开发与文化传承目标相融合，形成文化保护产业

所谓文化保护产业，是指以传统技艺与高科技相结合为手段，以历史文化遗产修复与传承为目标，以市场化运营为平台，从事文化资源修复和提供文化保护服务，推动文化资源长期存续与可持续利用的文化生产与经营活动。文化资源的产业化开发是实现文化资源保护的重要途径，文化资源产业化要坚持可持续开发原则，将文化资源开发与文化传承理念相适应，在保护中开发，形成文化保护产业。

文化资源产业化开发的最终目标，是推动一个国家的文化传承、创新与发展，这离不开对文化资源的保护。文化资源开发与文化资源保护的辩证关系是：一方

面，加强文化资源保护，对于开发文化资源，实现文化产业的可持续发展具有积极作用；另一方面，对于文化资源进行产业性开发，会促进经济的转型升级，奠定文化发展的经济基础，进而反哺文化资源保护，实现文化的传承、创新与发展。在当前的经济社会环境下，文化资源开发是实现文化传承、创新与发展的最佳形式和必要前提，离开了文化资源开发，文化资源保护的发展动力将是不可持续的。

五、结论与政策建议

文化资源与其他资源不一样，文化资源的产业化开发涉及意识形态、文化安全等敏感问题，这就不可避免地会受到各级政府的监管与政策干预。而政府相关部门的这种干预，有可能推动文化资源产业化进程，而有时又会阻碍文化产业的发展。如何在尊重经济规律与文化安全的前提下，进一步促进文化资源产业化开发，最大程度地满足人民群众多样化、多层次的文化需求，是文化产业发展过程中需要解决的一个基本问题。

在我国的社会主义市场经济体制之下，市场在资源配置的过程中起到决定性作用。对于文化资源产业化的过程来说，由于涉及文化资源的保护与文化安全等问题，如果完全放开、过度依赖市场，可能会导致文化资源产业化过程中出现各种各样的问题，在这种情况下，需要政府出面为文化资源产业化开发创造条件。政府要在尊重市场经济规律的前提下，从体制创新、市场运作和政策配套等三个方面进行改革与配套，不断优化文化资源产业化的发展环境，以推进文化资源产业的可持续发展。

参考文献

[1] 顾江，吴建军，胡慧源. 中国文化产业发展的区域特征与成因研究——基于第五次和第六次人口普查数据[J]. 经济地理，2013(07).

[2] 姚伟钧. 从文化资源到文化产业[M]. 武汉：华中师范大学出版社，2012.

[3] 黄永林. 论民间文化资源与发展文化产业的主要关系[J]. 华中师范大学学报：人文社会科学版，2008(3).

[4] 王志标. 传统文化资源产业化的路径分析[J]. 河南大学学报：社会科学版，2012(03).

[5] 高磊. 区域文化资源产业化开发存在的问题及对策分析[J]. 中国文化产业评论，2013(1).

[6] 严荔. 文化资源产业化开发的区域实现机制研究[J]. 四川大学学报：哲学社会科学版，

2013(02).

[7] 房勇,周圆.论我国文化资源的产业化开发[J].山东社会科学,2016(11).

作者简介

张佑林,湖南永顺人,上海对外经贸大学文化创意产业研究院教授。研究方向为文化经济学。

陈朝霞,湖南永顺人,浙江财经大学人文学院副教授。研究方向为文化传媒经济学。

Research on the Mechanism and Path of Cultural Resources Industrialization Development

Zhang Youlin　Chen Zhaoxia

Abstract: The rich and colorful cultural resources with a long history are the power source and foundation for the development of cultural industry, and the value mining of cultural resources is the premise of the development of modern cultural industry. The industrialization development of cultural resources is based on the development of cultural resources, with modern scientific and technological innovation as the means, cultural creativity as the soul, cultural protection as the core, cultural industrial park as the carrier, market demand as the guide, cultural brand building as the mode selection, system innovation as the driving force, and policy supporting as the guarantee, so as to fully realize the historical culture of cultural resources value is the process of transforming it into cultural products, realizing social and economic benefits, and finally achieving the goal of cultural heritage, innovation and development.

Key words: Cultural Resources　Industrial Development　Cultural Industry　Mechanism and Path

论地理标志保护模式的选择对地域文化的影响*

顾　芮

摘　要:地域文化是地理标志的重要意涵,对地理标志的保护实质上也是对地域文化的传承和发展,地理标志对地域文化的价值日渐凸显。地理标志的商标法保护模式和专门法保护模式之争本质上是传统手工业和现代工业化的生产模式之争,模式的选择直接决定了地理标志的保护程度和价值实现。我国现已形成的"两种制度、三套体系"的地理标志保护模式存在诸多缺陷,由此导致地理标志无法得到有效保护,进而影响地域文化的发展。为了更好地提升地理标志的文化价值,我国应明确地理标志保护的价值导向为公共利益优先并据此制定地理标志专门法,加强地理标志的顶层设计,构建协调统一的地理标志保护制度。

关键词:地理标志　地域文化　文化产业　商标法

一、引　言

习近平总书记指出,谋划"十四五"时期发展,要高度重视发展文化产业。发展文化产业是满足人民多样化、高品位文化需求的重要基础,也是激发文化创造活力、推进文化强国建设的必然要求。文化产业作为国民经济增长的重要产业部门之一,呈现区域化的特征。区域文化产业是指以区域为单位形成的文化产业,具有综合性、整体性、动态性、开放性、空间性、地域性和层次性等特征。[1]地域文化产业的核心要素即为地域文化产品,因特定地域自然因素或人文因素而具有特殊品质、信誉的地理标志产品无疑是地域文化产品的合适选择。地理标志作为标识产品地理来源的商业标记,具有鲜明的地域特征,蕴藏着丰富的地域文化。地理标志的有

* 基金项目:国家社科基金重大项目子课题"慈善组织治理与监督机制的法治化路径研究"(20&ZD183)。

效利用能充分挖掘地域文化的竞争优势，激活传统文化基因，实现对传统民俗、民间工艺和农耕文化产业化的发展。

与著作权、专利、商业秘密等保护个体创造型智力成果的知识产权不同，地理标志作为地方传统特色产品的法律保护形式，更多体现为对传统集体智慧成果的确认和维护，具有相当重要的社会人文价值。[2]地理标志不仅能够标识商品来源，还反映了商品来源地的优良自然环境和悠久的历史文化。地理标志在某种程度上是一种精神的象征，是一种文化的保存和延续。[3]作为与自然环境和人文历史紧密联系的地理标志产品，是历史文化传承的重要载体，地理标志产品因其鲜明的地域特色和优良的内在品质而备受消费者青睐，由此带动当地经济发展，推动以地域文化为核心的特色文化产业的形成。事实上，对地理标志产品的认可即对文化之认可，对产品的推广即对文化之推广。[4]

地理标志的保护有助于促进地域文化转化为现实生产力，也有利于保护和传承地域传统文化。《与贸易有关的知识产权协定》(以下称“TRIPS 协定”)将地理标志列为一项独立的知识产权类型，但地理标志的保护之争从未停歇。世界各国对地理标志保护，主要包括专门法保护、商标法保护以及消费者保护法或反不正当竞争法保护。地理标志保护模式的不同选择是由不同的立法政策决定的，体现了各国在地理标志保护问题上的不同利益诉求。法国、意大利等国家传统手工业发达，拥有许多富有地方特色的农产品、食品和其他产品，因而注重对地理标志的保护。而美国、澳大利亚等欧洲移民国家以规模化和集约化的生产为主，地理标志资源匮乏，无需对地理标志进行专门法保护，因而大多以商标法、反不正当竞争法来保护地理标志。地理标志的模式之争反映出的是传统种植业发达的欧洲国家与新型工业化国家发展模式的分歧，同时也是地理标志产品传统生产模式与工业化生产模式之争。[5]

我国地理标志资源丰富，潜在商业价值和文化价值十分突出。加强地理标志的保护，对于弘扬传统文化、发展区域特色文化产业具有重大意义。截至 2021 年年底，我国已认定地理标志产品 2490 个，核准注册地理标志集体商标/证明商标 6 562 件。地理标志的快速发展对地理标志保护制度提出了更高的要求。我国地理标志的保护长期以来采取商标法和专门法两套保护制度、三种法律体系，缺乏统一性、权威性和严肃性。两套保护制度价值导向不明，导致地理标志在管理、保护和使用过程中均面临诸多困难，尚未发挥我国地理标志资源的竞争优势。鉴于此，我国应尽快明确地理标志保护中的价值导向，确立立法方向和模式选择，充分发挥地理标志在推动区域文化产业发展中的重要作用。

二、地理标志与地域文化的关系厘定

地理标志与地域文化存在着相辅相成的关系，地理标志是产品特殊品质和传统工艺、地域文化的有机结合，产品与地域文化之间的关联性通过地理标志得以彰显，而对地理标志的保护，在一定程度上就是对地域文化的保护和传承。

（一）地域文化是地理标志价值的决定因素

地理标志产品来源于特定地域，其因该地域的特殊自然环境或历史人文而具有区别于同类产品的特殊品质、信誉或其他特征，因此地理标志识别的产品通常是特定区域内由社区代代相传的传统工艺流程和知识的成果。[6] 人文因素通常是指体现当地人聪明才智的传统工艺、技法、配方等。地理标志产品通过劳动者的技艺和传统手法而具有普通产品所不具有的特殊品质，使其具有独特的价值。

区域特色文化产业主要是以地方的、民族的特色文化为资源基础的产业类型。区域特色文化产业最大的特点在于，其文化产品和服务的生产以差异性和独特性为指向，在某种程度上具有稀缺性和难以复制性的特征。[7] 地理标志产品是地域特色文化的集中体现，其源于民间、贴近民众，根植于文化土壤，在地域文化的塑造下地理标志产品具有鲜明的地方特色，使其具有特殊的经济和文化价值。地理标志的价值依附于其所标示地域的自然因素或者人文因素。[8] 脱离了地域文化，地理标志所标示的产品和地域的关联性也就不复存在，地理标志就成了无源之水，无本之木。“景德镇”陶瓷、“镇湖苏绣”等地理标志产品之所以名闻天下，正是依托了产地丰厚的历史文化，消费者基于对地域文化的认同感而对地理标志产品产生信任。

（二）地理标志是传播地域文化的重要途径

地理标志产品凝聚着一个地区独具特色的传统文化，是文化产业的优势资源。[10] 地理标志天然享有极高的声誉，在带动经济发展的同时，还能有效地传播地域文化。地理标志并不直接保护承载传统知识或传统文化的客体，但地理标志能够以多种方式间接为保护传统知识和传统文化表现形式作出贡献。依托地理标志产品有助于保护和传承传统文化，有利于提升当地的文化影响力，有利于促进文化的对外输出。

1. 地理标志有助于保护和传承传统文化

特定地域的生产者共同加强对地理标志产品的品质维护和品牌宣传，提高了他们对其身份和生活方式的认可和评价，生产者的认同感将有助于保护当地文化。

与此同时，地理标志所具有的文化意涵使其享有高于普通商标的信誉，地理标志产品在同类产品市场的广泛流通，实际上是对其来源地历史文化的传播。“西湖龙井”为我国十大名茶之一，所代表的不仅是一种优质绿茶，还代表着西湖龙井茶文化。作为著名的茶品牌，“西湖龙井”影响力的扩大带动了茶文化的发展。通过对地理标志产品的保护实际上实现了对其所承载的传统文化的保护。

此外，在规划一项产品的地理标志方案时，生产标准，也就是“业务守则”或“使用规范”中包括对传统工艺流程或传统知识的描述。地理标志产品需按照统一的技术标准进行生产、加工，地理标志使用者应严格遵守，该种标准化的要求使传统工艺的广泛运用成为可能，从而实现传统文化的保护与传承。

2. 地理标志品牌化有利于提高地域文化的影响力

发展文化产业的核心要素是文化资源，具有地域特色的文化资源构成了地方文化产业发展的比较优势，成为区域经济发展的内在驱动力。不同地域展现出独特的文化风貌，是文化多样性的具体表征，也是发展特色文化产业所依托的宝贵文化资源。地域文化的繁荣依赖地域文化产业的振兴，地域文化产业的包容性增长需要地域文化助力。地理标志是实现将地域文化转变为地域文化产业的重要途径。地理标志产品的生产有着严格的要求，只有在地理标志规定区域内的生产者才有权使用地理标志。与此同时，地理标志作为一项集体性权利，凡举适格主体均有权使用地理标志，由此形成以地域特色文化为驱动，以专精特新的中小微企业的小批量、个性化、聚集化的生产集聚，形成专业化分工产业链条和产业协同网络，进而可发展成为地方文化产业领头雁和小巨人。[10]地理标志的品牌效应直接将产品来源地带入大众视野，消费者通过地理标志产品而知悉孕育该产品的地域文化。

3. 地理标志有利于传播中华文化，提升中国软实力

随着地理标志产品对外贸易的不断扩大，地理标志所承载的中国特色文化也传播到世界各地。法国的葡萄酒、意大利的奶酪、瑞士手表等基于传统手工艺的地理标志产品久负盛名，在国际上具有竞争力和影响力，已成为这些国家的文化象征。地域文化随着有形商品而流向他国得以传播，这种方式消弭了他国对本国抽象文化认知上的障碍，更易为他国人民所接受，因而地理标志产品为实现文化输出提供了可靠的途径，有利于让世界通过地理标志产品了解中华民族传统文化。

三、地理标志保护模式之争中地域文化的地位

地理标志被纳入 TRIPS 协定后，各国对地理标志保护的重视程度不断提高。

由于不同国家和地区法律传统、地理标志资源条件存在差异，因而地理标志保护制度也各具特色，这种差异性最终体现为地理标志的不同保护模式上。地理标志的保护模式主要分为两类，即地理标志专门法保护以及地理标志商标法保护，前者以法国、意大利等地理标志资源大国为主，后者则以美国、澳大利亚等新兴国家为主。保护模式的选择是地理标志立法的全局性问题，大部分国家同时采用多种保护方式，但多以某种保护方式为主。[11]

（一）两种地理标志保护模式的分歧

1. 地理标志商标法保护模式

地理标志商标法保护的理论基础为地理标志与商标均为标识商品来源的商业标记，因而地理标志作为一种特殊的商标也应纳入商标法制度中。美国是以商标法保护地理标志的典型国家，地理标志以证明商标的形式获得商标法保护。

显著性是商标的重要特征，只有具有显著性的标识才能注册为商标，因而不具有“第二含义”的地理描述性名称一般被禁止注册为商标。根据《美国商标审查指南》，判断某一名称是否可以作为产地证明商标的关键，在于公众是否理解附有该商标的商品只能来自商标所指的地区，而不在于公众是否明确意识到该商标本身的证明作用。地理标志证明商标需满足：(1) 名称的使用事实上受到证明者的控制；(2) 名称仅用于满足证明者产地证明标准的产品；(3) 消费者能够正确理解产品的真实产地为名称指示的特定地域。

地理标志证明商标以消费者认知为基础。由于商标的主要功能是消除经营者与消费者之间关于商品信息的不对称，保障消费者权利，因此，消费者认知是商标功能发挥的基础，这意味着只有当消费者而不是其他人将商标视为表示商品或服务来源的标志时，商标才开始存在。只有通过消费者的感知，商标的功能才能够发挥。只有当消费者因商标而可能发生混淆时，才存在商标侵权。[12]在商标法制度中，地理标志证明商标也依循该逻辑，因此该种关联性的认定以消费者的认知为标准。

地理标志商标的申请主体为政府。地名作为一种公共资源，不能为个人所占有，因此有权对作为证明商标使用的地理名词行使控制的实体通常为政府机构或者政府授权的机构。私人一般是通过专有使用而使得该地理名词成为其商品的特有商标，因而将这一具有“第二含义”的地理名词注册为商标。但是，如果发生某地区的多人都希望或必须将地名用于识别其商品产地的情况，则该地名不得为个人专用。该名词将为该地区所有人用作识别原产地的证明商标，而非作为识别商标地来源的商标来使用。根据美国商标法，一个地名能否被注册为证明商标需考虑以下两个基本要素：一是该地区其他人能够使用该地理名称；二是防止商标的滥用或非法使用，造成妨害他人使用该商标。因而，私人主体不是满足这些要求的适格人选，地区政府是控制地名使用的合理机关。政府直接或通过授权机构，有权为所有人保留权利并防止该商标滥用和非法使用。申请者可以是政府本身、政府部门或经政府授权，并非政府正式部门的机构。

2. 地理标志专门法保护模式

专门法保护模式是指通过专门立法对地理标志进行全面保护，该种模式强调对地理标志提供“强保护”。除了欧盟之外，世界上还有许多国家或地区，例如印度、瑞士、安第斯共同体国家和非洲知识产权组织（OAPI）等，也采用专门制度保护。欧盟的地理标志保护制度深受法国法的影响，依据地理标志产品的不同分为两部分：一是关于葡萄酒、烈性酒、芬香葡萄酒等酒类产品的地理标志保护法规，包括第1308/2013号葡萄酒法规、第2019/787号烈性酒法规以及第251/2014号芬香葡萄酒法规；二是用于农产品和食品的地理标志，法律依据为第1151/2012号。此外，欧盟于2022年4月发布关于扩大欧盟地理标志计划提案，将部分手工艺品和工业产品纳入其中，以保护相关产品的知识产权和原产地声誉，并计划于2024年生效。

地理标志专有标志以客观证明为基础。在欧盟法下，用来指称地理标志专门权利的术语并不统一，包括受保护的原产地名称（PDO）、受保护的地理标志（PGI）以及地理标志（GI）。PDO和PGI之间的差异主要与产品原材料中有多少必须来自该地区，或者有多少生产过程必须在特定地区进行。如GI专门用于烈酒和香氛葡萄酒。PDO用于标识品质或特性取决于地理环境的产品，地理环境包括自然因素和人文因素，产品的生产、加工和准备所有过程均须在特定区域进行。PGI强调特定地理区域与产品名称之间的关系，其中特定质量、声誉或其他特征主要归因于其地理来源。相较于PDO，PGI的要求相对宽松，对于大多数产品而言，至少有一个生产、加工或准备阶段发生在该地区。就葡萄酒而言，至少85%的葡萄必须完全来自葡萄酒实际生产的地理区域。GI用于标识某一产品的特定质量、声誉或其他特征主要归因于其地理来源地，对于大多数产品，至少有一个蒸馏或制备阶段发生在该地区。三种类型的地理标志均以产品与产地的客观联系为基础，该种联系可以通过申请人的各种证明材料证明。申请者在注册申请地理标志时所需提交的文件即必须包括产品与原产地名称或地理标志所示地理的地理环境或地理来源之间联系的说明。

地理标志的申请主体为协会。在欧盟申请注册地理标志必须由协会提出。此处的协会是指由相同农产品或食品的生产者或加工者组成的任何形式的联合，其他当事人可以加入该协会。另外，如果某一生产者为特定区域内该产品的唯一生产者，且该特定区域具有明显不同于邻近区域的特征，或者该产品具有不同于邻近区域产品的特征，则亦可申请。

地理标志的审查程序。在专门法保护下，地理标志的申请将受到严格的审查，经过各级审查，符合要求后，才得以受到保护。专门法保护通常要求制定验证和控制方案以确保地理标志的使用者遵守商定的生产标准。对于欧盟境内的原产地名称和地理标志，在投放市场之前，应当由欧盟成员国指定的主管机关和/或《欧委会第 882/2004 号关于确保符合食品饲料法、动物健康及动物福利规定实行官方控制的条例》中规定的监控机构对产品说明书的遵守情况进行监管。

由此可见，相较于美国商标法，专门法保护制度下对地理标志的注册、使用设置了严格的标准，该种严格的注册要求一是为了保持产品的较高质量，在世界保持较高声誉；二是确保当地文化得到保护。

3. 两种保护模式下地理标志权利的保护

在商标法保护模式下，地理标志作为证明商标，是一种民事权利，享有与普通商标的同等保护。商标法为地理标志提供的保护主要为防止地理标志作为商标注册和使用，这种保护可进一步分为两种情况。首先，如果含有地理标志的商标可能使公众对商品或服务的地理来源发生误认，该商标不得注册，此种保护适用于所有地理标志；其次，对于某些特定的地理标志，如果某些特定产品的地理标志可以适用更高水平的保护，则无须以造成公众误认为前提。[13] 地理欺骗性错误描述商标的构成要件包括：(1) 该商标的主要含义是地理性的；(2) 消费者可能会达成一种商品/地点或服务/地点的联系，亦即认为商品或服务来源于商标所识别的地点；(3) 商品或服务并非来源于商标所识别的地点。地理欺骗性商标则在此基础上还需满足“消费者对于商品或服务原产地的错误相信会实质性影响到消费者购买商品或使用服务的决定”。在采用“实质性”检验标准区分地理欺骗性错误描述商标和欺骗性商标时，应审查消费者对于某特定地理性词语用于特定商品时可能出现的反应的证据。如果商标所指称的地区对于消费者而言足够著名使得其建立起商品—地点间关联，但档案并未显示与申请者商品类似或相关的商品为该地区的主要产品，则这种欺骗并非实质性的；如果证据表明与申请者商品相似或相关的商品确属商标所示地区的主要产品,则该种欺骗为实质性的。但对于葡萄酒和烈性酒,如果商标包含了识别葡萄酒或烈性酒原产地以外的地点,则禁止注册,不论是否会对消费者产生误导。

在专门法保护模式下,无论是PDO、PGI还是GI都受到同样的保护,以防止:(1) 任何将此注册名称直接或间接商业性地用于注册未覆盖的产品上的行为,只要该产品与该标志所注册的产品有可比性,或者这种使用利用了受保护名称的声誉;(2) 任何滥用、模仿或暗示性的使用,即使表明了产品的真实来源,或者以翻译的形式使用,或者同时标注了"型""式""方法""样式""仿"或类似表达;(3) 在相关产品的内外包装、广告宣传或资料中就产品的来源、出处、性质或基本特征做其他的、可能引起来源错误认识的虚假或误导性标识;(4) 可能使公众对产品的真实来源产生误认的任何其他习惯做法。专门法保护模式下,区分不同情况对地理标志给予不同程度的保护。前两款情形下,无须考虑消费者的主观认知,只要用于识别地理标志产品的地理标志被未获取资格或未获得授权的他人使用,即使此类使用并不误导消费者,也构成侵权。在后两款为地理标志提供了反不正当竞争法作为对前两种情形的补充,需要结合消费者的主观认知,即地理标志是否使消费者误认产品的真实产地。

(二) 地理标志保护模式中地域文化价值的体现

地理标志保护模式的选择是由现实需求和立法政策决定的,不同国家基于自身法律传统、现实国情和产业利益而选择采用何种保护模式,因而,地理标志模式的选择并非纯粹的学术问题,而是利益平衡和选择的问题。[14]

商标法建立之初是用以防止消费者混淆商品来源,商标保护的目的在于保护消费者免受欺骗性商标的侵害。因而早期商标法以混淆理论为中心界定商标权范畴。虽然19世纪后期,洛克的财产权理论也为司法和理论界广泛接受,但主流观点仍然是依据功利主义的消费者保护论。消费者依据商标提供的信息降低搜寻成本,为了防止商标的不当使用导致消费者被混淆,因此需要对商标权进行保护。[15]在此理念下,真实的标识商品产地,不会误导消费者即可,注册门槛较低,相应的保护水平也较低。美国地理标志资源匮乏,不重视地理标志保护。美国商标法的理念是保护地名的使用,而非地名本身,而对地理标志的保护实际上是对地理名称的保护[16],仅是用以标识地理来源,产地与产品之间没有关联,与地理标志的传统意涵相去甚远。因而,在美国的商标法制度下,标识产品地理来源的标志仅是作为商标的一个特殊类型即证明商标,对其保护仍是按照一般商标的保护规则,既不能阻止第三人对地理名称的善意使用，还会因为将地理标志认定为通用词语而不对其进行保护，显然不利于地理标志的保护。

显而易见的是，专门法保护模式的注册流程更为复杂、审查标准更为严苛，相应的权利保护也更为全面。在专门法保护模式下，地理标志是一种稀缺资源，其所代表的产品和产地之间的关联是由产地的自然和人文因素决定的，对其采取保护不仅是为了保护生产者消费者的利益，更多的是将其当作一项政策工具，推动当地经济发展，并确保当地文化得到保护。由于地理标志享有与驰名商标相当的高水平保护，因此在确定一项标志是否为地理标志时需要保持谨慎的态度。为了进一步保持地理标志产品在国际市场的竞争优势，欧盟委员会通过了审查葡萄酒、烈性酒和农产品的地理标志系统提案。

综上所述，选择商标法保护模式的国家一般地理标志资源匮乏，因此无须对其采取特殊保护，仅需将其当作标识产品地理来源的商标，该种保护是基于商标法的消费者和经营者保护理论，而非出于公共利益的考量。采用地理标志专门法保护模式的国家是地理标志资源大国，地理标志不仅标识产品的地理来源，还是产品品质的重要保证，因此对其的保护不仅关涉消费者和生产者，还有对其所蕴含的文化价值的追求，涉及公共利益。正因如此，相较于纯私益的商标，具有公益性的地理标志应受到更高标准的保护。

四、我国地理标志保护制度对地域文化的影响

我国采用地理标志混合制保护模式，国内学者一般称之为“双轨制”保护模式，即地理标志既可以依据《商标法》注册登记为地理标志集体商标或证明商标获得保护，也可以依据《地理标志产品保护规定》《农产品地理标志保护办法》注册申请地理标志产品、农产品地理标志。专门法保护适用于对地理标志产品的申请受理、审核批准、地理标志专用标志注册登记和监督管理工作，通过公权力的介入规范地理标志产品名称和专用标志的使用。商标法为地理标志提供的保护主要为防止地理标志作为商标注册和使用，调整的是私主体之间的权利义务关系。我国长期以来对地理标志的保护注重行政管理，而非权利保护，以商标法为基础构建起的地理标志保护体系存在诸多不明之处，给地理标志的保护带来了许多困难，进而影响到地理标志功能的发挥、价值的实现。[17]

(一) 我国地理标志保护制度:两套模式、三种体系

1. 我国商标法地理标志保护规则

我国地理标志保护制度的起步较晚。2001年,我国为了加入WTO而全面修订了我国的有关法律,在修订《商标法》时,纳入了TRIPS协定中地理标志有关规则,明确了地理标志的定义,确立了对地理标志的证明商标和集体商标保护。2003年,国家工商行政管理局颁布《集体商标、证明商标注册和管理办法》以取代1994年版本,对地理标志集体商标和证明商标注册和保护的规定进行了补充和完善。2017年11月,商标局发布《关于简化地理标志商标申请材料便利申请人的通知》,提出了五项简化措施,主要包括地理标志商品客观存在的证明,地理标志所标示的地区范围的认定,地理标志商品的特定质量、信誉或者其他特征的关系说明,申请人检测监督能力证明材料以及地理标志商标变更、转让申请材料等。

地理标志商标的构成要件。《商标法》第16条第2款规定,地理标志是指示商品来源于某地区,该商品的特定质量、信誉或者其他特征,主要由该地区的自然因素或者人文因素所决定的标志。相较于美国宽松的商标法保护规则和欧盟严格的专门法规定,我国对地理标志商标的保护力度介于二者之间。首先,就地理标志可注册的客体而言,我国的地理标志限于商品,不可用于服务。其次,同欧盟规定一样,地理标志产品应具有特定品质和信誉,而美国商标法中以地名注册的证明商标仅用以标示商品的产地,因而无须对商品的质量或信誉提出要求。最值得注意的是,我国对于地理标志产品的特定品质与产品来源地之间的关联性要求与欧盟规定不同。欧盟专门法下,地理标志需由人文因素和自然因素共同决定,而我国的规定则是"由该特定地区自然因素或者人文因素所决定",即仅由其中一种或共同决定。地理标志既可能取决于特定地域的自然环境,也有可能取决于当地的生产、加工方法,又或是特殊的生产、加工条件等。[18]我国并未严格要求地理标志必须同时包括自然和人文因素,根据《商标审查及审理标准》,地理标志商标所使用的商品的特定质量、信誉或者其他特征可以主要由自然因素决定、由自然因素和人文因素共同决定或由人文因素决定。

地理标志商标的注册要求。地理标志商标的申请者可以是团体、协会或者其他组织,应当由地理标志标示的地区范围内的成员组成,申请时应当附送主体资格证明文件并应当详细说明其所具有的或者其委托的机构具有的专业技术人员、专

业检测设备等情况，以表明其具有监督使用该地理标志商品的特定品质的能力，[①]同时还需附送管辖该地理标志所示地区的人民政府或行业主管部门的批准文件。申请者还应提交地理标志的申请说明书，以载明：(1) 该地理标志所示的商品的特定质量、信誉或者其他特征；(2) 该商品的特定质量、信誉或者其他特征与该地理标志所标示的地区的自然因素和人文因素的关系；(3) 该地理标志所标示的地区的范围。[②] 以商标注册的地理标志，既可以是地理标志所指示的地域名称，也可以是能够标示某商品来源于该地区的其他可视性标志，而地区名称无须与该地区的行政区划名称、范围完全一致。[③]

地理标志商标的使用规则。根据《商标法实施条例》，凡符合使用地理标志条件的自然人、法人或者其他组织均可要求使用地理标志证明商标，控制该商标的组织应当允许。同样地，符合使用条件的自然人、法人或者其他组织也可以正当使用地理标志集体商标，注册集体商标的团体、协会或者其他组织无权禁止。[④]

地理标志商标的权利保护。《商标法》规定商标中有商品的地理标志，而该商品并非来源于该标志所标示的地区，误导公众的，不予注册并禁止使用，因此《商标法》对地理标志的保护仍局限于和商标一致的保护，以消费者的主观认知为标准。这一保护规定与 TRIPS 第 22.1 款一致，仅为地理标志提供了最低保护标准。但对于葡萄酒和烈性酒地理标志，我国《商标法》依据 TRIPS 协定第 23 条对其提供了更高标准的保护，无须对消费者造成误认也构成对地理标志商标的侵权。

2. 我国专门法地理标志保护规则

在我国专门法保护制度下，主要包括两套体系，即地理标志产品管理体系和农产品地理标志管理体系。地理标志产品管理体系的法律体系包括《地理标志产品保护规定》《地理标志专用标志使用管理办法》《产品质量法》《标准化法》以及《国外地理标志产品保护办法》，农产品地理标志保护的法律依据主要为《农产品地理标志管理办法》《农产品质量安全法》《农业法》。由此，我国形成了地理标志专门法保护下的两套体系。

地理标志产品的实质要件。地理标志产品是指产自特定地域，所具有的质量、声誉或其他特性本质上取决于该产地的自然因素和人文因素，经审核批准以地理

① 参见《集体商标、证明商标注册和管理办法》第 4 条。
② 参见《集体商标、证明商标注册和管理办法》第 7 条。
③ 参见《集体商标、证明商标注册和管理办法》第 8 条。
④ 参见《商标法实施条例》第 4 条。

名称进行命名的产品。地理标志产品分为两类，一类是来自本地区的种植、养殖产品，一类是原材料全部来自本地区或部分来自其他地区，并在本地区按照特定工艺生产和加工的产品。①《地理标志保护规定》界定了地理标志产品的范围，实质上为地理标志产品的判断提供了客观联系标准，即原材料的来源以及加工区域。

地理标志产品的注册审查。地理标志产品的保护和使用均以申请注册为前提，只有通过申请和注册后才能成为地理标志产品，任何单位和个人要使用获得注册的地理标志产品专用标志，则必须提出使用申请并进行登记。地理标志产品的申请主体为当地县级以上人民政府指定的地理标志产品保护申请机构或人民政府认定的协会和企业(以下简称申请人)。地理标志产品保护和使用的申请均实行两级审查，首先申请人应向质量技术监督部门提出申请，提交的材料涉及划定地理标志产品产地范围的政府建议、申请人的身份证明文件、地理标志产品的证明材料以及地理标志产品的技术标准。省级质量技术监督局提出初审意见，其后上报至国家质检总局进行形式审查。针对地理标志产品的特点，国家质检总局还将设立相应的专家审查委员会，负责对地理标志产品保护申请的技术审查工作。

地理标志产品的保护。专门法下对地理标志产品的保护是一种行政保护，由各地质检机构负责。质量技术监督部门可以对以下行为依法进行查处：(1) 对于擅自使用或伪造地理标志名称及专用标志的；(2) 不符合地理标志产品标准和管理规范要求而使用该地理标志产品的名称的；(3) 使用与专用标志相近、易产生误解的名称或标识及可能误导消费者的文字或图案标志，使消费者将该产品误认为地理标志保护产品的行为。

3. 两套保护模式的比较

我国现有地理标志保护模式的形成主要是基于国际条约，商标法保护模式下的地理标志保护规则带有诸多 TRIPS 协定中地理标志保护规定的印记，专门法保护模式下的具体规则则与《里斯本协定》相似。[19]两套保护规则分属两种不同的价值体系，各自独立运行，但由于保护客体的重叠性，在实践中常常会出现权利冲突的情形。

商标法和专门法下地理标志适用产品相重叠。商标法并未对地理标志商标适用的商品种类进行限制，这意味着符合要求的各种商品均能注册地理标志商标。在专门法下，农产品地理标志仅适用于农业初级产品，即农业活动中获得的植物、

① 参见《地理标志产品保护规定》第 2 条。

动物、微生物及其产品。地理标志产品则包括来自本地区的种植、养殖产品，以及原材料全部来自本地区或部分来自其他地区，并在本地区按照特定工艺生产和加工的产品。由此可见，三种保护体系中，地理标志适用的产品会发生重叠。事实上，该种重叠确实引发重复注册的问题。著名的金华火腿商标案中，金华火腿商标和地理标志在不同的注册体系下分别获得保护，但是在现实中发生了权利上的冲突。

商标法和专门法地理标志注册标准不一致。对比地理标志商标与地理标志产品以及农产品地理标志的注册要求，后者的限定更为严格。地理标志产品的原材料全部或部分来自本地区，且在本地区按照特定工艺生产和加工，但《商标法》仅规定商品来源于特定地域，该种来源具体是原材料还是加工工艺却未明确。此外，申请者还需出具材料证明地理标志所标识的产品具有特定质量、信誉或其他特征。与美国商标法所要求的消费者认识到产品与产地之间的联系不同，我国商标法以及专门法均认为地理标志产品与产地之间的关联是一种客观联系，因此仅需提供相应的材料证明这种关联客观存在即可。

商标法和专门法对地理标志保护程度不同。在我国地理标志"双轨制"保护模式下，专门法保护针对的是地理标志产品的行政管理，并不适用于私法领域，因而地理标志私权领域的权利义务关系仍需由《商标法》调整。但是根据上述分析可知，商标法仅为地理标志提供了最低标准的保护，这就导致一方面地理标志商标的注册标准较高，但另一方面地理标志商标权却得不到更高水平的保护，造成权利义务的不对等性。《地理标志产品保护规则》依循欧盟对地理标志保护的思路，为地理标志产品提供了全面保护，但是这种保护有赖于行政部门的行政行为，地理标志产品的权利主体无法通过自力救济的途径保护地理标志。

（二）我国地理标志保护制度对地域文化的影响

我国地理标志保护制度从体系上来看已较为完整，"两套制度，三种体系"之下均形成了申请—审查—管理/保护的地理标志保护流程。但不容否认的是，三套体系各行其是、独立运行，相互之间缺乏有效沟通和协作，导致地理标志的注册和保护的混乱。在此地理标志保护制度下，一方面地域文化随着地理标志产品的不断增多和持续走红而发扬光大，但另一方面由于地理标志保护制度的缺陷，导致地理标志被不正当利用。

1. 地理标志保护制度不断完善对地域文化的积极影响

地理标志的经济价值已经不言而喻，保护地理标志对于文化发展也有着重要价值。在我国的地理标志保护制度下，许多非物质文化遗产得到了有效保护。《商标法》下地理标志产品的特殊品质或声誉既可以取决于自然因素，也可以是人文因素，并非欧盟专门法要求的必须二者兼备，这为我国通过地理标志保护非遗提供了契机。非遗的地理标志保护路径已经为许多学者所主张，实践中也已有大量与非遗相关的产品通过地理标志保护制度获得了保护。虽然地理标志并不直接保护非遗，而是保护与非遗相关的产品。非遗与相关产品形成互荣共振的关系，产品为非遗的传承带来内生动力，非遗为产品提供智力支撑。[20]

我国对地理标志的适用范围比欧盟的更宽，我国对地理标志的界定更为宽松，这种方式将更多的具有地理标志性质的标识纳入地理标志保护制度中，从而实现对其的保护。我国地域文化丰富多样，地理标志的充分保护可以促进当地挖掘并发展区域地理标志，运用其自身独特的文化基因，培育当地优势产品，从而形成产业集群。

我国地理标志双轨制保护模式，既为地理标志提供了私权保护，也有公权保护，前者为地理标志权利主体提供了私力救济途径以防止地理标志被不正当使用，后者通过行政管理方式为地理标志提供了高水平的保护。在此双重保护之下，地理标志能够得到较为全面的保护，从而使地理标志所蕴含的文化价值不会在第三人的不当使用中遭到破坏。

2. 地理标志保护制度的缺陷对地域文化的消极影响

我国地理标志双轨制下的三套保护体系存在较大缺陷，最显著的如地理标志重叠保护、地理标志商标注册登记审查流于形式、管理不规范、地理标志权利救济制度不完善等，如此种种不利于实现地理标志保护所追求的文化价值。

地理标志重叠保护、注册和登记主体不一致。地理标志在三种法律体系下虽然保护的产品范围有所差异，但是明显有重叠之处。当不同的当事人对同一标记分别提出不同的权利主张时，就会发生权利冲突。[21]著名的金华火腿商标案是地理标志保护制度所导致的地理标志与商标冲突的具体表现，该案的主要争议是浙江省食品公司在先注册的“金华火腿”商标是否能够排斥金华市在后注册的金华火腿原产地名称。重叠保护不仅未能更好地保护地理标志，反而因各种地理标志产品标准上的差异，导致对文化的不同反应，不利于大众对文化内涵的理解。

地理标志商标注册虽然须符合较严格的要求，但是对申请者提交的材料一般仅做形式审查，地理标志商标注册未提供必要的技术审查程序。在此审查之下，审查结果是否科学、客观，相关地理标志是否具备相应的保护条件，特别是商品是否真正具有可归因于地理来源的独特品质特性，产区范围划定是否符合实际等，是值得怀疑的。而在专门法的两个法律体系中，地理标志产品和农产品地理标志的注册须经过严格的审查，包括行政部门和技术专家的审查。二者之间的差异，导致很多无法在专门法中获得保护的地理标志转向商标法以寻求保护。商标法的形式审查，使得一些实质上不属于地理标志范畴的标识也被纳入保护范围。该种情况下，地理标志是否承载文化意涵将受到消费者的质疑，地理标志不仅未能有效保护地域文化，反而弱化了地域文化。

地理标志申请人的主体资格和管理能力监管不力。潼关肉夹馍制作工艺被注册为传统手工艺非物质文化遗产，据考证，潼关肉夹馍最早出现于初唐，清乾隆年间盛行，民国时期得以发展，新中国成立后制作技艺日臻完善，2003 年最终形成特色，潼关肉夹馍已成富有文化内涵的地方名牌。然而在"潼关肉夹馍"事件中，潼关肉夹馍协会垄断"潼关肉夹馍"地理标志集体商标使用权，以收取会员费的形式授权他人使用地理标志商标，并在全国各地提起 200 余起商标侵权诉讼，要求使用"潼关肉夹馍"字样的商家对其进行侵权损害赔偿。潼关肉夹馍协会将"潼关肉夹馍"这一地理标志集体商标授权私企运营，与地理标志的集体性和公益性相悖，违反了地理标志管理规定，但是直至该事件爆发才引起主管部门的关注。行业协会在我国缺乏统一的法律规制，各种行业协会在全国广泛注册，不具有地理标志管理能力的"协会"也凭借其协会之名注册成功地理标志商标，由此可以管窥我国地理标志对申请人的监管缺位。申请人的主体资格事关地理标志后续的管理和使用，申请人的监管不到位则可能引发地理标志为协会所滥用，抑或地理标志被协会成员滥用，无论哪一种均不利于地理标志文化价值的实现。

此外，地理标志救济制度仍不完善。我国专门法保护制度立法位阶较低，保护方式严重不足，地理标志的保护路径仅为行政主管部门的行政处罚，地理标志产品的申请人和地理标志使用权人只能通过举报请求相关行政主管机构进行查处。[22]而商标法提供的私力救济十分有限，并未如欧盟法为地理标志提供等同于驰名商标的保护标准。商标法的侵权认定规则和损害赔偿认定标准等方面存在诸多问题，并不能有效保护地理标志相关权利，区域优秀文化被不当利用的情形时有发生。

五、我国地理标志商标法保护规则的改进路径

我国《商标法》关于地理标志与商标关系的规定自2003年以来就未做改变，仍然沿用TRIPS协定的最低保护标准，未能对地理标志商标提供有效的保护。《地理标志保护和运用"十四五"规划》明确提出应加快构建完善的地理标志保护和运用体系，健全专门保护与商标保护相互协调的统一地理标志保护制度。我国目前关于地理标志的保护水平与实际需求存在一定的脱节，由此导致需要法院或行政部门依靠司法解释、行政规章对其进行补充，相关规则零散分布于各种规章或指南中，缺乏协调机制。制度上的缺陷限制了地理标志文化价值的实现，因此需改进我国现有地理标志保护制度的不足。

（一）确立地理标志立法的文化价值导向

欧盟的地理标志专门法保护建立于统一的宗旨和政策，由此形成的地理标志保护制度内部协调统一，规则之间相互协调。反观我国，两套保护制度秉持着不同的立法宗旨，《商标法》强调加强商标管理，保护商标专用权，促使生产、经营者保证商品和服务质量，维护商标信誉，以保障消费者和生产经营者的利益，促进社会主义市场经济发展。《地理标志产品保护规定》强调通过保护我国地理标志产品，规范地理标志产品名称和专用标志的使用，保证地理标志产品的质量和特色。《农产品地理标志管理办法》的宗旨是规范农产品地理标志的使用，保证地理标志农产品的品质和特色，提升农产品市场竞争力。由此观之，《商标法》以保护消费者和生产经营者的私权为价值导向，专门法着眼于保证地理标志的质量和特色，借由地理标志实现经济和文化价值。此不同的价值导向必然导致双轨制的法律规则间必然存在相互冲突。因此，我国地理标志保护制度要实现规则间的协调统一，需首先统一地理标志保护的主要价值追求。

我国为地理标志资源大国，地理标志具有重要的经济和文化价值，对地理标志的保护有着重要的公共利益追求。文化自信，是一个国家、民族、政党对自身文化价值的充分肯定，对自身文化生命力的坚定信念。坚定文化自信，是事关国运兴衰、事关文化安全、事关民族精神独立的大问题。[23]文化在我国的社会主义现代化建设中有着关键性作用。地理标志与地域文化存在着千丝万缕的联系，对地理标志的保护其实也是对地域文化的保护。我国对地理标志的保护不仅应立足于生产经营者和消费者的保护，同时更应关注地理标志作为一种公共资源所具有的推动区域文化发展的作用。文化的发展关涉着更多人的利益，在价值体系中无疑处于

更高位阶,但在现有的地理标志立法中并未强调突出文化价值导向,在权利保护的强度上并未反映出地理标志比商标更高的价值。

基于此,我国地理标志保护应突出体现地理标志在推动区域经济发展、区域文化传承等方面的价值,在制度设计中秉持优先保护地理标志的理念,在对地理标志提出较高的注册要求时也为其提供更高标准的保护。

(二)推动制定地理标志专门法

地理标志作为集体商标、证明商标注册的门槛明显要低于《地理标志保护办法》和《农产品地理标志管理办法》中的要求,却同样可以适用地理标志的特殊保护规则。我国已认定地理标志产品 2490 个,核准注册地理标志集体商标/证明商标 6562 件,地理标志集体商标、证明商标的注册数量明显要高于地理标志产品保护受理。这种现象的产生归根结底是由于地理标志两种保护模式各自独立,缺乏协调机制,以及注册标准不统一。地理标志双轨制保护模式缺乏必要的协调,容易造成公共行政资源的浪费,也会导致同一客体因认定与申请渠道不同而出现保护范围不一致等问题。[24]

对地理标志专门保护的《地理标志产品保护规定》和《农产品地理标志管理办法》仍限于部门规章层级,且关注的更多的是注册和管理层面,实体规则的内容非常有限,导致地理标志仍需通过《商标法》寻得保护。与此同时,随着国内外地理标志数量的日益增多,层出不穷的案件也迫切需要更完善的地理标志专门法。

《民法典》第 123 条将地理标志作为与商标并列为知识产权的客体之一,彰显了地理标志与商标分属不同的知识产权类别,为地理标志专门法的制定提供了基本法依据。《知识产权强国建设纲要(2021—2035 年)》也提出建设面向社会主义现代化的知识产权制度,需要探索制定地理标志专门法律法规,健全专门保护与商标保护相互协调的统一地理标志保护制度。在此指导下,《地理标志"十四五"规划》开宗明义指出,"积极推动地理标志专门立法工作"。地理标志专门法的制定能够统一现有的地理标志碎片化的部门规章,更为清晰地界定地理标志的私权保护与公权保护的界限,在专门法的统一指导原则下,更有效地协调解决地理标志保护的内部冲突,以及与其他知识产权的冲突。

(1) 以地理标志强保护为指导原则。由上述分析可知,我国地理标志的注册标准和保护程度在两个制度下存在差异,模式的选择是基于本国的实际需求,我国是地理标志资源大国,近年来其在促进区域经济增长、扶持农业和农村发展、推动文化遗产保护与传承以及生态环境保护等方面发挥了重要的作用,因此,地理标志应受到更全面有效的保护，强保护模式更符合我国的现实需求。[25]

（2）商标法与地理标志专门法的分工与配合。商标与地理标志的关系是地理标志制度中的重要内容，既涉及商标法也涉及专门法，需要二者相互配合。配合的前提是厘清二者的分工，商标法与地理标志专门法对地理标志的重叠保护造成了资源的浪费以及管理上的困难。商标法与地理标志的冲突很大程度是由于信息不对称造成的，这种信息不对称是由于双轨制保护模式下商标法与地理标志专门法之间缺乏协调机制，导致二者在适用时处于割裂状态，因此应将地理标志的注册、管理等规则统一归入地理标志专门法中，对地理标志采用统一的注册和管理标准。商标法则主要为处理二者关系时提供关于商标判定的法律依据。我国长期以来在文化管理中"重保护、轻开发"，公权力管理的模式固然能够最大限度地集中社会资源，特别是对濒临失传的"非遗"进行及时抢救与有效保护，然而也会带来诸如增加财政负担、难以高效实现文化遗产资源的产业开发、造成文化资源难以进入群众生活等问题。[26]私主体参与文化开发和保护可以加强文化和民众之间的联系，提高大众对文化的理解力、创造力，使文化实现"活态性"。私主体的参与需要在法律提供的范围内进行，一方面权利得到有效保障，另一方面权利也受到明确规范。因而商标法与地理标志专门法一个涉及私主体的权利规范，另一个则为针对公权力的运行，二者相互配合，相互促进。

（3）整合地理标志专门保护的相关规则。《地理标志产品保护规定》与《农产品地理标志管理办法》应整合为统一的专门保护制度，使之从部门规章上升为单行法，以符合当前政策导向的需求。[27]两个部门规章由于缺乏统一的地理标志专门法指导，在内容上存在冲突之处，在推动地理标志专门法的进程中，应注意到此前存在部门规章间的冲突，并将地理标志的分散管理机制集中统一到一个监管机构，保证理解适用上的统一。

六、结　语

建立地理标志保护制度，对我国各地，特别是民族地区特色鲜明、文化资源丰富、开发潜力巨大的区域文化遗产有着重要意义。此举不仅可以弥补现有法律法规对非物质文化遗产保护的盲点，做到未雨绸缪、消除隐患、防微杜渐；还可扩大地理标志商标的品牌集聚优势，有助于保障区域文化的各项权益与活态传承，达到对区域文化多层次、更有效、更全面保护的目的。[28]地理标志文化价值的实现有赖于地理标志保护制度的模式选择和规则设计，我国当前的地理标志保护制度存在规则之间缺乏协调机制，重叠保护、注册标准不统一、权利保护不充分等问题，致使我国地理标志在推动区域文化发展方面并不充分。有鉴于此，我国应积极改进现有地理标志保护制度中的不足，构建统一的地理标志保护制度的价值体系，充分凸显文化价值的重要地位，并在此基础上落实《地理标志保护和运用"十四五"规划》提出的制定地理标志专门法的规划，加强地理标志保护制度的顶层设计，从而实现内部规则的协调一致。此外，在具体的规则设计上，我国可以吸取欧盟的成功经验，对地理标志采取强保护，给予其优于普通商标的保护水平。

参考文献

[1] 韩俊伟，姜东旭. 区域文化产业[M]. 广州：中山大学出版社，2011：34.

[2] 王笑冰. 关联性要素与地理标志法的构造[J]. 法学研究，2015(3).

[3] 于波. 地理标志保护制度[M]. 上海：上海人民出版社，2021：8.

[4] 张磊. 非物质文化遗产地理标志保护略伦[J]. 理论学刊，2011(2).

[5] 易继明. 对我国地理标志保护制度建设的政策建议[N]. 法制日报，2011-11-07.

[6] WIPO. 地理标志概述[EB/OL]. file:///Users/brendargu/Desktop/wipo_pub_952.pdf.，2022-03-25.

[7] 王佳. 地方性文化与区域特色文化产业发展研究[J]. 中国文化产业评论，2013(1).

[8] 谌爱群. 乡村振兴视域下的农产品地理标志保护[J]. 云南农业大学学报(社会科学版)，2019(6).

[9] 王胜利，刘娇娇. 地理标志农产品的利用与产业发展[J]. 发展研究，2020(8).

[10] 何静，王春平，周传义. 江西地域文化资源与文化产业发展研究——以景德镇陶瓷文化的产业发展为例[J]. 价格月刊，2016(1).

[11] 聚焦高质量发展：特色文化产业推进文化高质量发展. 江苏社科规划网，https://jspopss.jschina.com.cn/shekedongtai/202202/t20220222_7430062.shtml，2022-02-22.

[12] 王笑冰，林秀芹. 中国与欧盟地理标志保护比较研究——以中欧地理标志合作协定谈判为视角[J]. 厦门大学学报(哲学社会科学版)，2012(3).

[13] 王太平. 论商标法中消费者的地位[J]. 知识产权，2011(5).

[14] 王笑冰. 地理标志法律保护新论——以中欧比较为视角[M]. 北京：中国政法大学出版社，2013：31.

[15] 王晓艳. 论我国地理标志的保护模式[J]. 知识产权，2019(11).

[16] 冯寿波. 我国地理标志法律保护的完善研究——以地名商标可注册性及合理使用为中心[J]. 湖北社会科学，2014(9).

[17] 钟莲. 我国地理标志保护规则困境及体系协调路径研究[J]. 华中科技大学学报(社会科学版),2020(1).

[18][19] 李峭. 地理标志和集体商标、证明商标的申请要求和审查标准介绍[J]. 中华商标,2018(6).

[20] 杨永. 非物质文化遗产的地理标志保护研究[J]. 文化遗产,2020(5).

[21] 李亮. 论商标权与地理标志权的冲突的危害、成因与对策[J]. 法学论坛,2008(10).

[22] 林秀芹,孙智. 我国地理标志法律保护的困境及出路[J]. 云南师范大学学报(哲学社会科学版),2020(1).

[23] 如何理解文化自信是更基础、更广泛、更深厚的自信[EB/OL]. 人民网:理论频道,http://theory.people.com.cn/n1/2021/0422/c148980-32084885.html,2022-04-05.

[24] 筑牢地理标志发展基石[EB/OL]. 中国知识产权报,http://www.cneip.org.cn/html/8/42493.html,2022-04-10.

[25] 孙智. 地理标志国际保护新发展的路径分歧及我国选择[J]. 知识产权,2019(1).

[26] 孙雯. 文化立法对提升文化治理能力的影响[J]. 福建论坛(人文社会科学版),2020(08).

[27] 王笑冰. 关联性要素与地理标志的构造[J]. 法学研究,2015(3).

[28] 禹昊川. 非物质文化遗产的地理标志保护模式的优点及实践[J]. 大众文艺,2014(05).

作者简介

顾芮,江苏连云港人,南京大学法学院博士生。研究方向为国际文化经济法。

The Influence of the Choice of Geographical Indication Protection Mode on the Regional Culture

Gu Rui

Abstract: Regional culture is a significant determinant of geographical indications. In essence, the protection of geographical indications is also the inheritance and development of regional culture. The value of geographical indications to regional culture is becoming increasingly prominent. The dispute between trademark law protection mode and special law protection mode of geographical indications is essentially a dispute between traditional handicraft industry and modern industry. The choice of mode directly determines the protection degree and value realization of geographical indications. There are many deficiencies of the "two systems and three laws" protection mode of geographical indications that has been formed in our country. As a result, geographical indications cannot be effectively protected, and then affect the development of regional culture. In order to better realize the cultural value of geographical indications, China should make it clear that the value orientation of geographical indications protection is the priority of public interests. On this basis, we should formulate a special law on geographical indications, strengthen the top-level design of geographical indications system, and build a coordinated and unified geographical indications protection system.

Key words: Geographical Indications Regional Culture Cultural Industry Trademark Law

浙江诗路文化带影视化开发对策研究
——以《还有诗和远方·诗画浙江篇》为例

桑　耘　冷南羲

摘　要：本文以浙江卫视首创文旅融合类真人秀综艺节目《还有诗和远方·诗画浙江篇》为例，基于共生理论，结合节目内容与叙述方式，围绕聚焦首要文旅资源以及衍生文旅产业空间两大特色，从"基于'点—线—面'框架的地域文旅资源影视化跨界发展"与"基于影视定制视角精准开发诗路文化带产业"两个方面对浙江诗路文化带影视化开发策略进行深入研究。

关键词：融合共生　影视化开发　文旅产业

一、引　言

诗路文化带是浙江省"大花园建设"标志性工程，是我国文旅融合高质量发展的前沿阵地。2019 年 11 月，浙江省委省政府正式印发实施《浙江省诗路文化带发展规划》，标志着诗路文化带建设进入新阶段。近年来，尽管受疫情、环境政策调整等因素影响，我国影视产业发展仍旧可圈可点，以综艺类节目为例，2018 年其版权价值约 192 亿元（同比增长 9.71％）、2020 年新节目占比约为 63.11％（同比增长 7.68％），尤其在行业规范、制播渠道、产业格局等方面都有不同程度的优化，文旅元素成为影视产业的内容来源。

在此背景下，由浙江卫视首创文旅融合类综艺《还有诗和远方·诗画浙江篇》（以下简称《还有诗和远方》）在框架、内容、传播等方面具有开创性意义，并引发社会持续关注。第一季节目荣登 2020 年文化类节目收视第一、播放量破 4 亿、全网相关话题阅读破 16 亿、线上活动互动人次破亿、微博综艺榜日榜第一，收获新华网客户端、国家广播电视总局、人民网、央视频、学习强国等主流媒体点赞发文 71 篇。借助《还有诗和远方》节目的播出，浙江诗路文化带资源得以系统整合、有机串联、生动呈现，从而促进文旅深度融合与高质量发展。

二、文献综述

国内部分学者围绕影视产业对文旅产业的赋能提升、宣传推广、运营模式等内容展开研究。如钟平丹等(2020)指出,随着我国影视行业的飞速发展,“影视+”的模式逐渐扩展到社会生活的各个方面。一方面,影视行业为寻求深层次发展,提出“泛娱乐化”的发展模式,打破了单一的发展模式,衍生产品多样化,发展的规模也逐渐扩大,文化创新成为影视产业持续发展的生命力;另一方面,2009 年以来,国家出台了《关于促进文化与旅游结合发展的指导意见》,并在《“十三五”规划纲要》里提出要把文化和旅游的结合提升到更高层次。在行业自身的发展和国家政策红利的趋势下,影视和文旅的跨界是必然的趋势。[1]夏春红(2021)分析影视化手段如何为我国文旅产业止损,提出面对被压抑的刚性需求,通过线上与线下、客流与物流、企业与资本等不同维度、不同层次“走出去”,调动起接触性的线下文旅和非接触性的“云文旅”的双重活跃性,可有效提高中国文旅面对复杂国际形势的包容性和适应性。[2]上述有关文旅产业与影视化发展的研究,大多围绕二者某一结合范畴展开,未能涉及文旅产业与影视化融合共生基础与协同发展空间。

对诗路文化带这一带有地理区域特征的诗歌文化研究最早兴起于 20 世纪末,竺岳兵(1996)和肖瑞峰(1996)均提及了唐诗之路、浙东唐诗之路等概念,并对其文化特征、地域特点、区域经济等要素展开综合性研究。[3][4]随后,李跃军(2017)提出浙东唐诗之路旅游线应该加强体验式旅游开发,深化旅游主题,加强唐诗之路山水文化资源挖掘,理顺区域旅游竞合关系,重新组合旅游路线,依托文化创意产业,设计层次性文化体验旅游项目。[5]李圣华(2019)认为作为具有战略性和前瞻性的社会发展工程,诗路文化建设基于文化而又超越文化,其实施内容主要涉及文化建设、经济发展、生活引导三个基本层面。[6]还有学者注意到《还有诗和远方》对研究文旅产业与影视化发展范畴的独特意义,如陈成(2021)认为《还有诗和远方》可以被视为一部融合了旅游风光与地域文化的电视旅游文化产品。从属性上看,它既具有电视的艺术性,又具有产品的商业性。可以说,节目完成了一次文旅融合发展的艺术传播实践,同时开拓出一种文化旅游的新形态,从而为后疫情时代旅游消费的复苏与升级开拓了新空间。[7]

但是,针对《还有诗和远方》在主题设计、内容编排、形式呈现等方面的深入研究,以及该节目对浙江诗路文化带建设、文旅产业与影视化发展的向度和限度问题还未引起学界足够重视。从微观层面看,《还有诗和远方》通过综艺方式串联文旅产业要素的共性与个性经验有待提炼；从中观层面看，基于《还有诗和远方》的文旅产业与影视化协同发展理论、路径、模式有待明晰；从宏观层面看，《还有诗和远方》引领浙江诗路文化带建设、影视化手段助力文旅产业高质量发展的对策有待落实。因此，本文将从浙江诗路文化带影视化开发的现实意义入手，通过聚焦分析《还有诗和远方》这档节目的独特价值，凝练浙江诗路文化带影视化开发对策，助力文旅产业与影视化协同发展。

三、浙江诗路文化带影视化开发的现实意义

浙江诗路文化带覆盖区域广，涉及城镇数量多，地域资源极为丰富，尤其文旅资源更是得天独厚，其规划建设需要兼顾多方诉求。受疫情防控常态化与产业发展规律等影响，我国影视产业加快了格局重构与升级的速度，但“内容为王”的压力仍旧存在，尤其在文化细分领域、特色文化（全域与区域）呈现、影视内容产业化衍生等方面还有较大提升空间。基于此，浙江诗路文化带影视化开发的现实意义体现在以下三个方面：

（一）构建文旅产业与影视化融合共生模式，提高协作效率

在当前文化工程规划与建设过程中，文旅产业与影视产业因作为主要实践方式而备受关注，影视化作品已经成为文旅产业开发的牵头力量、文旅产业和影视产业融合的重要载体。

“共生”(symbiosis)一词始见于19世纪中叶，其后逐步完善形成生物共生进化领域的研究理论。[8]20世纪末，共生理论被引入我国，并在经济学领域最早得以实践，即“共生是指共生单元之间在一定的共生环境中按某种共生模式形成的关系”，“共生单元是指构成共生体或共生关系的基本能量生产和交换单位，共生模式是指共生单元相互作用的方式或相互结合的形式，共生环境是指共生关系即共生模式存在发展的外生条件”。[9]三者共同构成共生理论的本质要素。从共生行为现象角度而言，多方互动、双向交流、协作互助是共生的重要特征，实现共同发展、协同创新、稳态进化是共生的本质目标，贯穿互惠共存、和谐统一发展理念的共生理论为指导研究经济社会的发展问题提供了一个很好的理论基础。

文化产业的综合性决定了文旅产业与影视化融合共生的天然性，文旅产业资源零散与影视产业内容贫瘠的个性问题决定了二者融合共生的必要性，诗路文化带多源异构的文旅资源与影视产业集群互利效应决定了二者融合共生的可行性。一方面，文旅产业涉及的资源、产品、产业链与生态圈充实了影视作品素材库；另一

方面,影视化在主题设置、内容编排、传播推广等维度的天然优势激发了文旅产业发展内生动力。

(二) 聚焦影视化手段,带动诗路文化带文旅产业建设

浙江诗路文化带覆盖区域广,涉及城镇数量多,地域资源极为丰富,尤其文化资源更是得天独厚,其规划建设需要兼顾多方诉求。鉴于此,郑栅洁(2020)提出“幸福美好家园、绿色发展高地、健康养生福地、生态旅游目的地”四个原则[10],它体现浙江诗路文化带建设多元化、综合性、融合型特征。与此同时,受诗路文化带资源分布不平衡、地域发展不均衡、区域要素多元化等因素的影响,其文旅产业发展面临社会认知不足、资源利用效率低下、项目建设缺乏新意、产业引发不力等问题,导致传统景区转型困难,新兴产业后劲不足,资源与产业错位发展。尤其是在疫情防控常态化背景下,如何有效提升知名度、系统整合资源、打造主题游线,直接影响浙江诗路文化带建设质量。

近年来,尽管受疫情、环境政策调整及市场内容变化等因素影响,我国影视产业发展仍旧可圈可点,以综艺类节目为例,2018 年其版权价值约 192 亿元,同比增长 9.71%,到了 2020 年新节目占比约为 63.11%,同比增长 7.68%。尤其在行业规范、制播渠道、产业格局等方面都有不同程度的优化。影视行业所具备的“主题内容编排”“优势特点呈现”“制作周期短”“针对性强”“重宣传”等特点,综艺节目成熟的制播体系、广泛的受众群、直接的影响力等优势,能够系统整合浙江诗路文化带文旅资源,定制开发文旅项目,从而带动产业发展、激活地方活力,将资源优势转化为产业优势、经济优势和发展优势,激活地域内生动力、推动区域社会经济发展。

(三) 基于诗路文化带影视化实践,促进影视产业高质量发展

作为我国代表性的文化资源,近年来针对诗歌资源的利用愈发多元化,出现了诸如《中华好诗词》《中国诗词大会》《邻家诗话》等一系列影视节目,在普及诗歌知识、弘扬诗词文化、激发大众诗词兴趣方面发挥了重要作用。尽管上述节目颇受好评,甚至出现了如《我在故宫修文物》《朗读者》等“爆款”,但仍旧存在总体质量偏低、系统性开发不足等共性问题。如诗歌类节目基本采用室内或固定视角的拍摄方式,偏向于静态展示诗词内容,尽管吸收了闯关、益智、综艺等影视包装手法以提升节目趣味性,但仍存在表现单一、解读抽象、诗词内容与社会背景脱离等问题,难以实现娱乐性与知识性的统一,无法满足寓教于乐的需求。

因此,在推动诗路文化带文旅产业与影视产业融合共生实践过程中,需要充分借助诗路文化带多源异构的文旅资源、现有配套的文旅项目、开放多元的文化生态，为影视产业内容与形式创新奠定基础。《还有诗和远方》以地方代表性诗歌为剧情主线，辅以外景动态变化的叙述方式，将沿线代表性文旅要素融入其中作为内核，引领文旅产业发展。这既不同于传统静态诗词讲解节目，又不同于以娱乐为主的真人综艺，实现了对传统诗词节目与纯娱乐综艺的双重超越。

四、《还有诗和远方·诗画浙江篇》的制作特色

作为首创文旅融合类综艺节目，《还有诗和远方》聚焦“文化”与“旅游”两个维度的突破。采用“总—分—总”的叙述模式：序曲部分嘉宾汇合、集中亮相；华章部分嘉宾分为两组，根据“本地人推荐”和“外地人推荐”的景点展开游览，夜宿时互动交流；尾声部分由嘉宾评选出印象最深的三个景点。尽管涵盖浙江诗路文化带自然、人文、美食、建筑等各类资源，但以诗歌为主线的剧情设计，将沿线首要的文化旅游资源有机串联、聚焦呈现，从而实现以影视化手段带动诗路文化带文旅产业全面发展之目标，其制作特色集中体现为以下四个方面：

（一）以诗为本色的动态化叙述方式，聚焦首要文旅资源

诚如学者所言：“这些年，荧屏上涌现不少以传播古诗词为主要内容的电视节目，很多节目在演播室内或者固定空间里，以声光电的方式再现诗文意境。如何让观众身临其境，感受那些融于诗人笔下、千百年前的历史景色和当今风貌，是《还有诗和远方》的创新点。”[11]诗路文化带文旅资源由此汇聚，诗歌元素动态呈现因此实现，诗路文化带文旅产业发展随之带动。影视产业在主题设置、内容编排、聚焦呈现、传播推广等维度的天然优势有利于激发诗路文化带文旅产业发展内生动力。

（二）以诗歌元素构建主线剧情、整合文旅资源

节目以“探索浙江诗路文化，发现浙江文化之美”为主旨，围绕诗歌元素汇聚沿途文旅资源，将浙江各地的风土人情、民风民俗、风物美食等文旅要素汇入其中。虽然每期节目的地点和主题不尽相同，嘉宾的年龄、职业与风格也各有特点，城乡面貌、民俗风情、代表景点更是千姿百态，但诗歌是贯穿其中的主轴，成为不同篇章的共性特点，赋予节目鲜明的个性特征。

以《追寻》篇为例，由李白“天姥连天向天横，势拔五岳掩赤城”的名句拉开序幕，并将天姥阁作为集结地，在嘉宾登场过程中围绕《梦游天姥吟留别》中的地域文化、“天姥”意象等内容展开交流，引出之后的游览线路。之后，每次的场景转换都有一段关于节目内容与诗歌关系的介绍，如“天姥唐诗宴”活动中的每一道菜品都以一句丝丝入扣的诗句命名，嘉宾在品尝佳肴前需要将诗句和菜名正确匹配。诗

歌元素在节目中的穿插衔接既使原本相对单一的诗歌内容借助综艺表现力变得生动有趣，也让节目的叙述更加聚焦，内涵得以升华。

可见，节目的内容构成、叙述方式、主题设置、剧情安排等都立足诗路文化带文旅资源，突出诗歌元素，并通过直接的诵读、评析环节与间接的场景转化、高潮编排体现。以诗歌元素为主线的叙述方式不仅聚焦性强、紧密结合影视内容与诗路建设，也使节目逻辑清晰、叙述流畅、特色突出，让《还有诗和远方》不同于一般娱乐性综艺节目。与此同时，旅游景点、美食特产、游玩项目等文旅要素也通过诗歌主线展开，构成节目主要内容，不断加深受众认知。

(三) 诗文、诗境与诗景的有机融合，强化文旅时空感知

诗文指诗歌内容本身，是传统诗歌节目使用的主要资源；相较于客观呈现的诗文，诗境带有主客观交融的特点，既是诗人的主观感受，又是创作的客观背景；诗景则是诗文中明确提及的意象，是激发诗人创作的导火索。因而诗歌大多是诗人在诗景的外部刺激下，孕育出内在诗境，从而完成诗文创作；读者则通过诗文感知诗境，进而想象诗景。诗文是创作与赏析的桥梁，但对诗文的赏析颇有难度，于是《还有诗和远方》通过同时呈现诗景、分析诗境，帮助人们理解诗文，文旅要素则作为诗文、诗境与诗景有机融合的媒介，不断刺激受众感知，培养潜在消费群体。

动态化叙述首先体现为诗文与诗景的结合。以《归隐》篇为例，本集以孟浩然的《宿建德江》拉开序幕，嘉宾乘船体验了“移舟泊烟渚”“江清月近人”的意象，通过嘉宾视角再现诗景，让观众真切看到诗句中提及的泛舟水上、云雾缭绕、江清见底的画面，从而产生身临其境之感。动态化叙述其次体现为诗文与诗境的融合。以《追寻》篇为例，本集围绕李白的《梦游天姥吟留别》展开，嘉宾通过步行谢公古道，探讨李白对谢灵运的追慕之情，感悟诗人创作“谢公宿处今尚在，渌水荡漾清猿啼”“脚著谢公屐，身登青云梯”时的诗境，从而就“心境的表达方式”“追星现象”等话题展开探讨。嘉宾以诗文为基础，亲涉诗境，并结合当下热点社会事件分析诗境，使得原本抽象的诗境与现实生活产生联系，成为观众可以感触的空间。动态化叙述还体现为诗境与诗景的结合。以《弄潮》篇为例，在嘉宾登上江堤近距离观看历代诗歌中提及的钱塘江大潮景象时，提出“浙江人依水而居，自幼学习游泳，学会后第一个想要挑战的就是钱塘江”的时代背景，不仅阐释了诗句“弄潮儿向涛头立，手把红旗旗不湿”的内涵，也让观众透过诗文直击诗景、感知诗境。

可见，诗文、诗境与诗景有机融合的动态化叙述方式让节目突破了传统诗词类节目室内静态场景的束缚，也让诗路文化带原本分散的文旅要素相对集中、聚焦呈现，强化受众感知，为文旅产品和项目优化、文化产业发展提供方向。

（四）以诗为中心的多元化内容构架，衍生文旅产业空间

《还有诗和远方》的主要内容是由诗歌引发的历史故事、地方习俗、地域美食等文旅要素构成，具有鲜明的地域性，兼有共时性与历时性特征，可以分为自然资源、人文资源和文旅产业，并在节目中通过"本地人推荐"和"外地人推荐"的双线叙述模式得以呈现。虽然在具体表现方式、与主线诗歌关系、对诗路文化带建设意义等方面则各有侧重，但都围绕文旅产业发展这一内核展开。

1. 自然资源的直观生动呈现

诗路文化带丰富独特的自然资源最直观生动地展示了地域风情。自然资源可细化为自然风光与地域特产，对前者的展示主要体现在三个维度。其一，节目组借助微距拍摄、高空拍摄、延时拍摄等技巧，如实、逼真、多维度地呈现自然风光，聚焦首要文旅资源。例如节目开头片段多由当地最具代表性的自然风光组合而成，带给观众开门见山的视觉冲击，引发观众对节目内容的期待。其二，紧扣与诗文主线相关的自然风光，强调对意象与意境的还原。紧扣诗文主线的自然风光带给观众身临其境之感，使得诗文中的意象真实浮现于人们眼前，诗文中的意境得以具象化表达，营造出中国传统天人合一的美学境界，从而帮助观众更好地理解诗文，带给观众无限遐想与憧憬，通过对沿线零散文旅资源的相对聚焦，强化受众感知。其三，在节目场景转换与剧情转承过渡部分插入自然风光，使得节目内容更加流畅自然，同时加深观众对当地景色的印象。地域特产主要通过嘉宾实际感触与活动项目加以展现，以《归隐》篇中的"带货环节"为例，嘉宾采用夸张、诙谐的表现手段从色、香、味等角度对梅城特产"树叶豆腐"进行了立体描绘，并通过"试吃""评测""推荐"等互动环节凸显这道"季节限定"地域特产的吸引力。相较于传统营销方式，"嘉宾实测＋互动推荐"模式具备真实生动、趣味性强、特点突出的优势，不仅丰富了节目内容，同时直接带动当地文旅产业的发展。

2. 人文资源的全景剖析展示

诗路文化带博大精深的人文资源最全面细致地展示了地域风情。物质文化遗产在节目中主要通过地方代表性历史遗迹与古建筑加以呈现，并在此过程中融入对其背景资料、历史变迁、存在意义等内容的说明，从而实现对物质文化遗产外在描绘与内蕴解读的有机统一。例如在《时光》篇中，嘉宾来到临海最负盛名的古刹，对龙兴寺进行全方位的解读（见表 1）。

表 1　物质文化遗产在节目中的具体表现——以龙兴寺为例

形象描绘	内涵解读
寺庙按唐朝建筑风格修建，整个建筑没有一颗钉子。	天台宗由此传入日本，是日本天台宗的重要发祥地，鉴真大师第四次东渡日本弘法前曾驻锡于此。
聚焦寺院代表建筑千佛塔的外貌。	寺院具有 1300 多年历史，寺院代表建筑千佛塔见证悠悠岁月。
无人机对寺庙的全景俯拍，摄影师对寺院内外景象的多维度拍摄。	佛教文化与中国文化关系解读，龙兴寺与历代诗人的相遇。

这种依靠现代影视技术的外在描绘与大众化的内蕴解读具备两方面的优势。其一，现代摄影技术客观全面地展示物质文化遗产外貌（特别是大众难以目视的角度和内容，如无人机俯拍、微距拍摄等），在实现宣传目的的同时满足观众的猎奇心理。其二，采用现代编导技巧，利用综艺节目轻松生动的叙述方式普及物质文化遗产的知识性内容，既升华节目内涵，充实节目内容，又紧扣诗文主线，突出节目“探索浙江诗路文化，发现浙江文化之美”的主旨，实现寓教于乐的目标。

非物质文化遗产（以下简称“非遗”）相较于可见、可感、可触的物质文化遗产，不仅种类更丰富，表现也愈发多元。“非遗”可分为传统的文化表现形式与文化空间两个维度，在节目中通过“铸剑工艺”“瓷器烧制”“鸳鸯阵”等具体案例及其所处空间加以呈现。例如在《传承》篇中，通过国家级“非遗”龙泉青瓷传承人、龙泉青瓷“新锐设计师”、浙江省非遗龙泉宝剑锻制技艺传承人等工匠的视角将龙泉青瓷与龙泉宝剑鲜为人知的制作过程展示在观众眼前。节目既直观展示“非遗”实物，还揭秘技艺的诞生过程，同时还原其文化空间。这一表现手法不仅以“非遗”实物、实景给予观众视觉震撼，也通过展示“非遗”工艺过程让抽象的描述变得形象直观，在满足观众好奇心的同时提升节目趣味性，从而立体展示地域代表性“非遗”资源，助力传统非遗工艺的腾飞。

3. 文旅产业的全域共生链接形成

不论是作为自然资源的地域特产，还是作为人文资源的非遗传承，在节目中都与当地文旅产业进行互动。如图 1 所示，通过影视化制播手段，对自然和人文资源进行针对性聚焦、主题化呈现、产业化运营，并衍生出文旅产品，打通文旅产业链，从而实现以影视化手段带动文旅产业发展之目标。

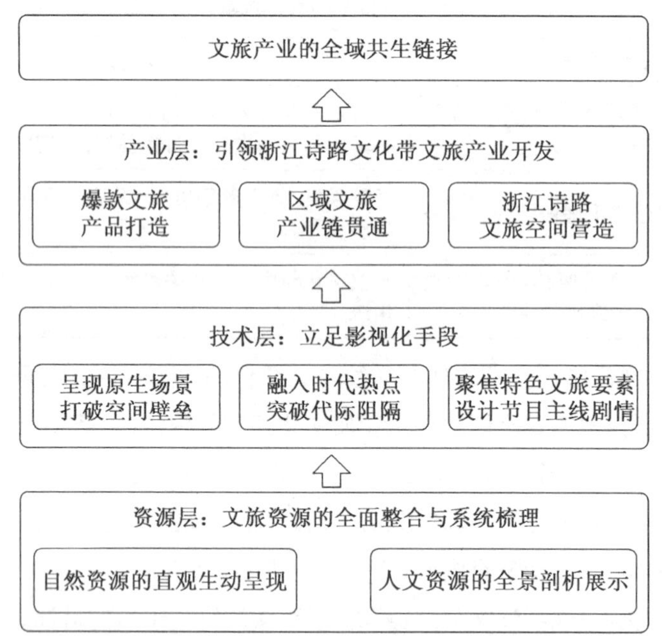

图 1　文旅产业的全域共生链接关系

作为浙江卫视首创文旅融合类综艺，《还有诗和远方》不仅需要凸显诗歌特色、展现诗路文化带地域资源，也需考虑收视率、节目时长等问题，需要对相关资源进行筛选，以实现优秀综艺节目“给人视觉、听觉与情感的美好体验，具有高度的内涵性，对受众而言是一场深度学习的心灵盛宴”的观影效果。为实现这一目标，节目主要采用“古今文化结合＋本地旅游要素”的方式，前者将“读诗”“追星”“传承”等当下社会热点话题融入主线剧情，实现传统与现代的交织；后者通过展示“美食”“特色民宿”“景点风光”等旅游元素，聚焦当地旅游产业发展。

例如在节目播出前，官微发起了诗词征集活动，节目相应设置了嘉宾阅读、赏析、探讨观众来信的固定环节（以下简称“读诗”），由此带来三方面的积极效应。其一，紧扣诗歌主线，凸显节目“诗和远方”的主题。其二，现代诗歌与古代诗歌跨时空碰撞，共同营造诗意生活。其三，观众来稿中的部分内容涉及当下社会热点事件或前沿问题，如“抗击新冠疫情”（《油漆匠》）、“家庭亲情关系”（《父亲》）、“人工智能”（《追寻》）等，这类诗歌通过嘉宾的赏析和讨论引发观众思考，丰富了节目的文化内涵，提升了节目的趣味性，深化了节目的现实意义。除固定的“读诗”环节外，不同篇章对“古今文化结合”的表现也各不相同，并通过与诗歌相关的具体事件加以阐述。例如《追寻》篇中，嘉宾们从李白追星谢灵运谈起，聚焦当下社会“追星”现象,引导出“榜样的力量”“时代精神”“与追星偶像的区别”等话题,从而借助“追星”事件实现古今相通。

由此可见,文旅产业的全域共生链接体现为三个方面:其一,在节目具体环节制作过程中,对诗路文化带文旅资源的针对性汇总呈现与设计加工,并借助明星效应、时代热点,打造如“树叶豆腐”“巡江游览”等爆款文旅产品;其二,在节目整体内容设计过程中,融入青瓷产业、戏剧产业、特色农业等内容,打通区域文旅产业链;其三,在节目播出后,根据受众反馈,补充优化相关内容与环节,进一步巩固“浙江诗路文旅空间”统一协调发展理念。

五、浙江诗路文化带影视化开发的具体策略

(一) 基于“点—线—面”框架的地域文旅资源影视化跨界发展

尽管《还有诗和远方》(第一季)仅在腾讯视频端就达到近 300 万的播放量,但受制于综艺节目时长与表现效果的影响,节目基本还停留于“就事论事”的层面,可以将其看作“自然风光片+人文纪录片+真人综艺秀”的整合,重在展示诗路文化带的别样景致,对地域资源的发掘深度与影视化利用程度还有待提升。例如《归家》篇中最后的“万年上山稻”环节只有不到四分钟的时间,对当地原始农耕文化的相关讨论只能浅尝辄止。笔者认为,浙江诗路文化带影视化开发要以地方发展实际需求为导向,嫁接以综艺类节目为代表的影视化手段,即通过“基于地域文旅资源这个点进行内容打造—面向受众需求这条线进行内容编排—着眼区域这个层面推动产业发展”的框架逻辑,借助综艺类节目制作周期短、内容制作与传播创新力度强、社会影响力广泛等优势,创新地域文旅资源的影视化跨界发展路径,带动区域文化产业与社会经济发展,打造系列影视产业作品。

1. 基于地域文旅资源进行内容打造

基于地域文旅资源(尤其是首要资源)的内容打造主要体现为节点城市具象切入与文旅资源侧重突出。前者在整合诗路文化带途径的众多城市基础上,挑选出诸如浙东唐诗之路精华地段新昌、钱塘江诗路节点城市建德、瓯江山水诗路重镇遂昌等极具代表性的城市作为节目限定范围。在此框架内,节目组较为全面地展现区域整体风貌,针对性地把握地域风情,兼顾诗路文化带影视化开发的全面性与深入性。后者体现为对地域文旅资源的凸显,即在有限的节目时间内聚焦景点游览、风俗体验、项目参与等文旅活动。

可见,诗路文化带影视化开发是文旅资源利用与影视产业打造互相作用的结

果，其内容打造也应遵循“双轨并行”的原则。即根据综艺节目编排需要，系统梳理地域资源，进一步覆盖诗路文化带途经的城市，细化其产业类型，陆续推出如《寻味顺德》的美食专题、《上新了故宫》的文物专题、《航拍中国》的风景专题等主题系列，从而深入发掘诗路文化带文旅资源，并将其塑造为影视打造的 IP 原点。

2. 面向受众需求进行内容编排

面向受众需求的内容编排是指从受众视角出发，对零碎分散的点状要素加以串联。由于出现在节目中的城市和文旅资源经过严格筛选，脱离了事物固有的关联逻辑，呈现出点状分布的特征，需要建立新的内在关联将其串珠成线。用以串联资源的主线设置既要考虑收视率问题，也要联系当地发展需求，采用不同的编排策略将零碎的内容条理化。例如，针对诗路文旅产业，节目采用“本地人推荐”和“外地人推荐”的游览线路串联沿途文旅资源，并融入“文化传承”“美食特产”“休闲生活”等时代高频词加以衔接，将让原本相互独立的文旅资源有机统一。

3. 着眼区域层面推动产业发展

地域文旅资源、节目内容编排与节目主题设置在产业维度达成共识，将“地域需求—产业开发—市场需求”有机联系，实现资源、技术、产业、销售等要素的同频共振。以“龙泉青瓷”为例，将“烧窑听声”“泥陶塑形”等工艺作为节目内容，让观众领略成品背后的匠心，丰富产品的文化内涵，从而提升产品文化附加值。与此同时，将“文化传承”“轻奢生活”“日常美学”等概念融入其中，打通龙泉青瓷的销售渠道，进而拉动当地相关产业发展。

（二）基于影视定制视角精准开发诗路文化带产业

浙江诗路文化带资源类型丰富多样，产业种类也缤纷复杂，但受传统节目时间、制播方式、产业运作等因素的限制，既无法将诗路文化带的地域资源一一呈现，更难以覆盖全部产业类型。因而需要在遵循影视产业发展基本规律的基础上，结合浙江诗路文化带建设实际进行影视层面的创新，从而实现通过影视化手段系统整合资源、精准开发资源、积极引发产业、激活区域内生动力，带动浙江诗路文化带高质量发展的目标。

在影视文化旅游产业融合的背景下，影视作为重要的传播媒介，是促进文化旅游产业发展的积极动力。借助影视传播的庞大力量，将影视、文化和旅游三者有机融合，是推动文化产业发展的重要途径。所谓影视定制是指在特定的影视文化市场环境或语境中对各方关系的一种解决方案：基于制播分离体制，用户方联合播出方上游推进制作方，在影视作品制作初期就先行参与策划，在影视作品中融入用户方自身的"个性",制作方、用户和播出方三者形成联盟,共同创作、共同发行、共享利益、共担风险的合作模式。

影视作品多样化的性质决定了影视文化产业融合共生无处不在,除综艺节目和电影作品外,近些年炙手可热的主题纪录片、实景真人秀栏目等都证实了精准化产业开发的可行性。如一部由 Bilibili 和旗帜传媒联合出品的中国市井烧烤文化系列主题美食纪录片《人生一串》,不同于《舌尖上的中国》,没有非物质文化遗产传承人的加持,没有著名景点地域的支撑,但与之相同的是,在影视作品上映后,不仅触动了观众共情于片中分属于全中国各个角落但又共属于每个人内心的情怀,实现了传承文化的社会价值,同时也触发了旅游文化产业的发展,达成了精准化开发的事实——这对资源点状分布、具有共性情感寄托与理想追求的浙江诗路文化带同样适用。因此,浙江诗路文化带影视化开发策略既要借鉴当前成熟的模式、通用的方式,遵循影视产业的基本原则,同时还需要在精准性、共享性、产业化等维度加以创新,从而统筹兼顾各方(影视投资方、当地百姓、地区政府、广大受众等)诉求。

诗路文化带建设既是文化浙江实践的前沿阵地,也是我国社会经济高质量发展、文化自信、乡村振兴等时代命题的综合试验场。诗路文化带地域资源为不同类型产业的发展提供了契机,丰富了我国影视产业的素材库。现有成熟的影视产业运作机制为诗路文化带资源梳理、产业引发、区域发展提供有力支撑。浙江诗路文化带影视化开发策略以共生理论为基础,以拉动区域社会经济文化高质量发展为目标,以地域特色资源综合开发为对象,以成熟的影视产业运作为手段,以现有实践经验为借鉴,对浙江乃至全国经济文化发展产生积极影响。

参考文献

[1] 钟平丹,牛新权.体验经济:影视文旅产业内涵与策略探赜[J].电影评介,2020(11):35—39.

[2] 夏春红,章军杰.全球疫情冲击下我国文旅全球化能力建设研究[J].山东社会科学,2021(09):188—192.

[3] 竺岳兵.剡溪——唐诗之路[J].唐代文学研究,1996:864—880.

[4] 肖瑞峰.浙东唐诗之路与日本平安朝汉诗[J].唐代文学研究,1996:719—737.

[5] 李跃军,汤蓉岚,林荫.试论浙东唐诗之路文化体验式旅游开发[J].台州学院学报,2017,39(01):17—20,50.

[6] 李圣华,罗时进,陈国灿等. 浙江诗路文化创新的实践路径与时代价值[J]. 浙江师范大学学报:社会科学版,2019,44(04):27—36,2.

[7] 陈成. 电视旅游类节目的创新路径研究——以《还有诗和远方》为例[J]. 中国广播电视学刊,2021(06):110—112.

[8] 邵明华,刘鹏. 红色文化旅游共生发展系统研究——基于对山东沂蒙的考察[J]. 山东大学学报:哲学社会科学版,2021(04):84—94.

[9] 袁纯清. 共生理论及其对小型经济的应用研究(上)[J]. 改革,1998(02):100—104.

[10] 郑栅洁. 率先启动浙东唐诗之路建设高标准打造诗路文化带[J]. 政策瞭望,2020(10):10—11.

[11] 楼含松. 追寻绿水青山的诗意之美[EB/OL]. https://wenyi.gmw.cn/2020-10/29/content_34319530.htm,2022-05-03.

作者简介

桑耘,江苏南京人,南京传媒学院广播电视学院副教授。研究方向为艺术理论、电影理论。

冷南羲,四川成都人,南京大学博士研究生。研究方向为文化产业。

Strategies of Picturization Development along the Zhejiang Poetry Road Cultural Belt — A Case of " The Journey of Poetic Soul"

Sang Yun　Leng Nanxi

Abstract: This paper made a case study of "The Journey of Poetic Soul", an original reality show of integrated culture tourism produced by Zhejiang Satellite TV. Base on the symbiogenesis theory, this paper combined the program content and narratives to focus on the characters of the prime cultural tourism resources and derived cultural tourism industry space. Finally, the strategies of picturization development along the Zhejiang Poetry Road Cultural Belt is proposed in two aspects: the cross-border development of regional cultural tourism resources based on the framework of "point-line-surface" and the targeted development of the Poetry Road Cultural Belt industry based on the perspective of customization.

Keywords: Integration and Symbiogenesis　Picturization Development　Cultural and Tourism Industry